国家社科基金
GUOJIA SHEKE JIJIN HOUQI ZIZHU XIANGMU
后期资助项目

20 世纪中国唯识学史要

Outline History of Chinese Theory of Consciousness-only in the 20th Century

袁宏禹 著

中华书局
ZHONGHUA BOOK COMPANY

图书在版编目(CIP)数据

20世纪中国唯识学史要/袁宏禹著. —北京:中华书局,2020.6
(国家社科基金后期资助项目)
ISBN 978-7-101-14567-0

Ⅰ.2… Ⅱ.袁… Ⅲ.唯识宗-佛教史-中国-20世纪
Ⅳ.B946.3-092

中国版本图书馆CIP数据核字(2020)第085462号

书　　名	20世纪中国唯识学史要
著　　者	袁宏禹
丛 书 名	国家社科基金后期资助项目
责任编辑	樊玉兰
出版发行	中华书局
	(北京市丰台区太平桥西里38号　100073)
	http://www.zhbc.com.cn
	E-mail:zhbc@zhbc.com.cn
印　　刷	北京瑞古冠中印刷厂
版　　次	2020年6月北京第1版
	2020年6月北京第1次印刷
规　　格	开本/710×1000毫米　1/16
	印张19¾　插页2　字数300千字
国际书号	ISBN 978-7-101-14567-0
定　　价	80.00元

国家社科基金后期资助项目
出版说明

后期资助项目是国家社科基金设立的一类重要项目,旨在鼓励广大社科研究者潜心治学,支持基础研究多出优秀成果。它是经过严格评审,从接近完成的科研成果中遴选立项的。为扩大后期资助项目的影响,更好地推动学术发展,促进成果转化,全国哲学社会科学工作办公室按照"统一设计、统一标识、统一版式、形成系列"的总体要求,组织出版国家社科基金后期资助项目成果。

全国哲学社会科学工作办公室

目　录

上编(1900—1949 年)

下编(1949—1999 年)

导　论

一、20 世纪中国唯识学复兴与时代际遇

20 世纪佛教法相唯识学的复兴,不仅是整个中国佛教复兴运动中的一个重要面相,也是中国近现代思想史、文化史上引人注目的事件。因逸佚的典籍从日本回归,燃起了中国人研习唯识的兴致。沉寂已久的法相唯识学,碰到了绝佳的时代机遇。随着"西学东渐"的潮流,中国传统哲学、文化面临着前所未有的危机,一批教界、学界的杰出人士把东方唯识学选为能够与中国传统文化对接,而且能够应对西方科学、哲学、心理学等挑战的当机法门。

被誉为"近代佛教复兴之父"的杨文会是法相唯识复兴的播种者。杨文会(字仁山)从日本找回失传已久的唐窥基的《成唯识论述记》和大量的唯识学注疏,在金陵刻经处刻印发行。杨文会认为唯识学"诚末法救弊之良药也"[①]。在他的带动下,知识精英、僧人、居士等竞相研习法相唯识。问学于杨仁山的有太虚、欧阳竟无、章太炎、谭嗣同、梅光羲、谢无量、李证刚、蒯若木、桂柏华、孙少侯、邱晞明等。其中欧阳竟无和太虚于 1922 年分别创立支那内学院和武昌佛学院,从而开居士界和僧界的二系唯识学。20世纪唯识学有"三系唯识学"一说,分别为:"南欧北韩"及"太虚"这三系,欧阳竟无、韩清净、太虚各自创办了南京支那内学院、北平三时学会、武昌佛学院。

其中,"南欧"指南京支那内学院系的欧阳竟无,门下有吕澂、王恩洋等,当时知名的学者汤用彤、梁漱溟、熊十力都在欧阳门下问学,梁启超在南京讲学期间也聆听欧阳讲学。南欧系唯识学派的最大特点在于"教宗玄

———————
①杨文会:《十宗略说》,刘梦溪主编:《中国现代学术经典·杨文会、欧阳渐、吕澂卷》,河北教育出版社,1996 年,第 222 页。

娄"。吕澂在《内院佛学五科讲习纲要讲记》提到了内学院的办学宗旨,说:
"内学院发起创办之初,即有意取准印度那烂陀寺以组织此学之计划。"[1]
印度那烂陀寺之学是护法、戒贤大乘瑜伽行派的唯识学,后来玄奘整体移
植到中国创立了唯识宗。

"北韩"指北平三时学会的韩清净,门下有朱芾煌等。1924年,韩清净
与朱芾煌"同时发愿研究《瑜伽师地论》,欲以弘扬真实佛教精义"[2]。韩清
净撰成一百多万字的《瑜伽师地论科句披寻记》。韩清净与朱芾煌在治学
唯识学的旨趣上保持着高度的一致,即"抑《唯识》而扬《瑜伽》"[3]。三时学
会还有一位重要的唯识学者,即周叔迦,也受到韩清净的影响,认为玄奘是
译师而非宗师。

而"太虚"系所在的武昌佛学院是三系唯识学中唯一僧界所办。太虚
秉持"八宗平等"的原则,以唯识融贯《楞严》《起信》,以唯识学解《周易》、
《荀子》、宋明儒学等,也用唯识来理解科学。太虚是兼通内学与外学、旧学
与新学、法性与法相的。太虚座下有僧才法将芝峰、正果、慈航、法舫、演
培、法尊、印顺等;座下居士则有唐大圆、史一如等。武院和内院就唯识议
题常有争讼、辩论,推动了法相唯识的蓬勃发展。

佛教的新运动、新兴佛学唯识思潮的涌动,要适应时代的机宜而发生
变化。法舫在《一九三〇年代中国佛教的现状》一文中称三系唯识学为"适
应现代思潮的唯识学派"[4],对三家唯识学派作简略的介绍并概括出它们
的特点:

　　　一、南京支那内学院,主持院务者是欧阳竟无居士,该院成立约十
　　余年,讲学在民十二三年,似专门以唯识法相学为主,近则旁及各宗。
　　十四年曾办法相大学,旋因事停办。每周有专门的研究会讲。出版有
　　院刊内学,及校刊方册经论疏章,复编印藏要等要籍;重在整理国故,
　　故凡该院出版的书籍,考校必精细,此种工作,于研究的人,有很大的

①吕澂:《内院佛学五科讲习纲要讲记》,《吕澂佛学论著选集》卷二,齐鲁书社,1991年,第605页。
②韩清净:《瑜伽师地论科句披寻记叙》,《藏外佛教文献》第2辑,宗教文化出版社,1996年,第
　462页。
③《韩清净居士佛教思想之特质析论》,程恭让:《华梵之间》,中国社会科学出版社,2007年,第
　154页。
④法舫:《一九三〇年代中国佛教的现状》,张曼涛主编:《现代佛教学术丛刊》第86册《民国佛教篇
　(中国佛教史专集之七)》,(台北)大乘文化出版社,1978—1979年,第136页。

裨益。所以该院对于佛教的文献,有最大的贡献,对于国内的学术界,
也有很大的影响。

　　二、北平三时学会,主持会务者,是韩清净居士,该会成立亦十余
年,讲学是专门讲唯识学,六经十一论,都作精微的研究。对会员每周
讲学,间亦公开演讲。出版亦以法相唯识的典籍为主,校刊亦精,惟规
模较内院稍小。现在该会正努力校刊古本唯识典籍。今人称这两个
学院,是研究法相唯识的最高学府,有南欧北韩之誉,两方皆发皇唐人
的古意,整理古典,或可称为古典派。

　　三、武昌佛学院的唯识学系,武昌佛学院讲唯识学,重在应用到现
社会上去,所以讲到唯识学,都采用科学方法,使新学者,易于明白入
门,于事于理,能通能达,总把唯识应用到现代思想上去;把现代的思
想应用唯识学的方便,摄归到佛法之中,而批判其价值,不拘拘于古典
的文字的考证方面,或可称为实用派。①

比较这三家唯识学派,南京支那内学院和北平三时学会是为古典派,
而武昌佛学院的唯识学系是为实用派。太虚开创的一脉唯识系统更强调
与科学、哲学相契合,与现实社会的结合,此与太虚倡导革新佛教的精神
有关。

实则古典派中的南京支那内学院也强调佛学之应用与社会之结合。
欧阳竟无认为唯有佛法,特别是其中的法相唯识,才能适应近代社会自由
风气、求真务实和理性精神之需要。"五四"新文化运动前后西学渐盛,欧
阳于1921年在《佛法非宗教非哲学而为今时所必需》的演讲中,明确指出
佛法的四个殊胜之处,即"平等无二致"、"理性极自由"、"宏阔而真证"、"勇
往以从己"。此次演讲流露出欧阳回应西学,以办学弘扬佛法(瑜伽所得之
法)为己任之信念。

协助欧阳办学的章太炎于1919年在《支那内学院缘起》中谈道:"无以
应今之机,此则唯识法相为易入。"②唯识学具有精深的教理和逻辑推论,
与哲学、心理、科学比较而言,具有适应时代的应机性和契合度。而唯识学

---

①法舫:《一九三〇年代中国佛教的现状》,张曼涛:《现代佛教学术丛刊》第86册《民国佛教篇(中
　国佛教史专集之七)》,第137—138页。
②收录于田光烈:《玄奘哲学研究》"附录",学林出版社,1986年,第182页。

这种佛学特质正是梁启超所称谓的"应用佛学"。除了三系论唯识之外，法相唯识的应机之法被其他诸多唯识学家们运用得得心应手。

针对中国传统哲学，谭嗣同在《仁学》中说："仁为天地万物之源，故唯心，故唯识。"[①]他构建的儒家"仁"的哲学体系明显具有唯识学"万法唯识"的思想。章太炎著有《齐物论释》（1910年）、《诸子学九篇》（1910年）等哲学论文，引《瑜伽师地论》《摄大乘论》《成唯识论》的观点来解释庄子思想，并用唯识学阿赖耶识种子善恶无记的伦理属性来调解儒家诸子的人性善恶问题的纷争。现代新儒家的熊十力著《新唯识论》（1932年）虽然是批判《成唯识论》的一部儒家哲学著作，不过，其援佛入儒的思想是明显的。现代新儒家的另外一位代表梁漱溟也是出入佛儒的，早期治学唯识。新儒家们意欲借助佛家唯识学来开出儒家哲学的新思想。

针对西方哲学，梁启超在《近世第一大哲康德之学说》（1903年）中用佛教唯识学的知识来解读康德哲学，他认为"康氏哲学大近佛学，此论即与佛教唯识之义相印证者也"[②]。梁漱溟在《印度哲学概论》（1918年）、《东西文化及其哲学》（1921年）中也是用西方哲学的"感觉"来比附因明认识论"现量"，用"理智"来比附"比量"，用"直觉"来比附"比量"。还有，熊十力著《新唯识论》，实际上是想通过中国古代所谓之西学（印度哲学）的传播来研究中国近代之西学（西方哲学）的席卷和渗透。南京支那内学院的院友李石岑在德国和法国进修过哲学，院友汤用彤在美国受过西洋哲学和梵文的严格训练。不过，20世纪的唯识家们对西学态度往往是矛盾的，既有认同的一面，也有排斥的另一面。1921年《民铎》杂志出过"柏格森专号"，梁漱溟发表了《唯识家与柏格森》，吕澂发表了《柏格森哲学与唯识》，都是反对用唯识学来比较柏格森哲学的。梁漱溟说："他们两家的方法实在截然不同……柏格森的方法排理智而用直觉，而唯识家却排直觉而用理智。"[③]吕澂则说"柏氏哲学通于唯识，实无是处"[④]。

针对西方心理学，梁启超1923年讲演《佛教心理学浅测》，认为现代欧

---

①谭嗣同的《仁学》写于1897年，1901年方才出版。引文引自《谭嗣同全集（增订本）》，中华书局，1981年，第292页。

②梁启超：《近世第一大哲康德之学说》，石峻等编：《中国佛教思想资料选编》第三卷第4册，中华书局，1990年，第58页。

③梁漱溟：《唯识家与柏格森》，《民铎》1921年第3卷第1号。

④吕澂：《柏格森哲学与唯识》，《民铎》1921年第3卷第1号。

美的心理学与佛学的心理学在概念、内容方面有广狭、同异之别,不能相混,但是从学问大概的分类来说,佛教"心识之相"的学问可归为心理学。太虚对佛教心理学也有研究,1925 年作有《佛教心理学之研究》。为了回应西方行为主义心理学派,太虚于 1927 年撰写有《行为学与唯根论及唯身论》《行为学与心理学》《再论行为学与心理学》等文。梁漱溟的心理学研究与唯识学也有莫大的关联,其晚年著《人心与人生》就把心理学上的情感意志等同于唯识学的"心所有法"("心所")。而唯识学立五十一个心所,这些心所"其于人的情致意态探幽索隐,殆备举无遗,足资今后治心理学者之参考"[①]。熊十力 1958 年撰写的《明心篇》即名为"哲学的心理学"。

针对科学,佛学唯识学可谓是用来调和宗教与科学冲突的一个有力的工具。太虚二三十年代撰有《佛法与科学》《爱恩斯坦相对论与唯识论》《新物理学与唯识学》等。太虚在《唯物科学与唯识宗学》一文中,肯定"夫科学之可贵,在乎唯征真理实事,不妄立一标格坚握之",而佛教唯识宗学,"其贵理真事实,较唯物科学过无不及"[②]。而一批有佛教信仰的科学工作者们也非常热衷于论证科学与佛学的关系。尤智表采用科学实验报告的样式写成《一个科学者研究佛经的报告》,把佛教唯识学称为"心理化学"[③],因唯识学心所有法的名目极多,仅烦恼心所就有五十九种之多。1930 年,王季同发表有《唯识研究序》《佛教与科学》等文,他在《唯识研究序》一文中认为生理学上的感觉神经相当于唯识学所说的"净色根"。

有了外部世界西方哲学、西方心理学、科学的刺激和冲击作为诱因,20世纪唯识学的复兴蕴藏着中国社会文化转型的内因。这与唯识学义理的思辨性有莫大的关联,"正由于它的高层次思辨,才促使了它在清末的复兴……经过近一个世纪的文化交流、冲撞、磨炼和熏习,华夏之子的思维向度已然打开,完全有能力如实接纳印度佛法的熏习,所以当代奘师法脉继承、复兴的因缘已经成熟"[④]。在这个讲科学、重视逻辑实证的时代,更需要的是像唯识学那样的理性工具。我们可以这样认为,如果把唯识学的复

①梁漱溟:《人心与人生》,学林出版社,1984 年,第 152 页。
②太虚:《唯物科学与唯识宗学》,石峻等编:《中国佛教思想资料选编》第三卷第 4 册,第 388—389 页。
③尤智表:《一个科学者研究佛经的报告》,上海佛学书局,1995 年,第 22 页。
④黄夏年:《第二届国际玄奘学术研讨会在铜川举行》,《佛学研究》1999 年刊。

兴放在整个中国文化转型的大背景下来看,中国文化及其哲学在外部世界
环境的刺激下,开出新的实证求真的知性理路。而唯识学正是在这样一种
新时代的潮音中呼唤而出。

二、20 世纪中国唯识学发展的分期

本书以 1949 年中华人民共和国成立的时间为分界点,把 20 世纪
(1900—1999 年)这一百年来的唯识学史分为上、下两个历史时期。上编
为 20 世纪上半叶(1900—1949 年)的唯识学研究,下编为 20 世纪下半叶
(1949—1999 年)的唯识学研究。上下两编有着严格的分期和治学特点。
上编分为五章:第一章,"清末唯识学复兴之门的开启及其应用";第二章,
"民国时期南京支那内学院对玄奘唯识学的重振";第三章,"民国时期武昌
佛学院以唯识学对诸学的融通";第四章,"民国时期北平三时学会对印度
慈氏唯识学的回归";第五章,"民国时期新儒家对佛教唯识学的借鉴"。下
编也分为五章:第六章,"20 世纪五六十年代马列主义对唯识学的评判";
第七章,"80 年代后大陆高校和科研院所唯识学研究的转向";第八章,"80
年代后大陆佛教界佛学院对唯识学的弘扬";第九章,"1949 年以来香港佛教
唯识学的研究概况";第十章,"1949 年以来台湾佛教唯识学的研究概况"。

上编围绕着清末、民国时期的唯识学派系及其治学归旨进行讨论。20
世纪上半叶,呈现出了三系唯识学兴盛和多家论唯识的繁荣局面。三系唯
识学是"南欧北韩"系与"太虚"系,这三派也是近代研习唯识学的主支。而
其他诸家中研习唯识最有特色的是属于改良派和革命派的代表谭嗣同、梁
启超、章太炎的应用佛学,以及新儒家两位开山祖师梁漱溟、熊十力的唯识
研究。

对于南欧系唯识学,选取南京支那内学院的欧阳竟无、吕澂、王恩洋三
位代表人物。南欧系唯识学最大的特色在于教宗于玄奘所传的正统唯识
宗学。吕澂是欧阳竟无的得力助手,吕澂和王恩洋在治学方面,与欧阳竟
无师基本保持了一致,支那内学院对中国如来藏佛学系统颇为排斥。对于
太虚系唯识学,选取武昌佛学院的太虚、唐大圆、法舫、印顺、法尊五位代表
人物。其中,法舫是继太虚之后武昌佛学院的接任者。印顺、法尊实则自
立一派,一为中观学、一为藏传佛学,治学重心不在唯识,不过两位法师早

期的思想均离不开唯识,而且参与到与南欧系的论辩之中。整体上太虚系唯识治学特点在于融通诸宗、内外学。对于北韩系唯识学,选取北平三时学会的韩清净、朱芾煌、周叔迦三位代表人物。北韩系唯识学最大的特色在于回到印度大乘瑜伽学中去,从唯识学始祖弥勒慈氏学及唯识古学中寻根探源。除了三系唯识学,多家论唯识中有一些革命界、知识界的精英人士,如谭嗣同、梁启超、章太炎、梁漱溟、熊十力等。总体上,他们属东方文化保守派,其中,谭嗣同、梁启超、章太炎又是社会改良、革命的政治精英。而梁漱溟、熊十力为第一代的现代新儒家。他们以东方的中国儒学和印度佛学为本位,吸纳唯识的精华,兼容并包中西诸学,为国人指明一条救世之路。

20世纪上半叶的法相唯识学经历了从20世纪初的酝酿,到20年代唯识学派系的创立,再到30—40年代进一步发展的三个阶段历程。20世纪初是中国唯识学复兴的酝酿阶段,杨文会居士是中国近代佛教史上的一位标志性人物,他托南条文雄在日本广求自唐以来失传的经典,为20世纪唯识学复兴起到了铺垫作用。在他的带动下,僧人、居士、知识精英竞相研习法相唯识。1907年,杨文会于金陵刻经处设立祇洹精舍,太虚即是此期学员。1910年,杨文会又创办佛学研究会,欧阳竟无居士即于此时依侍杨文会。杨文会门下多材,善法相唯识之学的有章太炎、太虚、欧阳竟无、梅光羲、李证刚、蒯若木、谢无量等。他主张向西方学习,两次出使西欧,支持或影响晚清的政治改良和社会革命活动。一大批著名政治活动家、思想家亦深受杨文会的影响,如谭嗣同、梁启超、夏曾佑、章太炎等。

20年代是中国唯识学三系的创立阶段。第一,南京支那内学院的创立。1922年,欧阳竟无与章太炎等人在南京创立了"支那内学院"。1923年,内学院成立后第一次研究会上,欧阳竟无作会辞:"今日研究诚当以法相为主,其余研究则皆归束于此。"①研究会上,欧阳竟无还把内学院的研究性质分为两层:第一层是"与寻常师弟之授受不同",若以佛法境、行、果为标准,内学院并非是"果上师"(佛菩萨),也非"行上师"(观行有得者),其定位为境上师(精研法相者);第二层是"与世间从多数不同",多数人对世间事不求彻底,不求真知,内学院"处处须得真相,即处处须以教理为断"。

①欧阳渐:《支那内学院研究会开会辞》,《内学》1924年第一辑,第3页。

第二,武昌佛学院的创立。1922年,太虚创办了民国第一所最为正规的佛学高等学府"武昌佛学院",太虚任院长,梁启超任董事长。武院为佛教界培养了大批佛门龙象,在佛教界享有"黄埔"之誉。武昌佛学院的太虚一系唯识学是独树一帜的,不同于内学院独尊相宗。太虚治唯识学的特点在于秉持"八宗平等"的思想。1923年,太虚在武昌佛学院任教时作有《大乘宗地图》及《大乘宗地图释》,主张:"若观各宗所依所摄同为大乘教法,则各宗又皆是平等一味实无差别者也。"①太虚治唯识是兼通唯识新旧学,融会法性与法相的。第三,北平三时学会的创立。近代唯识学三家派系中还有一系,时称"南欧北韩"之"北韩",即指北平三时学会的韩清净。1921年,韩清净等人在北京成立"法相研究会"。1924年,韩清净与朱芾煌居士"同时发愿研究《瑜伽师地论》,欲以弘扬真实佛教精义"②。1925年,韩清净以"三时学会"代表的身份随太虚至日本出席东亚佛教大会,并在会上发表学术论文《十义量》。1927年,法相学会才正式重组为"三时学会",韩清净被推为三时学会会长。"三时"取名系据《解深密经》佛说第三时真了义中道教义。三时学会一系主要治学特色在于弘传印度慈氏唯识学,经典为《瑜伽师地论》。韩清净对传统唯识思想资源的取舍,与注重玄奘系的唯识学者有明显的差异。从20年代开始,韩清净就完成了由《俱舍论》转入《成唯识论》,再由《成唯识论》转入《瑜伽师地论》的蜕变,并把一生最主要的精力放在《瑜伽师地论》的钻研上。

30—40年代是中国唯识学的进一步发展阶段。三系之"南欧"系的支那内学院30年代由南京迁至重庆建立蜀院,40年代则是欧阳时代的结束和吕澂时代的开启。1937年"七七"事变爆发后,南京支那内学院院舍及许多图书毁于战火。1937年底,欧阳竟无率众携经版迁入重庆江津,建立支那内学院蜀院。前来重庆的有:欧阳竟无、吕澂、邱晞运(即前述邱晞明)、陶闇士、彭芸生、韩文畦、刘衡如、邓蟾秋、熊东明、张茂芹、程时中等,共四五十人。自此"息影江津,建蜀院,仍旧贯,讲学以刻经"③。欧阳在蜀院确立毗昙、戒律、瑜伽、唯智(般若)、涅槃五科院学大纲,后由弟子吕澂发展为五科三周讲习。内学院的佛学学科教学体系的一大特色是纳入唯识

①太虚:《法藏·大乘通学》,《太虚大师全书》第5卷,宗教文化出版社,2005年,第359页。
②韩清净:《瑜伽师地论披寻记叙》,《藏外佛教文献》第2辑,第462页。
③王雷泉编选:《欧阳渐文选》,上海远东出版社,1996年,第439页。

学系统,以玄奘唯识宗学为准绳裁决佛家各宗经典。1943年是内学院重要的分水岭,欧阳竟无逝世,吕澂被推为内学院院长摄理院务,继续开展法相唯识研究。抗战胜利后,内学院回南京复院未果,仍滞留江津。1949年以后,蜀院仍继续开展研究活动,至1952年秋内学院停办。比较内学院的两代引领者,吕澂虽然延续了欧阳复兴玄奘唯识宗学的传统,但是并不仅仅受学于欧阳而一成不变,也有自己独特的治学方法。吕澂研究佛学善于以考据立佛学义,旁及中外,互勘汉、梵、藏、巴、日文。如果说欧阳竟无时代的内学院学风具有浓烈的宗教热忱,那么吕澂开启的内学院学风具有更强的理性精神,走佛教学术化的路向也更明显,属于学院派的风格。

30—40年代之"太虚"系武昌佛学院逐渐完成向世界佛学苑的转型,40年代末随着太虚的圆寂,武昌佛学院由法舫接任并秉承了太虚的治学风格。1926年,武昌佛学院因政局动荡而停办,院址的大部分房屋被占用,直到1932年才全部收回。从1929年起,太虚主持的武昌佛学院的办学风格有新的转向,开始筹备"世界佛学苑",由国内向国际佛学研究视野演变。太虚积极培养弘法于世界的佛教僧才,先后四次派遣大勇、法尊、法舫、严定、观空、苇舫、恒演、白慧诸高才僧人,前往斯里兰卡、泰国、印度、南洋各国及我国西藏地区留学访问,促使佛教世界化。其中,多位法师精研法相唯识,例如,法尊于1936年把《辨法法性论》由藏文译成汉文,后欧阳竟无对此展开激辩。1938年日军侵占武汉,佛学院教务活动停滞。抗战胜利后,1946年法舫奉太虚之命筹备复兴武昌佛学院并恢复招生,直至50年代停办。法舫在武昌佛学院有一定的影响力,多次主编《海潮音》,1932年世界佛学苑图书馆成立时任代馆长。法舫在佛学方面特精于俱舍、唯识,善英文、日文、巴利文,兼通世学。法舫治唯识延续了太虚一贯融通诸学的风格,1949年编印出版的《唯识史观及其哲学》,考证溯源,以现代科学、哲学之视野,恢弘唯识大意。

30—40年代之"北韩"系,以韩清净为首的三时学会,因韩氏专精于研究唯识学,在组织构建上余力不足。1949年以后赵朴初主持学会,三时学会开始转型。三四十年代,虽因战乱同仁法侣星散,三时学会成员的成果还是很丰硕的。朱芾煌于1934年编撰了300万字的《法相辞典》,空前巨构,由南北两大师为之作序。周叔迦所著《唯识研究》于1934年由商务印书馆出版。梅光羲也是三时学会的成员,1931年在《海潮音》发表《相宗新旧两译不同论》一文,深为佛教学者所重视。1943 年,韩清净完成了对《瑜伽》大论的疏解,即约 40 万字的《瑜伽师地论科句》和约 70 万字的《瑜伽师地论披寻记》这两部巨著(合而为《瑜伽师地论科句披寻记》),之后转向了《瑜伽》的唯识思想对《般若》学的会通,直至 1949 年逝世。1952 年,赵朴初被推为三时学会董事长,直至 1965 年停办。中华人民共和国成立后的三时学会核心会员变动很大,学会转为开展玄奘译著研究,并完成《大唐大慈恩寺三藏法师传》的英译。

下编以中华人民共和国成立后唯识学的境况和发展进程为线索进行讨论。1949 年以后在马克思主义的指引下,以唯物史观来判别宗教学、佛学,法相唯识学引起了马克思主义学者的关注。五六十年代,著名的佛学专家任继愈、史学家侯外庐,包括唯识家田光烈等均以马列主义观点来解释唯识教义。

80 年代后,大陆高等院校和科研院所对唯识学的研究成果斐然,有韩镜清的藏本唯识学典籍的译传,杨廷福、黄心川、马佩的玄奘学研究,韩廷杰、林国良的《成唯识论》注解。而大陆佛教界也诞生了极具办学特色的以唯识见长的佛学院及唯识导师,代表人物有重庆佛学院惟贤,四川省佛学院唐仲容,闽南佛学院单培根、顾康年、田光烈,其中田光烈在闽南佛学院任教最长,但他有影响的著作主要完成于 50 年代。值得注意的是,学界和佛教界的许多名家治学唯识,与近代三系唯识学颇有渊源,他们之间具有一定的师承传接关系。中国社会科学院的韩镜清曾问学于"南欧北韩",惟贤曾师从王恩洋、太虚,唐仲容师承王恩洋,田光烈曾追随欧阳竟无和吕澂学唯识。不过,这个时期中国大陆唯识学者也并非完全延续 1949 年之前的唯识学派系。例如,唐仲容治学是融通唯识与中观、禅宗为一炉,这与王恩洋完全宗于玄奘唯识学系是截然不同的。

另外,香港和台湾有关法相唯识学的研究,是本著最后探讨的两章内容。香港唯识学的研习风气始自罗时宪 1949 年南迁香港,罗时宪师承太虚,但承接欧阳竟无支那内学院居士道场遗风,1965 年创立"佛教法相学会",从而开出罗门法脉一系。现香港治学唯识的李润生、霍韬晦、叶文意、王联章等或出其门下,或从其问学。香港因为历史原因,是中国与西方世界接触的窗口,受到欧美国家和日本学术风气的影响,研究佛学一个基本条件是要通晓梵、藏、巴利文等多国语言,罗时宪晚年还往来香港和加拿大各地弘法。霍韬晦、吴汝钧二家通晓梵文,其对梵文唯识典籍的翻译是香港治学唯识所具有的语言特色所在。台湾地区也是因为历史原因,曾被日本占据半个世纪,受到日本治学风气的影响。台湾地区治唯识代表人物有杨白衣和叶阿月,于20世纪50—70年代在日本留学攻读佛学。再有,因为台湾地区佛教的兴盛,诸山长老和弘法居士亦兼治唯识,于凌波的唯识与净土会通、萧平实的如来藏学研修也是各有特点的。

需要交代的是,关于上、下两编代表人物的划分标准。有的唯识学者一定是划分在上编唯识学史部分,例如,欧阳竟无、韩清净、太虚、谭嗣同、梁启超、章太炎,他们在1949年以前就逝世了。有的唯识学者一定是划分在下编唯识学史部分,例如,田光烈、韩镜清、韩廷杰、林国良、惟贤,以及港台的罗时宪、杨白衣、叶阿月等,因为他们的活动中心和学术成就主要是在1949年以后。有的唯识学者1949年前后,均活跃在学术平台上,例如吕澂、周叔迦、印顺、法尊、梁漱溟等。其中,吕澂、梁漱溟的唯识著述和思想成果实则上主要在于1949年之前,周叔迦宜归于北平三时学会系唯识学,印顺、法尊虽然不是主攻唯识,但是他们早年却归于武昌佛学院系唯识学。考虑到这些学者的有关唯识的主要学术成就在1949年之前或者属于一个唯识学派系的,故而放在上编唯识史部分较为适合。

上编唯识学史和下编唯识学史有着区别和联系。上编所处的历史背景是清末、民国时期中国面临着民族救亡图存的任务,研究唯识是抱有佛法淑世的情怀,而下编所处的历史背景是中华人民共和国成立后面临着新时代的际遇和挑战,佛教唯识学也存在如何寻求发展的势态。而近代和现当代唯识学又是不能完全割裂开来的,具有师承和法脉的关联。本书的研究以唯识学研究学系、治唯识的学者群体、唯识传习的区域为分界,以代表人物的唯识思想为讨论中心,分成十个大章进行探讨,从而勾勒出这一百年来唯识学的分支流派及发展演化史,展示出20世纪唯识学思潮的概貌、境遇和走向。

三、研究综述、研究意义及创新点等

1. 研究综述

唯识学源于印度佛教大乘瑜伽行派,唐朝时由玄奘系统传入,20世纪的中国涌现出法相唯识学的复兴思潮。目前学界对此问题整体把握和具体人物的研究主要分为三个部分:第一,对百年来中国唯识学发展概况的介绍和评析;第二,对百年来玄奘及玄奘学研究的综述及推介;第三,对百年来唯识学名家的个案研究。

第一,对百年来中国唯识学发展概况的介绍和评析。陈兵(笔名"佛日")发表有《法相唯识学复兴的回顾》(《法音》1997年第5、6期)长篇论文,并且在其著作《二十世纪中国佛教》(民族出版社,2000年)单列唯识学内容的章节,详细地介绍了中国近现代唯识学的发展概况及争鸣的焦点所在。黄夏年发表有《百年的唯识学研究》(《社会科学动态》2000年第1期),尤其是提到90年代后,大陆佛教界开始重新注重对玄奘唯识学的研究。黄心川在《玄奘及唯识学研究的回顾与展望》(《西南民族大学学报(人文社科版)》2007年第3期)一文中讨论了玄奘及唯识学在国外和当代中国的研究。周贵华也发表有《中国二十世纪唯识学研究略析》(《佛学研究》2010年刊)一文,评析了20世纪唯识研究的主要代表人物、主要理论成果,尤其是谈到了唯识学对中国传统文化思想家如梁启超、章太炎、梁漱溟、熊十力等人的影响,他们甚至以唯识思想作为主要思想资源来构造新思想体系。

另外,刘宇光发表有《汉语学界唯识学研究——甲子回顾:1949年—2011年》(《汉语佛学评论》2013年第3辑),其所指的是"汉语学界"或"中文学界",该文详细地介绍了以中国内地、港台学人为主的唯识学学术成果,也包括以中文来书写的海外华裔与非华裔的唯识学研究成果。该文的资料时间是从1949年至2011年,跨越了20、21世纪,具有前瞻性。而王静磊发表的《近十年国内唯识学研究综述》(《五台山研究》2009年第3期),则是对21世纪前十年(2000年至2009年)研究唯识的标志性成果做出概要性的推介。

再有,对与唯识学有关联的20世纪因明学的研究,姚南强发表有《百年来的中国因明学研究》(《中国社会科学》1994年第5期),认为20世纪的中国因明学取得了长足的进步,同时他也指出:"与现代国际因明研究的先进水平相比,在某些领域内我们还存在较明显的差距。"①

---

① 姚南强:《百年来的中国因明学研究》,《中国社会科学》1994年第5期。

　　值得提及的是,港台海外对此亦有探讨。例如,台湾地区李志夫撰写有《对百年来华人学者对唯识学研究之初步分析》(收于麻天祥编:《佛学百年》,武汉大学出版社,2008 年)一文,对收集的有关研究唯识学的材料进行数据统计分析,是一份具有高度参考价值的资料。

　　第二,对百年来玄奘及玄奘学研究的综述和推介。玄奘学内容是非常丰富的,除了包括对玄奘的生平、翻译、《大唐西域记》等多方面研究,也包括对玄奘唯识宗思想及因明逻辑的研究。对此系列问题的关注,最早的是黄夏年发表的《四十年来我国玄奘研究的综述》(《佛学研究》1993 年刊),对 1949 年 10 月以后至 1993 年以前我国关于玄奘及其著作和学说,进行系统的总结。黄夏年还发表有《百年玄奘研究综述》(《广东佛教》2001 年第 1 期),把 20 世纪中国对玄奘研究的历史可以分为三个时期:50 年代以前的《大唐西域记》的地理研究和法相唯识学热;50 年代以后,重于《玄奘全集》及玄奘研究的精华的汇编;80 年代以后,玄奘研究进入了一个全新的阶段[1]。

　　高振农也发表有《试论玄奘学说在近代中国的复兴》(《南亚研究》1994 年第 3 期)一文,该文尤其提到玄奘学复兴的原因,除了杨仁山从日本找回《成唯识论述记》,认为其最根本的原因在于法相唯识思想的本身包含有许多积极因素。白杨的《玄奘研究综述(1994—2007)》(上、下)(《新疆师范大学学报(哲学社会科学版)》2008 年第 1、2 期)在黄夏年《四十年来我国玄奘研究的综述》、《百年玄奘研究综述》的基础上,对 1994 年至 2007 年以来国内外玄奘研究的新成果做出系统的总结。再有,赵欢的《近五年玄奘研究综述(2008—2013)》(《世界宗教文化》2015 年第 1 期)已经超出了 20 世纪的时间段。这说明,玄奘学及唯识学的研究在 21 世纪依然步向新的进程。

　　第三,对百年来唯识学名家的个案研究。麻天祥的《20 世纪中国佛学问题》(2001 年)、《晚清佛学与近代社会思潮》(2005 年),涉及到法相唯识学家,例如章太炎的法相唯识哲学,以及熊十力本心本体的新唯识论、欧阳竟无法相唯识学诠、太虚科学唯识宗说,系统地研究了一些近代佛学代表人物的唯识思想。另外,赖永海主编的《中国佛教通史》第 15 卷(2010 年),其中第三章专论"欧阳竟无与民国时期唯识学复兴思潮",主要由程恭

---

[1]参见黄夏年:《百年玄奘研究综述》,《广东佛教》2001 年第 1 期。

让执笔。有关欧阳竟无的研究,程恭让的专著《抉择于真伪之间:欧阳竟无佛学思想探微》(2000 年),是对欧阳竟无佛学思想的专论。再有,李广良的专著《心识的力量:太虚唯识学思想研究》(2004 年)是对太虚唯识思想的专论。郭应传的《章太炎佛学思想研究》(2006 年)也多涉及章太炎的唯识观。由魏道儒主编的《世界佛教通史》丛书,纪华传所著《中国汉传佛教:公元 19 世纪中叶至 20 世纪》,在第五章"清末民国时期的佛教宗派"中探讨了"近代唯识学的复兴",分为:一、欧阳竟无与支那内学院;二、韩清净与三时学会;三、太虚与武昌佛学院的唯识学研究。除了"南欧北韩"与"太虚",书中以各学派代表人物为中心分别进行探讨。例如,以往梅光羲的法嗣归属不是很清晰,易被忽略,该著把梅光羲归为韩清净门下,专门作为一个案交代其生平、著述及思想①。

在唯识家个案研究中有两位热点人物,即熊十力和梁漱溟。其中,郭齐勇自《熊十力及其哲学》(1985 年)出版后,撰写有关熊十力及《新唯识论》的专著多部。另外,景海峰、颜炳罡、丁为祥、宋志明等对熊十力的研究均有力作出版。针对梁漱溟不是批判而是推崇的研究,最早是在国外,美国学者艾恺于 1979 年出版了《最后的儒家》(The Last Confucian),考察了梁漱溟思想发展的轨迹。八九十年代后国内才有汪东林、王宗昱、马勇、郑大华、景海峰、曹跃明、郭齐勇等专家学者有关梁漱溟的记事、评传及思想研究的著作出版。而专门对梁漱溟佛学思想研究的也是国外学者,法国人梅谦立于 2011 年出版了《梁漱溟的宗教观》(The Religious Philosophy of Liang Shuming:The Hidden Buddhist),谈论梁漱溟的佛教哲学思想。

综上所述,20 世纪中国发生的法相唯识学学术思潮的现象,已经受到了诸多专家学者的广泛关注。有的是从宏观的角度来把握其整体发展脉络和动态走向,也有的是从微观的角度对个案展开精细的研究。但是能否用一个连贯的时段分期及完整的思路,把刚刚过去的一百年来唯识学思潮的发展、分期、研究区域、研究团体做出有效的史学梳理,并且提炼出每一个唯识学研究学系或治学群体、团体的治学特征,这是有待于开展的工作,

①参见纪华传:《中国汉传佛教:公元 19 世纪中叶至 20 世纪》,魏道儒主编:《世界佛教通史》第六卷,中国社会科学出版社,2015 年。

也是本书的初衷和动机点。

2. 研究意义

（1）本书对 1949 年以前唯识学研究和 1949 年以后唯识学研究的探讨均独立成篇，梳理出清晰的历史线条，有助于整体把握和具体剖析。该书文本下编部分的研究尤其关注现当代，具有特定的时代感和现实意义。

（2）全书个别主题单独辟为一章，以示突出，尤其是第九章"1949 年以来香港佛教唯识学的研究概况"和第十章"1949 年以来台湾佛教唯识学的研究概况"，特别交代了港台地区唯识学的研究境况。而内地学者对港台地区唯识学的研究成果及进展虽然有了解，但还不是很深入。探讨港台地区的法相唯识学研究能够促进海峡两岸的交流，加深文化共识。

（3）研究 20 世纪中国唯识学的意义在于续接唐代唯识宗学和明末唯识学，也补充、完善了 20 世纪中国佛学史，对中国现当代佛学及未来佛学走向具有重要的启示作用。

（4）百年唯识学思潮中出现了唯识学与中国传统儒学、道学、西方哲学、科学、心理学等互融互释现象，或许是解决佛教本身及中国传统儒道哲学出路的一种有效途径。多家相结合的创意有利于东方文化的复兴，唯识学相当于一个媒介，促进了中西文化的交锋与交融，在中国近现代哲学发展史上具有特殊的历史地位。

3. 创新点

（1）选题创新：从目前能检索到的海内外已出版的著作查询信息来看，对 20 世纪中国唯识学或者中国近现代唯识学研究的专著未见新著。该项目的最终成果，是国内外第一本尝试着对百年唯识学思潮做出系统的历史梳理的研究专著。

（2）视角创新：本书以中华人民共和国成立的时间为节点，把清末、民国时期与中华人民共和国成立后的唯识学分开探讨。以研究唯识的学者群体的代表人物为中心，整体上呈现出各个唯识学教派、学系、院派、群体、团体、区域的研究特色，具体在每个代表人物的思想上，又展现出多姿多彩的学术风貌和研究偏好。

（3）观点创新：本书各章围绕着唯识学者群体的治学特色为中心，从众多研究人物和众多著述材料中,提炼出各家的代表思想、核心思想,以区别于他家。比如,把南欧一系唯识学派团体界定为"教宗玄奘",北韩一系唯识学派界定为"回归瑜伽",太虚一系唯识学派界定为"融通诸学",等等。为了证明此观点,对各学派团体思想资源做出适当的剪裁和调整。

(4)内容创新:本书中的有些内容,鲜有学者在专著中作为章节论及,尤其是"下编"部分。在"上编"部分,例如,北平三时学会周叔迦的唯识学研究,其早期有关"玄奘是译师而不是宗师"的提法,是极有启发价值的。再有,唐大圆的《唯识三字经》,在中国近代儒佛关系史上也是易被忽略的。而法舫的思想往往易被学术界忽略,他是继太虚主持武昌佛学院之后的接任者,承接了太虚融通诸法、世学的治学方法。在"下编"部分,20 世纪五六十年代马列主义对唯识学的评判和批评,这是一定要交代的。韩镜清从藏文慈氏学开发唯识学,重庆佛学院惟贤、四川省佛学院唐仲容、闽南佛学院单培根等在研究唯识方面也是极具特色的。至于香港的罗时宪、霍韬晦、吴汝钧,台湾的杨白衣、叶阿月、于凌波、萧平实等,目前大陆学界对他们的唯识学研究是有了解的,但还没有对他们的著述资料做出系统的整理、归纳和思想提炼。总之,作者努力呈现出以上诸多唯识学者的治学特点,以丰富本书的研究内容。

4. 有待改进之处

(1)作为一部唯识学简史,还有待于勾勒出 20 世纪以来唯识学诸家的传承法脉谱系,其中三系唯识("南欧北韩"和"太虚")门下研究唯识的人物众多,此有待于考订三系之唯识法脉,尤其三系唯识不仅仅在近代就结束了,还要考察其在现当代的流衍传承。

(2)有些知名居士和学者研究唯识因为篇幅问题在本书中没有论及。居士界的有梅光羲、范古农、史一如等。梅光羲早年是杨仁山的入室弟子,是北平三时学会的重要成员,范古农 40 年代在上海创办的法相学社也是颇有影响的,限于篇幅的原因此不赘述。学界的有蒋维乔、谢无量、虞愚、蒙文通等。对以上论唯识的多家如何进行归类和观点的提炼也是有待开展的工作。

(3)已经完成的各章节中选取的研究对象人物是否就一定有代表性?研究人物的著述和思想是非常广博的,每节仅仅罗列几条观点是否具有代表性？此需要进一步查证、研究。

（4）唯识学广义地说来是包含因明学的，本书主要以狭义的唯识学为范围展开论述，20世纪以来涉及因明的诸多名家就不再讨论了。

（5）对于藏本唯识学及因明学的研究，本书除了对涉及藏本唯识学翻译的法尊、韩镜清进行探讨以外，并未涉猎太多藏本唯识学。这也是本书需要交代的地方。

上编(1900—1949 年)

第一章 清末唯识学复兴之门的
开启及其应用

第一节 杨文会与百年中国唯识学的复兴

杨文会(1837—1911),字仁山,安徽石埭(今石台)人。杨文会居士是中国近代佛教史上的一位标志性人物,美国和日本学者称其为"中国佛教复兴之父"、"中国佛学的中兴之祖"。杨文会在佛学方面的著述有《大宗地玄文本论略注》《等不等观杂录》《佛教初学课本》《十宗略说》等。杨文会创办金陵刻经处,刻印经书;创办祇洹精舍,培育佛门人才。他寻觅唐代唯识宗散佚的论典,刊刻印行,广为传布,对近代法相唯识学的复兴有开山之功。

一、唯识宗逸佚典籍的回归与传播

法相唯识学源于 4 世纪左右印度的无著、世亲开创的大乘瑜伽行派。南北朝时期,唯识学传入中土,产生了地论学派和摄论学派。北魏菩提流支、勒那摩提合译《十地经论》,通过研习《十地经论》成为地论师,南梁真谛译《摄大乘论》等,其后学成为摄论师。唐玄奘以护法系唯识学为中心,将十大论师注解《唯识三十论》糅译成《成唯识论》,形成了唯识宗。然而传承不久,因为印度纯粹唯识学抽象的思辨性不符合中国人的思维习惯等诸多因素,唯识宗很快就消亡了,会昌法难中,唯识学典籍多有散佚。因典籍不备,论疏失传,法脉中断,宋以后提倡法相唯识渐少。

至晚明的时候,唯识学又重新得以复兴。有明昱著《相宗八要解》《成唯识论俗诠》,洪恩著《相宗八要》,王肯堂编撰《成唯识论证义》,智旭著《相宗八要直解》《成唯识论观心法要》,等等。但研习法相唯识者都深以不见唐疏为恨。明末唯识学受到永明延寿的影响,其最大的特点为宗于华严、天台或净土,圣严认为明末唯识是一种"性相融会的佛教思潮"[①]。这是有

---

①圣严:《明末佛教研究》,宗教文化出版社,2006 年,第 194 页。

别于玄奘唯识宗的。

清末,沉寂已久的法相唯识学再一次兴盛起来。20 世纪唯识学的复兴与近代佛教复兴之父杨文会是分不开的,他是法相唯识复兴的播种者。杨文会从日本找回失传已久的唐窥基的《成唯识论述记》和大量的唯识学注疏,在金陵刻经处刻印发行。

在法相唯识学的传播上,杨文会有开创之功。1866 年,杨文会创设金陵刻经处,于 1871 年刻成了玄奘译《解深密经》五卷本。1886 年,杨文会出使英国时与被派往牛津大学学习梵文的日本留学僧人南条文雄博士相识,此后,他托南条文雄在日本广求自唐以来失传的经典。至 1891 年,从日本传来的在中土佚失的唐代唯识学注疏有《成唯识论述记》《因明入正理论疏》和《瑜伽论略纂》等①。唯识宗典籍的回归,激发了近代知识精英对唯识学的浓厚兴趣,甚至把它们当作失而复得的国宝来对待。

法相唯识宗典籍的回传为 20 世纪唯识学复兴起到了铺垫作用。从日本复得的《成唯识论述记》历来就被学相宗者奉为理解《成唯识论》最为重要的注书。该著为玄奘弟子窥基所撰,但元朝以后文本失传。对此,杨文会说:

> 唐以前,相宗典籍未被东土,自玄奘法师西游印度,而后唯识一宗,辉映于震旦矣。有窥基法师者,奘公之高徒也,亲承师命,翻译《成唯识论》,荟萃十家而成一部。并以闻于师者,著为《述记》,学相宗者,奉为准绳。迨元季而失传。五百年,无人得见,好学之士,每以为憾……此书失之如此其久,得之如此其难,而倡刻之人皆不见其成。以是见唯识一宗,流传于世,非偶然也。后之览者,其勿等闲视之。②

杨文会在得到南条文雄相赠的《成唯识论述记》时,感到唯识学之中兴大有希望,立即着手刊刻流通,认为此书"元末失传,后人以不见为憾。今从日本得来,慈恩一宗,其再兴乎"③。杨文会对唯识学的积极作用寄予厚望。他在写给桂伯华的信中说道:"兹有友人深愿学佛者精通唯识一门,以

---

① 参见陈继东:《清末日本传来佛教典籍考》,杨文会:《杨仁山全集》"附录",黄山书社,2000 年,第665—666 页。
② 杨文会:《杨仁山全集·等不等观杂录·成唯识论述记叙》,第 383 页。
③ 杨文会:《杨仁山全集·等不等观杂录·法相部佛学书目》,第 350 页。

续千年之坠绪……专心研究因明、唯识二部。期于彻底通达,为学佛者之楷模。"①

在杨文会的带动下,僧人、居士、知识精英竞相研习法相唯识。1907年,杨文会于金陵刻经处设立祇洹精舍,太虚即是此期学员。1910年,杨文会又创办佛学研究会,欧阳竟无居士即于此时依侍杨文会。欧阳竟无赞誉其师杨文会门下盛况,"唯居士之规模宏广,故门下多才。谭嗣同善华严,桂伯华善密宗,黎端甫善三论,而唯识法相之学有章太炎、孙少候、梅撷芸②、李证刚、蒯若木、欧阳渐等"③。可见,杨文会座下研习唯识是人才济济的。杨文会归西以后,众弟子中以唯识学见长的欧阳竟无接手了杨文会托付的南京金陵刻经处的重任,可以看出杨文会对玄奘唯识宗学的重视程度。

杨文会门下最善法相唯识之学的是欧阳竟无和太虚。太虚和欧阳同为佛教思想界之巨擘,对近代佛教的复兴产生了重大的影响。欧阳、太虚于1922年分别创立支那内学院和武昌佛学院,从而开居士界和僧界的二系唯识学。20世纪唯识学有"三系唯识学"一说,分别为"南欧北韩"及"太虚"这三系,其中,欧阳竟无和太虚各自创办了南京支那内学院、武昌佛学院。韩清净北平三时学会,有一个重要的成员,即梅光羲,也曾师从杨文会。近代真正意义上的唯识学派系的创立是由杨门弟子们方始完成,不过,这离不开杨文会的大力提倡。

除了三系唯识学,受到杨文会启迪的居士梁启超、谭嗣同、章太炎把唯识学应用到社会革新运动的指导中来。杨文会与当时的政治风云人物结交,支持或影响晚清的政治改良和社会革命活动。谭嗣同著《仁学》于1901年出版,《仁学》构建了一个以唯识学为理论基础的维新派的哲学体系,为社会改良运动摇旗助威。不过谭嗣同的唯识学思想并不是纯粹的唯识宗学,还结合了华严学,这也明显受到了杨文会"教宗华严"的思想影响。梁启超也服膺杨文会,他在《清代学术概论》中称自己虽"不能深造,顾亦好焉,其所论著,往往推挹佛教",并评论道:"晚清所谓新学家者,殆无一不与

①杨文会:《杨仁山全集·等不等观杂录·与桂伯华书二》,第452页。
②梅撷芸,即梅光羲。
③欧阳渐:《杨仁山居士传》,《杨仁山全集》"附录",第587页。

佛学有关系。而凡有真信仰者率皈依文会。"①可以看出,杨文会对当时中国社会学术新风气甚至是政治活动的影响,对法相唯识学传播的推动和发扬功不可没。

杨文会振兴佛教、弘扬唯识,始终是与"救世"联系在一起,他认为佛教唯识学"诚末法救弊之良药也"②。晚清时期,中华民族的救亡图存成为当时整个中国社会最紧迫的任务,杨文会顺应了时代的需要和佛教发展的趋势,以挽救时局为其思想旨归。杨文会积极主动了解和认知西方文化,他两次出使西欧,前后共达七年之久,而与西学契接的法相唯识学就是最有效的理论工具。20世纪的法相唯识学复兴,正是以精细的思维体系和缜密的逻辑思辨回应强劲的西方科学理性精神,并以佛教最拿手的治心之术,符契现代文明的自由、平等,以积极入世精神,拯救中华民族的灾难和人类困境这样的诸多面相展现于世。

二、性、相二宗并重的治学旨趣

杨文会的重要性,除了刊刻《成唯识论述记》等唯识宗经典以流通,还在于他对唯识经教的整体把握和领会,从而为唯识学研究指明了具体的路径。有些学者认为杨文会"对于佛学理论的研究,没有更多的建树"③,他的思想过于"驳杂"④。我们尝试着从杨文会现存的文献资料出发,爬梳、提炼出他的一些思想观念。可以看出,杨文会佛学思想的立场和治学唯识的方法是很明确的,即强调性相融通。

杨文会认为,《楞伽经》"性相并谈,文义简古";学法相者当以《解深密经》为"宗经";而《瑜伽师地论》则是"相宗之祖";《成唯识论》"文约义丰"、"剖析精微,学法相者,最宜深究";《成唯识论述记》可为学相宗者"奉为准绳"。这些议论,于法相唯识教理,皆可谓造极之谈。其中《楞伽经》,虽为唯识学"六经"之一,但却宣说性宗之教,性相并谈。杨文会进入佛门是从性宗悟入的,他最早喜读《大乘起信论》,又看《楞严经》才增加了学佛的兴趣。

---

①梁启超:《清代学术概论》,《饮冰室合集》第8册,中华书局,1989年,第73页。
②杨文会:《杨仁山全集·十宗略说》,第152页。
③高振农:《佛教文化与近代中国》,上海社会科学院出版社,1992年,第23页。
④黄夏年:《杨文会先生与佛学》,杨仁山著、黄夏年主编:《杨仁山集》,中国社会科学出版社,1995年,第3页。

他在与同道讨论佛学时就曾点明万法为心所变之理,以阐解如来藏真心与阿赖耶识的关系,并引证唯识诸多经典为据,曰:

> 大师意谓器界必非自心所变,不但不知如来藏性,并不知阿赖耶识见相二分矣。《密严》《深密》等经,《瑜伽》《唯识》等论,皆诠此义。此义不明,则一切经论,窒碍难通,不得不别寻义路以解释之。①

杨文会重视《密严经》《解深密经》《瑜伽师地论》和《成唯识论》,他认为这更有助于理解器界为心识之相分的道理,也有助理解心识之体性即如来藏自性清净心的本义。他认为,如果不能理解相宗经典的"万法唯识"的道理,则一切经论也难以通达。我们甚至可以理解,在杨文会眼里,相宗经典的奥义是领会佛教一切经论的钥匙。

杨文会试图勾连出性、相二宗在典籍上的关联,他甚至认为,相宗的论疏是从性宗《楞严经》等经典发挥而来;而对相宗的妙论《成唯识论》,他是极为赞赏的,并且将玄奘唯识宗之学作为治疗当时教门流弊的良药加以提倡。杨文会在1906年刻印的《十宗略说》中谈论唯识宗时指出:

> 相宗则从《楞严》、《深密》、《密严》等经流出,有《瑜伽》、《显扬》诸论。而其文约义丰,莫妙于《成唯识论》也。……唐之玄奘,至中印度就学于戒贤论师,精通其法,归国译传,是为慈恩宗。……此宗以五位百法,摄一切教门。立三支比量,摧邪显正,远离依他,及偏计执,证入圆成实性。诚末法救弊之良药也,参禅习教之士,苟研究此道而有得焉。自不至颟顸佛性,笼统真如,为法门之大幸矣。②

杨文会对晚清时期中国佛教的衰落有着较为清醒的认识,中国佛教发展到晚清,已经是弊病丛生了。要摆脱这种状况,就必须要以华严宗的圆融精神疏通禅宗、净土宗等各家宗派,但这远远不够,因为只讲佛法圆融则会走向"颟顸"、"笼统",即解释不清、模糊不可辨析的另一极端。而法相唯识宗工于名相义理,对佛学的基本概念"佛性"、"真如"都有明确的定义和界定。在杨文会看来,参禅习教之士,如果能够主动研习法相唯识义理,则可以补益于性宗之流弊。这体现了杨文会融通性相二宗的一贯理路。

---

① 杨文会:《杨仁山全集·等不等观杂录·与释幻人二》,第427页。
② 杨文会:《杨仁山全集·十宗略说》,第152页。

而对于净土宗,杨文会认为念佛之人也需要通晓唯识之理,对此,杨文会说道:"不至颟顸笼统,走入外道而不自觉,实振兴佛法之要门,且于净土道理深为有益。盖庄严净土,总不离唯识变现也。"①唯识家认为,"三界唯心"、"万法唯识",净土也是唯识所变而成。不过,唯识家也不能忽略弥陀净土。杨文会在《十宗略说》谈及"慈恩宗"时候,注为:"奘师虽生兜率,不别立宗。其徒著述,仍以极乐为胜也。"②杨文会指出,玄奘本人虽然归宗于弥勒净土(兜率内院),但是玄奘的门徒却是西方极乐世界(阿弥陀佛净土)的畅行者。我们知道,印度大乘瑜伽行派的开创者之一世亲,作《往生论》,又简称为《净土论》。可见,唯识与净土之不异。

杨文会将自己的佛教思想归结为"教宗贤首,行在弥陀",而梁启超称赞杨文会"深通华严、法相"。贤首宗(华严宗)与《起信论》思想有密切关系,杨文会重视《起信论》。1894年,他和英国人李提摩太把《大乘起信论》译为英文,以流通国外。杨文会于1908年在金陵刻经处创办祇洹精舍,召收僧徒学生,开讲《起信论》。杨文会重视华严宗著述,鉴定刊刻法藏的《华严三昧章》。当然,杨文会也同样重视对唯识宗经典包括因明学典籍的刊刻与提倡。杨文会虽然秉持了各宗平等的观点,但是对于净土宗、华严宗和唯识宗是有所侧重的,对净土宗的重视,是出于其自身终极信仰和佛教修行的需要,而华严宗表现在融通诸宗教理的神韵上,至于唯识宗则法相条理明晰,更符合这个时代求知精神的诉求。我们可以这样理解,杨文会以净土为中心支点,华严和唯识为其佛学思想的两翼。三者可以比喻为三驾马车,是杨文会佛学思想体系的有机组成部分。

杨文会的佛学思想是晚明时期"性相融通"、"禅净双修"佛学风气的延续。有区别的是,晚明诸家因相宗经典流失未见唐疏,治学唯识难免受《宗镜录》影响,但是杨文会见到了《成唯识论述记》。不过,在裁决佛教各宗时,杨文会依然秉持了性相二宗融通的观点,而并无门户之见。

第二节　谭嗣同、梁启超改良思想对唯识学的应用

谭嗣同(1865—1898),字复生,号壮飞,湖南浏阳人。被誉为"佛学彗

---

①杨文会:《杨仁山全集·等不等观杂录·与桂伯华书二》,第452页。
②杨文会:《杨仁山全集·十宗略说》,第152页。

星"的谭嗣同是戊戌变法的代表人物之一,其所著的《仁学》生前没有出版,直到 20 世纪初才得以在国内发行。《仁学》是 20 世纪以来第一本以佛教唯识理论为基础构建哲学体系的著作,其宣扬反封建的激进思想,对当时的改良派产生过积极的影响。

梁启超(1873—1929),字卓如,一字任甫,号任公,又号饮冰室主人等。梁启超是维新派的代表人物之一,是中国近代著名的思想家、政治家。他在哲学、佛学、史学、文学、经学、法学等领域,均有涉猎,是一位百科全书式人物。梁启超笃信佛教,对唯识颇有研习,并应用到社会改良运动中来。

一、谭嗣同"仁—唯识"的维新派哲学

1901 年,《国民报》报社出版了谭嗣同著的《仁学》。李向平认为《仁学》"实际上是依唯识学说而建立了近代中国第一个哲学思想体系"①,梁启超认为《仁学》是一种可经世致用的"应用佛学"②。谭嗣同笃信佛教,师承有近代"昌明佛法第一导师"③之誉的杨仁山居士。谭家与杨家交往甚密,而且谭嗣同就住在杨文会家中,可见此书受到杨文会的影响。《仁学》内容博杂,融贯儒释耶三教,通贯古今中外,涉及儒学、佛学、耶教(基督教)、自然科学等。不过,在谭嗣同的心目中,是将佛教置于最高位置的,他说:"佛教大矣,孔次大,耶为小。"④《仁学》其名是儒学,其理则是佛教唯识学说。《仁学》是鉴于中日甲午战争后中国陷于危亡的处境而创的,在维新派著作中,《仁学》是最激进的。他还考察了佛学思想在日本变法图强中所起的作用,认为"日本变法之易,系惟佛教隐为助力"⑤。故而,中国之维新变法也须从佛学中汲取力量,而近代佛学的显学当属于唯识学。

为了构建一个哲学体系,《仁学》一书中涉及的哲学概念较多,诸如"仁"、"通"、"以太"、"心力"等。实际上有时候这些概念所指是一,只是形式不同罢了。例如,谭嗣同在"界说十一"中说:"仁为天地万物之源,故唯心,故唯识。仁者寂然不动。感而遂通天下之故。不生不灭,仁之体。"⑥

①李向平:《中国佛教传统的现代转换及其意义二题》,《佛学研究》1995 年刊。
②"应用佛学"是梁启超在《论佛教与群治之关系》一文中提出的。
③此称谓见杨仁山所著的《等不等观杂录》卷六中所附的"李澹缘(息)来书"。
④谭嗣同:《仁学》,《谭嗣同全集(增订本)》,第 333 页。
⑤谭嗣同:《仁学》,《谭嗣同全集(增订本)》,第 352 页。
⑥谭嗣同:《仁学》,《谭嗣同全集(增订本)》,第 292 页。

"仁"在谭嗣同的哲学体系里与"唯识"之识体性属于同义词。而自然科学的概念"以太"又是什么呢？谭嗣同说道："以太者，亦唯识之相分。"①"以太"是识之相分，在唯识宗看来，识有四分（相分、见分、自证分、证自证分），相分也属于认识的一部分。故而：万法唯识、唯识无境。在谭嗣同的哲学体系里，"仁"和"识体"均被置于本体论大厦的最高层。

谭嗣同在《仁学》中说："凡为仁学者，于佛书当通《华严》及心宗、相宗之书。"②在《仁学》全书结束之时，还对"三界唯心，万法唯识"做出具体的概括："自有众生以来，即各各自有世界；各各之意识所造不同，即各各之五识所见不同。……三界唯心，万法唯识，世界因众生而异，众生非因世界而异。"③

"唯心说"是《华严经》的思想，"唯识说"是《成唯识论》的思想。《华严经》讲"三界虚妄，但是心作"的"三界唯心"思想。不过，《华严经》也属于唯识学六经之一。准确地说，谭嗣同的唯识学思想不是纯粹的正统玄奘唯识宗学，而是华严唯识学。以华严解唯识，在明末唯识学复兴的思潮中最为流行。例如，有华严宗的洪恩著《相宗八要》，金坛居士王肯堂，亦治儒学，辑录藏中经论及《华严疏钞》《宗镜录》诸典正释唯识之义，编撰《成唯识论证义》十卷。对谭嗣同影响深远的杨文会曾说："夫论道之书，莫精于佛经，佛经多种，莫妙于《华严》。"④杨文会一大贡献在于把在中国失传近千年的《成唯识论述记》从日本回传到中国，并且杨文会注解儒道经典《论语发隐》《孟子发隐》《道德经发隐》等均是融华严与唯识为一。由此，梁启超著《谭嗣同传》称其"又闻华严性海之说，而悟世界无量……闻相宗识浪之说，而悟众生根器无量"⑤。

谭嗣同在《仁学》中致力于以佛学注释儒学，以唯识、华严互通儒学，以丰富其哲学内容。对此，谭嗣同对儒家《大学》与唯识学关系作了详细阐释：

　　《大学》盖唯识之宗也。唯识之前五识，无能独也，必先转第八识；

---

①谭嗣同：《仁学》，《谭嗣同全集（增订本）》，第331页。
②谭嗣同：《仁学》，《谭嗣同全集（增订本）》，第293页。
③谭嗣同：《仁学》，《谭嗣同全集（增订本）》，第372页。
④杨文会：《杨仁山全集》，第218页。
⑤梁启超：《谭嗣同传》，《谭嗣同全集（增订本）》，第547页。

第八识无能自转也，必先转第七识；第七识无能遽转也，必先转第六识；第六识转而为妙观察智，《大学》所谓致知而知至也。……第七识转而为平等性智，《大学》所谓诚意而意诚也。……第八识转而为大圆镜智，《大学》所谓正心而心正也。……前五识转而为成所作智，《大学》所谓修身而身修也。

十五志学也者，亦自意诚入手也；三十而立，意已一而不纷矣，然犹未断也；四十不惑，意诚转为妙观察智矣；五十知天命，我执断矣，然犹有天命之见存，怯执犹未断也；六十耳顺，法执亦断，为平等性智矣；七十从心所欲不逾矩，藏识转为大圆镜智矣。①

谭嗣同以唯识学之"转识成智"来解《大学》之三纲领八条目。《大学》八条目之"致知"是唯识学第六意识转成"妙观察智"，"诚意"是第七识转成"平等性智"，"正心"是第八识转成"大圆镜智"，"修身"前五识转成"成所作智"。至于有关"修身"的重要性，它是"齐家、治国、平天下"的根本。这是儒家一贯的"内圣外王"之道。

谭嗣同还进一步以孔子为学的阶段，来比附唯识学之"转识成智"。他认为："四十不惑"为"妙观察智"；"六十耳顺"为"平等性智"；"七十从心所欲不逾矩"则藏识（第八识阿赖耶识）转为"大圆镜智"。

然而，谭嗣同《仁学》不是一本宣讲教理的普通哲学书，是近代资产阶级思想启蒙的宣言，具有深刻的政治意义和政治目的。《仁学》中所发挥和改造的佛学观点有"平等"、"无我"、"日新"、"大无畏"等，都是为维新变法、改造社会寻求和奠定思想理论基础。

《仁学》宣扬"仁"以"通"为第一义，希图由"通"而达到"平等"，破人我界，破名教，反对封建纲常礼教，反对封建等级制度，反对民族压迫，宣扬资产阶级自由、平等的维新观。谭嗣同借用唯识学六经之《华严经》"因陀罗网"一词，发出冲决封建专制制度"罗网"的呼吁："初当冲决利禄之网罗，次冲决俗学若考据、若词章之网罗，次冲决全球群学之网罗，次冲决君主之网罗，次冲决伦常之网罗，次冲决天之网罗，次冲决全球群教之网罗，终将冲决佛法之网罗。"②

---

① 谭嗣同：《仁学》，《谭嗣同全集（增订本）》，第 331—332 页。
② 谭嗣同：《仁学》"自叙"，《谭嗣同全集（增订本）》，第 290 页。

《仁学》的创作是为了"畅演"佛教的"宗风","敷陈"变法之"大义"。他说:"去年吴雁舟到金陵……嘱嗣同畅演宗风,敷陈大义……与今日宜扫荡桎梏冲决网罗之故。"①可见他写《仁学》,一方面是为了宣扬佛学,同时以佛为思想武器为维新运动提供哲学依据。

就革命而言,谭嗣同甘愿牺牲自己的生命,常以"我不入地狱,谁入地狱"的菩萨献身精神自勉。他说:"今日中国能闹到新旧两党流血遍地,方有复兴之望,不然则真亡种矣。"②他庄严地宣告:"各国变法,无不从流血而成,今日中国未闻有因变法而流血者,此国之所以不昌也。有之,请自嗣同始!"③谭嗣同表现了为了追求真理而不惜牺牲的大无畏精神,赋予了维新变法运动作为佛教普度众生的一个实例。

二、梁启超的唯识思想与康德的自由观

梁启超在《清代学术概论》中曾指出,"晚清所谓新学家者,殆无一不与佛学有关系",称自己虽"不能深造,顾亦好焉,其所论著,往往推挹佛教"④。梁启超所言及的佛学,大抵上指的是佛家唯识学。他涉及唯识学的著述有:《惟心》(1900年)、《近世第一大哲康德之学说》(1903年)、《佛教心理学浅测》(1922年)、《说无我》(1925年)等。梁启超的佛学思想分为前期和后期两个部分,以政治倾向为分界点。前期从戊戌变法(1898年)到辛亥革命(1911年),他的佛学主张主要围绕着维新变法,走社会改良的道路;后期是他游历欧洲回国后(1919年),他的佛学主张发生了变化,批判当时新兴的民主革命运动和社会主义思潮。故而,如若讨论梁启超的维新派哲学思想,实际主要指1900年所作的《惟心》和1903年所作《近世第一大哲康德之学说》这两篇文章。

梁启超对佛学、唯识学颇感兴趣。1922年,梁启超在南京东南大学讲学期间,曾专门定期到支那内学院听欧阳竟无讲佛学,在《复季常书》中说:"听欧阳竟无讲唯识,方知有真佛学。"⑤在他给孩子们的家信中也说:"每

---

①谭嗣同:《致汪康年》,《谭嗣同全集(增订本)》,第493页。

②谭嗣同:《上欧阳中鹄》,《谭嗣同全集(增订本)》,第474页。

③梁启超:《谭嗣同传》,《谭嗣同全集(增订本)》,第546页。

④梁启超:《清代学术概论》,《饮冰室合集》第8册,第73页。

⑤梁启超:《复季常书》,丁文江、赵丰田编:《梁启超年谱长编》,上海人民出版社,1983年,第623页。

日读极深奥的《成唯识论》,用尽心思,一日读三、四页,还是勉强懂得一点罢了。"[1]并说自己的信仰是"我笃信佛教"[2]。

戊戌变法失败后,资产阶级改良派陷入低谷。由此,梁启超于1900年作《惟心》篇以示激励,他说:

> 境者心造也。一切物境皆虚幻,惟心所造之境为真实。……亦明三界唯心之真理而已,除心中之奴隶而已。苟知此义,则人人皆可以为豪杰。[3]

文中出现"奴隶"、"豪杰"词语,说明梁启超壮心未灭,对社会改良运动并未放弃。一方面,他向维新变法中牺牲的革命志士表以敬意;另一方面,他试图借佛家所云心的力量以继续激励自己。就在戊戌变法那一年,梁启超写了一篇短文叫《说动》(1898年),使用"大无畏"、"大雄"等佛家用语,意思是说国家富强,要进行变法,就要有佛教大无畏的牺牲精神。该文《惟心》篇中"三界唯心"语,源出于《华严经》。他以颜色为例来说明,"戴绿眼镜者所见物一切皆绿,戴黄眼镜者所见物一切皆黄";因此,事物之绿和黄,"其分别不在物而在我",故曰:三界唯心。这也是来自于《华严经》的"心如工画师"一说。关于华严学,在上文探讨谭嗣同的哲学思想中就有交代。谭嗣同对唯识学的理解沿袭了明末以来以华严解唯识的一贯思路。《华严经》属于唯识学六经之一,广义地说,华严学也属于唯识学探讨的范围。

一般而言,"三界唯心、万法唯识"是连在一起讲的。梁启超在《新民说》中第七节"论进取冒险中"说:

> 拿破仑所历至难之境正多,讷尔逊所遇可畏之端亦不少。而拿、讷若行所无事者,无他,其气先足以胜之也,佛说三界唯心,万法唯识。吾以为不能焉,以为可畏焉,斯不能矣,斯可畏矣;吾以为能焉,以为无畏焉,斯亦能矣,斯亦无畏矣。此其理真非钝根众生之所能悟也。[4]

《新民说》是梁启超在1902年至1906年,用"中国之新民"的笔名,发表在《新民丛报》上的系列文章。文中以拿破仑和讷尔逊为案例,来说明进

①梁启超:《与思顺书》,《梁启超年谱长编》,第634页。
②梁启超:《给孩子们书》,《梁启超年谱长编》,第676页。
③梁启超:《自由书·惟心》,《饮冰室合集》专集之二,第45—46页。
④梁启超:《新民说》,《饮冰室合集》专集之四,第28页。

取冒险的精神。并联系到佛家所云的"三界唯心,万法唯识",激发国人改造社会所具有的无畏的、能动的精神。

最能反映梁启超用唯识学来为社会改良道路指明方向的,当属于他1903 年发表于《新民丛刊》的文章《近世第一大哲康德之学说》。《新民丛报》是 20 世纪初资产阶级改良派的重要刊物。从梁启超于 1902 创刊于日本到 1907 年停刊,前后近六年。《新民丛报》是梁启超宣扬实行君主立宪、反对民主革命的理论阵地。关于唯识学与康德哲学的关系,梁启超作案语如下:

> 案:康氏哲学,大近佛学,此论即与佛教唯识之义相印证者也。佛氏穷一切理,必先以本识为根柢,即是此意。康德以为知慧之作用有二:其一,推理究义,用之以立言者;其一,实际动作,用之以制行者。此二者能力各殊,其在议论时,则就身外事物下考察之功者,此智慧也。其在实行时,则自动自作,而能造出一切业者,亦此智慧也。①

梁启超的《近世第一大哲康德之学说》是我国第一篇系统介绍康德哲学的文章,并将康德哲学与佛学糅合在一起,还参以王阳明的心学。因为阳明心学不是本书讨论的中心,故而该处只言佛学,尤其是唯识部分。

康德的哲学思想,梁启超认为主要反映在两大部著作里。其一:"纯性智慧之检点"(纯理性批判),现译为《纯粹理性批判》;其二,"实行智慧之检点"(实理性批判),现译为《实践理性批判》。梁启超指出:"前者世俗所谓哲学也,后者世俗所谓道学也,而在康氏则一以贯之者也。"②实际上,康德著有三大批判。其中,《纯粹理性批判》是讲唯心主义哲学,《实践理性批判》则是讲道德哲学,《判断力批判》是讲美学的。梁启超这里把康德的美学排除在外,这恐怕与中国人一直重视心性之学有莫大的关联。梁启超这里全面地将康德哲学与佛学进行了比较,认为,康德哲学(指以上两部批判)与佛教唯识之义是能够相互印证的。

康德的哲学一大特色是"自由",梁启超在论康德哲学指出:康德以自由为一切学术人道之本。不过,康德对自由观与佛教所言的自我、大我有同异之别。他作案语如下:

---

①梁启超:《近世第一大哲康德之学说》,《饮冰室合集》之十三,第 51 页。
②梁启超:《近世第一大哲康德之学说》,《饮冰室合集》之十三,第 51 页。

　　案：此论精矣尽矣，几于佛矣。其未达一间者，则佛说此真我者实为大我，一切众生皆同此体，无分别相，而康氏所论未及是。通观全书，似仍以为人人各自有一真我，而与他人之真我不相属也。又佛说同一真我，何以忽然分为众体而各自我，盖由众生业识妄生分别，业种相熏，果报互异。苟明此义，则并能知现象之所从出。若康氏犹未见及此也。虽然，其划然分出本质现象之二者，按诸百事百物，而皆一以贯之，可谓抉经心而握圣权者矣。康氏以自由为一切学术人道之本，以此言自由，而知其与所谓不自由者并行不悖，实华严圆教之上乘也。[①]

　　梁启超认为康德言自由，特别强调个体的自由，这个自由是有限度的，还达不到佛家所云"大我"的高度，这是"康氏所论未及是"。关于，自我、真我、大我的关系，梁启超以唯识学来解释：盖由众生业识妄生分别，业种相熏，果报互异。"自我"也就说每个人都有阿赖耶识，众生皆有自我，皆有"阿赖耶识"。但是，每个人都有觉悟的机会，从"自我"可以达到"真我"，用唯识家来说，即"转识成智"。不过，梁启超认为，康德也说现象与本质，也接触到佛家所云的"人人各自有一真我"，但是，康德哲学的"真我"还理解不到佛家说的"实为大我，一切众生皆同此体"。再有，康德哲学所讲的自由与不自由"并行不悖"的辩证思维，与华严圆教的思想相符契。

　　关于康德所说的"自由"，梁启超还有进一步的解释，他采用了《大乘起信论》的唯识学思想来作比较：

　　案：佛说有所谓"真如"，真如者即康德所谓"真我"，有自由性者也；有所谓"无明"，无明者即康德所谓现象之我，为不可避免之理所束缚，无自由性者也。佛说以为吾人自无始以来，即有真如无明之两种子，含于性海识藏之中而互相熏。夫以无明熏，故迷智为识。学道者复以真如熏无明，故转识成智。[②]

　　令人玩味的是，梁启超曾加入到近代以来《起信论》真伪问题的争辩之中，1922 年他作《大乘起信论考证》，欢喜踊跃，力证《起信》"而此业乃吾先民之所自出。得此足以为我思想界无限增重"[③]。梁启超与佛教界许多人

---

①梁启超：《近世第一大哲康德之学说》，《饮冰室合集》之十三，第 59 页。
②梁启超：《近世第一大哲康德之学说》，《饮冰室合集》之十三，第 60—61 页。
③梁启超：《大乘起信论考证序》，《梁任公近著第一辑》中卷，商务印书馆，1924 年，第 349 页。

士不承认《起信》是不同的,他觉得《起信》为中国人撰述是一件光荣的事情,反而对《起信》的思想推崇备至。《大乘起信论》唯识思想与玄奘《成唯识论》的唯识学有很大的不同,文中所述"真如无明互熏"为典型的《起信》之唯识学思想。梁启超认为康德所谓的"真我"即是《起信》所说的"真如",这是自由的;康德所谓"现象之我"即《起信》所说的"无明",这是不自由的。而追求自由的办法,就是《起信》所讲的"真如熏无明",从而完成玄奘唯识学所讲的"转识成智"。

在梁启超这里,《大乘起信论》和《成唯识论》的思想统一了。梁启超并不关心佛学义理派别之争,他做康德哲学与佛学比较的目的,是要为近代国人指明一条自我觉悟、自我救赎的自由之路。

第三节　章太炎革命思想与国学的唯识阐释及应用

章太炎(1869—1936),原名学乘,后易名为炳麟,字枚叔,号太炎,浙江余杭人。是清末民初著名的思想家、史学家、经学家、国学大师,同时又是一名资产阶级民主革命者,研究范围涉及政治、哲学、经学、佛学、历史、医学等,著述颇丰。与佛学有关的著作则主要有《建立宗教论》《人无我论》《齐物论释》《诸子学九篇》《菿汉三言》等。他借法相唯识学说表达了自己的政治理念和政治愿望。

一、诸子人性论唯识释与"俱分进化"论

章太炎的佛学著述及与佛学理论有关的著述有:《俱分进化论》(1906年)、《建立宗教论》(1906年)、《人无我论》(1906年)、《大乘佛教缘起说》(1908年)、《辨大乘起信论之真伪》(1908年)、《齐物论释》(1910年)、《诸子学九篇》(1910年)等。而章太炎佛学的基础在于唯识论,1903年他因《苏报》案被捕下狱,在狱中说自己:"始余尝观《因明入正理论》、《瑜伽师地论》,烦扰未卒读,羁时友人来致;及是,并致金陵所刻《成唯识论》。役毕,晨夜研通,乃悟大乘法义。"[1]在《建立宗教论》一文中他提出了"今之立教,

---

①章炳麟:《太炎先生自定年谱》,龙门书店,1965年,第10页。

惟以自识为宗"①的主张。他在《自述学术次第》中说："余治法相,以为理极不可改更,而应机说法,于今尤适。"②可见,法相唯识学是章太炎"经世致用"的思想工具。

而章太炎对儒家人性论的探讨具有系统性。1910 年章太炎编定《国故论衡》,1915 年上海右文社出版《章氏丛书》包括《国故论衡》三卷(分别为:小学、文学、诸子学),下卷《诸子学九篇》论《辨性》。1933 年收录了《菿汉三言》的《章氏丛书续编》于北京发行,其中也涉及了儒家人性问题。章太炎从唯识学的角度评价了儒家诸子的人性说,并且联系到他之前讨论的人性善恶道德的"俱分进化"论。

章太炎认为儒家谈人性的有五家,分别是:告子的"无善无恶说"、孟子的"性善说"、荀子的"性恶说"、扬雄的"善恶混说"、漆雕开等的"善恶以人异说"。他在《辨性》中说:

> 儒者言性有五家:无善无不善,是告子也;善是孟子也;恶是孙卿也;善恶混,是扬子也;善恶以人异,殊上中下,是漆雕开、世硕、公孙尼、王充也。(此即韩愈三品之说所本。)五家皆有是,而身不自明其故,又不明人之故;务相斩伐,调之者又两可。独有控名责实,临观其上,以析其辞之所谓,然后两解。③

这五家是"务相斩伐"的,唯有"临观其上",跳出儒家的范围才能解析此疑难,解决的方案是什么呢?他在《菿汉昌言》中说得更清晰了,曰:"诸言性善、性恶、性无善无不善、性善恶混同,皆不能于阿赖耶识之外指之。"④按照唯识学的说法,第八识阿赖耶识含藏万有染净善恶的种子,人的善恶言行都是阿赖耶识变现的。章太炎指出人性被"阿赖耶识"含摄的观点并不是首创。明末智旭在《论语点睛》中曾说:"子曰:'性相近也,习相远也。'性近习远,方是不变随缘之义。"⑤"性"即"不变随缘","不变随缘"源出于《大乘起信论》,生灭不生灭和合,而成"阿赖耶识"。需要交代的是,章

---

①章太炎:《章太炎全集·太炎文录初编》,徐复点校,上海人民出版社,2014 年,第 436 页。

②章太炎:《自述学术次第》,章太炎、刘师培等:《中国近三百年学术史论》,上海古籍出版社,2006 年,第 120 页。

③章太炎:《国故论衡》,上海古籍出版社,2003 年,第 134 页。

④章太炎:《菿汉三言》,上海书店出版社,2011 年,第 79 页。

⑤〔明〕智旭:《周易四书禅解》,施维、周建雄整理,巴蜀书社,2004 年,第 311 页。

太炎多秉承了明末以《华严》《起信》解唯识的唯识古学学系,太虚也是兼收并包治学古今学,与支那内学院欧阳竟无、吕澂完全宗于玄奘所传的唯识今学属于不同的学理路向。

章太炎分析了孟荀的人性论,说孟荀人性善恶论相当于唯识学说的意根(第七识末那识),可是第七识虽"有覆无记"(有染污但不记善恶),可以为善,也可以为恶,孟荀只说到一个方面。章太炎说:

> 孙卿日:生之所以然者谓之性。夫意根断则阿罗耶不自执以我,复如来藏之本,若是即不死不生。生之所以然者,是意根也。……孟子以为能尽其材,斯之谓善。大共二家皆以意根为性。意根一实也,爱慢悉备,然其用之异形,一以为善,一以为恶,皆趢也。①

第七识"末那",为梵语 manas 之音译,意译为意,思量之义。与"痴""见""慢""爱"四根本烦恼恒常相随,为善亦可为恶。就荀子的"性恶说"而言,是人的第七识烦恼恶的自然流露形式,可谓原始属性,是"生之所以然者谓之性"。而孟子的"性善说",同样也是人第七识"爱""慢"的自我表现,见孺子入井动了恻隐之心,章太炎称之为"审善",是第六意识推第七识意根之"我爱"而泛爱孺子。至于"我慢",是"耻我不自胜",自以胜人,救孺子有骄慢心。故而,章太炎认为,孟荀两家均蔽于一隅了。

至于告子"性无善无不善说"在章太炎看来,比孟子"性善说"还要高明些。但是面对孟子的责难,告子"知其实,不能举其名,故辞为之拙矣"②。告子看到了"生之谓性",以第八识阿赖耶识为性,因为第八识具有"无覆无记"(无染污也不记善恶)的体性,故而"无善无恶"。告子认为在自然属性的前提下,牛、犬与人三者特性理所应当是一致的。这在孟子看来,告子的观点超出了人的伦理尺度,不可理喻。可在佛教看来呢,动物和人一样,也有识性,例如《大乘密严经》云:"一切众生阿赖耶识,本来而有圆满清净。"③这就是佛家常说的"一切众生皆有佛性"的平等观。另外,扬子的"善恶混说"虽以阿赖耶识受熏之"种子"为性,这也是很见识的观点,因为

---

① 章太炎:《国故论衡》,第 134—135 页。
② 章太炎:《国故论衡》,第 134—135 页。
③ 《大乘密严经》,《大正新修大藏经》第 16 册,(台北)财团法人佛陀教育基金会,1990 年,第 737页。以下简称《大正藏》"。

第八识藏识含藏有一切善恶种子，章太炎点出扬子可惜的是"不悟阿罗耶恒转，徒以此生有善恶混。所以混者何故，又不能自知也"[①]。最后，关于漆雕诸子"人性上中下三品说"，也是以受熏"种子"为性，他们看到了人性有善恶不同的倾向，但是僵化地分为上中下三种类别，故而章太炎也批评"漆雕之徒不悟，而偏执其一至，以为无余，亦过也"[②]。这五家论人性，章太炎认为都远不及孔子，孔子论"上智与下愚不移"，对所有人一视同仁，此乃"无我性"，这明显又是佛家的观点了。

　　章太炎以唯识学解析儒家人性论属于应用型的经世哲学，虽然他是古文经学重要代表，但从该文以佛释儒的思想来看，对诸子进行漫谈点评仍然打上了"六经注我"的今学烙印，这与章太炎宗于佛家的立场有关。他在《辨性》"下篇"分别从神教、学术、法论、位号、礼俗、书契等六方面论证文明人比蠕生者（未开化人）愚蠢，进而得出痴与见、智与愚双向并进。

　　早在1906年，章太炎撰写《俱分进化论》（发表于《民报》第七号），他认为在社会的进化过程中，善与恶、苦与乐是"并进"的。他指出：

　　　　进化之所以为进化，非由一方直进，而必须由双方并进。专举一方，惟言知识进化可尔。若以道德言，则善亦进化，恶亦进化；若以生计言，则乐亦进化，苦亦进化。双方并进，如影之随形，罔两之逐影。

　　章太炎所提倡的"俱分进化"是针对西方盛行的达尔文"进化论"之"优胜劣汰"而言。在他看来，随着人类的科学知识不断积累和西方物质文明的高度发达，人们的道德观念未必会变好，甚至有可能更坏。人类善恶、苦乐是同时进化的，人们的道德观念是善也进化，恶也进化；而人们的物质生活是乐也进化，苦也进化。章太炎的"俱分进化"从唯识学种子善恶说的理论自然会推导出来。章太炎认为，人的行为有善、恶的分别，是因为人的阿赖耶识中的种子受到"熏习"染上了善、恶的习性。推而广之，善与恶、苦与乐进化的"双方并进"，在社会历史进化观中也同样存在。

　　再有，章太炎的"俱分进化"与"外忧内患"之中华民族与帝国主义的矛盾有关。章太炎是资产阶级民主、民族主义革命派思想的代表。一方面，西方列强为侵略贫穷落后的民族寻找借口把进化论的"优胜劣汰"法则推

---

① 章太炎：《国故论衡》，第136页。
② 章太炎：《国故论衡》，第136页。

向了民族沙文主义。章太炎认为帝国主义所谓的先进科技和文明,比没有开化的愚昧时代的蠕生还要野蛮。中国资产阶级民主革命,与世界民主革命相比,在反封建的同上,也承担着反帝的任务。章太炎撰此文,是想鼓舞民众反抗帝国主义强权的斗志。

而西方资本主义国家本身也存在不可调和的内部矛盾和社会危机。章太炎看到,资产阶级所宣扬的"自由、平等、博爱"的文明,不惜牺牲别的民族的利益和把自身的危机转嫁给他国,资本主义社会的阶级不平等、穷奢极欲、虚伪奸诈的现象也是无法避免的。章太炎认为,按照资本主义的发展方向,人类社会永远不可能到达"尽善至乐"的境地。由此,章太炎提出"五无论"(无政府、无聚落、无人类、无众生、无世界)。这是佛教"无我"思想的体现,在章太炎的世界观和人生观里,佛教才是最究竟的真理所在。

二、《齐物论》唯识释之"平等"观

章太炎的思想路线,如他自己在《菿汉微言》"自述"中所述,开始须"转俗成真"(明真),最终须"回真向俗"(通俗)。其为学路向的分界点则是他1910—1911年间撰于东京的《齐物论释》。前期的"转俗成真",章太炎是从朴学、诸子学以及西方进化论和社会学转向了佛教的唯识学;后期的"回真向俗",章太炎是以佛学尤指唯识为标尺转向了对诸子及古今中外的学术思想的评判。章太炎在回顾撰述《齐物论释》经过时,说是庄子哲学"与瑜伽、华严相会"之著。梁启超评价章太炎的《齐物论释》:"是他生平极用心的著作,专引佛家法相宗学说比附庄旨,可谓石破天惊。"[1]该著不是一般佛道会通的纯理之作,目的在于诉诸于政治社会,章太炎于1913年的《自述学术次第》中说:"余既解《齐物》,于老氏亦能推明。佛法虽高,不应用于政治社会,此则惟待老庄也。"[2]章太炎对《齐物论释》自视甚高,称该著"千载之秘,睹于一曙","可谓一字千金矣"。高瑞泉指出,章氏是第一个以现代"平等"观念来解读《庄子》的人[3]。

章太炎认为,《庄子》的精神在于自由、平等。他以《逍遥游》喻自在(自由),以《齐物论》喻平等。他说:

---

[1]梁启超:《中国近三百年学术史》,天津古籍出版社,2003年,第263页。
[2]章太炎:《自述学术次第》,《中国近三百年学术论》,第120页。
[3]参见高瑞泉:《论现代嬗变中的"平等"观念》,《学术月刊》2005年第7期。

维纲所寄，其唯《逍遥》、《齐物》二篇，则非世俗所云自在平等也。体非形器，故自在而无对；理绝名言，故平等而咸适。①

《庄子》的纲要在章太炎看来，为《逍遥游》《齐物论》两篇。《庄子》是为解脱世俗的羁绊，追求真正的自由、平等。对于近代中国而言，章太炎赋予了《庄子》一种能够与西方资本主义民主相对话的宣扬自由平等的救世哲学的地位。《齐物论释》是章太炎受到西方自由、平等的民主思想的影响后，试图从中国传统哲学里寻求思想资源来回应西方民主的著述。值得注意的是，作为资产阶级革命派，章太炎的民主思想并不是严格意义上的西方的民主，他的治学根基在于国学、佛学，准确地说他归属于东方文化保守派。章太炎所说的自由、平等实则是中国化的自由、平等。

那么，什么是齐物、平等呢？章太炎在《齐物论释》中把《庄子》之"齐物"义解释为佛家所言的"平等"义。他说：

齐物者，一往平等之谈，详其实义；非独等视有情，无所优劣，盖离言说相，离名字相，离心缘相，毕竟平等，乃合《齐物》之义。②

章太炎认为，"齐物"的"平等"义，是《大乘起信论》所说的唯识学观。《起信论》云："故一切法，从本已来，离言说相，离名字相，离心缘相，毕竟平等，无有变异，不可破坏。唯是一心，故名真如。"③齐物，是一种不可言说，也无法言说的本体实相。不再执着追求语言、文字，唯是一心，才能达到真正的平等之境。对于如何达到平等，章太炎还说："其文既破名家之执，而即泯绝人法，兼空见相，如是乃得荡然无阂。"④"泯绝人法"，是说要达到人法二空（我空与法空），"兼空见相"，是说还要空掉、破除唯识学所说的心识的见分（类似于认识的主观性）与相分（类似于认识的客观性）。这样才能达到"齐物"（平等）。

关于以唯识来解释《齐物论》篇幅还有不少。例如，《齐物论》开篇有南郭子綦与颜成子游的对话。子游问曰：敢问天籁？子綦答曰：夫吹万不同，而使其自己也，咸其自取，怒者其谁邪？章太炎以唯识学的理论解释说：

①章太炎：《齐物论释》"序"，《章太炎全集》第6册，第3页。
②章太炎：《齐物论释》，《章太炎全集》第6册，第4页。
③《大乘起信论》，《大正藏》第32册，第576页。
④章太炎：《齐物论释》，《章太炎全集》第6册，第61页。

天籁中吹万者,喻藏识;万喻藏识中一切种子,晚世或名原型观念。非独笼罩名言,亦是相之本质,故曰吹万不同。使其自己者,谓依止藏识,乃有意根自执藏识而我之也。①

"天籁中吹万者"被章太炎比喻为第八识。法相唯识学认为第八识"藏识"(又名阿赖耶识),含藏产生、变现世界万有的一切种子。近代西方学者称为"原型观念"②。他又把"使其自己者"比喻为第七识。第七识"末那识"依止第八识"藏识",有执着为我的意思,所以说"使其自己者"。而且,第七识是第六意识的依止的根据,所以第七识又名"意根"。

考察章太炎《齐物论释》要放在一定的历史背景下,该著具有反帝反封建的资产阶级民主革命的性质。章太炎提出的"齐物"平等受到西方民主的鼓舞,与封建之"专制"是争锋相对的。近代中国是一个保守封建王朝,并且受到西方列强的野蛮侵略,他在《齐物论释定本》中愤怒地揭露八国联军的罪行:"志存兼并者,外辞蚕食之名,而方寄言高义,若云使彼野人,获与文化,斯则文野不齐之见,为桀、跖之嚆矢明矣。"③西方资本主义国家在20世纪初相继完成了第二次工业革命,并开始向亚洲新一轮的殖民扩张。章太炎于1907年在日本东京发起成立了"亚洲和亲会",在撰写的《亚洲和亲会约章》开篇就有"反对帝国主义"的字眼。

总体说来,章太炎以《庄子》"齐物"阐平等义的目的是要打破现实社会的不平等现象,从而实现社会的平等,为他的革命理念造势。关于"平等"的阐释,章太炎在许多著述中还有提及,这反映了他"回真向俗"的主张。例如,他在《论佛法与宗教、哲学以及现实之关系》(1911年)一文中还提到,世间之"平等"的思想,即《庄子·齐物论》所讲的"齐物"义,当然庄子云齐物是观念的平等,齐是非、齐善恶,打破是非善恶的错误见解。该文作于1911年,正是辛亥革命的革命浪潮风起云涌之际,他在为资产阶级推翻封建制度的民主革命做出理论上的论证。不过,在章太炎眼里,西方所谓人人平等的民主观念还是不如国学所讲的平等观。他在《国学概论》(1922年)中指出,近人所说的世间平等,仅仅指人与人之间的平等,然而人和禽

---

①章太炎:《齐物论释》,《章太炎全集》第6册,第65页。
②荣格倡"原型理论",指"集体无意识"。有些唯识学者认为,荣格的"集体无意识"与唯识学所讲的阿赖耶识很相似。
③章太炎:《齐物论释定本》,《章太炎全集》第6册,第100页。

兽草木的平等关系,则会被漠视。至于佛教,倡导众生平等,章太炎认为,佛法把人和禽兽平等了,然而"庄子却更进一步,与物都平等了"①。在章太炎的思想观念里,国学、佛学的民主思想资源是高于西方的民主理论的。他是想借助西方的民主理论,从东方哲学庄子和佛教的思想资源中为国人寻找到一剂治国的良方。

①章太炎:《国学概论》,上海古籍出版社,1997年,第34页。

第二章　民国时期南京支那内学院
对玄奘唯识学的重振

第一节　欧阳竟无对玄奘唯识学的抉择

　　欧阳竟无(1871—1943)，名渐，字竟无，江西宜黄人。欧阳于 1922 年在南京创立的支那内学院，是近代研习唯识学重镇，与北方的唯识大师韩清净并称为"南欧北韩"。欧阳突出的思想贡献在于提出了"法相、唯识分宗说"，划分了"唯识古、今学"，以及架构了唯识学之体用哲学。太虚评价欧阳"胜军之后有斯文"，意谓欧阳之唯识学问可以与印度唯识师相媲美。东初在《中国佛教近代史》中赞誉欧阳"实唐玄奘后第一人"。欧阳治学及办学的宗旨在于复兴唐代玄奘的唯识宗学。

一、法相、唯识分宗

　　唯识学名目较多，又名瑜伽学、法相学、慈氏学、慈恩宗学或法相唯识学等。欧阳竟无发现唯识与法相在经典与义理上有差异。1925 年欧阳竟无致信时任教育部长的章士钊，阐明了支那内学院办学的旨意和心得，将其概括为"总得之理"、"法相之理"与"唯识之理"。欧阳交代说："唯识、法相学是两种学，法相广于唯识，非一慈恩宗所可概。"[①]他于 1938 年院友会上还宣说《辨唯识法相》，"盖弥勒学者，发挥法相与唯识二事也。初但法相，后创唯识"[②]。

　　那么，法相、唯识之间究竟有何差异呢？欧阳早在他所作的《百法五蕴论叙》(1916 年)中，就首次提出了法相、唯识进行分宗的构想，试图要把护法—玄奘、窥基的"唯识"学系与"法相"学系鉴别开来。之后，欧阳陆续在

---

①欧阳竟无：《与章行严书》，欧阳竟无著，黄夏年主编：《欧阳竟无集》，中国社会科学出版社，1995年，第 184 页。
②欧阳竟无：《欧阳竟无著述集》，赵军点校，东方出版社，2014 年，第 423 页。

撰写的《世亲摄论释叙》(1916年)、《瑜伽师地论叙》(1917年)、《杂集论述记叙》(1919年)、《瑜伽真实品叙》(1921年)中进一步深化、完善了他的"法相、唯识分宗"理论。与欧阳一同创立支那内学院的章太炎对欧阳的发现甚为推崇。他在《支那内学院缘起》中说道:"尝言'唯识、法相唐以来并为一宗,其实通局、大小殊焉'。余初惊怪其言,审思释然,谓其识足以独步千祀也。"①

1. 法相、唯识在教理观行上的区别

关于法相、唯识理论和实践修法的异处,欧阳于1916年在《百法五蕴论叙》中认为有四点不同,他说:"约缘起理建立唯识宗,以根本摄后得,以唯有识为观行,以四寻思为入道。约缘生理建立法相宗,以后得摄根本,以如幻有诠教相,以六善巧为入道。"②欧阳认为唯识宗与法相宗的特点是:一,缘起论与缘生论;二,在通达位(见道位)上先"根本智"而后"后得智"与先"后得智"而后"根本智";三,在加行位上以四寻思③入道与以六善巧④入道;四,注重心识之主体与注重现象界之客体。

1917年,欧阳在《瑜伽师地论叙》当中将法相、唯识分宗在教义上的差别又详细地总结为"十义",其所论如下:

> 一者,对治外小心外有境义,建立唯识义;对治初大恶取空义,建立法相义。
>
> 二者,若欲造大乘法释,应由三相而造:一由说缘起,二由说从缘所生法相,三由说语义。是故由缘起义建立唯识义,由缘生义建立法相义。
>
> 三者,观行瑜伽归无所得,境事瑜伽广论性相,是故约观心门建立唯识义;约教相门建立法相义。
>
> 四者,八识能变,三性所变,是故能变义是唯识义,所变义是法相义。
>
> 五者,有为无为一切诸法约归一识,所谓识自性故,识所缘故,识

---

①章太炎:《支那内学院缘起》,田光烈:《玄奘哲学研究》"附录",第182页。

②欧阳竟无:《百法五蕴论叙》,《中国现代学术经典·杨文会、欧阳渐、吕澂卷》,第317页。

③出自《成唯识论》。所谓寻思,为寻求、思察之意。为名、义、自性、差别四境。

④以蕴、处、界等法施设善巧修习观察。出自《辩中边论》卷中,《瑜伽师地论》卷三四"十善巧义"。

分别为:蕴、处、界、缘起、处非处、根、世、谛、乘、有为无为。

助伴故,识分位故,识清净故;又复以一识心开为万法,所谓五蕴、十二处、十八界、二十二根、四谛等,是故约义是唯识义,开义是法相义。

六者,精察唯识,才一识生,而自性、所依、所缘、助伴、作业因果交相系属,才一识生,四识互发;又复精察法相,虽万法生而各称其位,法尔如幻,就彼如幻任运善巧宛若为一。是故开义是唯识义,约义是法相义。

七者,了别义是唯识义,如如义是法相义。

八者,理义是唯识义,事义是法相义。

九者,流转真如、实相真如、唯识真如义,是唯识义;安立真如、邪行真如、清净真如、正行真如义,是法相义。

十者,古《阿毗达磨》言境多标三法,今论言境独标五识身地、意地,是故今义是唯识义,古义是法相义。是为略说二宗互相对义。①

此"十义",可以说是对他于1916年所撰《百法五蕴论叙》的进一步解释。例如,其中第二义说的是"缘生论"与"缘起论",第三义"约观心门建立唯识义,约教相门建立法相义"和第四义"是故能变义是唯识义,所变义是法相义",两者差别可以直接反映在名义上。毫无疑问,唯识派注重心识主体,法相派注重现象客体。第五义和第六义,是对法相、唯识在加行位上四寻思、六善巧的说明。顾净缘据此认为,法相派是"由外修到内,由博修到约,由三界修到一身,由万法修到一识";而唯识派却是"由内修到外,由约修到博,由一身修出三界,由一识修出万法"②。不过,他强调说并不能绝对地分成两派。第七、八、九、十义则可以看作是对上述几条的引申义。

除了法相、唯识有"十义"之别,欧阳于1921年所撰的《瑜伽真实品叙》中在"十义"的基础之上又补充了"六义",他说道:

譬如被机,唯识被二,不定及大,法相齐被二乘无姓。

譬如正智,唯识虽净,唯是相应,而非即智,法相家言依他具二,一妄分别是心心所,一即正智。

譬如论议,唯识有五不判,法相即无不谈。

譬如三世,唯识谈种,即一现在托过未种变似三时,而实一现,法

①欧阳竟无:《瑜伽师地论叙》,《中国现代学术经典·杨文会、欧阳渐、吕澂卷》,第288页。
②顾净缘:《法相演坛》,吴信如编著:《法相奥义》,中国藏学出版社,2006年,第213页。

相谈相,果相所对便谈过去,因相所对便说未来,三法展转而实现在。

譬如六根,唯识缕分,最后判言,若入果位,六根互用;法相家言:法相不可乱,非耳能视,非目能听,种与种相网,执破者无畛限,目挟耳种而现行而实耳闻,耳挟目种而发现而实目见。

譬如涅槃,唯识无住,但对般若自性涅槃,而俱简小;法相普被,有余无余以为其果,《瑜伽》地中即以标目。①

欧阳从"被机"(大小乘应机说法)、"正智"、"论议"、"三世"(过去、现在、未来世)、"六根"(眼、耳、鼻、舌、身、意)、"涅槃"六个方面,分开来阐述唯识、法相之不同。此六义判别有个总的原则是:"若论机感,唯识有简,便有其略,法相咸应,罄无不详。"②也即是"被机"(对机种姓而言),《大乘入楞伽经》卷二称五种种姓为:声闻乘、缘觉乘、如来乘、不定种姓、无种姓。唯识学因为简略,在法义的抉择上,有所取舍,只针对大乘及不定种姓;而法相学则不同,在法义抉择上无所不包,五姓齐被,甚至是无种姓也涵括在内。而玄奘的唯识宗学就属于欧阳简别法相、唯识学后所指的唯识学,因为玄奘当初印度求学就是对中国流传的"一切众生皆有佛性"说有疑问,而玄奘所宣扬的唯识宗学"无种姓"说也成为这一宗派区别于其他宗派的一个特色。

2.法相、唯识在论典上的区别

法相、唯识所依据的佛教经典论书也不同。通常而言,唯识学经论有"一本十支"总计十一部论书之说。其中,《瑜伽师地论》是本论,称为"一本";而《百法明门论》《五蕴论》《显扬圣教论》《摄大乘论》《阿毗达磨杂集论》《辩中边论》《二十唯识论》《三十唯识论》《大乘庄严论》《分别瑜伽论》十书则是支论,称为"十支"。欧阳于1916年在《百法五蕴论叙》说:

　　《瑜伽》十七地摄二门尽,建立以为一本。抉择于《摄论》,根据于
　　《分别瑜伽》,张大于《二十唯识》、《三十唯识》,而胚胎于《百法明门》,
　　是为唯识宗,建立以为五支;抉择于《集论》,根据于《辨中边》,张大于
　　《杂集》(《杂集》者,糅《集论》为一论,不别立《集论》支也),而亦胚胎于

①欧阳竟无:《瑜伽真实品叙》,《中国现代学术经典·杨文会、欧阳渐、吕澂卷》,第320页。
②欧阳竟无:《瑜伽真实品叙》,《中国现代学术经典·杨文会、欧阳渐、吕澂卷》,第320页。

《五蕴》,是为法相宗,建立以为三支。①

欧阳是把十一部论书中的九部划分成法相、唯识两派论典。其中"一本"总依据依然是法相唯识学的大论《瑜伽师地论》,而"十支"中唯识宗学占了五支,法相宗学占了三支。

欧阳于1921年所作的《瑜伽真实品叙》中对"法相、唯识分宗"的论书作了概述:

> 唯识阶梯《百法》,法相则有《五蕴》;唯识根底《摄论》,法相则有《中边》;唯识张大《成唯识》,法相则有《杂集》。资粮探讨,固具备欤?然《楞伽》八识二无我,《百法》诠之,赅简圆明,如观掌中庵摩勒果;《楞伽》五法三自性,《五蕴》阙如,必如《百法》方便善巧馈饷有情,唯有《瑜伽本地》、抉择《真实品》文,庶乎其近。②

欧阳认为法相、唯识所依佛教论典有差别,唯有"一本"之《瑜伽师地论》是二者共通所宗,尤其反映在《瑜伽本地》和《瑜伽真实品》上。而二者差别,他于1922年在支那内学院讲演《唯识抉择谈》第十"抉择法相谈唯识"中就讲得更清楚:

> 一时极唱,性相两轮。明了而谈,一遮一表。都无自性故,所以必遮;相应如如故,所以必表。法相赅广,五姓齐被;唯识精玄,唯被后二。详见他叙,此姑不赘(《瑜伽论》叙十义、《真实品》叙六义,参看法相摄《阿毗达磨》全经,唯识摄《摄大乘》一品;法相摄十二部经全部,唯识摄《方广》一部。③

由上,欧阳认为《瑜伽本地分》在法相、唯识分宗上有十条差别,也就是前面所述的"十义",而《瑜伽真实品》在法相、唯识分宗上有六条差别,也即是前面所述补充的"六义"。如此,在经论和教理行证上,唯识和法相分宗的区别就可以很明朗地显现出来。

另外,需要特别交代的是,欧阳虽然认为"法相与唯识是两种学",可是他一再强调"法性、法相是一种学";"唯识与唯智为一说"。他在《唯识抉择

---

① 欧阳竟无:《百法五蕴论叙》,《中国现代学术经典·杨文会、欧阳渐、吕澂卷》,第317页。
② 欧阳竟无:《瑜伽真实品叙》,《中国现代学术经典·杨文会、欧阳渐、吕澂卷》,第318页。
③ 欧阳竟无:《唯识抉择谈》,《欧阳竟无集》,第120页。

谈》中第四"抉择二谛谈俗谛"时,还提到了"性相二宗俱谈空义,但性宗之谈系以遮为表,相宗之谈系即用显体"。性相二宗一为"遮诠",一为"表诠",龙树、无著并无性相之分,实则均是佛家大乘真实空性义。此处,欧阳所判摄的"性宗"、"唯智",指的是"空宗"(印度大乘中观派,其大论为《大智度论》),是相对于"有宗"(印度大乘瑜伽行派)、"唯识"而言的,并不是现在我们通常所讲的如来藏、真常唯心系佛学。欧阳对如来藏系佛学是坚决予以排斥和抵制的,此处不再详加讨论。欧阳提倡法性学、唯智学之空宗学说并不奇怪,因为支那内学院教宗的玄奘大师,除了翻译了唯识论经典,同样也翻译了《般若经》。

欧阳"法相、唯识分宗"说的提出,激起了一些佛教界人士的否定。太虚撰文驳斥了欧阳的观点,太虚从融通诸教的立场出发,认为:"法相必宗唯识","唯识必摄法相"。就法相唯识宗言,"凡属遮表言思所诠缘者,无非法相,一一法相,莫非唯识。故法相所宗持者曰唯识,而唯识之说明者曰法相"[1]。而印顺则认为法相与唯识不一定冲突,也不一定同一。他认为,"法相不必宗唯识",但"唯识必是法相的"[2]。

欧阳"法相与唯识是两种学"的创见可以说是欧阳对印度大乘瑜伽行派及流传到中土的唯识宗学的整体把握。"唯识、法相分宗说"可谓是"欧阳瑜伽学研究的根本创获,也是他一生佛学思想的核心突破"[3]。值得注意的是,欧阳"法相、唯识分宗"说,并不是说真的就把唯识、法相截然化成二派了,或许仔细考究起来他的划分还有许多牵强的地方。但从佛教思想史的角度而言,把二者鉴别开来,有助于认识法相唯识学的发展和演化,有助于了解玄奘的中国唯识宗学与印度大乘瑜伽行派的区别。

二、唯识古、今学划分

在唯识学史上,唯识古、今学是有效判别各家学派归宿的一个重要判断标准。20世纪以来,唯识古学、今学之说最先是由欧阳竟无于1916年

---

①太虚:《竟无居士学说质疑》,太虚著、黄夏年主编《太虚集》,中国社会科学出版社,1995年,第157页。
②参见印顺:《辨法相与唯识》,《现代佛教学术丛刊》第28册《唯识学问题研究》,第85页。
③参见张志强:《"法相"与"唯识"何以分宗? ——试论"唯识、法相分宗说"在欧阳竟无佛学思想中的奠基地位》,《中国哲学史》2010年第3期。

在《百法五蕴论续》中提出来并阐述的。欧阳在梳理大乘瑜伽学著书论典时，首次发现了法相、唯识可分成二宗，同时，他也发现了可把唯识学划分为古学、今学二学。在欧阳的教法体系里，法相宗学有古学、今学之分；唯识宗学也有古学、今学之分。不过，大体而言，法相宗学约归于古学；唯识宗学约归于今学。欧阳唯识古、今学的划分是在玄奘译籍和思想的基础上提出的，玄奘的翻译和真谛学的翻译有很大的差别，欧阳认为这并非仅仅是翻译学的问题，折射出背后更深层次的是二者归属于不同的学派，他判定玄奘译学是为今学，真谛译学是为古学，并推崇玄奘今学为唯一。

　　欧阳之后，具体阐述唯识古学、今学之间联系和差别并被教界和学界广为人知的是他的得力助手吕澂。吕澂在《论庄严经论与唯识古学》(1924年)"唯识古学与今学"中，详细地辨明了古今之不同。尤其是他提出应以唯识学的演化进程作为判别二者之间不同的根据。吕澂认为古学为"祖述二家(无著、世亲)学说而推阐之"，今学为"演变二家(无著、世亲)学说而推阐之"[1]。这是非常有见地的看法。欧阳座下另外一个弟子王恩洋在《唯识通论》中也顺从师说，判别了唯识古学、今学之不同，他认为："总观其异，古唯识若谓唯识无境故说唯心，今唯识学义谓内境也不离识故说言唯心；前者色等俱无，后者十二处有。"[2]刘洙源在《唯识学纲要》中也受到欧阳的影响，把古今之学溯源于"一本十支"论。他认为，弥勒的《瑜伽师地论》为一本；其中讲唯识的有弥勒的《分别瑜伽论》、无著的《摄大乘论》、世亲的《二十唯识论》《三十唯识颂》和《百法论》，根据《瑜伽》宣说大义，是为古学；其中讲法相的有世亲的《辩中边论》(依据弥勒的《辩中边论颂》)、师子觉的《杂集论》(依据无著的《大乘阿毗达磨集论》)、世亲的《五蕴论》(也是依据无著的《大乘阿毗达磨集论》)，也是为古学；其中既讲唯识又讲法相的是无著的《显扬圣教论》、世亲的《大乘庄严经论》(依据弥勒的《庄严颂》)别出新意，以示抉择，是为今学[3]。

　　早在1916年的《百法五蕴论续》，欧阳不仅提出"法相、唯识分宗"说，而且还提出了"唯识古、今学"说，瑜伽学经典的归属也大致完成。欧阳说：

---

[1]吕澂：《论庄严经论与唯识古学》，《吕澂佛学论著选集》卷一，第73页。

[2]《唯识通论》，王恩洋：《中国佛教与唯识学》，宗教文化出版社，2003年，第182页。

[3]参见刘洙源：《唯识学纲要》，太虚主编：《海潮音文库》第3编，(台北)新文丰出版公司，1985年，第251页。

无著授天亲《摄论》、师子觉《集论》,皆以瑜伽法门诠对法大义,是为古学。无著括《瑜伽》五分而别出己意以《显扬圣教》,则《显扬》者,一略本《瑜伽》是也;括《本事菩萨地》而别出己意以《庄严大乘》。则《庄严》者,又一《地持善戒》也,是为今学,建立以为二支。①

欧阳汇集《百法明门论》《大乘五蕴论》各家注疏为一册,并撰《百法五蕴论叙》,将唯识宗所宗"六经十一论"的"十一论"分成法相、唯识或古、今学二家。其中《摄大乘论》《阿毗达磨杂集论》为古学,《显扬圣教论》《大乘庄严经论》为今学。

而在上一章节欧阳在谈法相、唯识分宗时,却认为:《摄大乘论》属于唯识宗,《阿毗达磨杂集论》为法相宗学。综合起来,《摄大乘论》属于唯识宗学之古学;《阿毗达磨杂集论》属于法相宗学之古学。也就是说唯识学有古今之分;法相学也有古今之分,法相与唯识均有古学、今学的系统差别。

1917年欧阳在《瑜伽师地论叙》中在谈到《阿毗达磨杂集论》时,说:"古《阿毗达摩》言境多标三法,今论②言境独标五识身地、意地,是故今义是唯识义,古义是法相义。"③也就是说法相、唯识分宗还有分别古义、今义的差别。欧阳"今学是唯识宗;古学是法相宗"的论断大致已经明了,欧阳并没有深入展开研究。

1925年欧阳在写给章行严的书信中总结支那内学院的学术成果时,提到唯识学古、今学这两个不同的教法系统。他说:"今古学同尊无著、世亲之籍,而传本各异。奘师承今学译名润文,但存今学传本之精,以西藏异译勘无著、世亲原文,而古学传本之精时见。"④玄奘传入中土的唯识宗学属唯识今学。

直到1926年,欧阳在支那内学院出版了《唯识讲义》,详细地阐述了唯识古、今学的义理。就玄奘《瑜伽师地论》的译本而言,主要由以下五个部分分组成:《本地分》(1—50卷)、《摄抉择分》(51—80卷)、《摄释分》(81—82卷)、《摄异门分》(83—84卷)、《摄事分》(85—100卷)。欧阳认为五分中,前四分讲唯识今学,第五分则宣扬唯识古学。

---

①欧阳竟无:《百法五蕴论叙》,《中国现代学术经典·杨文会、欧阳渐、吕澂卷》,第317页。
②指《瑜伽师地论》。
③欧阳竟无:《瑜伽师地论叙》,《中国现代学术经典·杨文会、欧阳渐、吕澂卷》,第288页。
④欧阳竟无:《与章行严书》,《欧阳竟无集》,第185页。

而对于《阿毗达磨杂集论》与《瑜伽师地论》在古、今学上的分化，欧阳在《唯识讲义》中进一步交代说：

> 《杂集论》者括《瑜伽师地论》一切法门，集《阿毗达摩经》所有宗要，而以蕴处界三科为宗，此论义广而赅备，文约而义丰，古今之异轨（《瑜伽》法门是今学，《对法》宗要是古学），小大之通途，经论之杂糅，群圣之荟萃，无不兼而有之，法相妙典，博大简明，推此第一。①

欧阳指出，印度瑜伽行派的本论《瑜伽师地论》属于今学；而《阿毗达磨杂集论》（欧阳曰《对法》）属于古学。如果联系到前面《瑜伽师地论》五分中只有最后一分属古学，其他四分均属今学，那么瑜伽行派的根本论典《瑜伽师地论》整体上可归于今学。

划分唯识古、今学对于欧阳而言是有意义的，欧阳创办支那内学院一大宗旨就在于复兴玄奘唯识宗学。而中土的玄奘唯识宗学则归于唯识今学，对于唯识学古学一系真谛，欧阳有料简的必要。欧阳于《唯识讲义》中梳理出法相唯识宗在中土流传的一个法脉情况，如下：

> 相宗在中土首先宏传者为菩提流支及真谛三藏。更溯远源，则皆本自世亲。无著授世亲二论，俾之作释，一曰《十地经论》，二曰《摄大乘论》。菩提流支弘《十地经》，乃有地论宗。真谛三藏弘《摄大乘》，乃有摄论宗。二家主张多从印度南方学派安慧之说。安慧与护法同时，学从古说，故唯识述记称之为古师安慧，护法为北方学派，学多创新。是为中土之古学派。玄奘学宗护法，为今学派。或又可以新旧二派分之。②

如同一般的佛教史所述，南北朝时唯识学的流传有摄论师和地论师二派学人。菩提流支为地论师，弘传《十地经论》；真谛为摄论师，弘传《摄大乘论》。欧阳指出，这二派遵从安慧的学说，安慧是唯识古学的代表。而玄奘的《成唯识论》主要以护法释世亲的《唯识三十颂》的观点为主。故而，护法—玄奘可谓一个教法体系，是为今学。

不过，欧阳对安慧、真谛等唯识古学是非常不满的，驳斥真谛唯识古学驳杂多端，"谬误之处又不胜举"。他说：

①欧阳竟无：《唯识讲义》，支那内学院，1926 年，第 22—23 页。
②欧阳竟无：《唯识讲义》，第 16 页。

至于真谛所译之书,偏重唯识,后来奘师多加重翻。以两本相较,则旧义泥守古说异义纷然,谬误之处又不胜举。故中土唯识学派嫡传不能不推奘师。盖由释迦而弥勒、而无著、而世亲、而护法、而玄奘、而窥基,唯识学统乃一脉相承也。①

在欧阳看来,玄奘、窥基的中国唯识宗学所传的印度护法的唯识今学,是正统的唯识学,是弥勒、无著、世亲一脉相承的正宗嫡传。这符合支那内学院办学的宗旨。欧阳竟无创办支那内学院的初衷,有意效仿印度古代那烂陀寺,以复兴玄奘整体移植到中国的护法、戒贤大乘瑜伽行派这一系唯识学。

三、唯识"体用"观

欧阳竟无使用"体用"观来架构唯识学的本体和相用问题。欧阳于1922年在支那内学院讲《唯识抉择谈》时谈了十义,第一义就即为"抉择体用谈用义",其体用观细分为:体中之体、体中之用、用中之体、用中之用,体中之体即为"一真法界"。欧阳说:

> 无为是体,有为是用,此粗言也! 若加细别,则有体中之体,体中之用,用中之体,用中之用。②

其中无为法、有为法,均为唯识学百法的基本的划分界限。值得注意的是欧阳对"体中之体"为"一真法界"的解释。吕澂认为欧阳所判之法界,"乃先师一生讲学最后焦点之所在"③。欧阳作表如下④:

表 2—1

一、体中之体←——一真法界	
二、体中之用←——二空所显真如(又三性真如)	
三、用中之体←——种子	
四、用中之用←——现行	

---

① 欧阳竟无:《唯识讲义》,第17页。
② 欧阳竟无:《唯识抉择谈》,《欧阳竟无集》,第91页。
③ 吕澂:《法界释义》,《吕澂佛学论著选集》卷一,第415页。
④ 参见欧阳竟无:《唯识抉择谈》,《欧阳竟无集》,第92页。

对于体中之体为"一真法界"的观点,是极其让人困惑的地方。因为"一真法界"的提法就今天的佛教常识而言,属于华严宗的专利。关于法界,大乘佛教谓法界意味诸法之根源和本体,法界通常与真如同义。而在中国佛教几大宗派中,法界含义的外延得以更多地扩展。华严宗用法界来表示现象与本体之关系。法界分为四种:(1)事法界;(2)理法界;(3)理事无碍法界;(4)事事无碍法界。

可是,欧阳是极力批判禅宗、天台宗、华严宗在内的中国佛教体系的,他是不可能承认或者借用华严宗"一真法界"教理术语的。在《唯识抉择谈》的开篇,欧阳列举了"今时佛法"的五大弊端,说:"自天台、贤首等宗兴盛而后,佛法之光愈晦。"①而克服中国佛教弊端的方法,唯一途径就是提倡法相唯识学,他说:

> 欲祛上五蔽,非先入唯识、法相之门不可,唯识、法相,方便善巧,道理究竟,学者于此研求,既能洞明义理,又可乐思想笼统之弊,不为不尽之说所惑;且读唐人译述,既有了义之可依,又得如理之可思,前之五蔽不期自除,今所以亟亟提倡法相唯识也!②

故而,欧阳提出的体用观,是完全针对唯识学而言的,是纯粹唯识学之体用观。当然,有人会问:《华严经》也属于唯识学"六经"之一,为何欧阳不能借鉴呢?华严宗和华严经有着严格的区分,吕澂在 1954 年撰写的《华严宗》一文结束语中一再申明:"从思想方面说,华严宗和《华严经》各有分际,是不应混同的。"③华严宗把《华严经》"如来出现"之义解释为"性起",有了"真如缘起"的含义。吕澂称之为"心性本觉",印顺判为"真常唯心",这是欧阳首要激烈抨击的地方。

实际上,最早说"一真法界"是玄奘糅译的《成唯识论》。澄观在《大方广佛华严经随疏演义钞》中就交代说:"依《唯识》第九,有四种胜义:一、世间胜义,谓蕴处界等;二、道理胜义,谓苦等四谛;三、证得胜义,谓二空真如;四、胜义胜义,谓一真法界。"④笔者查阅玄奘的《成唯识论》,是有原文

---

① 欧阳竟无:《唯识抉择谈》,《欧阳竟无集》,第 90 页。
② 欧阳竟无:《唯识抉择谈》,《欧阳竟无集》,第 91 页。
③《华严宗》,吕澂:《中国佛学源流略讲》,中华书局,1979 年,第 368 页。
④《大方广佛华严经随疏演义钞》卷九,《大正藏》第 36 册,第 64 页。

的,说:"然胜义谛,略有四种:一、世间胜义,谓蕴处界等;二、道理胜义,谓苦等四谛;三、证得胜义,谓二空真如;四、胜义胜义,谓一真法界。此中胜义依最后说,是最胜道所行义故,为简前三故作是说。"①可见,对"一真法界"概念使用最早的是唯识宗,华严宗反倒是借鉴了唯识宗的用语。

故而,欧阳"体中之体"之"一真法界"指称为唯识宗学的本体观无疑。于是乎,欧阳对华严、天台宗窃取了唯识宗的"法界"极度不满,他于1942年所写的《杨仁山居士传》呼吁道:"贤首、天台欲成法界一乘之勋,而义根《起信》,反窃据于外魔。盖体性、智用樊乱淆然。乌乎正法。"②吕澂对欧阳的评价说:"师之佛学,由杨老居士出。《楞严》《起信》伪说流毒千年,老居士料简未纯,至师始毅然摒绝,黄稗务去,真实乃存,诚所以竟老居士之志也。"③而《楞严》《起信》有一个非常明显的特色,即是"如来藏缘起"或"真如缘起"思想,是由本体生起相用,这是欧阳驳斥的地方。

在欧阳看来,如来藏系中国佛学的"体用"观与唯识学"体用"观是截然不同的。《起信》一心开二门的"真如缘起",均违背了玄奘唯识宗学的体用教旨,有宇宙观生成论的嫌疑。欧阳于1941年完成的《释教篇》指出"体用不分,法相淆乱,不可为教"。

欧阳在《瑜伽师地论叙》中用体用之别阐释了唯识学阿赖耶识及所含藏种子缘起万法的思想,他说:

> 用义者。真如是体,体不生灭;无始种子依不生灭而起生灭,如实说相一切是用。④

《瑜伽师地论》唯识今学所理解的"真如"不等同于《起信论》的心真如,没有生成万法的含义。此真如具有不生不灭之本体性。欧阳所指唯识今学所说的"真如",从西方哲学话语来讲,不是宇宙发生论,不是体能生用的意思;而是本体论,是本质与现象的关系,是用能显体的意思。

玄奘《成唯识论》之唯识今学涉及到体用问题。《成唯识论》在篇首就谈到了有关体用的话题:

①《成唯识论》卷九,《大正藏》第31册,第48页。
②欧阳竟无:《杨仁山居士传》,《欧阳竟无佛学文选》,武汉大学出版社,2009年,第378页。
③吕澂:《亲教师欧阳先生事略》,《中国佛教思想资料选编》第三卷第4册,第357页。
④欧阳竟无:《瑜伽师地论叙》,《中国现代学术经典·杨文会、欧阳渐、吕澂卷》,第291—292页。

今造此论，为于二空有迷谬者生正解故。……又为开示谬执我法迷唯识者，令达二空，于唯识理如实知故。复有迷谬唯识理者，或执外境如识非无，或执内识如境非有，或执诸识用别体同，或执离心无别心所。为遮此等种种异执，令于唯识深妙理中得如实解，故作斯论。

玄奘说的"或执诸识用别体同"驳斥某些大乘佛教学者的观点，他们执着于各种识之相用、作用不同，而识之主体、本体相同。《成唯识论》意思是说，不仅仅不能执着于有为法之"用"，即使是无为法之"体"也是不能执着的。所以，造论的宗旨在对二空（我空、法空）生起正解，以阐解唯识的空性道理。《成唯识论》提及体用义有不少，此不赘述。不过，"体用"一词并非唯识学中本有，而是源自于中国哲学。肖永明指出："玄奘大师糅译《成唯识论》之化用'体用'范畴已具有了'佛教化中国'的功力。"[①]

欧阳对玄奘学较为推崇，他试图想借用《成唯识论》中提及的"体用"议题来为唯识学构筑从现象界到本体界一个清晰的哲学架构。令人疑虑的是，"体用"哲学范畴又特别能反映中国哲学的思想。方克立认为："'体'和'用'是中国哲学特有的一对范畴，是足以表现中国哲学思维方式特点的范畴之一。"[②]所以，欧阳一方面想用体用观来完整地阐明唯识学哲学的特色并设法把唯识学与中国佛学剥离开来；另一方面，又会让人误解其唯识学与中国哲学的某种关联。这恐怕也是欧阳在抉择唯识于中印佛学之间的一种内心矛盾的反映。

第二节　吕澂以唯识学对中、印佛学的简别

吕澂（1896—1989），原名吕渭，后改名澂，字秋逸，江苏丹阳人。师从欧阳竟无学唯识，是欧阳门下最为得力助手。吕澂秉承了支那内学院宗于玄奘唯识学的教旨，具有"正本清源"、"证伪存真"的严谨治学态度，撰有《起信与楞伽》《楞严百伪》《大乘起信论考证》等，对中国佛学及所依据经典的"性觉"思想作彻底的清算。吕澂与熊十力二家有关中印佛学"性觉说"、

---

① 肖永明：《论唯识学中的"体用"义》，《法音》2000 年第 11 期。
② 方克立：《论中国哲学中的体用范畴》，《中国社会科学》哲学编辑室：《哲学的探索——〈中国社会科学〉哲学论文集》，上海人民出版社，1986 年，第 254 页。

"性寂说"的辩论堪为20世纪佛教史上的鹅湖之会。吕澂研究面虽广,但所主专在法相唯识。

一、依唯识对中国佛学经典的证伪

吕澂对中国佛教的料简,首先是从经典开始。一、《楞伽经》,在吕澂看来,唯识宗所依据的是正确的宋译《楞伽》,而禅宗所采纳的是错谬之魏译《楞伽》。吕澂对宋译《楞伽》的解读,更多以唯识今学的理论来融释,试图把《楞伽》从通常人所认同的禅宗旧标签,换成法相唯识的新标签。二、《楞严经》,《楞严》虽然没有被奉为哪个禅宗门派的经典,但是《楞严》的理论思想和悟修方法对禅宗的影响却是深远的。吕澂列举了一百零一条理由对《楞严》作全面地批判,涉及的内容甚多,主要有两点:常住真心和如来藏缘起诸法问题。三、《起信论》,《起信》"一心二门"的理论对中国天台宗、华严宗、禅宗等佛学宗派产生了广泛的影响。在吕澂看来,《起信》是根据错谬之魏译《楞伽》杜撰出来的,是"伪书似说"。

1.考证魏译本《楞伽》"错谬"

《楞伽经》既被奉为禅宗所依据的经典,也是唯识宗"六经"之一。在吕澂看来,宋译四卷《楞伽》并没有误,误的是禅宗的祖师们表面上奉行的是宋译《楞伽》,实际上却采纳魏译《楞伽》义理,后来禅宗祖师们又奉行《起信》。吕澂对禅宗的料简首先是从魏译《楞伽》开始。这里我们只是把吕澂认为魏译《楞伽》错谬的地方摘录出来进行探讨。

下面,我们来看吕澂的《起信与楞伽》中所述的魏译《楞伽》错谬之处,吕澂概括成七个方面。按照吕澂的意思,加上笔者的理解,画下面图表以示:

表2—2

魏译十卷《楞伽》——谬解	宋译四卷《楞伽》——正解
一	言心真如,视真如与如来藏为一。	真如为法体(相体),如来藏为心体,为二。
二	视真如与如来藏智空不空为一。	真如为客体,如来藏智为主体,以智缘如,心体缘相体,为二。
三	如来藏不在阿赖耶识中,并立第九识,强析如来藏与阿赖耶识为二。	如来藏名藏识(阿赖耶识),如来藏即阿赖耶识,为一。

四	如来藏由熏习而成阿赖耶识,由阿赖耶识而起无明七识。如来藏(净)为不生灭,无明七识(染)为生灭,阿赖耶识(染净)为不生灭与生灭和合识。由一而二。	如来藏即阿赖耶识。如来藏(净)为客尘烦恼(染)所染,而有阿赖耶识(染净)之名,阿赖耶识(染净)与无明七识(染)烦恼共俱。由一而一。
五	一心而造作诸识(业相识、转相识、智相识)、诸境,由一而多。	心含诸识相(业相、转相、自相)、诸境,由多而多。
六	如来藏无始受熏习而有阿赖耶识、由阿赖耶识而起无明七识等,习气种子始有,为后天。	如来藏即名藏识(阿赖耶识),无始习气种子所集而成阿赖耶识,与无明相应形容七识,习气种子本有。但既有后天,也有先天。
七	禅观第三攀缘如禅中,无实体相。	禅观第三攀缘如禅中,住于真实相。

由图所述,按照吕澂的解释,魏译《楞伽》与宋译《楞伽》义理上面有很大的差别。暂且不论魏译《楞伽》对错与否,魏译《楞伽》为菩提流支所译,流支创南北朝地论学派,属于唯识古学一系。也从另外一个方面反映出,唯识古学与今学的不同。而宋译《楞伽》经典文本的解读是否就如同吕澂诠释的那般宗于唯识学教义呢?我们知道四卷《楞伽》本是禅宗印心的"工具"书,或许更倾向于如来藏系佛学吧,吕澂对魏译和宋译《楞伽》关键文句的诠解恐怕都需要再商榷。

由上七点所述,魏译和宋译《楞伽》是有出入。程恭让还对照了梵文本以考证吕澂之说,他说:"《楞伽经》梵本第六刹那品中如来藏段的魏译,确实存在一些问题……这是吕先生的历史功绩,是我们今日应当予以高度评价的。不过,吕澂先生对《楞伽经》如来藏学说思想意义的理解有所偏差……深受'批判传统中国佛教、回归印度佛教传统'的佛教批判思潮的影响,遂使得他在高抬《楞伽经》如来藏学说思想价值的同时,对魏译中的某些'错误'不知不觉中会有所'放大'乃至失真。"[①]这种评价还是公允的。

根据我们的观察,关于吕澂对魏译的考证并做出的评论,有的是有证据可考的,有的是超出了文本,多有发挥的成分。吕澂以唯识今学的理论来判摄《楞伽》的风格可见一斑。我们知道魏译《楞伽》为北朝地论学派菩

---

① 程恭让:《〈楞伽经〉如来藏段梵本新译及对吕澂关于魏译相关经文批评的再批评》,《哲学研究》2004年第3期。

提流支所译,在翻译的时候,难免会加入翻译者本人的理解,佛教本有"依
义不依语"的说法。魏译《楞伽》的义理本属于唯识古学这一系,而南北朝
唯识古学虽然不久消亡了,但与唐兴盛的如来藏系华严宗学、禅学都有合
流的趋势。而宋译《楞伽》也并没有完全像吕澂所判定的那样,与魏译截然
不同。实际上,宋译《楞伽》后来被禅宗奉为该宗的经典,这又作何解释?
也就是说吕澂对宋译《楞伽》的解读,更多以唯识今学的理论来融摄,试图
把《楞伽》从通常人所认同的禅宗旧标签,换成法相唯识的新标签。至于魏
译《楞伽》与其说是谬误,不如说是各有学派渊源不同。

　　2.认定《楞严》"集伪说之大成"

　　《楞严》在唐中宗时译成汉文后不久,即产生了为伪经的说法,并在学
界争论达千年之久。译成汉文后不久传入日本,就引起日本僧人的怀疑。
近代以来,《楞严》为伪的说法重燃战火,日本人望月信亨在《关于〈大佛顶
首楞严经〉传译之研究》中就对《楞严》提出怀疑。梁启超也考证《楞严》为
中国人所著,"如《楞严经》,直到现在大家还以为佛教入门宝籍,就是因为
其中思想与我国思想接近。然而《楞严经》便不可靠。其他无聊作品,不如
《楞严经》的还多得很哪"①。吕澂撰写《楞严百伪》,定《楞严》是伪经,可以
说彻底推倒了禅宗如来藏真常唯心说的根基了。印顺认为《楞严》与《圆
觉经》《大乘起信论》属于晚期如来藏真常唯心系的作品。不过,无论是
古代还是近现代,信奉《楞严》者仍然占据多数,很多高僧大德还是很推崇
《楞严》。

　　吕澂撰写《楞严百伪》的时间,大致在20世纪40—50年代,这时候吕
澂的思想体系形成已经很成熟了,他对如来藏系佛学"性觉"说的批判也更
坚定。首先从中国佛学所奉典籍的考证开始,《楞严》属于禅宗"性觉"说的
源头之一。吕澂在《楞严百伪》开篇即说:

　　　　唐代佛典之翻译最盛,伪经之流布亦最盛,《仁王》伪也,《梵网》伪
　　也,《起信》伪也,《圆觉》伪也,《占察》伪也。实又重翻《起信》,不空再
　　译《仁王》,又伪中之伪也。而皆盛行于唐。至于《楞严》一经,集伪说

---

①梁启超:《古书真伪及其年代》,《梁启超国学讲录二种》,中国社会科学出版社,1997年,第
155页。

之大成。①

吕澂把《楞严》定性为"集伪说之大成",故而有百伪之说。吕澂对《楞严》的批判涉及到考据和义理两个方面,他列举了一百零一条理由,涉及的内容甚多。因为《楞严》属于如来藏系佛学,吕澂批判的就是"性觉"说,我们试从义理方面进行评析。主要有两点:常住真心和如来藏缘起诸法问题。

其一,常住真心问题。

《楞严经》云:"一切众生,从无始来生死相续,皆由不知常住真心性净明体。"②吕澂批评说:

> 此常住心,即后所云如来藏心妙真如性,实则法性假名心也(《庄严论》卷三)。法性之常,谓无我理,有佛无佛,恒不变易,岂别有体堪言住耶?臆想立言,其伪十三(此常住真心说,为后世误解佛法之本,应辨)。③

"常住真心"是《楞严》的要旨所在,吕澂反对别立一个"常住真心",认为只是法性之常,说常也是无我义,假名心而已。按照吕澂的意思,《楞严》的"常住真心"有悬置一个形而上本体的嫌疑。印顺就把如来藏系佛学判为"真常唯心"说,常住真心即如来藏自性清净心之意。不过,印顺和吕澂一样都是带着批评的态度来对待如来藏真心说。笔者认为,从方法论而言,是否立常住真心,一为遮诠(破),一为表诠(显)。而念及中道观,才是解决争论不休问题的最佳方案。

其二,如来藏缘起诸法问题。

《楞严经》云:"无始菩提涅槃元清净体,则汝今者识精元明,能生诸缘缘所遗者。"④吕澂批评说:

> 按佛法有自性涅槃而无自性菩提,无始之言,实为臆造。元清净体,应指法性,法性为法所依,非能法。今说能生诸缘(经卷二,诸缘

---

①吕澂:《楞严百伪》,《吕澂佛学论著选集》卷一,第370页。
②《大佛顶万行首楞严经》卷一,《大正藏》第19册,第106页。
③吕澂:《楞严百伪》,《吕澂佛学论著选集》卷一,第373—374页。
④《大佛顶万行首楞严经》卷一,《大正藏》第19册,第108页。

谓色心),亦出杜撰。其伪十五。①

"无始菩提涅槃元清净体"是《楞严》特有的概念,指常住真心,清净如来藏。先说"无始",吕澂认为此"实为臆造"。其实"无始"在经论中出现多次,《华严》偈颂"无始无末无中间,示现无量自在力"②有"无始"二字,又《大智度论》有"夫万有本于生生而生,生者无生;变化兆于物始而始,始者无始"③的说法。不过"无始"与"菩提涅槃元清净体"合称,只有《楞严》中出现。再来看"菩提","菩提"表佛菩萨之觉悟性,但是这里吕澂反对的是"自性菩提"。菩提本义为觉悟,菩萨为觉有情的意思,自觉觉他。

《楞严经》云:"佛言富楼那:如汝所言清净本然。云何忽生山河大地?汝常不闻如来宣说性觉妙明本觉明妙。"④吕澂批评说:

> 《楞伽》所说"如来藏名藏识为善不善因"是也。故说山河大地依如来藏,理尚无妨,说如来藏生山河大地,则成颠倒。不知此义,故有富楼那问答一段。其伪三十五。⑤

"元清净体"其实即为"如来藏",在吕澂看来,只是"法性",我空之心体,既然我空,如伪十三所说只是"假名心"而已。在吕澂看来,既然"如来胎藏"为法性,那么"法性为法所依",换句话是说,法性为法之空性,法与法性不是生成关系,本来就是一体的。在从无为法到有为法之间的转化关系的问题上,唯识学,乃至整个佛学系统都是非常忌讳用"生"字的,因为有宇宙发生说的含义。《楞严》说的"如来藏清净本然,云何忽生河山大地",是一种典型的"性觉"思想。内学院等人认为,这往往会引起读者误解,与宇宙发生论联系在一起了。吕澂批判"如来藏缘起"思想的出发点就基于此"性觉"说。

由上分析可见,吕澂对《楞严》的批评可谓是用力最深,因为如果把《楞严》推翻了,那么禅宗,包括天台宗、华严宗,如来藏真心系佛学的根据就可以被撼动了。因为天台宗所依根本经典《法华》、华严宗的《华严》、禅宗的

---

①吕澂:《楞严百伪》,《吕澂佛学论著选集》卷一,第374页。
②《大方广佛华严经》卷二一,《大正藏》第9册,第533页。
③《大智度论》卷一,《大正藏》第25册,第57页。
④《大佛顶万行首楞严经》卷四,《大正藏》第19册,第120页。
⑤吕澂:《楞严百伪》,《吕澂佛学论著选集》卷一,第378—379页。

《楞伽》都不可以判为疑伪,《华严》《楞伽》亦属于唯识宗"六经"之一,即使魏译《楞伽》为错谬,也归之于翻译和诠释学的问题,但经典本身不伪。这对于后出的《楞严经》所处的境遇来说自然极易被怀疑。

3.考订《起信》"伪书、似说"

《起信》有两个译本,一题马鸣造,一卷本,梁真谛译;一题马鸣造,大周实叉难陀译,两卷本,作者佚名。关于这两个译本,从造者到论者,从论本到序文,都有人表示怀疑,关于《起信》真伪问题,就成了中国佛教史上的一大悬案。关于《起信》真伪的这些不同说法,唐以后很少再引人注意,直到近代,最先是由日本人挑起来的,发动了多次论战,有主张为中国人撰述的望月和主张为印度人撰述的常盘。这些辩论影响到中国的佛学研究者。20世纪20年代,梁启超、欧阳竟无、章太炎、太虚、王恩洋、常惺、印顺均加入论战。

支那内学院师徒几人,对《起信》的批评力度最大。最先对《起信》义理提出质疑的是欧阳竟无,他在1922年《唯识抉择谈》中认为《起信》主要是误解了"真如"之义,犯"真如缘起论"的错误,认为真如能够生成万法。欧阳竟无的真如观与玄奘唯识系的真如观是完全一致的,真如不是能生成万法的绝对实体,是我法二空所显的实相,是真实不虚、常如其性的唯识实性,是一种静态的真如观。王恩洋对《起信》的批判更为激烈,他在1923年《大乘起信论料简》一文中,指责《起信》:"非佛教论。背法性故,坏缘生故,违唯识故。"[1]王恩洋是从玄奘唯识学的角度对《起信》进行批判的。

而吕澂关于《起信》的论述相对更迟些,掌握的资料也更丰富,他的论点基本维护了内学院的一贯传统,其关于《起信》撰述的文章主要有三篇,即《起信与禅——对于大乘起信论来历的探讨》《起信与楞伽》《大乘起信论考证》,大致集中在20世纪40—50年代。而这一时期,他的思想基本已经定型了,即对包括《起信》在内的如来藏真常唯心系佛学持坚决的否定态度。

首先,我们来看吕澂所撰的《起信与禅——对于大乘起信论来历的探讨》一文。开篇即提出《起信》对中国佛教天台、华严、禅宗的影响,说:"在佛典里,千余年来题着马鸣所造、真谛所译的《大乘起信论》是一部和隋唐

---

①《大乘起信论料简》,王恩洋:《中国佛教与唯识学》,第93页。

佛学关系密切的书(隋唐时代的禅、天台、贤首等宗思想的结构及其发展，都受到《起信》的真心本觉说的影响)，也是一部来历不明而面目模糊的书。"①

吕澂认为《起信》更多可能不是从印度梵本中翻译过来的(真谛译本为马鸣造)，而是中国人自己杜撰出来的。这与梁启超、王恩洋等人的观点一致。杜撰的经典依据，就是出自魏译《楞伽》。另外，《起信》除了我们大家所熟知的南朝梁真谛译本，还有一个译本为唐代实叉难陀翻译的，反对《起信》为中国人撰述的会问，既然隔了这么长时间，还有译本从梵文翻译出来，那么《起信》应该是印度人所著啊。这又作何解释？吕澂认为，新译《起信》并非实叉难陀翻译，而是后来禅宗北宗的智诜对旧译《起信》的改作。他说：

> 很可推想新本《起信》大概即是智诜一系所改作的。……新本《起信》之并非翻译而只是禅家对于旧本的改作。②

我们这里认为，虽然吕澂拿出不少证据，证明《起信》为中国人所撰，不过吕澂的考证多从禅学顿渐思想的角度进行推断，并没有足够的史学材料作支撑。唐译《起信》究竟是否为智诜所改撰？还有待进一步做出考证。

其次，我们来看《起信与楞伽》一文。吕澂提出七个方面的证据，证明《起信》源出于魏译《楞伽》。他认为杜撰的理论依据在于"如来藏缘起"思想。吕澂在《起信与禅》一文中已经交代得很清楚，"《起信》的关键处和魏译《楞伽》的实际关系究竟如何。《起信》理论的重心可说是放在'如来藏缘起'上面的"③。什么是如来藏缘起？此一心之性觉说又如何开出真如门和生灭门的？关于魏译《楞伽》与宋译《楞伽》关系，我们已经作过讨论。

吕澂对魏译《楞伽》的解读，基本定性为"如来藏缘起思想"，而《起信》这种缘起论远比《楞伽》本身要明显得多。这种错误为何？吕澂在《大乘起信论考证》中还有更进一步的交代。

最后，吕澂在《大乘起信论考证》中进一步惟妙惟肖地把《起信》概括成

---

①吕澂：《起信与禅——对于大乘起信论来历的探讨》，吕澂著、黄夏年主编：《吕澂集》，中国社会科学出版社，1995年，第181页。

②吕澂：《起信与禅——对于大乘起信论来历的探讨》，《吕澂集》，第192—193页。

③吕澂：《起信与禅——对于大乘起信论来历的探讨》，《吕澂集》，第183—184页。

三层错误。《大乘起信论考证》所作的年代,与前两篇相比,应该更晚些,是吕澂对近现代以来关于《起信》争论研究的一个总结和定性。不过,他还是以批判性的眼光来看待。其错误有三:

第一,它也是将"如来藏"同"阿黎耶"分开而迷失了流转根源的。

第二,《起信》也一样地找不到解脱的真正动因,质言之,就是寻不着由于整个人生苦乐的感觉而发生厌离欣求的那一种解脱动因。

第三,《起信》也一样不明了解脱的方便是在"清净",却要由妄心熏习的力量去完成任务。[①]

此第一点,即上面所画《起信》与《楞伽》对比图表中的第三点:如来藏与阿赖耶识为二,依如来藏而有阿赖耶识。阿赖耶识与如来藏在唯识今学而言,本属于一体两面,现在割裂开来了。因为分开来了,此第二点,就说明解脱的根据本来由"如来藏"承担的,现在《起信》反而把解脱转嫁到"妄心"上了。而此第三点,是对《起信》"妄心熏习"说的进一步批判,引《起信》"久远熏习力故,无明则灭,以无明灭故,心无有起,以无起故,境界随灭,以因缘俱灭故,心相皆尽,名得涅槃"[②]。这似乎借用了原始佛学"十二缘起"(无明、行、识、名色、六处、触、受、爱、取、有、生、老死)的逆观法门。实际上,唯识学的熏习说,属于转妄成真、转染成净的一种路向。我们认为,虽然《起信》说妄心熏习,吕澂也认为他讲"妄心",实际上学术界还是把《起信》等如来藏学判为"真心派",而玄奘唯识宗才是真正意义上的"妄心派"。

吕澂由上面一番总的评述后,把《起信》定性为"伪书似说",说:"《起信》之书是伪,《起信》之说是似。"[③]有了这个轮廓,吕澂还从《起信》的全体结构上,列举出五个要点,其中第一要点,即最主要的,为"一心二门"思想。他说:

在《起信》全书结构上,最重要的自然是开宗明义的"一心二门"——心真如门、心生灭门了。……中国的学人,尤其是那个时代的人,最喜横通,由此就容易联想到中国《易经》中一阴一阳的格式,联想到《道德经》所谓"玄之又玄,众妙之门"上去,对于此书不觉产生了很

---

①吕澂:《大乘起信论考证》,《吕澂佛学论著选集》卷一,第343—346页。

②《大乘起信论》,《大正藏》第32册,第578页。

③吕澂:《大乘起信论考证》,《吕澂佛学论著选集》卷一,第347页。

好的印象。①

《起信》"一心开二门"思想，就是典型的性觉说的路线，此与中国哲学关系甚为密切，《周易》和老庄道家哲学就是属于宇宙发生论。吕澂批评中国佛学的"性觉"说用力最深之处，就以翻译的"本无"来说，他在《中国佛学源流略讲》中一再申明："译成'本无'原不算错。而且'无'字也是中国道家现成的用语"，但是"译出后，读者望文生义，就产生了很大的错误。最初把这一概念同老子说的'无'混为一谈，以后联系到宇宙发生论"②。亦可见，《起信》甚至整个如来藏系佛学思想与中国哲学的密切程度。牟宗三甚至将《起信》的体用义理视为与外界互通有无之媒介，指出："佛教《大乘起信论》言一心开二门，其实中西哲学都是一心开二门，此为共同的哲学架构（philosophical frame）。依佛教本身的讲法，所谓二门，一是真如门，一是生灭门。真如门就相当于康德所说的智思界（noumena），生灭门就相当于其所说的感触界（phenomena）。"③

总之，支那内学院唯识一系是很排斥《起信论》的。我们知道，《起信》是真谛翻译，真谛是南朝的摄论师，其学属于唯识古学系统，而支那内学院所宗的是玄奘的唯识今学系统。由此可见，《起信》论战的背后往往与唯识学所传的不同派系相关。

二、中印佛学"性觉"、"性寂"真伪说

1943 年，佛教思想界发生了一场重要的辩难，涉及到中印佛学的根本问题。中心人物为吕澂和熊十力；具体论题为：中国佛学属"性觉说"，为伪；印度佛学属"性寂"说，为真。这场辩论被誉为佛教史上的"鹅湖之会"。事件缘起于欧阳竟无百日大祭，熊十力曾师从欧阳学习过唯识，故而，吕澂因欧阳师纪念刊一事约函熊十力，熊十力于 3 月 10 日在回信中附《与梁漱溟论宜黄大师》一文，批评欧阳竟无的学问是"经师"，仅从闻熏入手，未能反求本心。从而激起了吕澂的讨伐，认为其离师叛道。

熊、吕二家往来书信讨论佛学问题共有十七封，历时近半年。只是当

①吕澂：《大乘起信论考证》，《吕澂佛学论著选集》卷一，第 347—348 页。
②吕澂：《中国佛学源流略讲》，第 4 页。
③牟宗三：《中西哲学之会通十四讲》，上海古籍出版社，1997 年，第 85 页。

时知道的人并不多。一直到 1984 年,吕澂与熊十力二家的论学的往复函稿在《中国哲学》才全部完整地公开发表出来,标题名为"辩佛学根本问题"。吕澂关于中印佛学"性寂"与"性觉"的划分,也因此后来才更多被人所知晓,现在已成为佛学界常识性的论题。吕澂与熊十力的《辩佛学根本问题》原载于《中国哲学》1984 年第 11 辑。后来,林安梧改名为"辩儒佛根本问题",被《现代儒佛之争》(台湾明文书局 1990 年)收录。在台湾地区可见的完整资料还有蓝吉富主编的《世界佛学名著译丛》No. 48,《中国佛教泛论》的附录一,名为"吕澂、熊十力论学书信集";洪启嵩、黄启霖主编的《当代中国佛教大师之集》No. 8,《吕澂文集》,名为"吕澂和熊十力论学函稿"。

在吕澂、熊十力往复函稿的第一封吕澂的回复信中,吕澂直指熊十力的《新唯识论》是中国佛学的"性觉"路向,他说:

> 尊论①完全从性觉(与性寂相反)立说,与中土一切伪经、伪论同一鼻孔出气,安得据以衡量佛法? 若求一真是真非,窃谓尚应商量也。②

在吕澂看来,中国佛学的"性觉说"是误解,是伪佛学;而印度佛学的"性寂说"是正解,是真佛学。我们知道,熊十力的《新唯识论》是新的唯识理论,是相对于玄奘旧的唯识论而言。翻开熊十力《新唯识论》全文,处处批驳玄奘唯识思想之错谬。在吕澂看来,究其原因,玄奘唯识学属于印度纯粹佛学,此与中国佛学、中国哲学是两条不同的思想路线。而熊十力《新唯识论》是新儒家之作,陆王心学的学理路向,宋明理学、陆王心学之"反求本心"原本就借鉴了禅宗观心的修证。以禅宗为首的中国佛教自然是支那内学院极力批驳的对象。故而,吕澂指称新儒家之作《新唯识论》与中国佛学以及其所依据的伪经伪论一样,都是一条思想路径,这个思想的核心就是吕澂提炼出来的"性觉说"。

中国佛学"性觉说"是相对印度佛学"性寂说"而言的,中国佛学所依据的这些伪经、伪论有哪些? 吕澂说:

---

① 指熊十力《新唯识论》。
② 吕澂、熊十力:《辩佛学根本问题——吕澂、熊十力往复函稿》,谈壮飞、罗照整理,《中国哲学》第 11 辑,人民出版社,1984 年,第 169 页。

心性本净一义,为佛学本源,性寂乃心性本净之正解(虚妄分别之内证离言性,原非二取,故云寂也)。性觉亦从心性本净来,而望文生义,圣教无征,讹传而已。……中土伪书由《起信》而《占察》,而《金刚三昧》,而《圆觉》,而《楞严》,一脉相承,无不从此讹传而出。①

吕澂指出,佛学的本源是"心性本净","性寂"与"性觉"是对心性本净"一语之两种解释","一真一伪"②。吕澂在很多篇中提到佛教的根本问题是"心性本净,客尘所染"。吕澂认为"心性本净"的"净"解释为"寂"才是正解,解释为"觉"是曲解。由此引发了中印佛学"性觉说"与"性寂说"的划分。而吕澂以此判释、校量的标准,就是支那内学院所宗的玄奘所传的最具印度化佛学色彩的而且是正宗嫡传的印度大乘唯识学。

中国佛教所依据的主要经论《起信》《圆觉》《楞严》等,在他看来,都是要被列为伪作的。吕澂还撰有《楞严百伪》,认为本觉说乃"伪说"。以《楞严经》为例,《楞严》说此元清净体"能生诸缘",一个"生"字属于觉动性,把一个动态的本心说得活泼泼的。《楞严》明显提倡"性觉"说,而非"性寂"说,而吕澂恰恰是要批评这种中国佛教所依经典的"自性菩提"(性觉)说,恢复正统的印度佛学的"自性涅槃"(性寂)说。印顺也是极力反对真常唯心论的,印顺感慨地说:"在后期大乘时代,唯心论而要泯绝梵我论的影响,也真还不容易呢!"③郭朋评价真常唯心论时说:"印度佛教的必然被梵化,这也可以说是一种不可抗拒的历史规律,是不以任何人的意志为转移的。"④

吕澂还把中印度佛学之"性寂"、"性觉"思想与"革新"、"返本"相联系。吕澂说:

一在根据自性涅槃(即性寂),一在根据自性菩提(即性觉)。由前立论,乃重视所缘境界依,由后立论,乃重视因缘种子依。能所异位,功行全殊。一则革新,一则返本,放谓之相反也。⑤

---

① 《辩佛学根本问题——吕澂、熊十力往复函稿》,《中国哲学》第11辑,第171页。
② 《辩佛学根本问题——吕澂、熊十力往复函稿》,《中国哲学》第11辑,第173页。
③ 印顺:《如来藏之研究》,《印顺法师佛学著作全集》第18卷,中华书局,2009年,第185页。
④ 郭朋:《印顺佛学思想研究》,中国社会科学出版社,1991年,第150页。
⑤ 《辩佛学根本问题——吕澂、熊十力往复函稿》,《中国哲学》第11辑,第171页。

是说印度佛学的"性寂"说为革新义，中国佛学的"性觉"说为返本义。"性觉"重因缘种子依，无漏种子自起现行，似乎一切具足，只要反求本心就好了。"性觉"思想是中国佛学乃至中国哲学儒家心性本体论的特点。在吕澂看来，"性觉"说忽视了人的后天主观能动性，这正是他要批判的地方。"性寂"重所缘依，以智缘如，得涅槃寂灭，"革新"具有唯识学特有的转依、渐熏的含义。在吕澂看来，只有"性寂"学才是印度纯粹佛学的特点。印度佛教的心性说一定就是"性寂"思想吗？不管怎么说，吕澂的提法仅一家之言。需要注意的是，吕澂针提出"性寂"说，并不是说寂灭不动，什么都不做的意思，而这恰恰是革新、转依的关键所在。

关于"性寂"与"性觉"说的划分，吕澂在《试论中国佛学有关心性的基本思想》中还有详细的探讨：

> 从性寂上说人心明净，只就其"可能的""当然的"方面而言；至于从性觉上说来，则等同"现实的""已然的"一般。这一切都是中印佛学有关心性的思想所有的重要区别。[1]

在吕澂看来，中印佛学有着根本分歧点，大乘瑜伽行派唯识学是印度佛学最后成熟的佛学体系的代表，以烦恼相应本净。烦恼与明净本是一体之两面，就必然性而言，是清净的，就偶然性而言，是有染污的。但是总的说来，心体要归于寂灭和寂静的状态，这属于一种"可能性""当然性"（将来可以成就佛果）的范畴模式。从实践方法来讲，是一种熏习、渐修的法门。而中国佛学大体说来喜"顿"的法门，例如禅宗的"南顿"说风靡天下。中国佛学用"本觉""性觉"的意义来理解心性明净。从性觉上说来，则似乎等同"现实性""已然性"（已经成就佛果）的范畴模式。而且还隐隐约约地强调，心性本净与客尘烦恼是相分离的状态，大有架构一个梵化色彩的本体——如来藏实体存在的嫌疑。

故而，熊十力与吕澂辩论一开始，熊十力就对欧阳师的"闻熏"入手提出质疑，其实抓住了唯识学乃至印度佛学的一个特色，即属于"渐"的法门。亦可见，性觉说与性寂说是两种不同的路向：性寂说是从下往上的路线，由熏习入手，渐修路向，扫除客尘烦恼，以达清净心体的过程；性觉说是从上

---

[1] 吕澂：《试论中国佛学有关心性的基本思想》，《吕澂集》，第 102—105 页。

往下的路线,由本心入手,顿悟路向,洞彻心源,直接体证法性实相的过程。

　　总之,在吕澂教法体系里,印度佛学着重"性寂"说,讲成佛的可能性、当然性,这与唯识学闻修渐进的路线相符合;而中国佛学如来藏系佛学体系属于"性觉"说,讲成佛的现实性、已然性,多与禅宗顿悟法门相关。另外,印度佛学"性寂"本体属于静态本体论范式。中国佛学"性觉"本体,有把心性本体悬置起来的嫌疑,有动态本体发生相用的意蕴。吕澂要回归到印度佛学"性寂"的思想,用印度唯识学一宗思想来否定中国佛教诸宗,这对于中国佛教界很多人士来说,都是难以接受的。

第三节　王恩洋的唯识史观及《起信论》的批判

　　王恩洋(1897—1964),字化中,四川南充人。是支那内学院欧阳竟无座下弟子,任该院法相大学主任。后分别在四川南充创办"龟山书院",在四川内江创办"东方佛教院"。王恩洋兼治佛学与儒学,尤其精专唯识。于凌波就说过:"恩洋先生治学,则一生忠于唯识,始终未超越唯识范围,故其唯识学之造诣,于欧阳大师之下为第一人。"[①]虽有过褒之嫌,但是王恩洋的唯识学著述占其所有佛学著述的 80%,反映出王恩洋治学攻于唯识的特点。

一、唯识史梳理及唯识今学史观

　　唯识史研究对了解印度大乘瑜伽行派的传承及唯识学在中国的传播具有较高的思想史价值。印度古代十大论师注解《唯识三十颂》就有差异,有的论师可能顺从了旧学,也有的发挥了自己的见解,那么究竟谁的见解最符合世亲的原义?谁的见解最为高深精妙?这种种分歧又带到了中国,就有了新旧、古今不同的唯识学流派。有关唯识学史研究的著述颇丰。有宏观论述的,例如演培的《唯识思想演变史略》、正果的《唯识学之产生及其史略》、世光的《法相唯识学的历史发展》、芝峰的《唯识学之产生及其史略》、梅光羲的《相宗史传略录》等;有唯识史观的研究,例如法舫的《唯识史观及其哲学》;有中国唯识史概览的,例如世光的《法相唯识学中国所传》;

---

①于凌波:《中国近现代佛教人物志》,宗教文化出版社,1995 年,第 606 页。

有地区唯识史介绍的,例如苑柳的《藏传的唯识学史》。而吕澂的两部佛学《略讲》(《印度佛学源流略讲》和《中国佛学源流略讲》)亦可见中印唯识传承之概貌。同在支那内学院的王恩洋,撰有《唯识通论》、《瑜伽宗综述》,对唯识学史做出了梳理,更是用唯识今学史观的立场表达了自己的判断和看法。

王恩洋在《唯识通论·唯识史略》中把大乘瑜伽学的发展过程分为三个时代:第一,无著、世亲"开宗创始时代";第二,印度十大论师"极深研几时代";第三,玄奘、窥基"译糅宏布时代"①。

首先,从"开宗创始时代"开始。相传无著迎请弥勒宣讲《瑜伽师地论》,还著有《显扬圣教论》《大乘阿毗达磨集论》《摄大乘论》。关于《集论》和《摄论》的分类问题,王恩洋根据欧阳竟无所判的法相与唯识分宗理论,把《集论》判为法相学,《摄论》判为唯识学,说无著"总括法相作《集论》,抉择唯识作《摄大乘论》"②。《摄大乘论》建构了一个完整的以阿赖耶识缘起论为中心的宇宙观体系,包括熏习说、种子说、三自性说,成为大乘瑜伽学的理论基础。以此建立瑜伽唯识宗,王恩洋评价说"集诸经唯识要义,开后世此学权舆"。王恩洋认为,《摄大乘论》是瑜伽唯识宗的"开宗"之作。当然,这种说法或许是有争议的,大论《瑜伽师地论》作为法相唯识宗"一本十支"的"一本",其地位当然要高于《摄大乘论》。王恩洋的言外之意,《摄论》的唯识教理应更完备、更全面了。

世亲是无著的弟弟,之前学习小乘而诽谤大乘,后受兄长无著感化,回小向大。造《二十唯识颂》,从破除和释疑外人的问难中成立唯识大义。世亲晚年作《唯识三十颂》,总计三十首偈颂(四句为一偈),前二十四颂讲"唯识相",第二十五颂显"唯识性",第二十六至三十颂明"唯识五位"③。不过,世亲并没有对《三十颂》作注解,这就造成了后世论师因理解不一,争相作注的局面。对于世亲所造的《三十颂》,在王恩洋看来,这是继无著之后有影响力的"启后"(启发了十大论师)之作,"兄弟连翩,辉光法宇",共同开创印度大乘瑜伽行派。实际上,世亲的著述也有不少,例如《大乘五蕴论》《大乘百法明门论》,但是,在唯识学史的地位上,《唯识三十颂》无疑发挥了

---

①王恩洋:《唯识通论》,《中国佛教与唯识学》,第178—183页。

②王恩洋:《唯识通论》,《中国佛教与唯识学》,第178页。

③资粮位、加行位、通达位、修习位、究竟位。

承前启后的作用。

其次,印度十大论师"极深研几时代"。这十大论师有亲胜、火辨、德慧、安慧、护法、难陀、净月、智月、胜子、胜友。这十大论师并非同时,分为好几代人。其中,亲胜、火辨与世亲是同一时代的人;德慧是安慧的老师;安慧、护法、难陀、净月是同一时代的人;智月、胜子、胜友是护法的弟子。王恩洋概括出十大论师有十个不同方面:第一,识为一分还是多分问题;第二,种子自然新生问题;第三,色法有无问题;第四,见相二分是"依他起性"还是"遍计所执性"所摄问题;第五,八个识有无"我执"、"法执"的问题;第六,俱有依与开导依问题;第七,器具世间是由自识所变还是他识所变问题;第八,见道后,根本智与后得智缘真如,有无相分、见分的问题;第九,五识通无漏、有漏问题;第十,如来说法与不说法问题。

十大论师解《唯识三十颂》纷争了两百年,唯识古学与今学出现了分野。关于二者的差异,王恩洋指出,唯识古学主张色法等俱无,以"唯识无境说唯心",唯识今学则主张"十二处"皆有,以"内境不离识说唯心"①。实际上,这就是无相唯识与有相唯识的差异。

最后,"译糅宏布时代"。玄奘、窥基译糅印度十大论师的注解,完成了《成唯识论》,开创了有唐一代的唯识宗。窥基据玄奘所述撰《成唯识论述记》等。另外,新罗人圆测,也是玄奘的门人,对唯识也发挥自己的新见解。而后,分化成两派,有申张窥基思想的,如灵泰、智周、慧沼、如理等;有申张圆测思想的,如道证、义寂、慧观、憬兴等。后来唐代的唯识宗思想(包括分化的思想),传到了朝鲜、日本。此时达到了唯识学发展的鼎盛时期。遗憾的是,正统玄奘唯识学从窥基后传到慧沼,再到智周,只传了四代。再然后,王恩洋认为,近代才出现唯识学的复兴,杨文会从日本觅回唐疏,并刊刻流通,至其师欧阳竟无弘传瑜伽唯识学。

不过,王恩洋在梳理唯识学传承过程中,忽略了几个重要的对唯识学有贡献的人物及流派。一是南北朝时期地论学派和摄论学派,二是明末性相融通的唯识学。王恩洋也作了交代,他也承认,唯识学传到中国,是从菩提流支(觉爱)、真谛开始的,然而"此学大成后之宏传"是玄奘,而非菩提流支和真谛。至于明代唯识学,因唯识唐典在宋元后失传,以性宗释相宗,支

---

①王恩洋:《唯识通论》,《中国佛教与唯识学》,第 182 页。

那内学院一派认为多谬误,故而王恩洋并未提及。

王恩洋在《瑜伽宗综述·瑜伽宗略史》中也把瑜伽唯识史分为以中心人物为代表的四个阶段,这是以人物主线进行划分的。第一,无著;第二、世亲;第三,诸大论师;第四,玄奘法师;第五,玄奘法师之后。这五个阶段大致对应于《唯识通论·唯识史略》中的三个时代。

无著是瑜伽宗的开山祖师,这是公认的,王恩洋称无著为"承前启后北斗泰山"。"承前"是指承接了弥勒,因为无著从弥勒处得《瑜伽师地论》《中边》《庄严》《分别瑜伽》等;"启后"指影响了世亲等,无著的《大乘阿毗达磨集论》授狮子觉,令狮子觉作释,无著的《摄大乘论》授世亲,令世亲作释。

至于世亲,开始是说一切有部的论师,他先后著有《发智》《六足》《毗婆沙》《俱舍》《顺正理》《杂集》。之后,世亲转向大乘。真谛作《世亲法师传》记载了世亲补过自新、舌赞大乘的过程。世亲重要的著作首先是《大乘百法明门论》《大乘五蕴论》,然后是《十地经论》《摄大乘论释》《辩中边论》《大乘庄严论》。最后的著述是《二十唯识论》《三十唯识颂》,宣说三界唯心、万法唯识之义。

世亲的学说在印度就很盛行,传到了中国尤盛。北魏菩提流支翻译了《佛地经论》,开创了地论宗;真谛翻译了《摄大乘论疏释》等,开创了摄论宗。而到了唐代玄奘,通过新译世亲的论著,又形成了慈恩宗。对此,王恩洋评价说:"一人之学在我国会开这许多的宗,虽不免有许多歧义,但确也是奇迹。"[①]

对于玄奘,王恩洋在《瑜伽宗综述·瑜伽宗略史》中有详细的介绍,分为八个部分:一、早年学习,二、西游原因,三、旅途的艰阻,四、在天竺的修学,五、辉煌的成就,六、归国翻译,七、在佛教上的贡献,八、对中印文化和邦交的影响。其中,王恩洋特别交代了,玄奘虽然不专治中观,但是翻译了般若类的经论。就连中观派清辨所著的《掌珍论》也翻译了出来。清辨与护法就空有二宗进行过辩论。关于玄奘糅译的《成唯识论》,王恩洋不仅奉之为佛教思想的"顶峰"之作,甚至认为是"唯一的贡献"[②]。可见,支那内学院及王恩洋治学今学的宗趣所在。

———————

① 王恩洋:《瑜伽宗综述》,《中国佛教与唯识学》,第574页。
② 王恩洋:《瑜伽宗综述》,《中国佛教与唯识学》,第596页。

最后,关于玄奘之后的传承,王恩洋介绍了窥基、圆测、慧沼、智周等。之后传承不明,宋元明清千百年来,继起无人。至于明末唯识,因疏记著述散尽,王恩洋批评明昱《相宗八要直解》之类的作品,"类同摸象"。而王恩洋对明末大儒王船山《相宗络索》的评价较高,说王船山对于因明学现量、比量与非量的言谈,可谓难得。实则《相宗络索》非纯粹玄奘唯识宗思想,这或许与王恩洋儒佛兼通的兴致有关,故推崇王船山。而玄奘唯识学,至清末大兴,归功于杨文会了,至"先师欧阳竟无承其前绪,专弘瑜伽一宗之学,开办支那内学院,毕其一生精力于弘法教人,一时兴起者不少,欣欣然瑜伽一宗有再兴之象"①。

总体而言,王恩洋对唯识学史的勾画仅是概要性的推介,而且带有门户之见,是有学派偏好的。没能像印顺、演培那样追本溯源,从原始佛教和部派佛教发掘大乘瑜伽学的思想资源,对南北朝唯识古学一系也不大认同,至于明末唯识思想则是一概否认。其唯识史梳理完全是宗于护法—玄奘—欧阳竟无一脉的唯识今学所传。

二、依玄奘唯识今学料简《起信论》

《大乘起信论》是佛教史上的一大悬案。一直以来,不断有人对《起信论》的作者和译者提出质疑。近代以来,有关《起信论》的争论再燃烽火,日本许多学者加入论战,之后波及到中国。参与论争的不仅有中国佛学界的人士,而且有思想界的学者,人数众多,观点纷呈。欧阳竟无、梁启超、章太炎、太虚均纷纷发表自己的看法。欧阳竟无于1922年在《唯识抉择谈》中,认为《起信论》中的"真如门""生灭门"之唯识思想,并非纯正佛教唯识之学,是错谬的。梁启超于1922年考证《起信论》乃"吾先民之所自出"。梁启超的观点遭到太虚的反驳,太虚作《佛法总抉择谈》维护《起信论》的经论系统。章太炎撰写《大乘起信论辩》,认为《起信论》为印度马鸣所造,而非中国人撰写。

对《起信论》批判最为激烈的当属于王恩洋,王恩洋于1923年撰写了《大乘起信论料简》,认为《起信论》非印度经典,而是南朝梁陈期间中国人杜撰出来的,并且是错谬的。这不像梁启超那样,梁启超虽然认为《起信

①王恩洋:《瑜伽宗综述》,《中国佛教与唯识学》,第607页。

论》是中国人所撰,但却认同《起信论》的观点,赞为国人的智慧。王恩洋的观点代表了支那内学院对《起信论》等如来藏系佛学经论的整体看法,此引发了武昌佛学院等僧界教团的不满和回应,反应最激烈的是太虚。太虚为了调和《起信论》与唯识学的矛盾,于1924年作《起信论唯识释》。王恩洋对此作《起信论唯识释质疑》进一步否定《起信》的思想,太虚又作《答起信论唯识释质疑》以回护《起信论》。论战的背后涉及到《起信论》作为如来藏系佛学的"合法"性问题。

《起信论》归属于如来藏系佛学经典,讲"真如缘起"论,心真如能够缘起万法。此涉及到,常住真心、真如如何缘起诸法、真如与无明互熏等诸多问题。王恩洋对《起信论》的批判要从支那内学院教宗玄奘唯识宗的立场说起。玄奘当年把《起信论》从中文又翻译成梵文,可见,《起信论》在唐代的时候,印度梵本已然不可见。《起信论》为真谛所翻译,真谛系南朝摄论学派,归为唯识古学系统。真谛系唯识学除了有第八识,还别立第九识净识(阿摩罗识)。南北朝唯识古学,包括摄论学派和地论学派虽然最后由玄奘统一为唯识宗,但是古学的精神并未湮灭。从思想路线而言,唯识古学倾向于真心系统,可以说是唯识今学系统(妄心路线)与如来藏系佛学系统(真心路线)的中间一路。

王恩洋在《大乘起信论料简》"先示正法,后简似教",意思是首先把佛教唯识学正确的意思给摆出来,然后来料简《起信》错误的说法。

王恩洋分析了缘起论,有四缘:一者因缘,二者等无间缘,三者所缘缘,四者增上缘。既说缘生,如何显法性呢?何为法性?是诸法真如实性,即无为法。甚至,王恩洋举清辨《掌珍论》颂"真性有为空,如幻,缘生故,无为无有实,不起,似空华"的例子来说明。历来清辨是有争议的,清辨是中观派的代表,曾与护法辩论。而王恩洋认为清辨的说法是为正义。《掌珍论》这首偈颂有两组因明三支构成。第一组:真性有为空(宗),如幻(因),缘生故(喻);第二组:无为无有实(宗),不起(因),似空华(喻)。王恩洋指出:空宗以遮做表,相宗即用显体。不管怎么说,关于真如不可描述却不得不描述的状态,有几点:真如是非实体的,非实有物;真如名无为;真如与诸法不二,不能把真如独立于诸法之外①。常惺在《大乘起信论料简驳议》中,概

---

① 参见王恩洋:《大乘起信论料简》,《中国佛教与唯识学》,第81页。

括王恩洋料简《起信论》真如义有三端：一、真如为常；二、真如为实物；三、真如为无用。

王恩洋在《大乘起信论料简》中，认为《起信》在义理方面有三个明显的错误：分别是"背法性""坏缘生""违唯识"。

第一，背法性。

王恩洋认为《起信》的真如观不符合佛法的真如观，意思是说《起信》背离了佛教真如法性的原义。王恩洋认为《起信》宣扬"一心开二门"，真如门和生命门，《起信》的"真如"是一实物，因真如能生一切诸法的缘故。而中观、瑜伽的真如义均不是这样的看法。王恩洋认为：其一，真如是诸法空性，真如作为体，是一切法的本质；其二，真如不可生出万法；其三，真如的常性是诸法无常性显性的结果①。王恩洋还反驳了常惺认为自己把《起信》真如义理解为"常一"。常一，非实物、非数论派之冥性、非上帝、非大自在天等。真实的常一，常是"不变不生不灭义"，是"周遍诸法平等无差别义"②。

王恩洋认为《起信》把真如当作了一个实体，而佛法真如是诸法空性，不是一个实体。还有，他认为《起信》的真如是一个动态的真如，能生成万法；而佛法的真如是一个静态的真如，"都无有用"，不能生成万法。另外《起信论》还说真如有常住之体，这也不符合佛法，真如应是无常之常性。可见，王恩洋所理解的"真如"是印度佛教空有二宗的"真如"观，即二空（我空、法空）所显之实相，是现象后不可说之本体，只有通过破相方能显其实性。而且这个实性也不是一个绝对的实体，般若学讲空也需空，唯识学除了立一个圆成实性，还别立一个胜义无性，即是要破除对这个常性之执着。而《起信》之真如究竟是不是像王恩洋所说的是一个"实体"呢？这可能涉及到《起信》的文本解读问题了。

第二，坏缘生。

王恩洋认为《起信》说诸法从真如生，是不符合佛法缘生义的。王恩洋认为能生、所生必须是平等的，是一生一，而不是一生多；另外能生、所生是可以互生的。《起信》讲无明从真如生，这不符合唯识学义理，真如是无漏

---

① 参见王恩洋：《大乘起信论料简》，《中国佛教与唯识学》，第 87 页。
② 王恩洋：《大乘起信论料简驳议答辨》，《中国佛教与唯识学》，第 98 页。

性,无明是有漏性,善种生善法,染种生染法,善染法是不会共种生的。王恩洋其实是从唯识学的"种现互生"的义理来理解缘生含义的,种现互生在唯识学里指"因缘"关系,"因缘"是四缘中缘生的根本,种子生起现行,现行复熏生新种子,是一一对应关系。所以,王恩洋说是一生一,而且是互生了。如果《起信》从唯识学"缘生"的含义来解释真如、无明,有漏、无漏之间的关系的话,正如王恩洋所论述的一样是解释不通的。但是,中国佛教的"真常唯心系"却大讲圆融不二的法门,如天台宗就讲"性俱染净""性俱善恶"说,认为"三毒即是道""地狱界有佛性""魔怨是佛母"。由此可见,不同宗派教义是有差别的,而王恩洋是宗于唯识宗学的,是用唯识今学作为尺标来衡量一切佛法。

就真如与诸法生起的关系而言的,真如与法,是体与用的一对范畴。生灭门和真如门如何解释"性起"还是"生起",又要摆脱梵化论,这是难以理解的地方。《起信》在真如实性(体)与世间法(相、用)之间逻辑转化关系的哲学架构,有点相似于我国传统文化中《周易》"太极"和道家"道"的思想了。而唯识学的缘生论是种子与现行的互生之因缘,种子起现行,现行熏生新种子,再起新的现行。《起信》真如缘起万法思想,或许并非像王恩洋所理解的那样的"宇宙发生论"呢?一看到"生"字,即避之不及,就联想到印度婆罗门教的梵天论,联系到中国哲学的一元的宇宙本体论。

再有,关于《起信》真如、无明互熏问题,真如、正智互摄问题,正智与无明互生问题。王恩洋是极力反对各概念之间不可混用。真如作为无为法,既非能熏(熏习的主体),亦非所熏(被熏的对象)。王恩洋意思是说,按照唯识学观点,真如与无明应为同一种生,显然这是解释不通的。关于正智与无明问题,如何相互生起?王恩洋认为从熏习的角度来说,有漏法与无漏法各自有有漏与无漏的种子。而且正智与无明也非增上缘的关系。而常惺则认为真如可受熏,也是能熏习,真如是体,正智是用,正智为有为法。而王恩洋则坚定地认为,"不可如、智合说",真如与正智应严格地区分开来,体与用不可互相摄受。王恩洋还指出,即使真如、正智有功用,但与无明还是不可以互熏的,因为这从唯识学因缘种子熏习义是解释不通的。

第三,违唯识。

王恩洋认为《起信》是违背唯识学"唯识"教义的。他认为《起信》说的"一心开二门",看似唯心,实际上违背了唯识的义理。原因何在?王恩洋指出："以一真如体能生万法,有一因共因不平等因过。真如既即心体,是即此一心体能生万法也。是即此心有一因共因不平等因,一切过也是伪唯心、非真唯心。"①

王恩洋所说的"唯心"指的是八识之心王、心所,而并非《起信》的如来藏自心清净心,他对于"如来藏缘起万法"的思想是摈斥的。另外,《起信》讲三细、六粗都是依无明生起,这也违背了唯识学讲的一因不能生成多果,因不平等的教义。再次,无明属于心所,心所势劣,怎么能生成染法(包括心王)呢? 如果从唯识学的义理去理解,确实有很多教义在《起信》上是解释不通的。这就要涉及到文本的解读了。

总体说来,王恩洋对《起信》的料简根本上涉及到对法性、法相不同的理解。王恩洋认为:"性相两宗所诠不同";"就相则说因缘,就性则言无生。"②法相认为种子有染净之分,染法有染种子,净法有净种子,是不会混乱的,并避免了有些经论例如《起信》概念笼统混乱的局面。而法性,讲一切法自性本空,言之"无生"。唯独不能像《起信》说的真如是万法的本体而能够生成一切世间法,"自坏缘生亦失法性",法性独立与法相之外,似别立的本体,因法相与法性不平等的缘故。王恩洋认为《起信》以"法性"的名义,构建了缘生理论,通过缘起诸法来显现法性,"体用并乖,俱伤两败"。值得注意的是,王恩洋所判的性、相二宗,其中的性宗指般若空宗,相宗谓之法相唯识宗,性宗并不是如来藏系佛学。内学院对如来藏系佛学整体上都持批判态度。

实际上,王恩洋自己也承认《起信》所讲的"法性"与中观、瑜伽的"法性"完全不是一个概念,这涉及到判教问题。他说:"彼言法性与吾言法性根本不同。"③华严宗佛学的判教系统,分五教:小、始、终、顿、圆。"小"是小乘教;"始"是大乘教始,空有二宗;"终教""顿教""圆教"就是性宗。而华严则为圆教。《起信》与华严关系甚密,王恩洋认为,"圆教自亲绝高故"。对于天台宗,王恩洋同样也是批判的。天台倡"性具说",对于天台宗性具万法而能生起万法的思想,王恩洋认为此与法相宗"无为无用之说相背"。天台的判教分为四教,藏通别圆。如果"四教之说既非",那么"五教之旨亦

①王恩洋:《大乘起信论料简驳议答辨》,《中国佛教与唯识学》,第91页。
②王恩洋:《大乘起信论料简驳议答辨》,《中国佛教与唯识学》,第100页。
③王恩洋:《大乘起信论料简驳议答辨》,《中国佛教与唯识学》,第104页。

破"。天台宗是第一个中国化的佛教。天台宗的四教判教理论影响到了华严宗五教判教理论。

总之,《起信》之争涉及教派教义之争。对于天台宗四教判教("藏通别圆")和华严宗的五教判教("小始终顿圆")的判教系统,王恩洋均是排斥的。因为四教与五教均属于如来藏系佛学的判教体系,《法华》《华严》要高于般若、唯识。在判教体系上,如来藏系佛学系统与唯识学系统是有高下之别的。这也是王恩洋不遗余力料简《起信》的动力所在。

第三章　民国时期武昌佛学院以唯识学对诸学的融通

第一节 太虚对唯识学与内外学的会通

太虚(1890—1947)，法名唯心，字太虚，号昧庵，原籍浙江崇德(今浙江桐乡)，生于浙江海宁。太虚是民国四大高僧之一，1922年创办了第一所最为正规的佛学高等学府"武昌佛学院"，在佛教界享有"黄埔"之誉。"太虚"系唯识学是近代三系唯识学中僧人弘法的一支(其他二系"南欧北韩"为居士弘法)。太虚一生著述颇丰，有《太虚大师全书》出版。太虚倡"八宗平等"，其治学唯识的最大特色在于以唯识融贯诸宗、诸学。

一、以唯识学融释如来藏学

1. 唯识融通《楞严经》

1916年，太虚作《楞严经摄论》，涉及唯识学与《楞严经》的会通，《摄论》全书分为四个部分：一、判摄本经文义分；二、会较余部文义分；三、别明当部要意分；四、散释艰文涩义分。《摄论》中讨论了有关唯识学与如来藏学经论的关系。例如：《楞严》如来藏义与阿黎耶识、阿赖耶识、阿陀那识义的比较；《楞严》所说的"六精"为唯识之八识。尤其是太虚对唯识学两部重要的经论，即《解深密经》《成唯识论》，与《楞严经》分别做出会通。

《楞严经》作为如来藏系佛学的重要典籍，辞藻华美，文义深奥，流传甚泛，享有"经中之王"的美誉。由于《楞严》内容助人智解佛法真义，明清时代，曾有一位文人，随手捧读《楞严》，感佩不已，留有"自从一读楞严后，不看人间糟粕书"的诗句。《楞严》被归于大藏经密教部，却为禅宗所重，虽然没有被奉为哪个禅宗门派的经典，但是《楞严》的理论思想和悟修方法对禅宗的影响却是深远的，禅门日诵就念楞严咒。

《楞严》在唐中宗时译成汉文后不久，即产生了为伪经的说法，不过，

"在唐代关于《楞严经》是伪经的议论只是个别现象,并没有在中国僧界形成气候,也没有影响《楞严经》的流传"[①]。到了宋代,虽有朱熹质疑"《楞严经》只是咒语,后来房融增加许多说话"[②],不过是朱子而非佛子。经过明代,尤其是明末四大高僧的弘传,《楞严》的地位逐渐凸显出来。智旭就说《楞严》是"诚一代时教之精髓,成佛作祖之秘要,无上圆顿之旨归,三根普被之方便,超权小之殊胜法门,摧魔外之实相正印也"[③]。晚明虽有《楞严》注解的争论,"最引人瞩目的当是天台家与其反对者之间进行的论战"[④],但只是义理的宗派之争,鲜有论及真伪问题。

《楞严》为伪的说法在日本就有提及,到了近代,日本学者率先挑起《楞严》为伪的争论,影响到中国人的判断。梁启超考证《楞严》为中国人所著,吕澂作《楞严百伪》,定《楞严》是伪经。何格恩、罗香林、刘果宗等对《楞严》为伪均做出考证,僧界人士亦对此经表示怀疑和批评,编《佛教月刊》的保贤三度撰文《问题楞严》《楞严质疑》《三谈楞严问题》,甚至说:"《楞严经》与其说房融作,不如说神秀、武则天及神秀座下得力座下多人合作。"[⑤]印顺把《楞严》归为如来藏佛教真常唯心系的作品。

不过,信奉《楞严》者仍然占据多数,很多人还是很推崇《楞严》。虚云就叫人熟读《楞严》,圆瑛四十余年研习《楞严》,著有《楞严纲要》《首楞严经讲义》等。有人出来反驳伪作一事,水天针对保贤撰有《楞严问题之研讨》,愍生针对吕澂就著《辩破〈楞严百伪〉》一书分条析理。太虚也致力于唯识与《楞严》的会通。

太虚在《楞严经摄论》中,对唯识学与如来藏学佛学有多个方面的融通互释,其中最为主要的是在唯识学所宗的经典与《楞严经》这部经的会通。太虚认为,唯识学的根本经典《解深密经》和玄奘唯识宗的《成唯识论》与《楞严经》是没有矛盾的。

第一,就《解深密经》与《楞严经》(文中称《本经》)两相比较而言,太虚说:

①李富华:《关于〈楞严经〉的几个问题》,《世界宗教研究》1996年第3期。
②转引自保贤:《楞严质疑》,《现代佛教学术丛刊》第35册《大乘起信论与楞严经考辨》,第371页。
③《楞严经玄义》,《卍新纂续藏经》第13册,(台北)财团法人佛陀教育基金会,1990年,第196页。
④夏志前:《楞严》之诤与晚明佛教——以〈楞严经〉的诠释为中心》,《中国哲学史》2007年第3期。
⑤保贤:《楞严质疑》,《现代佛教学术丛刊》第35册《大乘起信论与楞严经考辨》,第371页。

（一）《解深密》法门胜义了义之教，同《本经》显如来藏章，亦兼含《本经》说七趣生报。

（二）《解深密》法门瑜伽了义之教，同《本经》明圆通门章，亦兼含《本经》说五阴魔境，亦即三重渐次。如曰："此奢摩它、毗钵舍那，清净尸罗，清净闻思所成正见以为其因"，亦即禅那进修圣位。如曰：渐次于彼后后地中，如拣金法陶炼其金，乃至证得无上正等正觉。

（三）《解深密》法门诸地波罗密多了义之教，同《本经》示菩提路章。

（四）《解深密》法门如来成所作事了义之教，同《本经》观世音所发妙用，佛顶神咒所成功德。名相稍异，综核其义，大致同也。

《本经》一名如来密因（胜义）修（瑜伽地波罗密）证（地波罗密成所作事）了义（四皆曰了义教），意见乎《解深密经》矣。①

《解深密经》为玄奘翻译，原本有分为八品：序品、胜义谛相品、心意识相品、一切法相品、无自性相品、分别瑜伽品、地波罗蜜多品、如来成所作事品。太虚综合起来，拣选了其中四品：一、胜义谛相品；二、分别瑜伽品；三、地波罗蜜多品；四、如来成所作事品。该四品可分别与《楞严经》之显如来藏章、明圆通门章、示菩提路章及"观世音所发妙用，佛顶神咒所成功德"一一对应。对应部分如下：

1，《解深密经》"胜义谛相品"，胜义谛是佛陀的内自证，胜义谛是遍一切一味的平等相。此与《楞严经》"显如来藏章"，如来藏自性清净心相对应。

2，《解深密经》"分别瑜伽品"，介绍了大乘瑜伽行派止观法门及修习止观的方法。此与《楞严经》"明圆通门章"奢摩它、毗钵舍那，清净尸罗等禅定方式对应。

3，《解深密经》"地波罗密多品"，佛陀为观自在菩萨宣说十一地及六度。此与《楞严经》"示菩提路章"之五十五位真菩提路。

4，《解深密经》"如来成所作事品"，讲佛果的威德与功德，此与《楞严》佛顶神咒所成功德相对应。

故而，太虚认为两部经，"名相稍异，综核其义，大致同也"。最后，关于

①太虚：《楞严经摄论》，《太虚大师全书》第14卷，第162—163页。

《楞严》是否与《解深密经》一样属于了义教的问题,太虚判定,《楞严经》与《解深密经》在通过瑜伽止观修证,最终成就佛果位方面的共同旨意。

第二,就《成唯识论》(全中称《彼论》《全论》)与《楞严经》(文中称《本经》)两相比较而言,太虚说:

> 《成唯识论》,共三十颂,略作三门会勘:
>
> (一)前二十五颂,同《本经》历万法显如来藏。后十六颂,同《本经》约四谛显如来藏。用彼《全论》前后相互,方成《本经》显如来藏章耳。
>
> (二)初一颂半兼第二十五颂,同《本经》破相想遮显如来藏。十六颂至二十五颂,同《本经》说七趣生报。二十五颂至三十颂,同《本经》明圆通门示菩提路章,兼含超越阴浊,脱离魔邪。
>
> (三)彼之《全论》,惟是《本经》示菩提路章。因《彼论》文义之前后互相关摄,可反显《本经》文义章章含融已!然非见《彼论》之条分缕析,不易明《本经》一体全具也。①

太虚把《成唯识论》各颂全段作了概略性的归纳,并与《楞严经》一一进行对照,彰显出唐代唯识宗所宗以护法观点为主的《唯识三十论释》与《楞严经》在最终教旨上的一致性。太虚认为,如果把《成唯识论》"前后相互"连起来,说的是《楞严》"如来藏章"所凸显的如来藏自性清净行的内容。而了悟自证此"全真离妄""妙真如性""识精圆明"的如来藏心的修行方式呢?《楞严》所谈的内容是"示菩提路章",而《成唯识论》全文所示的方式正是"唯是《本经》示菩提路章"。《成唯识论》讲十地菩萨阶位,曰:"于十地中,勇猛修行十种胜行,断十重障,证十真如,于二转依便能证得。"而《楞严》有五十五位真菩提路:一,干慧位;二,十信位、十住位、十行位、十回向位;三,四加行位;四,十地位;五,等觉位、妙觉位。太虚认为此是《楞严经》与《成唯识论》在菩提道路修证法门上的共契点。

可见,太虚在努力捏合如来藏系与唯识学系佛学的共同性方面,选取《楞严经》是有一定道理的。《楞严》的菩萨修行次第与唯识学闻熏法门归于一趣。不过,以《楞严》为代表的如来藏系佛学最大的争议在于"如来藏

---

①太虚:《楞严经摄论》,《太虚大师全书》第 14 卷,第 165—166 页。

缘起"的思想上,无为法之如来藏妙觉清净真心如何性起有为之万法呢?玄奘的唯识宗学及其后学对此予以抵制,如来藏心似乎别立一个真常恒在的绝对、能动的本体,隐隐约约之间有印度婆罗门教"梵化"①和中国传统哲学"道学"②的嫌疑。然而,太虚对《楞严》与正统唯识学的差别此处没有论及。不过,他的目的也很明显,即致力于融通诸教,这也是他佛学理念的一贯特色所在。

2. 唯识融通《起信论》

为了调和《起信论》的唯识思想与玄奘正统唯识学思想的矛盾,太虚于1924 年作《大乘起信论唯识释》。之后,王恩洋不满太虚的折中论,作《起信论唯识释质疑》驳斥太虚混淆《起信论》与《成唯识论》的概念,太虚又作《答起信论唯识释质疑》予以回应。实则上,《起信》的思想为真谛翻译,偏于唯识古学和如来藏系佛学系统,而王恩洋所宗则为玄奘所译《成唯识论》今学思想。二人的辩论折射出对不同教理的理解,也反映了太虚致力于沟通以唯识解《起信》之性相融通的观念。

第一,立论之依据。

太虚在《大乘起信论唯识释》中认为造论者马鸣是八地菩萨,而中观派开创者龙树和瑜伽派开创者无著是初地菩萨,均是登地菩萨。而无著的弟弟世亲是处于唯识五位之加行位,并未登地。在太虚看来,从菩萨圣智境界来看,马鸣菩萨造论的见地要高于龙树、无著,更是要高明于世亲的见解。

太虚比较了异生(普通人)的心境、登地菩萨以上的菩萨心境与如来(佛)的心境。普通人是纯有漏(染污)的现行心境,菩萨是亦有漏亦无漏(染净之间)的现行心境,而佛是纯无漏(净)的现行心境。太虚言外之意是说,据世亲《唯识三十颂》而形成的《成唯识论》要低于马鸣的《起信》的境地。我们知道,《成唯识论》是围绕着含藏有染净种子的第八识阿赖耶识为中心建构体系的,而《起信》则是以"众生心"(真心、清净心)为中心建立缘起论思想体系。

---

① 佛教创立之初反对婆罗门教的"梵天创世说"。

② 此道学是广义的道学概念,包括道家、道教之学,也包括宋明道学等。有学者认为称"中国哲学"为"道学"更准确。另外,唐代唯识宗与道教于"道生万物"论发起多次辩论,唯识宗坚决破斥道教的"道体"理念。

我们知道,《起信》最核心的思想是"众生心",由众生心开出真如门和生灭门,那么究竟何为"众生心"? 如来藏系佛学系统把"众生心"释义为真心,这是无疑的。但是真心也分菩萨的心境和佛心境。太虚交代说,华严宗以如来心"一真法界"或"真如",天台宗也是以"真如"来说明此众生心。然而,太虚认为这种诠释是不妥当的。《起信》非佛之心境,而是菩萨心境。而唯识家则依据异生心(凡夫心识)非难《起信》所云"众生心",这不是恰当的。太虚特作表以示区别①。

表 3—1

依异生心说如来藏……唯本有无漏种	可名空如来藏一切现行心境俱非故
依如来心说如来藏……一切性相种现	可名不空如来藏一切佛法俱是故
依菩萨心说如来藏……一分无漏种现	可名空不空如来藏一分有漏非一分无漏是故
依真如性说如来藏……诸法离言自性	可名非空非不空如来藏一切法全非全是故

唯识家依异生心说如来藏,贤首家依如来心说如来藏,天台家依真如性说如来藏,然而三家都不明了《起信》是依菩萨心说如来藏,"皆失之私弊"。

然而,王恩洋并不认同太虚的观点,否定《起信》为自证菩萨心境。在《起信论唯识释质疑》中,王恩洋认为《起信》如果是菩萨心说如来藏,那么"染法缘起无由得立也",实际上,他是根本不承认如来藏缘起诸法的这一整套佛学系统的。太虚在《答起信论唯识释质疑》中又做出回应,认为菩萨心境可通凡圣,应机说法,"上探佛智,下揽生情",《起信》"众生心"虽不拘泥于菩萨自证心境,但是立足点还在于菩萨心地说法。

第二,真如与无明互熏。

《起信》讲四种熏习,真如、无明、妄心、妄境界。真如是净法,后三种是染法。无明是染心、妄心是业识、妄境界是六尘(色声香味触法)。《起信》讲染净互熏,"真如"受"无明"熏习干扰而不觉,这是生死轮回的根本;而"无明"受"真如"熏习而觉悟,这是转染成净、达到解脱的过程。

①参见太虚:《大乘起信论唯识释》,《法相唯识学》下册,商务印书馆,2002年,第201页。

而《成唯识论》的熏习只言现行（能熏）和种子（所熏）。按照《成唯识论》的观点，无明是染法，真如是净法，二者属性不同，不可以互相熏习。

太虚也指出，《成唯识论》与《大乘起信论》"熏习名同，熏习义异"，也就是说这两部论中"熏习"的概念名称相同，但内涵完全不同。《成唯识论》的"熏习"仅仅是指四缘（因缘、等无间缘、所缘缘、增上缘）中的因缘，种子起现行、现行熏种子的关系。《起信》的"熏习"内涵更宽泛，都可以作能熏、所熏，通于四缘，也就是说《起信》认为只要诸法能够相互影响都可以叫作熏习。因此，太虚认为"不能执唯识中之熏习名义责此令齐"[1]，不可用《成唯识论》的观点去强行解释《起信》。

第三，真如与正智合。

从唯识学五法（相、名、分别、正智和真如）来说，前四法是有为法，但是相、名、分别是有漏法，正智是无漏法，所以争论的焦点就是真如可否摄正智的问题了。

《起信》讲"心真如"义，合正智与真如为一，视真如与如来藏为一，于真如、正智不分。而《瑜伽师地论》《楞伽经》等唯识典籍讲五法——相、名、分别、正智、真如。关键在于"正智"的界定上，正智是无漏法，但却是有为法。真如是无漏法，是无为法。真如和正智是否相合呢？王恩洋认为，真如是体，正智是用，体用有别，故"真如不可以摄正智"[2]。

而太虚的诠释更具有融通性，他在《答起信论唯识释质疑》中认为《起信》用真如名，有时候单指理体，有时候兼指智用。《摄论》列举了四种清净法，"得此道清净"即为正智，而真如是净法，所以就清净义来说，真如是包含正智的。再有，严格来说，五法中的分别属于有漏心王，不包含心所；而正智是净慧心所[3]，不包含其余的净心及心所，如此一来，唯识的五法就不能含摄一切法相。太虚的意思是说，不应该拘泥于法相的教条，应该更具有融通性，以消解《起信》与唯识新学的矛盾。太虚说："若云正智真如'为无为'异，故不可合，分别正智'漏无漏'异，亦不可合。若云分别正智同有为故可合，则亦正智真如同无漏故可合，理由相等，离合何碍？"[4]太虚认

①太虚：《答起信论唯识释质疑》，《法相唯识学》下册，第100页。
②王恩洋：《大乘起信论料简驳议答辨》，《中国佛教与唯识学》，第98页。
③《俱舍论》卷二六言，慧有无漏慧和有漏慧两种。
④太虚：《答起信论唯识释质疑》，《法相唯识学》下册，第100—101页。

为,唯识学唯说分别,摄正智于分别;而《起信》宗真如,含正智于真如。正智与分别同属于有为法,可以与分别合;正智与真如同属于无漏法,也可以与真如合。

由上可见,太虚的诠释更加具有圆融性,极力消解《大乘起信论》与《成唯识论》正统唯识学的矛盾。他采用同词而异义的方式,对《起信》的概念做出新的诠解。佛教本来就有"依义不依语"的说法。法义辩论的背后,更多是教法判教和宗派归属的问题。

二、以唯识学摄纳传统儒学

以佛摄儒、援儒入佛,是太虚依唯识治外学之儒学的一个指导原则。太虚1915年作《论荀子》,以唯识阐解儒家经典《荀子》的哲学思想。太虚高度评价了荀子思想,说:"盖荀子之在儒,殆犹唯识之在佛,借彼明此,反之即藉此行彼。"[①]荀子在儒家的地位,就像唯识学在佛家的地位。太虚还以唯识解释宋明儒学,1916年作《王阳明格竹衍论》,1923年作《论宋明儒学》《论王阳明》,1945年作《王阳明与新中国哲学》。此外,太虚1915年作《论〈周易〉》(发表于《觉社丛书》第一期),又有《易理与佛法》(见《海刊》二十七卷一期),以唯识学来解释《周易》的易理。

1.唯识诠解《荀子》

《荀子》三十二篇,太虚裁取荀子《正名》《性恶》《解蔽》三篇而论之。太虚认为这三篇义理最为审密,通过此三篇即可窥见《荀子》全书的梗概。荀子《正名》为中国古代逻辑学的重要篇章;而"人性论"之争为先秦重要的伦理哲学命题大讨论,《荀子》的"性恶"论成一家之言;再有《解蔽》为解除政治、社会、学风被蒙蔽的现象而具有明显的现实的关切。我们知道,印度佛教大乘瑜伽行派之唯识学是较晚形成的也是很成熟的大乘学说体系,而荀子也属于先秦儒学后期的一个总结性的人物。此对于儒佛关系具有相互彰显阐发的作用。

来看荀子的《性恶篇论》。太虚在很多撰述中谈到人性话题。1915年太虚作《论荀子》、1932年演讲《人性之分析与修证——二十一年九月在重庆反省院讲》,以及《性释》《人性可善可恶——在人生哲学研究会座谈会

①太虚:《论荀子》,《太虚大师全书》第22卷,第347页。

讲》等。太虚以唯识解儒家人性论,特别喜谈荀子。

太虚对人性论的研究,受到了章太炎的激发。他在《论荀子》中就提到:"章太炎君作《辨性》上下,庶几解其纷矣!然吾意犹有未嗛。"①太虚解人性论又不完全同于章太炎,太虚是有所偏爱的,他推崇荀子。

太虚首先对人性的"性"字做出解释,他赞同荀子给"性"下的定义,荀子认为"生之所以然者谓之性"。

太虚首先对人性的"性"字做出佛学的诠释,他赞同荀子给"性"下的定义,荀子认为"生之所以然者谓之性"。荀子的理解的"性",是天赋的、与生俱来的原始质朴的自然属性,是不待后天学习而成的自然本能。而太虚把荀子的人性生之观与佛家认为心生则法生作了沟通。法具有自相,也就有了染净、善恶、智愚的差异。笔者认为,太虚此处所指的"性"起码有两层意涵:一、心性;二、法性。"生"起码也有两层意涵:一、生成发生;二、与生俱来。

不过,太虚并不想在人性问题过多纠缠,他试图把有漏人之性升华到无漏本体之无性性、真如性,或唯识学所说的"圆成实性",成就人性圆满的觉性、佛性。有漏、有覆是染;无漏、无覆是净,"能转染成净、转恶成善者故智,不能转染成净、转恶成善者故愚"②。

而荀子所说的人性即是污染性,类同于唯识学《百法明门论》所讲的"异生性"。太虚说:"荀况虽未明无性净性,而此方言性诸家,莫之尚矣!盖能明乎人性染矣(人性,即《百法明门论》异生性)。"③"异生性"为唯识学二十四种不相应行法之一。异生性是不同的生性,如五趣众生,异于圣者的生性。

更具体一点,在唯识学而言,荀子人性其实指的是第七识。太虚接着说:"生之所以然者何指?盖有生之类,有意根号曰末那,译曰染意。"④即是第七识末那识,有染污的意根。第七识的伦理属性是"有覆无记"的。第七识常与我痴、我见、我爱、我慢四烦恼俱,是"有覆"的;执于自我,恒审思量,不发业用造善造恶,是"无记"的。

①太虚:《论荀子》,《太虚大师全书》第22卷,第351页。
②太虚:《论荀子》,《太虚大师全书》第22卷,第353页。
③太虚:《论荀子》,《太虚大师全书》第22卷,第353页。
④太虚:《论荀子》,《太虚大师全书》第22卷,第354页。

一方面太虚对荀子是赞扬的,认为很高明,但又立足于唯识立场批评其性恶观,说:"荀卿知以人生之所以然者为人性,此其所由高矣!顾未悟意根无记,谓之性恶,则不然也。"①太虚也指出,荀子并没有完全领悟到第七识意根是无记(不记善恶)的,过于走向人性恶的极端。荀子领悟到人性之染是正确的,我们知道,就唯识学而言,心所有法五十一个,其中善心所十一个,恶心所二十六个,恶要比善多。但一味强调人性之恶也是不可取的。

就诸子论人性善恶的观点比较看来,太虚虽然认为荀子人性恶观点是错误的,但他认为其他各家人性论都没有达到荀子这一家的高度。

太虚认为荀子高明之处在于掌握了人性"人类生定之分"②,具有与生俱来的原始质朴的自然属性,是第七识(意根)。太虚批评了扬雄"善恶混说"、漆雕开"善恶以人异说"、韩愈的"性三品说"(上中下)、告子"无善无恶说",甚至孟子的"性善说"。各家在善恶立场上"无生定之分",虽然说人性,没有谈到"生"的原始染污特性,就像没有说的一样。太虚认为,扬雄"善恶混说"、漆雕开"善恶以人异说"均是以阿赖耶识种子、习气为人性。

至于,告子讲人性"无善无恶",指第八识阿赖耶识,太虚对章太炎的观点深表赞同,他说道:"谓性无善无恶;章太炎君谓其指阿黎耶识而言者,是矣"③;"告子谓之无善无恶,最无妄矣。"④关于孟子对告子的批判,太虚回护告子说:"而孟子与之辨,则昧于告子之所指者也。"⑤

对于孟子的"性善说",太虚还说:"乃意识推意根之我爱而泛爱孺子,故率同前五根识而往救也。"⑥即是说孟子"性善说"是第六意识推转意根第七识心所"我爱",见孺子入井,乃是业用、缘习种子生起,也并不是"生定之分",孟子没有荀子说得透彻。

关于孟子性善说与荀子性恶说之辨,太虚在《人性可善可恶——在人生哲学研究会座谈会讲》中有谈到,他说:"孟子说的人性善,系指人类所应有的理性而言;荀子所说的人性恶,系指人类所常有的动物性而言。因为

①太虚:《论荀子》,《太虚大师全书》第22卷,第354页。
②太虚:《论荀子》,《太虚大师全书》第22卷,第359页。
③太虚:《论荀子》,《太虚大师全书》第22卷,第358页。
④太虚:《论荀子》,《太虚大师全书》第22卷,第359页。
⑤太虚:《论荀子》,《太虚大师全书》第22卷,第359页。
⑥太虚:《论荀子》,《太虚大师全书》第22卷,第356页。

人类具有理性,亦涵有动物性,所以人性可以善,可以恶。"①此善恶之人性与动物性,分属于后天性与先天性,社会属性和自然属性。

这里有一个疑问,就是太虚为什么不去倡导流行了中国几千年的孟子"性善说"呢?这是有一定缘由的。我们知道,太虚作为近现代"人间佛教"的开创者,特别关注佛法之入世。我们引太虚《论荀子》的一段话,来说明这个问题吧。他说:"近世天演学者,谓人皆有贪生营私之欲,义亦符契。故荀子性恶,于义为诚;孟子性善,特举人类可能性之一端当之耳,是济世之说,非穷理之谈也。"②"物尽天择,适者生存"的进化论充分暴露了现代人类社会私欲的一面,荀子"性恶说"比孟子"性善说"更能坦诚地点明人性之陋。太虚把荀子学说判为"人天乘"佛教,他说:"荀卿之论,殆人天乘之正宗哉!"③我们还知道,荀子讲"化性起伪",靠后天学习改恶向善,此与大乘唯识学转染成净的观念遥相契合,以便发扬大乘佛学自度度他的精神。这是太虚托荀子以抒己意的良苦用心所在。

2. 唯识诠解宋明儒学

太虚倡导"三教合一"思想。自晚唐五代入于宋,儒释道三教根源于禅宗,禅宗为三教共通之根底,太虚认为禅宗为"三教之同源"。太虚的说法是有根据的,我们知道,儒道二教多与佛教尤其禅宗有关联。那么三者关系为何?太虚以唯识学理解禅宗及儒道二教。太虚认为,如果达摩祖师禅比为第八识所变实境,那么中国禅宗北宗、南宗及分化的"五家七宗"④为前六识现量,而中国天台宗、华严宗等则如第六识正比量。而儒道二教因属于外道,那么只能是第六识非量了。虽然是儒道二教同源于禅宗,但儒道属于唯识学经典《百法明门论》所讲的"异生性",是异于圣佛如来的生性。

太虚对宋明儒学的论述中也会用唯识学来作比附,对于周敦颐太极图说,太虚说:"其言无极而太极,乃指心言";"心为太极,道为太极。又以心

---

① 太虚:《人性可善可恶——在人生哲学研究会座谈会讲》,《太虚大师全书》第 23 卷,第 191 页。
② 太虚:《论荀子》,《太虚大师全书》第 22 卷,第 359—360 页。
③ 太虚:《论荀子》,《太虚大师全书》第 22 卷,第 360 页。
④ 禅宗自初祖菩提达摩,经二祖慧可、三祖僧璨、四祖道信、五祖弘忍之后,分为六祖慧能的南宗禅及神秀的北宗禅。南宗传衍出"五家七宗",即临济宗、曹洞宗、沩仰宗、云门宗、法眼宗等五家,加上由临济宗分出的黄龙派和杨岐派,合称为七宗。

谓之中。"①天地人三才,人居天地之中,心居人之中。此心为仁,也即藏识,或第八识阿赖耶识。太虚对大程(程颢)的"仁"解释说:"心者何也?仁是也(上蔡出大程门,大程说仁,谓天地生生之大德)。仁者何也?活者为仁,死者为不仁(若活人有藏识,死人无藏识,此仁即指藏识)。"②而南宋陆九渊心学学派更能体现心即藏识一说。陆九渊门人杨简,提出"主人公"一说,太虚解释为异熟之"阿赖耶识",说:"以易为天地之变化,不以易为己之变化,不可也。己者何?主人公;主人公者何?异熟识;即指其所悟本心为己耳。至象山之宇宙便是吾心,吾心即是宇宙,语尤显然。"③可见,陆象山著名的哲学命题"宇宙便是吾心,吾心便是宇宙"说明了万法唯识的思想。

　　太虚把宋明儒学分为二派,争论点在于心气与性理为一还是为异。一、心气即性理系:大程(程颢)—陆九渊—王阳明;二、心气非性理系:小程(程颐)—朱熹—朱子后学④。这二派即是通常而言的"理学派"和"心学派"。理学派辟佛最为用力,朱熹承小程说,极主张理气二,为了标新其儒家不同于佛教的伦理原则。而心学派对佛教的态度要柔顺得多,陆、王承大程"气即理"说以说唯心,心学派骨子里与佛理接近。太虚用唯识学来为佛教辩护说:"大致儒家言气、言道心、言本心,多指一切种子如瀑流之习气种子识言。言性言理,则指各物各人之报体(真异熟识)言,亦即我爱执藏内自我体。"⑤"宋、明儒既同有见于本心——在人即人心,多曰心;在天地即天地心,多曰气。或指藏识,或通指诸心色——何以执人伦之理性,竟与佛抵异欤?"⑥无论是心学还是理学,所讲的"气""心""性""理"或是异熟识(藏识、阿赖耶识),或是其所含藏的习气种子,或是通指各种心识及境。在太虚看来,程朱理学派用儒家人伦道德来辟佛,只准人当入世之人,而不准人做出世圣人是非常可笑的。

　　宋明儒学心学派有一人,太虚是着力阐扬的,即王阳明。太虚1916年作《王阳明格竹衍论》,1923年作《论王阳明》,1945年作《王阳明与新中国哲学》。太虚高度评价阳明:"为儒家仲尼以来之一人也! 所以为华梵两化

①太虚:《论宋明儒学》,《太虚大师全书》第22卷,第422页。
②太虚:《论宋明儒学》,《太虚大师全书》第22卷,第423页。
③太虚:《论宋明儒学》,《太虚大师全书》第22卷,第423页。
④参见太虚:《论王阳明》,《太虚大师全书》第22卷,第444—445页。
⑤太虚:《论宋明儒学》,《太虚大师全书》第22卷,424页。
⑥太虚:《论宋明儒学》,《太虚大师全书》第22卷,426页。

所育生之惟一良果也!"①在太虚看来,阳明为儒家孔子以来第一人,阳明学为华梵两文明最为完美的结合体。不过,太虚为了维护佛教的立场,对王阳明是有褒有贬的,褒奖在于阳明学精髓取于佛,当然贬斥阳明学也多在于阳明排佛。太虚的目的在于"应从佛化中自养成阳明之人格,以之建为佛教之儒宗"②。

阳明有一著名的"格竹子"公案,太虚对此也用佛家见、闻、觉、知等心识观来解释。太虚在《王阳明格竹衍论》中说:"余今试就王氏格窗前之竹一言而极论之,用证古人闻击竹而心空,睹桃花而意解,非即见、闻、觉、知、形、气、心、识,亦未尝离见、闻、觉、知、形、气、心、识耳。"③关于见、闻、觉、知,《大毗婆沙论》云:"此中眼识所受,名见;耳识所受,名闻;三识所受,名觉;意识所受,名知。"④太虚以佛家中道观来理解,王阳明格窗前之竹,非即心识,又未尝离开心识。

阳明还有一"四句教"流传于世,太虚对此着墨颇多。阳明的四句教法是:无善无恶心之体,有善有恶意之动,知善知恶是良知,为善去恶是格物。

四句教第一句"无善无恶心之体",太虚认为是指第八识阿赖耶识,太虚用唯识学诠释道:"无善无恶心之体者,指先业所引之真异熟、及异熟生等色心诸法以言。"⑤唯识宗认为一切有情总报的果体(即第八识),称为真异熟或异熟,从真异熟所生的前六识别报,称为异熟生⑥。此第八识的伦理属性是无覆(非染非净)、无记(非善非恶)的。

四句教第二句"有善有恶意之动",太虚解释为第七识末那识(意根)和前六识(第六意识和前五识),太虚说:"有善有恶意之动者,是痴、见、爱、慢、恒续之意根。"⑦第七识为第六意识的根,简称"意根",末那识与四烦恼我痴、我见、我爱、我慢恒随。第六意识能知善知恶,率前五识(眼识、耳识、鼻识、舌识、身识)以为善为恶。

①太虚:《论王阳明》,《太虚大师全书》第22卷,第448页。
②太虚:《论王阳明》,《太虚大师全书》第22卷,第454页。
③太虚:《王阳明格竹衍论》,《太虚大师全书》第22卷,第431页。
④《阿毗达磨大毗婆沙论》卷一二一,《大正藏》第27册,第631页。
⑤太虚:《论王阳明》,《太虚大师全书》第22卷,第505页。
⑥《成唯识论》卷二:"异熟习气为增上缘,感第八识,酬引业力,恒相续故,立异熟名;感前六识,酬满业者,从异熟起,名异熟生。不名异熟,有间断故。"
⑦太虚:《论王阳明》,《太虚大师全书》第22卷,第450页。

　　四句教第三句为"知善知恶是良知"。阳明作为宋明心学的代表,提出过著名的"致良知"哲学思想。在阳明哲学体系里,"良知"是本体论,也是心性论,乃至"知行合一"认识论的统一。太虚对阳明的"良知"说以唯识学做出新的诠释,他说:"确指此良知者,乃吾人前六识所相应之本来净善信心,自性清净,复能清净余心心所,如水清珠能清浊水者也。"①太虚认为"良知"应解为唯识学五位百法善心所的"信"等善心所,善心所有十一个,分别是:信、惭、愧、无贪、无嗔、无痴、精进、轻安、不放逸、行舍、不害。其中,信有净善信心的意思,而对其他心心所有清净促进功能。

　　四句教第四句为"为善去恶是格物"。阳明的"格物"也为"致知"义、"格心"义。太虚把格物的"物"字解为总报之果体第八识(异熟)、执着为我的第七识(意根)等心意识,及第八识变现出来的根身器界世间等。

　　不过,太虚认为王阳明"致良知"很多地方是说不通的,其良知本心说更没能洞彻佛之本心。

　　太虚之所以用唯识解宋明儒学是有用意的。他提出"阳儒阴佛"的论点,表面上解儒家诸子及儒家经典,实际是佛菩萨的方便法门。太虚说:"亦间由方便随顺以引导儒者之故,专说儒理,示异于佛,此则阳儒阴佛,菩萨之权巧也。"②其目的是引导儒者升起对佛教的信念。因为,宋明儒家包括阳明很多是辟佛的,太虚认为宋明儒排佛有六点:"一者、先入为主,守门庭故。二者、虽窥本心,未深明故(非大菩提不圆明故)三者、不知佛有人乘法故。四者、中国佛徒偏出世故。五者、经律论藏少研究故。六者、方便教化先成人故。"③太虚认为中国佛教徒本身也有责任要承担,因为中国历来佛教徒偏于出世,忘却了大乘佛教普度众生的情怀,这也是被儒者所谴的原因。故而,太虚致力于近代佛教僧团教产、教制、教理的三大革命是不遗余力的。他运用佛教的判教方法,对宋明儒学做出新的诠解,目的是要建立佛教之儒宗,把儒家判摄为佛家的人乘法,从而把儒家纳入到佛教的判教体系中来了。

　　3.唯识诠解《周易》

　　太虚在《论周易》"周易之应用观"中,以《周易》的哲学原理来认识世

---

①太虚:《论王阳明》,《太虚大师全书》第22卷,第447页。

②太虚:《论宋明儒学》,《太虚大师全书》第22卷,第426页。

③太虚:《论宋明儒学》,《太虚大师全书》第22卷,第426页。

界。他把周易的哲学世界观概括为"三观"：（一）天观；（二）地观；（三）人观。太虚的易学"三观"取材于《周易》天、地、人三才思想。

天观，讲万法生灭的因缘观；地观，是对自然界的观察和研究，类似于近代西洋的自然科学领域；人观，是对人类社会文化历史等活动的观察和研究，类似于近代以来划分的人文社会科学领域。

就"天观"而言，太虚又分为两个部分。第一，唯识学的生灭因缘观；第二，物理学的生灭因缘观。

第一，唯识学的生灭因缘观。

太虚认为，唯识论"即物穷理"，由果推因，探究万事万物生由何来、灭向何处的因缘结果问题。此为学理上"一根本问题"，有助于解决哲学本体论的终极"本原"问题，太虚据此会通《周易》之道。世界的本原即是"本识"，何为"本识"呢？

太虚指出，本识之不觉而动即为"不生灭与生灭和合之阿赖耶识"，即出于《大乘起信论》。此本识或名阿赖耶识，太虚解为"━"画之太极。"业微"在《起信》名为"无明业相"；"见微"在《起信》名为"能见相"；"相微"在《起信》名为"境界相"。"业微"相当于易学符号"━"画之中断。"见微""相微"相当于易学符号"╍"画之两仪。见、相二微同时相待而起，虽起而仍不离不觉本识（阿赖耶识）之"━"画，从"━"起"╍"，也就是本识不觉而动之业微，生起见、相二微，此三微即是本识阿赖耶的自相。三微是深细难知的，变化很微妙，但并没有形成"卦"，那么八卦又是如何形成的呢？分析如下。

有第八识阿赖耶识就有第七识末那识，二识犹如束芦相依。末那识的伦理属性是有覆的（染污），与我痴、我见、我爱、我慢四烦恼相应。太虚认为，法痴为《周易》符号少阴"⚏"形，法见为易学符号少阳"⚎"形，均未成卦。合痴、见、爱，三迭为坤卦"☷"；合痴、见、慢，三迭为乾卦"☰"。

太虚认为依此无明三微、四惑、有见、有相，故有能（主体）与所（客体）；有贪、有傲，则有内（内识）与外（外境）。内能为意，外所为境，外境为缘，转生六相。一，智相，缘起外在的境界，产生爱、非爱的感受，即是震卦"☳"；二，续相，因为有智相，有爱、非爱，就有苦、乐的感受，即是巽卦"☴"；三，著相，依据苦、乐的感受而产生的执着，即是坎卦"☵"；四，执名理相，依据执着、分别等，安立著名相，即是离卦"☲"；五，起行业相，由于执着名理，形成种种差别的"业"，即是艮卦"☶"；六，业系苦相，因为业力的牵引，受诸苦报,不得自在,即是兑卦"☱"。

以上六相或六卦,太虚认为皆属于意识范畴。意识依阿赖耶识为种、末那识为根,三和合有,因此三画可以成一卦。而六十四卦,始终以八卦为基础。尤其以乾卦"☰"(痴、见、慢三合)和坤卦"☷"(痴、见、爱三合)为各种善恶差别根本。四烦恼中的我痴、我见,为共依,必不可少。连"—"、断"--"相互为变,而生成我痴、我见、我爱、我慢,依意识六相共转,才构成了乾坤二卦,乃有第七末那识之生我执。六卦,乃有意识(六卦)之"俱生我执"(与生俱来的执着)。

除了乾坤二卦,六卦是有卦用的,六卦(或六相)与对自性、共性的执着是分不开的。"一色一声,一名一念,各有自性,皆曰法我";"有人有天,有畜有树,取其共性,则曰生我"①。我痴"☷"与我见"☰"虽未成卦,但也属于"法我执"自性。"生我执"之共性均依据"法我执"之自性而生起。就好像无论八卦、重卦,莫不凭靠连"—"、断"--"二形。不过,"一连与一断不相共,一连与一断两相共,二连与二断不相共,皆未能成卦也"。太虚认为"重卦"则从生趣生,生生流转而来。心趣于物境,向门外转,虽凭依第八阿赖耶识、第七末那识,但因迷惑而隔成六识。故而,与唯识学六识相对应的,《周易》重卦也有六爻。

至于六十四卦呢?太虚认为,三连乾卦"☰"和三断坤卦"☷"、六十四卦皆依连"—"、断"--"二形而变,是自然而然的,是末那识之"法我执"和"生我执"。三连三断是"末那之生我执——此即末那执阿赖耶为内自我"②。震等六卦,是"意识俱生生我执"。六十四卦,无论何卦,不出"—"、断"--"二形,不出八卦,总名"俱生我执"。

太虚认为:"卦皆六爻,则人皆六根六识,其境亦六尘也。"③六十四卦皆有自卦必然的道理,是意识分别"生我"执。每卦六爻皆有自爻必然的道理,是意识分别"法我"执。乾坤二卦构成的泰卦(上坤下乾)是吉的,乾坤二卦构成的否卦(上乾下坤)是凶的。吉为善,凶为恶。业力"或善或恶",果报"或苦或乐",流转于诸趣六道轮回,永无断绝。

第二,物理学的生灭因缘观。

---

① 太虚:《论周易》,《太虚大师全书》第22卷,第325页。
② 太虚:《论周易》,《太虚大师全书》第22卷,第325页。
③ 太虚:《论周易》,《太虚大师全书》第22卷,第325—326页。

在物理学上，如果把"日局"（太阳系）作为一宇宙，"日局"开始，是"涅拉斯"（拉普拉斯）"星气"，相同于儒家说的元气未分的太极。依唯识论而言，相同于"相微"。"星气"炽热、至大而且平均，为"太极"。"星气"有抵吸力（排斥力和吸引力），即是两仪。开始排斥力多而吸引力少，可用《周易》的象表示为少阳"☳"；继而由于吸引力而能收摄，其象为少阴"☵"。由于质点中吸引力，翕（合）以聚质，"聚质而形渐成"，太阳居中，八纬（八大行星）外绕，地珠（地球）即是八纬①之一。太阳系，其象为坤卦"☷"。太阳系形成后，由于排斥力的原因。辟（分）以散力，力散而热渐耗，"其形浸迟"，"其动浸缓"，终至热力平均而天地毁亡，其象为乾卦"☰"。用唯识论比附解释来说，吸引力为四烦恼的"我爱"，排斥力为"我慢"。

然而乾坤之两极（成住与坏空），是就其"偏胜者"而言的。形成时如果没有排斥力，太阳、八纬不会有距离；毁灭时如果没有吸引力，地球不会吸引月球，太阳不会吸引地球。因此二种力，"有则俱有，常抵常吸，常吸常抵"，至其力量均衡而后乃停止。此二种力，在成毁之两际，虽有"偏胜"可言，但在中间则"消长伸缩""递相变化"。就地球形成而来看，经过了流质、凝质、固质、光热细缊、萌芽植物、湿生动物、卵生、胎生、原始野人等若干漫长的阶段。流质、固质、植物、动物、人，配上乾、坤，则为八卦。由于"秀出庶物"人的出现，人宰制天地，经营创造；然而终究离不开太阳系，也必须依止地球上自然物，其生其灭，也必须受到吸引和排斥两种力量。翕聚、辟散，皆是重卦之象。

太虚还用唯识学修证菩萨五十二阶位来解释《乾》卦。即菩萨由凡夫到成佛，一共要经过五十二个阶位，十信、十住、十行、十回向、十地、等觉、妙觉。可用《乾》卦爻位来表示②。

1，"信"成就后，因为发心，而登十住的"初住"，此时菩萨大悲普度众生的践行少，但"空慧观多"，类似于《乾》卦初九的"潜龙勿用"。

2，"十住"之后入"十行"位，利人的践行增多。入"十回向"，既利己也利他，但是未能证得"真如"地。"念菩提而常住世间，观涅槃而不舍众生"，相当于《乾》卦第二爻九二"见龙在田，利见大人"。

①太虚写作该文为八大行星，没有冥王星。冥王星1930年2月18日被发现。根据国际天文学联合会（IAU）在2006年给出的行星定义，冥王星从太阳系九大行星中被除名。
②参见太虚：《论周易》，《太虚大师全书》第22卷，第332—334页。

3，"十回向"满后入"加行位"①，"解行发心"，积聚修行的功德，证得成就，再发心而入"十地"的初地"极喜地"（或欢喜地）。在"加行位"极大精进，可比喻为"钻木取火"，"势难暂停"，相当于《乾》卦第三爻九三"君子终日乾乾，夕惕若，厉，无咎"。

4，"十地"中第七地为"远行地"，对于修佛乘的菩萨，至七地，由佛力加持，永不退堕了。相当于《乾》卦第四爻九四"或跃在渊，无咎"。

5，由"七地"进入"八地"，从第一义空起，得三大自在。分别是：得色自在、得心自在、作诸佛事。所以是《乾》卦第五爻九五"飞龙在天，利见大人"。

6，到了佛地，相当于《乾卦》第六爻上九"亢龙有悔"。到了佛地，"功德真实无边"，"无位"可言。"九界众生皆所不知，故无民也"；"地上大士、等觉大士、亦不能知，故无辅也"。对于佛乘来说，是"动而无悔"的，佛乘出世到达了极致，融世间、出世间一体。但对于出世间的二乘（声闻乘和缘觉乘），则"住涅槃而有悔"。

7，《乾》卦用九"群龙无首"，意为"全法界为一佛身土，更无佛外之众生，亦一切众生成佛义也"。

还须提及的是，太虚在发表的《易理与佛法》一文中，谈到了八卦乃至六十四卦与唯识学的关系，太虚说：

　　　☰乾、☷坤、☶艮、☳震、☵坎、☲离、☴巽、☱兑，是为八卦。再依八卦乃重迭为六十四卦。此可通佛法所说唯识缘起世界众生的道理。②

根据太虚所解，可用表格表示如下：

表3—2

唯识	阿赖耶识	末那识	意识	眼识	耳识	鼻识	舌识	身识
周易	☰乾	☷坤	☳震	☲离	☵坎	☴巽	☱兑	☶艮

第八识可表示易学符号太极"⚊"，太极可以变化出六十四卦，而第八识也可以变现出世间一切的根身、器界。能执（第七识）可表示为易学符号阴仪"⚋"，所执（第八识）可表示易学符号阳仪"⚊"。四烦恼分别为：我痴、

①十地前、十回向后加四加行位，成五十六个阶位。
②太虚：《易理与佛法》，《太虚大师全书》第22卷，第336页。

我见、我爱、我慢。其中，"我痴"用易学符号表示为少阴"⚎"；"我爱"用易学符号表示为太阴"⚏"；"我见"用易学符号表示为少阳"⚍"；"我慢"用易学符号表示为太阳"⚌"。再展转相依相缘，由根（六根）、尘（六境）、识（六识）和合而成八识。第八识阿赖耶识表示为乾卦"☰"；第七识末那识表示为坤卦"☷"；太虚认为，第六意识及眼、耳、鼻、舌、身前五识，可比艮、震、坎、离、巽、兑六卦。但，具体没有说明六识表示哪一卦。《周易·说卦》曰：乾为首，坤为腹，震为足，巽为股，坎为耳，离为目，艮为手，兑为口。若比附起来，不是每一卦必能对应于六识，但有些是非常明确的，例如坎卦为耳识、离卦为眼识、兑卦为舌识。另外，有学者认为其他卦也可表示不同的识，震卦为意识、巽卦为鼻识、艮卦为身识。太虚认为，由于八卦可变为六十四卦，而八识三能变也能成现世间万法，这是唯识学与易理相通之处。

三、以唯识学解释科学、心理学

随着"西学东渐"潮流，西方文化之哲学、科学、心理学、逻辑学等渐成为时代学术之发展趋势，佛学界也不得不思考和应对西学问题。科学、心理学的兴盛，反而是大乘唯识宗学发展的契机。佛学与西方科学及心理学关系最密切的可以说是唯识学了，唯识学因明注重逻辑推理、经验及细密的心理和物质现象分析，这些都符合现代科学的特质要求。所以，科学、心理学的兴盛不仅没有对佛学形成强劲的挑战，反而促使了唯识学的发展。广义地说，心理学也属于科学，心理学创立之初，为实验心理学流派，注重科学实验[①]。太虚用唯识学对科学、心理学进行融通的阐解极为丰富，此处为行文逻辑之必要，把科学与心理学分成两个部分进行讨论。

1.唯识理解科学

太虚撰有《论天演宗》（1915 年）、《唯物科学与唯识宗学》（1919 年）、《佛法与科学》（1923 年）、《爱恩斯坦相对论与唯识论》（1927 年）、《大乘渐教与进化论》（1930 年）、《新物理学与唯识学》（1937 年）等。

太虚早在 1919 年就作有《唯物科学与唯识宗学》一文，肯定"科学之可贵，在乎唯征真理实事，不妄立一标格坚握之"，而佛教唯识学，"其贵理事真实，较唯物科学过无不及"。他把唯物论归摄于唯识论的现量性境。唯

---

①方东美在《科学哲学与人生》一著中把近代西洋科学的最后发展阶段归结于人性心理的分析。

识宗所立的性境之"性",是"实"的意思,是说现前的实境、性境是色法种子所生,为识之相分,色法有质碍性、实用性,并且能被现量(感觉认识)所认知。太虚1937年作《新物理学与唯识学》,还对秦斯的新物理学加以唯识解释,而对爱因斯坦的相对论太虚则更加着力阐扬。

1927年,太虚撰有《爱恩斯坦相对论与唯识论》,以讨论相对论与唯识论的关系。为了便于理解爱恩斯坦(爱因斯坦)相对论,太虚引用了英国人汤姆生的解释,如下:

> 试设一羌无经验之灵性……使此灵性适见一花,花中有蜂,花之与蜂,初为一浑然之个体现于彼处耳。……此蜂螫刺其手,则其事之发生,必在此蜂与此花合为一体之后。此也、彼也、先也、后也,空时、时间之观念于是起矣。[1]

以上描述了一幅蜜蜂采花蜜、人用手采花被蜂刺的动态图景,以此比喻相对论的时间和空间的观念。太虚认为汤姆生所说的"羌无经验之灵性""最原始之真体"指的就是第八识"阿赖耶识"或云藏识。汤氏所说的"忽焉出现于此,其最初所觉知者,即此场野及其中凡物之全体"[2]可被理解为:第八阿赖耶识变现根身器具世间。汤氏所说的"觉其本身与此场野为二物"被理解为:第七识末那识执着于第八识阿赖耶识为内自我。汤氏所说的"设此灵性具有躯体,以为其致思之中心,于是始有彼此之分辨"[3]被理解为:第六识意识依自我见,则分别有了"我见"(主体)与"我所见"(对象)。之后,是眼识、耳识、鼻识、舌识、身识、意识(前六识)对外境的感知:花、蜂与手,蜂先采花蜜,而后手来摘花。因此,才产生了物体与空间、时间这些观念。"依兹物体,离而析之,空不同处,至微极处,时不同点,至极微点,于是而物质之分子原子电子等概念始成立。故溯爱恩斯坦相对论之本以穷其末,实与唯识论符契。"[4]有关相对论时空概念的形成,太虚以佛家最擅长的比喻作答。初始的时候,花中有蜂,花之与蜂,"初为一浑然",没有时空观念;而后,蜂飞出螫刺人手,就有了时间先后、空间方位的概念。

---

[1]太虚:《爱恩斯坦相对论与唯识论》,《法相唯识学》下册,第83页。
[2]太虚:《爱恩斯坦相对论与唯识论》,《法相唯识学》下册,第83—84页。
[3]太虚:《爱恩斯坦相对论与唯识论》,《法相唯识学》下册,第84页。
[4]太虚:《爱恩斯坦相对论与唯识论》,《法相唯识学》下册,第84页。

近代达尔文进化论说盛行，太虚 1915 年撰《论天演宗》、1925 年作《世间万有为进化抑为退化》、1930 年作《大乘渐教与进化论》、《评组织论中的全化论》（《海刊》十一卷八期）、《评层化论与盘化论》（《海刊》十一卷八期），多用唯识理论来作答进化论。

先说从达尔文以来的机械论，反对者有柏格森等的生命论，最近则有沟通两者间的组织论，而全化论即为组织论中之一派。太虚认为全化论所谓"场"与层创论所谓"时空的架构"相近。佛典说六大，前四大为分析所得的质与力，而第五曰"空大"，则非分析所能得，即同时空架构的场。太虚在《评组织论中的全化论》中说："然唯此全化论所说心灵的场，乃能说到识大或阿赖耶识，故较层创论又进一步。"[1]

太虚在《大乘渐教与进化论》中认为，从菩萨位至佛陀果位就是进化的过程，是由初地到十地，菩萨随分修行，随分亲证，如舟顺流而进，直至成佛乃得圆满。唯识学之根本经典《解深密经》为大乘渐教第三时中道，为了义教；太虚所判的大乘渐教实则指的就是唯识学。据《十地经论》可判摄大乘渐修路线是进化义，大乘渐教有圆满的进化理论与事实。太虚还说："唯大乘佛教，昭示吾人已具有自觉心，及观万有通三世的理智（理论），依此自觉心以运用其理智，改正其一向不良的习惯，养成良好的习惯，止所当止，作所当作，以修学具体的梵行，努力向上，历劫不退，终可历经进化阶级而至于究竟。故唯大乘渐教有圆满的进化理论与事实。"[2]

2. 以唯识理解心理学

为了响应和应对西方心理学，太虚作《佛教心理学之研究》（1925 年）、《行为学与心理学》（1927 年）、《行为学与唯根论及唯身论》（1927 年）、《论候尔特意识学与佛学》（1928 年）、《再论行为学与心理学》（1928 年）、《梦》（1932 年）。他认为心理学是浅狭的，说："何言西洋传统心理学之浅狭耶？以吾人所谓心理学，应包括八个心识及五十一个心所有法为研究之对象。"[3]远远不及佛教唯识学心理学现象讲得细密和精深。不过，心理学也有其裨益的地方。

太虚早在 1925 年发表了与心理学相关的文章，其《佛教心理学之研

---

[1] 太虚：《评组织论中的全化论》，《太虚大师全书》第 28 卷，第 372 页。
[2] 太虚：《大乘渐教与进化论》，《太虚大师全书》第 23 卷，第 344 页。
[3] 太虚：《行为学与心理学》，《太虚大师全书》第 23 卷，第 215 页。

究》把心理学分为三类：情的心理学、想的心理学、智的心理学。并且以《楞严经》和《瑜伽师地论》之唯识学理论做出解析：

      一、情的心理学。随生系爱之为情，谓随所生异熟报之生命，系缚爱著，以末那我痴、我执、我慢、我爱四惑为中心。

      二、想的心理学。慕胜求真之为想，或不满意于现前之生活而别慕高远，或不信任于幻众之境界而推求真实，如希生天，愿生净土，及修世出世之定慧等。

      三、智的心理学。如实现知之为智，谓现证诸法实相之无分别智，即净分之八识与五遍行、五别境、十一善心所为体。菩萨、如来同具而惟佛为证极，四真实中为净智真实，由智证得。[①]

    太虚认为"情的心理学"与"想的心理学"，是庸俗心理学。只有，"智的心理学"是"增生心理学"，才是真正智者所证的心理学。由前两类到第三类心理学不是一蹴而就的，是有前后之分的，是由凡入圣、"前染后净"、"舍前趋后"的过程。如若我们用唯识学来理解的话，太虚的意思是说有"情"—"想"—"智"之古典唯识心理学，是由凡夫到菩萨"转识成智"的过程，这是近现代世俗心理学所不能及的。

    对于西方心理学，太虚虽然觉得不如佛教唯识学彻底，可总体上是赞同的。但是，太虚对西方心理学派中的行为派心理学是极度不满的，觉得有分析和重新评估的必要。行为派心理学采用物理学、观察实验等自然科学的研究手段，强调行为是第一位的，心理是第二位的。太虚 1927 年先后发表《行为学与心理学》《再论行为学与心理学》《行为学与唯根论及唯身论》《论候尔特意识学与佛学》，对西方行为主义心理学派做出辨证。

    行为派心理学实则不能称为心理学，太虚在《行为学与唯根论及唯身论》指出此派心理学，除了有机体受外境刺激之反应活动外，别无"所谓心理作用者在"。对于行为心理学的对佛法的危害，太虚说："盖今此行为派心理学，既取销心理，仅承认有'有机体受刺激而反应之活动'，生死轮回既无，亦无解脱生死之涅槃法，此为佛法之大难关；此若不通，佛法无从安立。"[②]那么如何从佛学的角度对行为心理学做出判摄呢？太虚以"唯身

①参见太虚：《佛教心理学之研究》，《太虚大师全书》第 23 卷，第 209—210 页。
②太虚：《行为学与唯根论及唯身论》，《太虚大师全书》第 23 卷，第 229 页。

论"和"唯根论"来比对该派心理学。

太虚所说的"唯身论"有两个,一是中国古代朴素"唯物"的观点;二是佛教的"唯心"的观点。但均言"唯身论"。其中,中国古代朴素"唯物"之"唯身论",以范缜的"神灭论"为典型的代表。关于"神灭论"与"行为心理学"的关系,太虚认为二者精神皆以形体不同而异,形体渐坏,精神先灭,归为"唯身论"。

然而,佛教"唯心"之"唯身论",太虚说:

> 而菩萨等为无漏五蕴之身,佛为清净无漏五蕴法身,故唯各有其身耳。而身实不灭,不过因缘聚散,另变成一种组织而已。身不灭故,神亦不灭,依此有诸趣及涅槃证得。故若以唯身论解释行为派心理学,亦可依之建立世出世之佛法也。[①]

太虚所说的佛教之"唯身论",实指佛陀成就圆满功德涅槃之"法身",此"法身"相对于"神灭论"而言,佛之"清净无漏五蕴法身",不生不灭。太虚使用"唯身论"的概念明显是想把行为派心理学收纳于佛教的世间法门之内。

除了"唯身论",太虚还以《楞严经》之"唯根论"来比较行为派心理学。什么叫"唯根论"呢? 太虚作图如下:

$$
\left.\begin{array}{l}
\text{五　色　根} \\
\text{前　五　识} \\
\text{同时意识} \\
\text{第　七　识} \\
\text{第　八　识}
\end{array}\right\}\text{根}
$$

故云:生死涅槃,皆唯六根。

图 3—1

此"唯根"指唯识学所云"六根"(眼耳鼻舌身意)。太虚说法是有据可寻的,《楞严经》曰:"善哉! 阿难! 汝欲识知俱生无明使汝轮回生死结根,唯汝六根,更无他物。"《楞严经》讲七大,地大、水大、火大、风大、空大、见大、识大。见大为六根的相分功能;识大为六根的见分功能。所以,见大和识大都离不开根,为根大。不过,太虚所说的"根大"含义更广,并不是物质的,亦指前五识现量,同时也对于第六意识及七识、八识而言。

---

① 太虚:《行为学与唯根论及唯身论》,《太虚大师全书》第 23 卷,第 233 页。

太虚还在《论候尔特意识学与佛学》文中,分析了行为主义心理学家候尔特的心理学,认为其思想接近"唯根论"。太虚指出《楞严》之"唯根论"前六识,大约同于候尔特所指的意识。关于《成唯识论》"唯识论"与《楞严经》"唯根论"的区别,太虚作图如下:

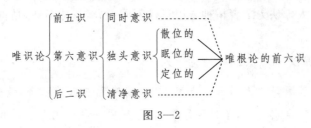

图 3—2

太虚指出,"唯根论"上的前六识说与"唯识论"是不同的,只是"唯识论"上的第六意识之一部分。图中,实线为实际所指,虚线则非所指。也即说,"唯根论"前六识只是"唯识论"第六意识中散位的"独头意识"和眠位的"独头意识"。候尔特所指的"意识",也即《楞严》所说的"前六识",这是一般心理学者所认为心理学全部领域的意识,并不涉及佛学意识中更深层次的定中意识、清净意识。

而关于弗洛伊德的精神分析学派的心理学,在太虚看来,通常也只能认识到第六意识,谈不上对第七末那识和第八阿赖耶识的深刻体会。针对弗洛伊德著名的《梦的解析》,太虚于 1932 年曾在厦门大学心理学会上作以《梦》为主题的演讲,说:"梦既不是前五识,也不是末那及阿赖耶两识,乃是第六意识在睡眠时的心心所相应活动,这种活动就是梦。所以梦是睡眠相应的第六意识心心所,而与他识无关。"[1]

总体说来,近代以降,作为热心弘法的教界领袖太虚,沟通佛学与科学、心理学的关系,试图帮助人们理解深切关心的自然观和人生观的现实问题。而用佛教理论来调和、应对西方科学、心理学的一个最有力的武器就是唯识学了。

第二节 唐大圆、法舫对唯识学与世学的比较

唐大圆(1885—1941),法号大圆,湖南武冈县(今洞口县)人,为初创立

─────────

[1] 太虚:《梦》,《太虚大师全书》第 23 卷,第 250 页。

"武昌佛学院"的教务主任,并担任《世界佛教居士林林刊》编辑,主编过《海潮音》月刊以及创刊《东方文化》。撰有《唯识方便谈》《唯识研究述要》《唯识易简》《唯识三字经》《唯识的科学方法》等小册子以弘扬唯识学。

法舫(1904—1951),河北井陉人。武昌佛学院第一期学僧,后任教于武昌佛学院、北平柏林教理院、汉藏教理院,任世界佛学苑图书馆主任,协助太虚设立世界佛学苑研究部,接任武昌佛学院院长,三度主编《海潮音》杂志。法舫善英文、日文、藏文、梵文、巴利文,兼通世学,精研俱舍、唯识。唯识学方面著述有《唯识史观及其哲学》《唯识学与科学》《哲学的可能性与唯识学的功能力》等。

一、唐大圆的《唯识三字经》及佛学属科学论

1.《唯识三字经》与《三字经》

为了普及佛教唯识学说,以及把佛学作为一种童蒙读物,唐大圆效仿儒家《三字经》作《唯识三字经》。1928 年,唐大圆讲《唯识三字经》于汉口佛教会。《唯识三字经释论》于 1934 年由上海佛学书局出版,并收录了《唯识三字经讲录》。效仿儒家《三字经》更早的是明代一部《佛教三字经》,由明代吹万老人创作,也是作为佛教启蒙读物。与《佛教三字经》不同的是,唐大圆的《唯识三字经》是专谈法相唯识学的。

《唯识三字经》名"三字经",顾名思义是模仿了《三字经》"三个字一句"的文风体例而创作。唐大圆承认"仿例作《三字经》一书",不过,他在《唯识三字经》"自叙"中交代了他作此文的目的只是一种"善巧方面",是"对机"说法而已。

其一,佛学的高妙道理在于唯识,此处效仿《三字经》而创作,唐大圆认为是为了"善巧方便""对机"而作,以便"开示童蒙"。

其二,唐大圆比较孔子与佛教的两种教育实践,孔子说"有教无类",而佛教行菩萨道,也是随顺有情众生的习性而度化。

其三,唐大圆曾发愿:"将使唯识之学行于此世,成为常识。"不过,今天看来,虽然唐三藏玄奘大师家喻户晓,可是,也仅仅是知识界人士了解玄奘所宗乃是唯识宗学,远远没有中国禅宗、净土宗那样深入人心。对于唯识学知识的普及工作还有待于不断展开。这恐怕也是唯识学的弘扬境遇在近代的写照。

实际上,《唯识三字经》"三字一句"的颂文格式是佛经的偈、颂惯例。也不能说《唯识三字经》就抄袭了《三字经》的风格。唐大圆在《唯识三字经讲录》中说:

> 在佛经中有所谓偈与颂者,亦或三字、五字、七字成句,四句一偈。故此三字经,非仅仿儒书例,亦是佛经常例。因知此不独教小孩,凡学佛者,皆可依之研究。①

虽然《唯识三字经》的题目和文法格式上类似于《三字经》,但是内容上看来,二者有着截然的区别。《唯识三字经》全文是佛家唯识学的教理法门,并且使用了佛经中固有的偈语格式。佛经中一偈有四句,一句为三字,或一句为四字,或一句为五字以至多字。三字一句即是佛经原来就有的。

《三字经》和《唯识三字经》都说到人性善恶问题,这也是儒学和佛教唯识学二家学理的焦点问题之一。唐大圆指出,《唯识三字经》所说的佛家之善恶论与儒家孟子性善论是不同的。《唯识三字经》"心王的颂"开篇就说"人之初,性无记",原文如下:

> 人之初,性无记;非善恶,名藏识。
> 一切种,皆摄藏;万法本,善恶详。②

《三字经》第一句话是"人之初,性本善";《唯识三字经》所造的句却是"人之初,性无记"。《三字经》云"性本善"与唯识家之"性无记"有何不同呢? 唐大圆说:

> 孟子说人的"性善",荀子说人的"性恶",我以为都不是的。何以见得呢? 性是有一定的意思,若世人的性一定是善,则世间当无恶人了;一定是恶,世间亦当无善人了。但依唯识的理说,则人初生的时候,其"性"都是"无记"。何谓无记呢? 谓其性不是善,又不是恶,是无"善恶"可记别的。这无记的心性,唯识家特为安名,叫作阿赖耶识,译云"藏识"。③

儒家孟子和荀子有"性善"与"性恶"之争,影响深远,唐大圆立于佛家

---

①唐大圆:《唯识三字经释论》,上海佛学书局,1934年,第54页。
②唐大圆:《唯识三字经释论》,第1页。
③唐大圆:《唯识三字经释论》,第12—13页。

唯识学的观点来简别二家学说,认为均是错谬的。佛家认为,在人初生的时候,人之转生的根本识(阿赖耶识),含藏有一切万法的种子,其种子的伦理属性是"无记"的,是不记善也不记恶的。故而,唐大圆据此谓之"其性不是善,又不是恶,是无'善恶'可记别的"。

对此,唐大圆于在《唯识三字经讲录》"随释藏识"中还有进一步的交代:

> 普通之《三字经》,谓:人之初性本善,其言误矣! 如果个个皆是善性,则世间宜无恶人,何须教化耶! 今此书首句说,人之初,性是无记。所云无记者,非善非恶之谓。大凡诸法之性,可分三种:三性——善、恶、无记。

> 性分此三,即谓世间人,有善有恶与非善非恶之"无记性"者也。唯起初之性,即非善非恶之性,亦即名"藏识"。藏识云者,即俗人所呼之"良心"。以此心能藏世间一切万事万物之种子,就其分别作用言,则名藏识也。①

如果以伦理属性为准则,一切法可分为三大类:善、恶、无记。其中,无记是不能记为善业或恶业,无记法是非善非不善。无记又分为两种:一、有覆无记;二、无覆无记。"有覆"是有遮盖的意思,"无覆"就是不会遮盖。唯识学所说的第七识末那识,即是"有覆无记",因为第七识常被四烦恼(我痴、我见、我慢、我爱)相伴、覆障。"无覆无记",是指不覆障圣道的非善非恶之法,唯识学所说的第八识即是"无覆无记"。唯识学入门阶梯世亲《俱舍论》曰:"无记者,不可记为善不善性,故名无记。有说,不能成异熟果,故名无记。""无记"是说藏识"阿赖耶识"没有"苦""乐"二受,只有"舍"受,所以无论什么种子,"阿赖耶识"都一概收纳,不做善恶的分别。

不过,唐大圆把藏识(阿赖耶识)比为"俗人所呼之良心",是有待商榷的地方。中国人常言"良心"一词,源出于孟子语:"虽存乎人者,岂无仁义之心哉? 其所以放其良心者,亦犹斧斤之于木也。"(《孟子·告子上》)意思是说,有人之所以丧失了他的善心,也就像刀斧砍伐树木一样,日日砍伐,还能保住善心吗? 也就是通常我们今天所讲的"良心"是善心的意思。到

---

① 唐大圆:《唯识三字经释论》,第56—57页。

了宋明理学那里,对孟子的"良心"所有发挥,上升到本体论的哲学高度,朱熹注为:"良心者,本然之善心。即所谓仁义之心也。"(《四书章句集注》)如果是朱熹的理学系统还不明显的话,到了明代王阳明倡"良知说",则把良心说上升到心学哲学体系大厦的最顶端,《传习论》曰:"吾心之良知,即所谓天理也。致吾心良知之天理于事事物物,则事事物物皆得其理矣。"(《答顾东桥书》)王阳明所言之"良知"论是超越于善恶的绝对的本体论,其心学精华的四句教是:无善无恶心之体,有善有恶意之动,知善知恶是良知,为善去恶是格物。此无善无恶之心体即是"良知"的本然状态。如果,唐大圆把阿赖耶识比附为王阳明所悟之无善无恶之"良知",是有相似之处。但本质上两者还是不一样的。阿赖耶识能够缘起万法,是万法之本体无疑,不过在唯识学看来,阿赖耶识是不究竟的,需要"转识成智",转"阿赖耶识"为"大圆镜智"。此大圆镜智这才是真实的本体。所以,有人指责唯识学有二元本体的嫌疑。

　　唯识学与儒学还有其他相似之处。唐大圆以儒家的"自求多福""克己复礼"等来比较唯识学"外境随自心转变"的思想。他说:

　　　　唯识的理,儒书上亦稍有少分。如云:自求多福,在我而已。又云:祸福无不自己求之者。又云:一日克己复礼,天下归仁焉。这等说法,好像都见得有"外境随自心转变"的意思,就与唯识相近了。[①]

　　"自求多福"语出儒家六经之《诗经》。《诗经·大雅·文王》曰:"无念尔祖,聿修厥德。永言配命,自求多福。"《孟子·公孙丑上》也曰:"祸福无不自己求之者。"《论语·颜渊》中孔子的学生颜渊问什么是仁?子曰:"克己复礼为仁。一日克己复礼,天下归仁焉!为仁由己,而由人乎哉?"儒家这些训诫,是从反省自我做起,曾子曰:"吾日三省吾身。"宋明儒陆王心学走的就是"反求本心"的路线。而唯识学则宣说"万法唯识""境不离识""识外无境"的教理,这是唯识学与儒学的接榫点所在。这基本上秉持了武昌佛学院太虚一系唯识学融通儒学的特点。

　　2.唯识学是真正的科学

　　唐大圆涉及到科学方面的著述有不少。他在科学方面的著述有《唯识

------

①唐大圆:《唯识三字经释论》,第11—12页。

实验学》(1926 年)、《唯识的科学方法》(1929 年),其他还有《唯识研究述要》《唯识三字经讲录》《东方心理学阐真》《经验与记忆》等。唐大圆如此融通科学的目的是,他认为唯识学最能适应当今时代之需要。他在一些场合说道:"唯识之在今世,最适时机。盖现今学者,趋重科学,对于任何道理,喜欢分析";"迄今各国交通,科学昌明,惟此唯识之学,足以对付之。"①在"西学东渐"的潮流下,唯有唯识学能够应对其挑战:"今世因'西学东渐',五花八门、光怪离陆,如是欲借助唯识以顺应外潮者。"②

唐大圆于 1926 年所作《唯识实验学》中指出,唯识学也是注重所谓科学之"实验"的,不过此实验的工具是通过"圣言量""现量""比量"的观察。他说:

> 今世科学家,喜谈实验,不知彼等所验者,仅恃肉眼及器械观察色及不相应行之现象,虚而不实,只可名假象。若唯识家则能随处随时,由色等现象一一观察本体,真而不妄,方名真正之实验学。

> 今之学者,唯谬执实验,则以三世因果六道轮回等非彼实验所能得,遂毅然不信。然彼由种种理化学之粗验,复立唯物论,信有物质不灭说。熟知彼等所谓物质者不灭之物,固有特非实物,乃是物所由变生之识。彼等智力短浅,错认为物。试作一喻,如有一大佛殿,燃长明灯。他人从门窃窥多次,皆曰此室光明不灭,不知实是能发光之灯不灭,未曾见灯,而妄谈光明是真大觉。所谓可怜愍者矣。

> 彼等云何如是误会?又云何如是决然自信,坚执不舍耶?盖彼所恃观远者有望远镜,所恃察微者有显微镜。自以为甚奇希有,无以复加。熟知佛于二千年前,曾观一钵之水,发见八万四千之虫。则彼等由显微镜所发见之微生物,了不足诧。佛又于二千年前,发见每一世界,有百亿日月,则彼等今日由望远镜所窥得知太阳系,亦不足恃。是故吾今奉劝诸君暂舍所谓哲学、科学,转学唯识。于是持圣言量为望远镜,以现比量为显微镜,则凡有观察成为学问者,庶能淑世利群,不至徒劳无功已。③

---

① 唐大圆:《唯识三字经释论》,第 53、86 页。
② 唐大圆:《唯识研究述要》,《唯识新裁撷汇》,(台中)青莲出版社,1994 年,第 29 页。
③ 唐大圆:《唯识实验学》,《东方文化》1926 年第 2 辑。

　　唐大圆认为与科学家的实验法比较起来,唯识家的观察法"方名真正之实验学",是真正的科学。就今世科学家所谓的实验,在唯识家看来,是虚而不实的,唯识家能够透过色法之现象,而洞察真而不妄之本体,这是科学家所不及的。唐大圆所指的"唯识实验学"是真实修行的意思,以日常生活的举手投足之间,领悟佛学的奥义。他在《唯识研究述要》中教授他人使用"日用间常行实验法",其唯识实验的方法是:"凡日用间一举一动、一言一行,乃至随起一念,皆作如是分析,是为唯识之普遍实验法。学问之进步以此,真实修行亦在此。"①

　　唐大圆还批评了科学家所信奉的"物质不灭论"。而在唯识学的看来,"固有特非实物,乃是物所由变生之识",一切万法唯识所现,皆有八识及所含藏的种子变现出来的。并且,种子生现行,现行熏种子,如此往复没有间断。可用下图来表示:

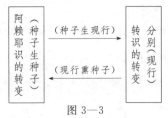

图 3—3

　　就唯识理论看来,种子与生起的现行,现行又熏种子,是刹那生灭的。无论是色法(物质),还是心法(精神),都是瞬息万变的。唐大圆以此来驳斥"物质不灭论"。

　　近世科学之所以发展迅猛,借助了两个实验工具。唐大圆指出,一是显微镜,一是望远镜。针对显微镜,唐大圆指出:熟知佛于二千年前,曾观一钵之水,发现八万四千之虫。《毗尼日用》记载了佛弟子引水注意事项而有偈曰:"佛观一钵水,八万四千虫,若不持此咒,如食众生肉。"针对望远镜,唐大圆指出:佛又于二千年前,发现每一世界,有百亿日月。这是对佛家"三千大千世界"②宇宙观所的描述。唯识家言圣言量(佛菩萨亲证)、现量(感觉)、比量(推理),唐大圆以此质疑科学工具显微镜和望远镜的价值。

---

①唐大圆:《唯识研究述要》,《唯识新裁撷汇》,第8—9页。
②"三千大千世界"里面有小千世界、中千世界、大千世界。一千个小千世界叫作中千世界;一千个中千世界,叫作大千世界。"三千大千世界"是三个千连乘,为十亿个世界。

唐大圆于 1929 年出版了《唯识的科学方法》一著。在该著中指出：佛学、唯识学也属于科学之一。全书的内容探讨了唯识的科学方法。其实，该著仅仅是使用了"科学"的名称为书名而已，全文完全是唯识学教理法门之分类，并不是一本有关佛学与自然科学比较的书。但是，唐大圆把佛学归属于科学的提法，在今天看来依然还有启发意义。他在《叙论》中说起该书"命名"之缘由：

> 就世间一切学问，分科而专门研究者，谓之科学，则佛学亦愿为科学之一。其差异者，科学有推论而无结论，故科学尚在研究之进程中，而毫无究竟之可言……亦自顾前途茫茫，而以无止境为进步。佛学则先有结论，今但由果而推究其因，如射有目标，唯求其达目标而止，亦无前路茫茫莫知适从之弊。然其分析研究，实事求是，步步证验之方法，则无有异也。若夫佛学中最有系统组织之唯识学，则其说法之善巧方便，较科学只有过之而无不及者。但因中国自唐以后，此学式微，研究乏人，积久而学不足以显其胜用。故今兹所谈之科学方法，则仍是唯识所固有，不过阐明之以显其本来面目而已。[①]

唐大圆有几条提法和论断是极有价值的。他提出：科学方法仍是唯识所固有。他还提出：佛学中最有系统组织之唯识学，较科学只有过之而无不及。文中唐大圆还提及了科学与佛学的差异性问题。唐大圆认为：科学有推论，而无结论；佛学则先有结论，由果而推究其因。

值得注意的是，科学与佛学确实有明显界限。科学之所以能称为科学，是能够借助于发达的实验工具，在实验室里同样的条件下做出该实验出来。而佛学家比如某人证得了某果位，达到了某境界，如何验证呢？这是科学与佛学不同领域的界限所在，一是向外的，一是向内的，是两条不同的路线。

二、法舫论唯识学与科学、哲学的关系

1. 唯识学与科学

法舫是继太虚之后武昌佛学院的接任者。1922 年，法舫成为太虚创

---

①唐大圆：《唯识的科学方法》"叙论"，上海佛学书局，1931 年，第 1 页。

办武昌佛学院的第一期学人,并跟从唐大圆学习唯识,唐大圆评价法舫"师从余习唯识,思渐深,见渐卓"。1938年日军侵占武汉,佛学院教务活动停滞。抗战胜利后,1946年法舫奉太虚之命筹备复兴武昌佛学院并恢复招生,1947年太虚圆寂,法航接任武昌佛学院院长,直至50年代停办。法舫治唯识秉持了太虚、唐大圆一贯融通诸宗诸学的风格。法舫著有《唯识史观及其哲学》《唯识学与科学》《唐代唯识学派与阿赖耶识略论》《唯识二十论讲要》《阿赖耶缘起与如来藏缘起之研究》《哲学的可能性与唯识学的功能力》等。其中,法舫的《唯识史观及其哲学》①,考证溯源,以现代科学、哲学之视野,恢弘唯识大意。该著在时代思潮的背景下来审视唯识学的现代价值和作用。那个时代主要思潮,即"五四"新文化运动,是要推翻封建专制制度,争取民主、自由、平等,打倒"孔家店",废除礼教对民众的约束,提倡科学知识,反对一切迷信的封建思想。

法舫在《唯识史观及其哲学》中认为这个现代思潮,"可分说两点:一种是科学的,另一种是哲学的"②。他首先从科学层面开始论证。关于科学与佛学的关系,法舫从四个方面来探讨:其一,科学的性质与佛学;其二,科学的分析与佛学之分别;其三,经验与性境、现境;其四,逻辑与因明学。其中,值得注意的是第四条,法舫把西方的逻辑学与唯识家的因明学进行对比。法舫也交代了逻辑学不能算是一种独立的科学。西方逻辑学可分为:形式逻辑、辩证逻辑、数理逻辑。逻辑学总体说来属于科学的方法论,而因明(宗、因、喻)格式与西方形式逻辑的三段论在形式上有相似之处。因本书不关涉自然科学理论,此处不作单独的探讨。

第一,科学的性质与佛学。

法舫引用了张东荪在《思想与社会》一书中关于科学概念的界定。张东荪认为科学讨论的范围有关量与数等,是一种"关系"。张东荪说:"我主张在这些概念(即量与数以及类与测度等等)之根底上,实更潜伏有一个根本原始的概念,我名之曰关系或关系的秩序(relation order)……至于空间时间在科学上,只是系列的秩序(serial order)而已,必须由测量而定,亦是

①《唯识史观及其哲学》系法舫于1949年在香港所讲《唯识三十论》的讲录整理成书,1950年1月世界佛学苑出版。
②释法舫:《唯识史观及其哲学》,《法舫文集》第二卷,金城出版社,2011年,第18页。

离不了关系这个概念在暗中支配着。"①这是一种狭义的科学解释。按照张东荪的理解,科学是一种关系学。法舫则认为,既然科学属于关系学,而佛学属于因缘学、因果学,那么,科学与佛学之间有着必然的逻辑联系。法舫指出,佛学讲因缘和因果最详尽的是唯识学,"佛学中不论大小乘,任何学派都讲因缘和因果的道理,其中讲得最精详而透彻的,是法相唯识学了"②。大乘唯识学是印度佛教后期成熟的佛学思想体系,缘起论也较为完备。唯识宗诸经论中详说四种缘,即因缘、所缘缘、等无间缘、增上缘。法舫认为,科学的关系论与唯识学的缘起论的在某种意义上具有一致性。法舫探讨说:"这关系二字在唯识学上说,就是因缘或缘。佛说一切法皆因缘生,皆由缘起,同时也由缘灭,也就是说一切法皆由关系而生、而住、而灭。关系包括一切科学,等于因缘包括一切法"③;"在科学上说'关系',和唯识学上说'因缘',是全无差别的"④。"关系包括一切科学,等于因缘包括一切法"这个论断高明处在于指出了科学与佛学的外在联系,科学即为探讨一切"法",或者我们可以这样理解,科学是要揭示法与法之间的联系并发现其规律。不过,我们也知道,科学与佛学的区别也是很明显的。科学着眼于事物关系的认识、把握和改造,而佛学对于法的认知,并不是最终目的,而是着意于追求人生的价值和解脱的意义。

第二,科学的分析与佛学之分别。

法舫认为,科学的方法是重视研究分析的,而法相唯识学也是强调分析。科学讲推理、分析,例如演绎法。科学的数、量、类、测度都需要测量、分析。关于唯识学的分析法,法舫说道:

> 法相唯识学也是最重分析的,分析研究的方法,也是如此的。譬如说色法,英译曰 Form,等于物质——唯识学上先下一个定义曰:色者,是对碍义,凡是有对碍的都是色(物质)。⑤

唯识宗立"五位百法",分门别类,体系完备。据《大乘百法明门论》《成唯识论》载,五位指:心法、心所有法、色法、不相应行法、无为法。其中,心

---

① 张东荪:《思想与社会》,岳麓书社,2010 年,第 42—43 页。
② 释法舫:《唯识史观及其哲学》,《法舫文集》第二卷,第 22 页。
③ 释法舫:《唯识史观及其哲学》,《法舫文集》第二卷,第 19 页。
④ 释法舫:《唯识史观及其哲学》,《法舫文集》第二卷,第 20 页。
⑤ 释法舫:《唯识史观及其哲学》,《法舫文集》第二卷,第 22—23 页。

法有八种(眼识、耳识、鼻识、舌识、身识、意识、末那识、阿赖耶识);心所有法有五十一种;色法有十一种;不相应行法有二十四种;无为法有六种。需要说明的是,科学看重的是物质分析,即佛学所述的"色法",而唯识家看重的"心法""心所有法"却非自然科学所重①。尤其是佛家的"无为法",是超验的,无法用科学实验验证的,为生命之体验,哲学谓之形而上本体,此绝非传统自然科学所涉及的领域。

第三,经验与性境、现境。

自然科学的研究对象注重现实、经验,以此获得真知。法舫指出,自然科学"这种现实的对象就是唯识三种境界中的性境(现实的境界)"②。唯识学分三类境:性境、独影境、带质境。三类境是唯识宗关于辨认一切境相的学说,《成唯识论掌中枢要》载玄奘所作的一个颂文:"性境不随心,独影唯随见,带质通情本,性种等随应。"性境之"性"即实在、真实不虚的意思。性境,就是实境,非主观臆造。独影境客观上是完全不存在,是随从主观的见分,是主观上的颠倒计度单独所变的影像。带质境确实有所托的本质,并非照本质原样映写,这是界通情本。判断此三类境的真假,性境最为真实,独影境最假,带质境介乎二者之间。"性种等随应"句,其意为:"一切诸法的存在,要以性境等三类境的范畴来截然统摄是不可能的,盖诸法索连三性③、种子、界系等种种复杂的条件,若以微细论之,无法截然判定,如此场合,应适宜随应处置,不可呆板。"④由上可知,科学家研究对象无疑是属于唯识家所论之性境。

对于科学所观测、测量分析现实世界所获得的知识,唯识学也有一个专门的术语叫"量",哲学则属于认识论的范畴。法舫说:"科学方法得来的真的标准的知识,即是唯识学上的知识,名曰'量',就是真的标准之义。三量智中的现量智,量即知识,现实的知识曰现量智。"⑤唯识因明立三量,即现量、比量、非量,现量为感官感觉的认识,比量为推理的认识,非量为错误

---

① 西方心理学有科学心理学和人文心理学之分,其中科学心理学重视实验、测量和分析;而人文心理学则更多属于社会科学范畴。心理学的研究对象"心理"与自然科学研究对象"物质"所重不同。
② 释法舫:《唯识史观及其哲学》,《法舫文集》第二卷,第24页。
③ 善、恶、无记三性。
④ 保坂玉泉:《唯识三类境义之研究》,《现代佛教学术丛刊》第43册《唯识思想论集(三)》,第83页。
⑤ 释法舫:《唯识史观及其哲学》,《法舫文集》第二卷,第24页。

的觉知与推论。其中现量、比量为正确知识,非量乃谬误知识。

可见,法舫认为佛学与科学完全是可以会通的。甚至他提出,佛学就是"真科学"的观点。"五四"新文化运动之后,思想界发生了一场科学与玄学的论战。余精一在《东方杂志》第三十一卷第十九号发表了一篇《佛家哲学之新体系》,认为佛学是玄学,并非科学。对此,法舫于1934年在武昌佛学院撰文《评〈佛家哲学之新体系〉》,提出:"请教余君,佛法云何为玄想冥索?佛学者,真科学也!"[1]总之,法舫是极力维护佛学的。

不过,法舫虽然立足于佛家的立场,他也认识到佛教唯识学与科学比较也是方便法门,他对科学的功能和作用持保留态度。他于1928年作《唯识学与科学——评破锦汉君之〈佛学八识之批评与研究〉》并于《海潮音》第十二期上发表,批判锦汉君信奉科学和迷信于物质。锦汉君把第八识阿赖耶识解释为物质原子所生之"动力",对此,法舫批判说:"汝以'动力'附当第八阿赖耶识。孰知此种动力之说,毫无根据。"[2]对于锦汉君的观点,法舫有这样的评论:"总观其说,不外根据于科学,迷信于物质。执物质为实有,信科学为金玉而已。"[3]

2.唯识学与哲学

法舫在《唯识史观及其哲学》中,分析了中西方诸家哲学流派,并归类为六种哲学思想。这六种哲学观念分别是:一、素朴实在论;二、主观唯心论;三、客观唯心论;四、机械唯物论;五、心物二元论;六、佛教唯识缘起论。以上诸家中,法舫用唯识学对其他五家哲学观念进行评论,他认为唯有佛教唯识论是理智的。

第一,关于"素朴实在论"。

法舫说:"在中国哲学中有无极太极之说,其主张与此相似。……此实在性的事物不离心的范围。吾人心识去认识它或不认识它,它都是如此存在的,心识不过是依事物之形式去了知事物而已。依此种实在论的见解,就有一元多元的分别。谓事物体是一元的,或是多元的。这合乎唯识理论

---

①释法舫:《评〈佛家哲学之新体系〉》,《现代佛教学术丛刊》第36册《佛教哲学思想论集(一)》,第130页。
②释法舫:《唯识史观及其哲学》,《法舫文集》第二卷,第326页
③释法舫:《唯识史观及其哲学》,《法舫文集》第二卷,第305页。

中的世间极成真实。在一切法唯识变现的原则上,此派学说是被否定的。"①关于中国哲学"无极""太极"之说,分别发端于《老子》《周易》,后来北宋理学开山祖师周敦颐著《太极图说》宣说"无极而太极"思想,构建了宋代新儒学形而上的哲学体系。关于"太极""无极"哲学本体的界定,包括对《老子》"道"的诠释,究竟属于朴素唯物主义还是客观唯心主义历来是有争议的,此不赘述。需要交代的是,法舫此处把其理解为"素朴实在论"只是一种观点。关键处在于太极生成万物的思想,此属于"宇宙发生论"。无极、太极是为"一元",万物是为"多元"。但在唯识家看来,法舫指出无论一元还是多元都离不开心识的范围。故而,法舫认为,在"万法唯识"的原则上,"素朴实在论"学说是被否定的。

第二,关于"主观唯心论"。

主观唯心论者认为,主观的精神是世界的本原,是第一性的,而客观世界的事物则是第二性的,是主观派生出来的。法舫说道:"此派主张唯有知觉的主观心,而无一切外物,但是我们认识的观念是在意识之内,而不在意识之外。故此派否定一切外物的存在。一切外物的存在,都是主观自心所现的影子。"②但法舫并没有举例说明中西哲学中哪一个流派属于主观唯心论。英国贝克莱的"存在就是被感知""物是观念的集合"是典型的主观唯心主义,而宋明陆王心学提出的"吾心即是宇宙""心外无物""心外无理",也可用主观唯心主义作比附。但在唯识学看来,主观唯心论是错谬的。法舫指出,主观唯心派所说与唯识所说的"外境非有"好像相同,其实不同;唯识不否定外物的存在,说"外境非有",是说外物不离心识的关系而已,说外境物没有实体性而已,外境仍有那因缘所成的假相。我们知道,法相唯识虽然宣说"万法唯识"之理,但是却并不否定外物的存在,只是说外物不离心识而已。

第三,关于"客观唯心论"。

客观唯心论,我们常举的哲学观点有"一神"论、柏拉图的客观精神"理念"、黑格尔的"绝对精神"或"绝对观念"等。法舫以黑格尔为例说明:"以为宇宙万有都是世间人类的共同心的客观存在。诸法虽千差万别不同,可

①释法舫:《唯识史观及其哲学》,《法舫文集》第二卷,第26—27页。
②释法舫:《唯识史观及其哲学》,《法舫文集》第二卷,第27页。

是皆是人类共同心理之表现。这种共同的意识,赫格尔学派称为观念论。"①赫格尔即黑格尔早期翻译之名。黑格尔的客观唯心论,"而以心神为万有之造物主,此与佛教唯识学正是相反"②。佛教自创立之初,就是反对梵天创世说,印度大乘瑜伽行派之唯识学作为中晚期成熟的佛教思想,自然秉承了佛教的一贯传统。但是,印度后期大乘如来藏系佛学有"梵化"的嫌疑,屡遭质疑,印顺判其为"真常唯心",吕澂认为是"相似佛学",此处不做讨论,需另当别论。

第四,关于"机械唯物论"。

至于"机械唯物论",在唯识学家看来是不能成立的。机械唯物主义基本立场是唯物主义,认为物质决定意识,而且它把世界万物的运动都理解为或归结为机械运动。其唯物主义方法论的特点是孤立、静止和片面的。法舫推测认为:"这种唯物有一个缺点,就是会演变成定命论,因为物物相生的因果律是确定的。若成了定命论,在唯识学上是讲不通的。"③暂且不论法舫的推断是否对错,机械唯物论与命定论、宿命论有一定的关联,它们在因果律上往往会走向绝对,而非用相对的、运动的观念来认识世界。佛教唯识学注重缘法、因果说,其缘起理论极为生动丰富,与机械唯物主义自然是不相干。

早在1934年,法舫撰文《评〈佛家哲学之新体系〉》以驳斥佛学是唯物论的观点。该文缘起于余精一1933年撰写的一篇《佛家哲学新体系》并发表于《东方杂志》第三十一卷第十九号上。余精一以唯物论来建立佛家哲学新体系,余精一说:"从唯物论说来,本不想用合理的方法(是与观念论对照而说的)去解释物质底自然存在;却是物质底自然存在与自然变化,反而证实唯物论底合理性了。我们在这里,就要用这个粗略的说明做工具,去解释唯物论的佛家哲学底新体系。"④对此,法舫评判道:"很同情余君以唯物论来证明佛学,建立唯物论的佛教新体系的用意。这里,他对于佛学认识的错谬,是因为他实在没有读得佛学中的重要典籍,尤其是关于唯物论的佛学圣典! 这是应该原谅他的!"⑤我们知道,佛教思想确实有唯物论的

①释法舫:《唯识史观及其哲学》,《法舫文集》第二卷,第27页。
②释法舫:《唯识史观及其哲学》,《法舫文集》第二卷,第27页。
③释法舫:《唯识史观及其哲学》,《法舫文集》第二卷,第28页。
④余精一:《佛家哲学之新体系》,《现代佛教学术丛刊》第36册《佛教哲学思想论集(一)》,第95页。
⑤释法舫:《评〈佛家哲学之新体系〉》,《现代佛教学术丛刊》第36册《佛教哲学思想论集(一)》,第120页。

因素，但本质上是倾向于唯心的，尤其唯识学的教旨表现得很明显。

第五，关于"心物二元论"。

"心物二元论"为何？有哲人认为，心是心，物是物，心不能生物，物也不能生心。法舫认为：这派是说一切外境，都是我们意识的对象；外境是物，我们的意识是心，我们看见一朵花，在意识上起了一个花的观念（或是概念），这就是心；但是这花的观念，是根据外面的花这东西而生起的。法舫并举小乘经量部的色心互熏之说、色心互为因的种子论来说明"心物二元论"。法舫举王季同《佛法省要》的观点说："这花的作用，到了大脑中枢之后，怎样可以引出一个意识上的概念呢？科学家和二元论学者，至今还没有解释。唯识变现一切万法，并非如此。"[1]"万法唯识"，"识外无境"实则属于一元论，与二元论截然不同。

由上分析可知，佛教的唯识学和以上所说的五家哲学观念，是不尽相同的。法舫认为佛学特别是唯识学，是理智的，也可以说不是宗教的，唯识学与哲学、科学都合得上，而且可以纠正其错误思想，改正那些歪曲的理论。唯识学虽然不是真正意义上的科学，但法舫看到了唯识学的价值，"研究唯识学，不但使佛学得以发扬，更可以增进科、哲学的昌明"[2]。唯识学的理性精神，契合了时代重科学、重哲思的需要，这是佛教唯识学被思想界、学术界所看重的重要因素。

第三节　印顺、法尊早期的唯识学研究

印顺（1906—2005），俗名张鹿芹，浙江海宁（今属嘉兴）人。毕生推行人间佛教，著述宏富，撰写、编纂佛学著作四十余种。印顺于1934年到武昌佛学院学习，之后武昌佛学院开办研究班，印顺受太虚之命前往指导。1940年完成《唯识学探源》，这是他早年撰写出版的第一部著作。

法尊（1902—1980），俗名温妙贵，河北深县人。曾先后入武昌佛学院、北京藏文学院学习，师从太虚和大勇。后入藏学习，通晓藏文，翻译了大量的藏传佛教典籍，被赞为汉藏文化一肩挑的高僧。晚年还完成了藏传因明

①释法舫：《唯识史观及其哲学》，《法舫文集》第二卷，第29页。
②释法舫：《唯识史观及其哲学》，《法舫文集》第二卷，第30页。

学的翻译。其翻译的《辨法法性论》和发表的《驳欧阳渐法相辞典叙》《驳欧阳渐辨虚妄分别》是他早期的作品。

一、印顺作《唯识学探源》探唯识于小乘

印顺是一位公认的中观学者，著述宏富，可是他的第一部著作是有关唯识学的，他早于 1940 年完成的《唯识学探源》把唯识学溯源小乘佛学的原始《阿含》和部派佛学上来。以小乘佛学之原始佛典《阿含经》为例，中国佛教界以为《阿含经》乃小乘经典，多不加以理会。香港弘扬唯识的罗时宪对此曾感叹说："我对窥基大师、太虚大师等大德不注意、不着重《阿含经》，感觉相当抱憾。"[①]近代以来最早留意到小乘佛学与大乘唯识学的关联是吕澂 1924 作的《〈杂阿含经〉刊定记》。他自豪地说："在玄奘所译《瑜伽论》最后二十卷里，发现了所引用全部《杂阿含经本母》——这是连玄奘本人也未尝知道的，因此明白了瑜伽一系学说的真正来源。"[②]

印顺《唯识学探源》一书，对唯识思想之源流描画颇为清晰。大乘唯识学思想与原始《阿含》、部派佛教源头上存在着联系。而《阿含经》是最早结集出的佛陀的遗教经典，保存了原始朴素的风格。而部派佛学是小乘佛学思想的繁荣阶段，大乘佛学与部派佛学关系密切。有人认为，大乘佛学是在小乘佛学的基础上发展起来的。

首先，来看《阿含经》有关唯识思想的萌芽。印顺在《唯识学探源》中认为，唯识思想的源泉，应从《阿含经》去探索，因为《四阿含》是大小乘所共信的，公开流行的时期也比较早(《杂阿含经》更是古典的)。要从《四阿含》里抉出唯识的先驱思想，这对于《阿含经》思想的中心，有先加认识的必要。我们知道，大乘的唯识学思想，原始《阿含》里当然是没有的，但《阿含经》肯定有与唯识学近似、相似的倾向。

印顺把大乘唯识思想，概括归纳为五类：

一、《华严经》"十地品"第六地说："三界虚妄，但是一心作"……这可以称为"由心所造"的唯识；

[①]转引自陈琼璀：《杂阿含与唯识学》，佛教法相学会与志莲净苑合办"罗时宪教授往生十周年纪念佛学讲座"，2003 年 12 月。
[②]吕澂：《内学院研究工作的总结和计划》，《吕澂集》，第 302 页。

二、《解深密经》(卷三)说:"我说识所缘,唯识所现故"……这可以称为"即心所现"的唯识;

三、《解深密经》(卷一)说:"……阿陀那识为依止为建立故,六识身转"……这可以称为"因心所生"的唯识;

四、《楞伽阿跋多罗宝经》(卷四)说:"如来之藏,是善不善因。……为无始虚伪恶习所熏,名为藏识"……这可以称为"映心所显"的唯识;

五、《阿毗达磨大乘经》"菩萨成就四法,能随悟入一切唯识,都无有义"……可以称为"随心所变"的唯识。①

以上五类唯识思想,印顺认为都是建立在缘起论基础上的,是业果缘起的起灭上的缘起观。缘起法是佛教的理论基石。从佛教史上看,从原始佛教的"十二因缘法",到大乘般若学的缘起性空思想,到法相唯识学的三自性学说,再到中国佛教真常唯心论的心真如缘起说,一条主线始终贯穿其中,即缘起理论。

大乘唯识"由心所造"与《阿含经》的关系,印顺引《杂阿含经》卷十:"比丘!我不见一色种种如斑色鸟,心复过是。所以者何?彼畜生心种种故,色种种。是故比丘!当善思惟观察于心。……譬如画师、画师弟子,善治素地,具众彩色,随意图画种种像类。"②画师作画的比喻,可联想到《华严经》的"心如工画师,画种种五蕴"。《华严经》为唯识学六经之一。

大乘唯识之"由心所造""随心所变"与《阿含经》的关系,《成唯识论》五教十理证明阿赖耶识的时候,便引证《阿含经》的"心杂染故有情杂染,心清净故有情清净""染净诸法种子之所集起,故名为心"。印顺指出,"由心所造""随心所变"的唯识观,明显启发于原始佛教的缘起论。

大乘唯识之"即心所现"与《阿含经》的关系,印顺引《长阿含经》卷十六:"何由无四大?地、水、火、风灭?何由无粗、细,及长、短、好、丑?何由无名色,永灭无有余?应尽识无形,无量自有光,此灭大亦灭,粗、细、好、丑灭,于此名色灭,识灭余亦灭。"印顺指出,缘起支中诸法,是立足在认识论上的。此认识论即唯识论。

①参见印顺:《唯识学探源》,《现代佛教学术丛刊》第24册《唯识学的发展与传承》,第46—49页。
②《杂阿含经》卷十,《大正藏》第2册,第69页。

大乘唯识之"因心所生""映心所显"与《阿含经》的关系，印顺指出，"因心所生"在唯识学者看来，是根据缘起论而建立，确凿有据。其中"映心所显"是根据缘起论中的"无明"支①而建立。

关于大乘唯识与部派佛教关联的描画，印顺在《唯识学探源》下篇《部派佛教的唯识思想》中从三个方面详细考察了二者前后相承的关系：

第一，唯识学之"本识论"探源。

印顺认为唯识之本识（细心）与部派佛教的犊子系、说一切有系、经部譬喻师、分别说系、大众系心识论均有联系。

印顺指出，"细心相续"，是唯识学上本识思想的前驱。大乘唯识学把一切心理的活动，分为心王与心所二类。心王是精神的主体，心所被心王附带的。大乘唯识的心王，在部派佛教里的称谓是不同的，叫"心"，或者叫"意"，或者叫"识"。而且小乘各派不像大乘那样分得那么细，认为他们之间是可以通用的。例如，譬喻师、分别论师"执灭尽定细心不灭"，关于细心与粗心，不像大乘唯识分得那样详细，是"王所一体"。再有，犊子系有不可说的"补特伽罗"（我），是生死轮回的主体。《成唯识论》对此就记载。说一切有部，也谈到有我，只是假名我。与犊子部的不可说的假名补特伽罗，都是建立在五蕴和合基础上的。窥基把"依蕴处界假施设名"解释为：世间，或者说眼是我，说身是我，这只是依蕴等法而假立的。

第二，唯识学之"种习论"探源。

印顺认为，唯识之种习（种子与习气）有漏种子与说转部的"一味蕴"、化地部的"穷生死蕴"、大众部的"摄识"、经量部的"种习"说，以及唯识学之无漏种子与有部、经部的理论均有关联。

印顺指出，种子与习气作为唯识学的要题，与细心合流，奠定了唯识学的根基。大乘唯识学里，特别采用"种子"和"习气"两个名词，种是种子，是第八识所含藏的种子；习是习气或熏习的意思。现行、种子及习气三者是相对而立，种子生起现行，现行又熏习种子。在部派佛教里，有"随界"（指习气）、"不失"（指种子）等各式各样的名称。最后，这些名称到了大乘那里，才渐渐地综合起来。

第三，唯识学之"无境论"探源。

---

① 原始佛教佛陀讲"十二因缘"，第一支即为"无明"。

唯识之"唯识无境"与部派佛教的理论,印顺说:"唯识,有认识论上的唯识,有本体论上的唯识。……部派佛教里,没有本体论上的唯识学,认识上的唯识无境,却已相当的完成。"①印顺认为,部派佛教只有认识论上的唯识,没有本体论上的唯识。不过,关于部派佛教,印顺的评价还是很高的:"阿毗达磨论者的方法论是科学的、切实的,比起虚玄与想像的学风,应有它的真实价值!"②印顺还说:"有人虽主张认识中的一切,只是主观心识的影象,但对认识背后的东西,却以为是不可知,或者以为是有心有物的。"③我们知道,小乘部派佛教许多观点是我空法有,强调有法,有心,也有物,不关心有法现象背后之本体论、本质论。后来才出现了大乘空宗以破斥小乘说有,大乘中观派建立起性空的本体论,到了大乘瑜伽行派则建立了唯心、唯识的本体论。

最后,要交代的是,印顺实则一名中观的学僧,他虽然早年研习唯识,但并不代表他就认同唯识学。他坦率地说:"探索佛教思想的关要,性空者的最为深刻正确。"④印顺将佛法分为三系——性空唯名(中观);虚妄唯识;真常唯心(如来藏)。这三系中,他认为最纯正的佛法是中观。而对于唯识学,印顺是颇有微词的,他在《印度之佛教》中认为"虚妄唯识宗"的唯识学,外虚妄无常而内真常,立说至巧。至于瑜伽学发展到晚期之瑜伽中观派后来更是倾向于如来藏系佛学。他说:"严格地说,这不是中观与无著、世亲的瑜伽行的综合,而是倾向真常唯心的(还不是"如来藏自性清净心"的主流)与'秘密大乘'更接近的一流。"⑤如来藏学则是印顺激烈反对的。

二、法尊译《辨法法性论》"法与法性"双运

《辨法法性论》是弥勒五论之一,因汉传佛教典籍中没有该论,法尊便于1936年由藏文译成汉文,并由太虚润证文义。1938年欧阳竟无在《内院杂刊》发表了《法相辞典·叙》破斥法尊的翻译有误,与玄奘翻译弥勒的汉译《辩中边论颂》思想不符。1938年前后,欧阳又作《辨虚妄分别》《辨二

---

① 印顺:《唯识学探源》,《现代佛教学术丛刊》第24册《唯识学的发展与传承》,第172页。
② 印顺:《说一切有部为主的论书与论师之研究》,《印顺法师佛学著作全集》第15卷,第66页。
③ 印顺:《唯识学探源》,《印顺法师佛学著作全集》第4卷,第499页。
④ 印顺:《印顺大师文汇》,华夏出版社,2012年,第371页。
⑤ 印顺:《印度佛教思想史》(下)第九章《瑜伽·中观之对抗合流》,《印顺法师佛学著作全集》第13卷,第339页。

谛三性》等文力斥法尊所译《辨法法性论》。法尊也发文《驳欧阳渐〈法相辞典·叙〉》(原载《海潮音》1938年第十九卷第七号,又:汉藏教理院1938年铅印本)、《驳欧阳渐辨虚妄分别——即再驳〈法相辞典·叙〉》(汉藏教理院1938年铅印本)予以坚决的回击。在当时,武昌佛学院与支那内学院有关佛理问题常有争讼。后来,太虚、印顺均著有《辨法法性论讲记》。

因为《辨法法性论》的思想与玄奘所宗的唯识学出入较大,1938年欧阳竟无为朱芾煌的《法相辞典》作的"序"中破斥了法尊译的《辨法法性论》非弥勒学,说:"两译并存,是为以一嗣尊,二三其德,去奘留今,则一切奘译俱不必存,而何《瑜伽法相辞典》之作?"①法尊辩解称,他所译《辨法法性论》是藏文原本,自己"并未增删字句,乖反传承。"而且申明道:"此论为余最谨慎之译本也。"

欧阳竟无之后连续作《辨虚妄分别》《辨二谛三性》等文,抨击法尊所译的《辨法法性论》。他在《辨虚妄分别》中认为《辨法法性论》错译:"一、五论未解决;二、法相异《中边》义未解决也。此论梵文不存,根本无从研核。"②欧阳言犹未尽,他在《辨二谛三性》一中,又添加了几点,为《辨法法性论》附解惑四则:一、论宗不合;二、五论未决;三、无梵可核;四、译名有违③。

其中,最主要的有两点争议:一是《弥勒五论》未解决;二是《辩中边论》与《辨法法性论》义理不同未解决(也即"论宗不合")。关于《弥勒五论》之《辨法法性论》的传承问题。欧阳指出,藏传佛教谓《法性论》有两种传承者,不过并不是翻译的问题,"乃对于一种译本之异解而说耳,与译本之同不同无涉也",是因为学派有分歧。欧阳愤慨道:"欲以阑入奘译之林,学统淆然,其乌乎可!"

至于《辨法法性论》与《辩中边论》义理之不同,欧阳在《辨虚妄分别》中指出:玄奘翻译的《辩中边论》是真正的"非空非不空为宗""有无并举"的瑜伽派之中道论;而法尊翻译弥勒的《辨法法性论》"乃在无边",意思是说偏向于无,以空为宗,倾向于中观的理论。欧阳在《辨二谛三性》中还进一步说,关于大乘的中道理论,有两家:一是般若学的二谛(世俗谛和第一义谛,一是唯识学的三性(遍计所执性、依他起性、圆成实性);而《辨法法性论》译

---

①欧阳竟无:《〈瑜伽法相辞典〉序》,《欧阳竟无集》,第201页。
②欧阳竟无:《辨虚妄分别》,《欧阳竟无集》,第122页。
③参见欧阳竟无:《辨二谛三性》,《欧阳竟无集》,第126—129页。

本则"不达斯旨,《般若》、《瑜伽》之上别立一宗,昧法平等"。

法尊于1938年在《海潮音》发表了《驳欧阳渐〈法相辞典·叙〉》,对欧阳的思想做出相应的回应,就《辨法法性论》与《辩中边论》教义的异同点,法尊说:

> 《辨法法性论》与《辩中边论》所说究竟同乎别乎? 曰应言有同有别。同者,以同显示唯识义故,所说法相(生死法)——虚妄分别——同故,有多义趣与中边论(相品无上乘品)相应无别,如先已说。别者,两论即别故,全同何须别造,如余三论。此论依四谛漏无漏门特辨生死(法)涅槃(法性),彼依三性法相唯识特显中道义故。①

法尊认为《辨法法性论》与《辩中边论》具有共同点:在无为法上,均显示唯识胜义性;在有为法上,均宣说法相生死法、虚妄分别的假相。关于两部论典的不同点:《辨法法性论》依据四谛(苦集灭道)有漏和无漏门,讲生死(法)与涅槃(法性)之双运;《辩中边论》依据三性(遍计所执性、依他起性、圆成实性)显中道义。而欧阳认为,《辨法法性论》偏于空的一边,不属于唯识之中道,《辩中边论》属真正的唯识空有中道观。

争论的焦点在于《辨法法性论》是否属于唯识的教义? 是否属空有中道观? 太虚在《辨法法性论讲记》中判该论属于唯识,而不属于中观②。法尊翻译的《辨法法性论》辨析了"法"与"法性","法"为生死,"法性"为涅槃。太虚认为《辨法法性论》"总之,即是依唯识正义来,辨明来安立生死涅槃、染净诸法"③。关于二论的区别和联系,法尊认为,二论仅仅是弥勒"说法之方便不同,立论之量式有异","此论有此论之胜义,彼论有彼论之妙理",均属于慈氏弥勒学。法尊认为,如果按照欧阳竟无的意图,整个佛教就只剩下玄奘所传唯识学了。显然这不符合太虚一系佛学所提倡的"八宗平等"、融通诸学的教旨。

值得提及的是,就玄奘正统的唯识学而言,《辨法法性论》与《辩中边论》在教理上确实有不同。《辨法法性论》的意趣讲二谛(俗谛与真谛)、

①法尊:《驳欧阳渐〈法相辞典·叙〉》,《法尊大师文汇》,华夏出版社,2012年,第187页。
②太虚在《辨法法性论讲记》中,对于在藏传佛教所传达之《弥勒五论》,认为三部属于唯识,两部属于中观。说唯识的有:《辩中边论》《辨法法性论》《大乘庄严经论》;说中观的有:《现观庄严论》《究竟一乘宝性论》。
③太虚:《辨法法性论讲记》,《太虚大师全书》,第242页。

"法"(生死)与"法性"(涅槃)双运,类似于瑜伽行中观之理。《辨法法性论》讲世俗谛之"法"同于唯识,而讲胜义谛之"法性"又同于中观,实际上更接近中观多一点。另外,在真俗二谛之间的转换上,《辨法法性论》与唯识宗所说也不同。唯识宗从有为法到无为法分为三个层次:识—转依—智。唯识宗讲"转依"即"转识成智"意思,转八识成四智,离八识得四智[①]。而《辨法法性论》从有为法到无为法只有两个层次:法—法性。"法"是"法性"显现出来的相,"法性"是"法"隐含的体,二者是一体两面的。故而,"法"与"法性"是"双运"的。

　　法尊论空有二宗的关系体现在法尊有关中观宗问题的一系列讲座中。法尊考察了藏教佛教所传习的中观派佛护、月称论师的思想,涉及到阿赖耶识、诸法自性、自证分等诸多问题。例如,中观宗"不许有阿赖耶识",但要安立业果不失坏;中观宗"不许一切法有自相",但要安立一切世俗因果;中观宗"许有离心的外境",但不是实有自相;中观宗"不许自证分",但要建立我知、我见等世俗知识[②]。中观宗认为,在龙树的教理中,是不许有"阿赖耶识""实有种子"等实有自性的东西,但又要安立业果。因为中观宗根本不承认任何法为实有,在中观宗看来,业本无自性,缘起性空,故不必依止阿赖耶识。而"自证分"出自《成唯识论》所载印度十大论师的三分说、四分说。一分为见分;二分为见分与相分;第三分为自证分,第四分为证自证分。在中观派佛护、月称看来,自证分、证自证分属于多余。因为中观派根本"不许一切法有自相",能量(见分)、所量(相分)的存在,只是互相观待而假立的。

　　关于法尊译的《辨法法性论》及其思想,后来还有人继续研究。韩镜清还从藏文中把世亲《辨法法性论》的释论补充翻译成汉文。董绍明为韩镜清译《辨法法性论》作的"叙"中说:"欧阳渐(竟无)《法相辞典》叙,指出法尊译出《辨法法性颂》不符合玄奘法师所译《辩中边论》虚妄分别非实有亦非全无义,两译对照其言无二,显弥勒学。"[③]肖永明在《中观瑜伽两轮并驰——从法尊法师与欧阳竟无居士之间的一段公案说起》一文中认为此正

---

① 转识成智,为转八识成四智。转前五识为"成所作智",转第六识为"妙观察智",转第七识为"平等性智",转第八识为"大圆镜智"。

② 参见法尊:《中观宗关于"安立业果"与"名言中许有外境"的问题——佛护、月称中观宗问题讲座之二与三》,《法尊大师文汇》,第34页。

③ 韩镜清:《慈氏学九种译著》,(香港)中国佛教文化出版有限公司,1998年,第17页。

是从一种相反的角度说明了中观瑜伽是两轮并驰、相辅相成的。

　　该场辩论涉及到藏译唯识与玄奘汉译唯识之不同。藏传佛教重视中观，在义理的阐释上倾向于以中观摄唯识。而玄奘唯识系统，则以唯识摄中观。或许《辨法法性论》之所以在藏地能流传，与藏传佛教中观学有关。在空有中道义上，《辨法法性论》从假入空，近于二谛论；《辩中边论》从空、假入中，是为一种三性论。《辩中边论》还宣说"遍计所执性""依他起性""圆成实性"三性，《辨法法性论》没有引入"三性"来说明，不分"依他起性"和"遍计所执性"。《辩中边论》的中道义在形式上更高级，但实则与《辨法法性论》中道义是一致的。

　　另外，《辨法法性论》法义辩论似有可能涉及唯识古今学、新译与旧译之争。若《辨法法性论》确为弥勒的著述（法尊是非常肯定的），那么就归为最为原始的瑜伽论著一类。关于古今学之分，吕澂在《论庄严经论与唯识古学》中认为，"祖述二家（无著、世亲）学说而推阐之"是为古学；"演变二家（无著、世亲）学说而推阐之"是为今学①。也就是说遵循弥勒、无著、世亲之学的论师学说为古学，安慧是代表，而发展出新义的论师学说则被视为今学，护法则是代表。按照支那内学院的观点来看，慈氏学是古学之源。而欧阳处处以玄奘新译的《辩中边论》思想为标尺去衡量《辨法法性论》，就存在着差异性。

　　那么，《辩中边论》虽然是玄奘新译，是否就属于今学呢？此处还有辩。印顺认为，弥勒、无著的《辩中边论颂》《大乘庄严经论》和《摄大乘论》的"一种七现"说，属于古学；而由世亲的《唯识三十颂》到玄奘的糅译的《成唯识论》的"八识现行"说，属于今学②。在印顺看来，玄奘新译的《辩中边论》仍然属于古学系统。至于《辨法法性论》法义之争的问题，涉及到瑜伽、中观之中道义，或许还关涉到《辨法法性论》是否属于古唯识一说。学者杨东发表有《唯识古学诸论之虚妄分别与三性义探析》一文，以《辨法法性论》为首的四部造论（《辨法法性论》《辩中边论》《大乘庄严经论》《摄大乘论》），被作者本人默认为古学论著对待③。对于专精于玄奘唯识一脉的欧阳来说，刚接触到藏本译《辨法法性论》陌生思想的时候，还是很不习惯的。

---

①吕澂：《论庄严经论与唯识古学》，《吕澂佛学论著选集》卷一，第73页。
②参见印顺：《摄大乘论讲记》，（台北）正闻出版社，2000年，第217—225页。
③参见杨东：《唯识古学诸论之虚妄分别与三性义探析》，《世界宗教研究》2012年第6期。

第四章　民国时期北平三时学会
对印度慈氏唯识学的回归

第一节　韩清净对慈氏唯识学的疏通

韩清净(1884—1949),原名克宗,又名德清,河北河间人。于1921年在北平(北京)组织创立"法相研究会",1927年重组为"三时学会"。"三时学会"是当时著名的唯识道场,自20年代中后期至40年代末年,北平三时学会与南京支那内学院齐名,韩清净与欧阳竟无并称为"南欧北韩"。韩清净著述有《瑜伽师地论披寻记》《瑜伽师地论科句》《般若波罗蜜多心经略赞》《能断金刚经了义疏》等。其主要治学特色在于弘传慈氏唯识学,晚年还以唯识来会通般若学。

一、抑玄奘唯识学而扬慈氏唯识学

韩清净一生的治学历程,大约可以分成四个阶段。第一阶段:1920年前,为儒学、杂学时期。他青年时期读儒家经典、居官以及赴京问学。第二阶段:1920—1924年,是由《俱舍论》转入《成唯识论》时期。他开始阅读小乘佛学《俱舍论》,继而钻研唯识宗玄奘译的《成唯识论》。第三阶段:1924—1943年,是由《成唯识论》转入《瑜伽师地论》时期。《成唯识论》是玄奘采取印度十大论师护法对世亲《唯识三十颂》的注解之作,是中国唐代唯识宗之学;而《瑜伽师地论》是唯识学论典"一本十支"之"本论",是印度大乘瑜伽行派开创者弥勒、无著的经典之作。第四阶段:1943—1949年,由《瑜伽师地论》转入对《般若经》的会通时期。这个阶段是他的晚年阶段,《瑜伽师地论》是有宗的根本论典,《般若经》是空宗论典,以述其空有不二中道之志。

韩清净第二阶段对《成唯识论》的研习以及第三阶段对《瑜伽师地论》的研习,是韩清净思想成熟的一个重要转折期。尤其是他对《瑜伽师地论》

的研究可谓用时最长,着力最多。以《成唯识论》为中心的第二阶段,表明
韩清静的思想多囿于玄奘唯识宗的视域,而以《瑜伽师地论》为中心的第三
阶段,则表明韩清净的唯识学视野已扩展到对"大乘全体大用"①的整体把
握。程恭让认为:"能够明确感受到韩氏对《成唯识论》和《瑜伽师地论》佛
学价值所作的高下之判,他抑《唯识》而扬《瑜伽》的态度在此表达得十分明
显。"②韩清净的整个思想路径是抑《成唯识论》而扬《瑜伽师地论》的,是抑
玄奘唯识而扬慈氏唯识的。

　　在《瑜伽师地论披寻记叙》中,韩清净自述其研究《瑜伽师地论》的治学
历程:

　　　　《俱舍》教义不通大乘,《唯识》精旨遮无外境,犹不足以窥大乘全
　　体大用。民国十三年,净因离家居,避静平西房山云居寺,与苇煌居士
　　同时发愿研究《瑜伽师地论》,欲以弘扬真实佛教精义。③

　　《俱舍》是小乘佛学,是世亲没有信奉大乘之前所创作,后来世亲作大
乘之《唯识三十颂》,即韩清净该《叙》中所指的《唯识》,也即玄奘以护法观
点为主糅译印度十大论师之《成唯识论》,也即是窥基详解的《成唯识论述
记》。此处,韩清净所指《唯识》这一法系是护法—玄奘、窥基唯识今学教
派。唯识宗学的精神在于"遮无外境",宣扬"唯识无境""万法唯识"。唯识
宗学过于依赖唯识之教法,故而欧阳竟无提出,法相唯识学虽是一家,但分
成唯识、法相二宗。韩清净认为《成唯识论》不足以显示大乘佛学的"全体
大用",他要从唯识学的开山之祖弥勒、无著的《瑜伽师地论》里寻求"真实
佛教精义"。从韩清净的话语中,能够明显地感受到韩氏对慈氏学之《瑜伽
师地论》与玄奘学之《成唯识论》在佛学价值上的高下之判。

　　韩清净对唐代的《瑜伽师地论》古疏颇为不满,《成唯识论》对《瑜伽师
地论》的引用往往断章取义没有系统。故而,韩清净认为有重新疏解《瑜伽
师地论》的必要。他说:

　　　　古疏中《略纂》《伦记》等皆不足以为研究之资。匪唯义不能详,甚

---

① 韩清净:《瑜伽师地论披寻记叙》,《藏外佛教文献》第2辑,宗教文化出版社,1996年,第460—
　　464页。
② 程恭让:《韩清净居士佛教思想之特质析论》,《普门学报》2001年第1期,第3页。
③ 韩清净:《瑜伽师地论披寻记叙》,《藏外佛教文献》第2辑,第462页。

且文莫能解。门犹不入,室何能窥? ……稔知平昔所闻于各宗者,因
多以讹传讹,而有讦格不通之弊,即《成唯识论》十大论师所引《大论》,
亦自各引异文,附成己意,讵免顾此失彼之嫌。自非熟读《大论》者,盖
难详知其故矣,何暇与人诤论得失耶?[①]

　　《瑜伽师地论》有两部主要的唐代古疏,分别是是窥基撰的十六卷的
《瑜伽师地论略纂》和新罗人道伦撰的四十八卷的《瑜伽师地论道伦记》,但
是在韩清净看来,"皆不足以为研究之资"。因为,这些注疏义不能详,文莫
能解。再有,韩清净认为玄奘所糅译印度十大论师的《成唯识论》对《瑜伽
师地论》(唯识学简称为《大论》)的引用和发挥,也往往是"自意"解释或者
是"己意"解释,不能客观地忠实地反映《瑜伽师地论》之原貌。韩清净意思
是说只有熟读、精研《瑜伽师地论》,才能解决各家各派对唯识教义的争执。

　　韩清净对 100 卷《瑜伽师地论》的研究要比一部《成唯识论》花费的时
间和精力要多。1924 年,韩清净与朱芾煌在北京成立"法相研究会",开始
自编《成唯识论述记》讲义,后两人同赴北京房山云居寺闭关修学发愿研读
《瑜伽师地论》,韩清净承担注疏《瑜伽师地论》的任务,以贯通《瑜伽》文义。
1927 年春,韩清净将"法相研究会"改组为"三时学会"。从 1937 年 9 月起,
到 1943 年 1 月,历经 5 年之久,韩清净终于完成对 100 卷《瑜伽师地论》的
两部疏解,即约 40 万字《瑜伽师地论科句》和约 70 万字的《瑜伽师地论披
寻记》这两部巨著。此后,韩清净还再度完善、修改《科句》和《披寻记》。韩
清净自述:"厘句读、立《科判》以为读本,三易其稿,纲领次第始得井然;释
文义以为《披寻记》,前后披阅,始得贯通。"[②]范古农赞誉其为:"本世纪来,
汉文内典中之惊人作品。"[③]在中国佛学史上,韩清净对《瑜伽师地论》的注
解研究,可谓是前无古人的。

　　韩清净一生治学谨严,在《科句》及《披寻记》中分段、分科、分句,是 20
世纪以来用新式标点佛经的第一人,还主张建立佛教训诂章句学。他规定
自己在注解《大论》时要遵循的原则:"文义务求润洽,前后务求贯通,不惑

①韩清净:《瑜伽师地论披寻记叙》,《藏外佛教文献》第 2 辑,第 462 页。
②韩清净:《瑜伽师地论披寻记叙》,《藏外佛教文献》第 2 辑,第 460—464 页。
③顾兴根引范古农语,见《瑜伽师地论科句披寻记汇编》"后记",周谷城主编:《中国学术名著提
　要·宗教卷》,复旦大学出版社,1997 年,第 608 页。

虚言,但征实际。"①既要求文本润洽易懂,能够前后文相互贯通参照,不求虚谈,能够实事求是地做到贴切原文的义理,以达到"知法知义"的目的。东初在《中国佛教近代史》评价韩清净说:"韩氏不惟精于《瑜伽》、《摄论》,且能熟背。他讲《摄论》,一字一句,皆能交出来自《瑜伽》某卷某句。普通讲《摄论》,多则一年,少则半年,韩氏讲之,则非二年不可。以其精故,不能速也。"②可见,韩清净对《瑜伽》大论章句之熟练程度。

最后,关于"南欧北韩"思想之异同。二大师虽然都严守唯识学家法,但是欧阳教宗玄奘唯识宗学,在玄奘唯识学的基础扩充开来,涵摄般若、涅槃诸学。而韩清净则在慈氏弥勒之《瑜伽》大论上用功最深。另外,欧阳和清净二家在对中国佛学的态度上都是抵触的,欧阳"绝口不谈台贤",清净几乎绝口不谈法相唯识系以外的任何佛家学说。在博约之间,如果说欧阳的唯识学是求博的,那么,韩清净的唯识学是求精的。东初评南欧北韩之治学方法的区别,认为:"竟无于唯识诸论,不在逐字寻求其来源,而在扼其大意。因此,始由唯识,而般若,终至涅槃,总扼其佛学之大纲。韩氏则采精兵主义,其于法相唯识学,旨在穷究瑜伽,然后旁及十支。所谓一本十支,故其学始终未能突出此一范围。"③实际上,北韩的唯识不仅仅只宗《瑜伽》,南北唯识二大师还有一个共同的特点,即是晚年均对印度大乘中观派般若学兴致盎然。回顾二公一生治学,由博返约、融通空有、殊途同归,这是两位唯识大师对佛法真谛的最终归旨和教化。

二、以了义唯识学释不了义般若学

韩清净于 1943 年完成了对《瑜伽》大论的疏解后,就转向了《瑜伽》的唯识思想对般若学的诠解,直至他于 1949 年逝世。这一年正月二十四日中午,在人生的最后弥留之际,清净居士告家人及董绍明曰:"吾此生来间,著一《大论》,解一《金经》,传心有缘,吾事毕矣!世缘尽矣!吾将去矣!"④此说之《大论》是指《瑜伽师地论》,《金经》即《金刚经》,对二部论典的注解是韩清净一生最为得意之作。1946 年冬,韩清净在三时学会开讲玄奘所

①韩清净:《瑜伽师地论披寻记叙》,《藏外佛教文献》第 2 辑,第 462 页。
②释东初:《中国佛教近代史》下册,(台北)东初出版社,1974 年,第 671 页。
③释东初:《中国佛教近代史》下册,第 671 页。
④董绍明:《北京三时学会简介》,《佛教文化》1991 年第 3 期。

译的《金刚经》《心经》，并口授门人成以下四部著作：《〈般若波罗蜜多心经〉颂释》，《〈般若波罗蜜多心经〉蠡测》《〈能断金刚般若波罗蜜多经〉了义疏》《〈能断金刚般若波罗蜜多经〉了义疏浅解》。他用《解深密经》及《瑜伽师地论》唯识学三性、八识等理论来注释《金刚经》和《心经》，可谓是其思想的最后结晶。

按照法相唯识根本经典《解深密经》的"三时判教"①，韩清净认为唯识学是了义教，般若学是不了义教，以了义教之唯识学会通不了义教之般若学才能真正做到融通空有。关于"了义"与"未了义"的关系，韩清净在《〈能断金刚般若波罗蜜多经〉了义疏》中作了说明。此经说般若波罗蜜多，系属第二时教，未了义，应依了义。因此依第三时教真了义说，解释此经未了之义，故名《了义疏》。

关于佛陀三时说教，唯识为了义，般若为不了义的讲法，韩清净在《〈能断金刚般若波罗蜜多经〉了义疏浅解》中还有进一步的解释：

> 第一时为声闻人说苦谛集谛灭谛道谛因果染净的差别。
>
> 第二时为大乘人说一切法空。因一切法都是言词所说，应依言词了解所说的真义：切不可不解真义，而但迷执整个的言词，所以佛说一切法空的道理。然此所说不甚明显，所以空教名未了义。
>
> 第三时为一切乘人说一切法非有非空，因为说有说空，皆走分别，不可因说有便执为有，因说空便执为空。真实法体上走无有分别的。所以佛于此时说一切法，如实而说，尽理而说，无有种种诤论之余地，所以此说名真了义。②

第一时为小乘佛学，第二时为大乘空宗，第三时为大乘唯识学。实际上，这三时的划分符合印度佛学的发展和演化史。空宗教义般若学宣扬法无自性，空无自性。不过，依据唯识学的判教理论，韩清净认为空宗为佛陀第二时说教，空宗偏于无自性空，故而不应执着于空性本身。唯识学之第三时教才是真正的空有不二的中道观。巨赞为韩清净会通《金刚经》作的

---

① "三时判教"思想渊源于《解深密经》卷二《无自性相品》，三时分别为：第一时有教，第二时空教，第三时中道教。"北平三时学会"创办之名称也因此而来。

② 韩清净：《〈能断金刚般若波罗蜜多经〉了义疏浅解，太虚、圆瑛、韩清静：《金刚经心释》，陕西师范大学出版社，2008 年，第 203—204 页。

序中说:"晚年依据瑜伽真了义教,注解此本般若未了义经。融通性相,会归中道。"①巨赞为韩清净会通《心经》作的序中说:"以能知无分别智修心相应释经名、以所知空相法界升地方便显经旨。除有分别,证无分别,是为全经纲领要义。"②"无分别智"出自唯识学派创始人无著《摄大乘论》。唐译《摄大乘论释》卷八讲"无分别智"远离五种相以为自性。韩清净是以有解空,化空为有的。

韩清净根据唯识经论《深密》《瑜伽》第三时之了义,以解释般若类经典《金刚经》《心经》第二时之不了义,其融会贯通瑜伽、般若的思想主要体现在以下三个层面。

第一,唯识学之转依义释般若学之能断义。

韩清净认为玄奘新译的《能断金刚般若波罗蜜多经》要领在经名多"能断"二字。现在的通行本是姚秦鸠摩罗什译的《金刚般若波罗蜜经》。为何玄奘强调"能断"呢?韩清净指出:

> 一经名能断,义指破一切障。经名金刚,指金刚喻定。烦恼、所知二障,于十地中渐次断灭。金刚喻定现在前时,无分别智大波罗蜜:永断本来一切粗重,顿证佛果圆满转依,穷未来际利乐无尽。佛法之究竟目的为转依,金刚般若经名之所以必标"能断"二字者,顾名思义,点睛传神,其蕴般若绝境理趣幽深无尽矣。③

唯识学有一个关键的修学指南为"转依"说,即通常所说的"转识成智"。转依即转"所依";"所依"即是第八识阿赖耶识。转识成智,为转染成净,转凡夫之第八识为圣果之大圆镜智,断除烦恼障和所知障,证得涅槃与菩提之果。《成唯识论》开篇"造论宗旨"就说:"今造此论,为于二空有谬解者,生正解故;生解为断二重障故,由我、法二执,二障俱生,若证二空,彼障随断。断障为得二胜果故:由断续生烦恼障故,证真解脱,由断碍解所知障故,得大菩提。"④《成唯识论》所说的"二障"即"烦恼障"和"所知障",能断二障,即证得"涅槃"之解脱和"菩提"之觉悟。因为,玄奘在翻译《金刚经》

---

① 巨赞:《〈能断金刚般若波罗蜜多经了义疏〉序》,《巨赞法师全集》,社会科学文献出版社,2008 年,第 422 页。

② 巨赞:《〈般若波罗蜜多心经颂〉序》,《巨赞法师全集》,第 421 页。

③ 韩清净:《〈能断金刚般若波罗蜜多经〉了义疏》,三时学会,1927 年,第 1 页。

④《成唯识论》卷一,《大正藏》第 31 册,第 1 页。

前特别强调"能断",而《成唯识论》又着重宣说断二障,故而,韩清净认为此处是沟通唯识学与般若的关键枢纽。

第二,唯识学修证之十地释般若学之修心。

大乘唯识菩萨地分为十个阶位。韩清净认为,《心经》隐密地涵括了菩萨地十地的修证思想。他在《心经颂释》中说:

> 所知障断除,非顿断得成。以故分十地,地地证不同。菩提果无上,是最后所证。唯修心方便,善巧能究竟。心证究竟已,自转杂成净。佛依此道理,故说明心经。[1]

通常会认为唯识学是闻熏渐修的法门,大乘唯识学讲菩萨修证渐次阶位为世亲所造《十地经论》,是解释《华严经·十地品》而作。《华严经》虽为华严宗所依持,也是法相唯识学"六经"之一。唯识学不属于顿法,如韩清净所说"所知障断除,非顿断得成"。而般若学往往给人印象是与中国禅宗顿法一脉相承的,南宗慧能入道前忽闻有人诵读《金刚经》"应无所住而生其心"而开悟,后来倡一超直入式顿悟法门。般若学更接近顿法,此与唯识学之渐法似有格格不入之处。韩清净认为般若学之纲领《心经》,讲"唯心方便,善巧能究竟"。如果我们查证言简意赅的《心经》全文,有"色即是空,空即是色,受想行识亦复如是"语句,还有"是故空中无色,无受想行识,无眼耳鼻舌身意,无色香声味触法,无眼界,乃至无意识界,无无明,亦无无明尽,乃至无老死,亦无老死尽"这样的文句。《心经》为了破有显空,从五蕴(色受想行识)、六根(眼耳鼻舌身意)、六尘(色香声味触法)、十二因缘等有为法一一破斥。可见,《心经》之空观修心也是有次第可寻的。

第三,唯识学之三性释般若学之实相。

印度宣扬般若学的学派为中观派,中观派顾名思义讲空有真俗二谛的道理。般若学虽名为空宗,实则其佛学根旨在于佛陀的中道教义。《金刚经》全文中有大量的"佛说……即非……是名……"文法逻辑格式,通过破有显空再说有的方式,以达空有不二中道观。韩清净以唯识学之三性(或三相)对《金刚经》的辩证逻辑格式做出如下的解释:

> 如来说福德聚福德聚者,是经文中的标句,是遍计所执相。是显

---

①韩清净:《〈般若波罗蜜多心经〉颂释》,上海佛教协会影印,1990年,第2—3页。

如来随顺世俗假以名字施设的缘故。

如来说为非福德聚者,是经文中的遮句,是圆成实相。是显无有真实福德聚性的缘故。

如来说名福德聚福德聚者,是经文中的释句,是依他起相。是显假说必有所依的事理的缘故。①

唯识学为了彰显诸法的实相,宣扬"三性"(三相)义:一,遍计所执性;二,依他起性;三,圆成实性。第一句般若学之"如来说……"被释为唯识学之"遍计所执性";第二句般若学之"即非……"被释为唯识学之"圆成实相";第三句般若学之"是名……"被释为唯识学之"依他起性"。

另外,韩清净还以唯识学之第三性"圆成实性"释《心经》的实相义。《心经》有云:"是法空相:不生不灭,不垢不净,不增不减。"韩清净以唯识学之圆成实性解释《心经》之空相为:"不增不减,所以名圆。不染不净,所以名成。不生不灭,所以名实。"②可见,韩清净在会通唯识学与般若学二学之间糅合得非常巧妙,他的思想是有创见的。

第二节　朱芾煌、周叔迦对唯识原典及旧学的推崇

朱芾煌(1877—1955),又名黻煌,四川省江津县(今重庆市江津区)人。追随韩清净,共同组织"法相研究会""三时学会"。虽年长韩清净七岁,却礼韩清净为师,终身执弟子礼。朱芾煌在唯识学方面的主要成就在于编纂300万字的《法相辞典》。其治学唯识与韩清净是保持一致的,即在于慈氏学。

周叔迦(1899—1970),字志和,安徽省至德县(今东至县)人。对佛学研究、佛教教育、佛教文化的整理和建设,都做出了重要的贡献。著述丰硕,在唯识学及因明学方面有:《唯识研究》《因明学》《因明入正理论释》《因明新例》等,现有《周叔迦佛学论著全集》出版。周叔迦早年也是北平三时学会的成员,其关于唯识学派传承法脉问题也倾向于韩清净一系所宗。

---

① 韩清净:《〈能断金刚般若波罗蜜多经〉了义疏浅解》,《金刚经心释》,第222页。
② 韩清净:《〈能断金刚般若波罗蜜多经〉了义疏浅解》,《金刚经心释》,第222页。

一、朱芾煌《法相辞典》对印土原典的援引

1924 年，韩清净与朱芾煌在北京共同创立了法相研究会。1927 年，韩清净、朱芾煌、徐森玉、韩哲武、饶风璜等将"法相研究会"改组为"三时学会"，推韩清净为会长，朱芾煌任副会长。三时学会与欧阳竟无在南京创办的支那内学院遥相呼应。三时学会与支那内学院对法相唯识学研习侧重点不同，"南欧"一系唯识学派宗于玄奘所谓正统的唯识宗学，而"北韩"一系唯识学派往往溯源到印度大乘瑜伽行派的经典上作文章。朱芾煌是韩清净弘扬居士佛学最有力的帮手，他推动会务是不遗余力的，芾煌虽年长于清净，但对清净居士以师礼相待，甚至变卖一切家资，为清净筑研修讲学的道场。1934 年，朱芾煌编纂《法相辞典》，经过三年的时间，完成了这部300 万字的佛学辞典大作，汇集名词一万四千余条。1939 年由商务印书馆出版，韩清净、欧阳竟无为该著作序，《法相辞典》能得到南北唯识二大师的推荐，可见该书的价值。

朱芾煌对唯识学的贡献主要在于这部《法相辞典》，而他的唯识学思想是很难得以窥见的，这与他在唯识学理论方面的著述甚少有关。不过，我们还是可以从他与韩清净的师友关系可以看出他在法相唯识学方面的治学宗趣。韩清净本人一生中治学主要阶段都在对《瑜伽师地论》的注疏研究上，其大半精力用功于慈氏学的发扬上。1924 年，韩清净与朱芾煌同赴房山云居寺闭关修学，同时发愿研究《瑜伽师地论》。韩清净在《瑜伽师地论披寻记叙》中，有如下一段话，就记载了韩清净和朱芾煌二人研究《瑜伽》的动机："《俱舍》教义不通大乘，《唯识》精旨遮无外境，犹不足以窥大乘全体大用。民国十三年，净因离家居，避静平西房山云居寺，与芾煌居士同时发愿研究《瑜伽师地论》，欲以弘扬真实佛教精义。"[①]目的是弘扬原传大乘佛教唯识学思想。

韩清净在纪念朱芾煌一文中，谈到了他自己从玄奘《成唯识论》之研习转向对慈氏《瑜伽师地论》的研习，并交代了朱芾煌对他的学理路向的支持：

　　　　清净讲《成唯识论》圆满后，赴房山云居寺休养，闭关自修。以《瑜

---

① 韩清净：《瑜伽师地论披寻记叙》，《藏外佛教文献》第 2 辑，第 462 页。

伽师地论》文义难解,自昔以来疏释甚略。乃发愿以三万小时读诵修习,虚度者不计焉。依文依义务求润洽。而后已。苕煌居士随从至寺。愿同研究。每星期日图一晤。谈论法相深妙要义。①

可见,韩、朱二家的唯识学思想路线是保持一致的,即归于慈氏弥勒之瑜伽学。1937年"七七"事变,日本全面侵华,占领北平,韩清净闭门谢客,埋首疏解《瑜伽师地论》,就是在朱苕煌的协助下始得完成两部巨著《科判》及《披寻记》,而且二人就法相唯识妙义时常交流探讨。

朱苕煌与韩清净在三时学会对法相唯识的研究上是有分工的,韩清净负责承担研究《瑜伽》大论,朱苕煌则承担汇编撰写《法相辞典》的任务。1937年,朱苕煌开始编纂《法相辞典》,他在《法相辞典》的"自序"中指出,一般的佛学辞典在编纂上有十种误失:

> 彼诸辞典,泛载俗名者多,唯取法名者少。其失一。
> 于法名中,随自意解者多,依圣教释者少。其失二。
> 所依教中,中土师说者多,佛菩萨说者少。其失三。
> 佛菩萨说中,依不了义经者多,依了义经者少。其失四。
> 依了义经中,译文讹误者多,译文正确者少。其失五。
> 译文正确中,选材芜杂者多,选材精慎者少。其失六。
> 选材精慎中,唯举一义者多,兼具众义者少。其失七。
> 兼具众义中,略释概要者多,详陈本末者少。其失八。
> 详陈本末中,大小无分者多,大小可别者少。其失九。
> 大小可别中,出处不明,难可查对者多,详志卷页,易可查对者少。其失十。②

这部辞典是法相唯识学方面的专业辞典,与普通的佛学辞典最大的区别是在于它是依唯识学经典《解深密经》判教唯识为"了义教"而撰写的。换而言之,其他佛学辞典虽然广博,但驳杂多端,而且是"不了义教"。这部辞典所采取和参考的法相唯识经论资料有《解深密经》《缘起初胜法门经》《瑜伽师地论》《显扬圣教论》《二十唯识论》《五蕴论》《因明正理门论》《成唯识论》等七十余种。不过,其辞典条目,全部依印土所传译的唯识学原典

---

①韩清净:《三时学会清净学长纪念朱苕煌居士文》,原文载于《佛学月刊》1942年第2卷第4期。
②朱苕煌:《法相辞典》"自序",上海佛学书局,1995年,第1页。

（《成唯识论》属玄奘译作，非创造），而对中土唯识师资解说的注疏，则一概排除。

为何这部经典不名为"法相唯识辞典"而名为"法相辞典"呢？欧阳竟无在当时就提出过轰动佛学界、引起激烈辩论的"法相、唯识分宗"一说，韩清净、朱芾煌不可能不知晓这一分宗理论。韩清净在《法相辞典》"弁言"中说：

> 欲究佛典，须研法相。今辨其义有三最胜：一方便最胜、二真实最胜、三施设最胜。……法侣朱君芾煌研习此学，历十余载。习知法相为诸贤圣所必由；为大小乘所共具。闻思修慧，以此为因；以此为缘；以此为依处；以此为建立。舍此方便，谓能令彼生起增长；及能成办一切诸胜功德，无有是处。然其义门无量；名句繁广。称量、称理、记别匪易。爰搜集大小乘教阿毗达磨所摄贤圣语言；萃成一编。名曰《法相辞典》。[1]

韩清净指出，朱芾煌与其一同研习法相唯识，习知法相学是"诸贤圣所必由""大小乘所共具"。欧阳竟无于1921年所撰的《瑜伽真实品叙》中也说："唯识被二，不定及大，法相齐被二乘无姓。"[2] 而唯识宗学仅指大乘学说，法相学义比唯识学义的内涵要广泛得多。这部辞典里包括小乘学说，所用论典也多属于小乘说一切有部或大乘瑜伽行派。唯识学派的世亲原本就属于小乘说一切有部，而后转向大乘瑜伽行派。蓝吉富在《佛学辞典（中文类）略说》一文中认为，要研究印度这两个学派的思想史，这部辞典是相当方便的工具。

《法相辞典》有一大特色，即"录而不释"，完全不掺杂编者的个人见解。朱芾煌在序文中交代：皆录原文，不加诠释，并标卷页，借便检寻。因为不加以诠释，很多初学者看不懂。于凌波在《唯识名词白话新解》中认为《法相辞典》不加诠释，就失去辞书的功能了。这只供高深的研究者使用，对于初学唯识的人帮助不大。因为《法相辞典》不引证中土唯识学注疏，全部依据印土唯识原典经论，东初认为："如此解释，可谓绝对正确，无可置议。但朱氏之作，唯一使人感觉厌烦者，就是引证经论辞句太长，反使人于法相某

---

[1] 韩清净：《法相辞典》"弁言"，第1—4页。
[2] 欧阳竟无：《欧阳竟无内外学》，商务印书馆，2015年，第341页。

一名句,不能首尾一贯,有得简易明了之系统。"①可见,《法相辞典》是一部专业性极高的纯粹印度唯识学经论的检索工具书。从某种程度而言,虽然不利于法相唯识的大众普及,但是其回归印度原典、教宗慈氏瑜伽学的思想路径是很明显的。

二、周叔迦抑玄奘新学而阐真谛旧学

周叔迦也是北平三时学会的重要成员,他的学术涉猎广泛,在佛教著述、教育、佛教文化的整理方面均有建树,而在唯识学方面也著述丰富。他早年在三时学会时,其唯识学思想特点也与韩清净、朱芾煌大致相似,在唯识新旧学的价值取向上,他倾向于唯识旧学。周叔迦于1935年哲学年会上谈到了"玄奘是译师而不是宗师"的话题。他还在其撰写的《唯识研究》中,单辟一章专论《真谛的唯识哲学观》,且与玄奘唯识哲学一一作对比研究。

周叔迦于1935年在《北京佛教会月刊》上发表了一篇哲学年会的感谢论文,名为"贡献给哲学年会诸作家的一片鹅毛"。他在该文中论及蒙文通《唯识新罗学》时,提出"玄奘是译师而不是宗师"的观点,他说:

> 第三篇论文是蒙文通先生的"唯识新罗说",以为窥基不是玄奘的正统,他的正统却是圆测一流,而由于新罗僧众,流传保存于新罗,后来并入了贤首宗。在唯识学上新贡献,鄙人是钦佩得很,极表同情。但是鄙人所愿意附加的,是玄奘是译师而不是宗师,所以他大乘经也翻,小乘经也翻,性宗经也翻,相宗经也翻。相宗在印度本来有多派的不同,所以他对圆测说,便说圆测所接近、所信仰的一派理论;对于窥基说,便说窥基所接近、所信仰的一派理论。所以都可以说是正统,都可以说不是正统。但是后来人研究唯识不应当主张窥基而应当博览,蒙先生的论文,的确可以给人一条明路的。②

蒙文通于1923年到1927年在欧阳竟无创办的支那内学院研习佛学长达四年之久。30年代,蒙文通就留意到新罗系唯识学,撰有《唯识新罗

---

①释东初:《中国佛教近代史》下册,第676页。
②周叔迦:《贡献给哲学年会诸作家的一片鹅毛》,《周叔迦佛学论著全集》第3册,中华书局,2006年,第1145页。

学》一文，说道："奘公门下，车有两轮，相反相成，岂能偏废？"①圆测与窥基
即为玄奘门下之"两轮"。而周叔迦需要特别附加的观点是：玄奘是译师而
非宗师。或许，玄奘、窥基创办的唯识宗有被误解的嫌疑。周叔迦认为，玄
奘的贡献主要在于翻译上，他大小乘经典皆翻译，除了我们熟知的《成唯识
论》等相宗经典，玄奘还翻译了性宗经典，例如六百卷《大般若经》。周叔迦
撰写此文的目的是要破除玄奘、窥基唯识学为通常而言的正统之学。支那
内学院以玄奘、窥基唯识为正统，而蒙文通则以圆测唯识为正统。周叔迦
认为，窥基和圆测都可以说是正统，都可以说不是正统。意思的是说，玄奘
本人是按照窥基和圆测信奉的喜好和偏爱应机说法罢了。玄奘应机说法，
也不是没有根据的。当初玄奘翻译印度十大论师注解世亲的《唯识三十
论》时，原本想把十大论师注释全部翻出，后来采纳了窥基的建议，以护法
思想为中心糅译了其他各家观点而成《成唯识论》。以上可以看出，周叔迦
对玄奘唯识宗学的态度是有所拣择的，玄奘是译师的观点明显是削弱了玄
奘在唯识今学思想方面的贡献和价值。

　　为了破斥当时中土人士对玄奘唯识宗是所谓正统唯识学法脉的迷信，
周叔迦特意从唯识宗真正的创始人窥基著述所引用的书目入手，来揭示信
奉玄奘唯识为独尊、唯一的观点是错谬的。周叔迦《窥基大师著述引经目》
中指出：

　　　　慈恩之学，断绝于中土者数百年。迩来由东瀛得其遗著，颇有中
　　兴之望，而学者多竞于枝末，沉沦日滋。所谓非徒无益，而又害之者
　　也。余有感于斯，爰辑窥基大师著述引经目，使学者知其学识之渊源，
　　能先探讨于诸经，而后再披寻其宗典，庶乎可得慈恩之旨归钦。②

　　窥基的著述并不仅限于唯识一家。根据周叔迦所载，有：《法华玄赞》
《弥陀疏》《弥陀通赞》《西方要诀》《心经幽赞》《金刚论释》《金刚赞述》等，其
中有天台宗所奉的《法华经》、净土宗所奉的《阿弥陀经》、三论宗所奉的《金
刚经》《心经》。主要涉及有法华学、净土学、般若学。

　　窥基论著所引用的经论内容极其广博。根据周叔迦所录，分为：一，华
严部；二，方等部；三，秘密部；四，般若部；五，法华部；六，涅槃部；七，阿含

①蒙文通：《唯识新罗学》，《蒙文通文集》卷一《古学甄微》，巴蜀书社，1987年，第401页。
②周叔迦：《窥基大师著述引经目》，《周叔迦佛学论著全集》第4册，第1669页。

部;八,大乘律部;九,小乘律部;十,释经诸部;十一,大乘论部;十二,小乘论部;十三,西土撰集部;十四,中土撰集部;十五,佚典;十六,疑伪部;十七,待考。另外,窥基所撰的《妙法莲华经玄赞》所引的典目还有中国古典书目,周叔迦按照经、史、子、集的分类一并录入。

除了对玄奘和窥基一系唯识学的法嗣做出有效的简别,周叔迦特意把研究的视角聚焦在真谛系唯识学上。按照欧阳对唯识古、今学的划分,在中土而言,玄奘系唯识学属于唯识今学(新学),真谛系唯识学属于唯识古学(旧学)。而周叔迦又特别阐发真谛学的必要,他在为《真谛三藏年谱》作的"序"中说:

> 然考真谛之年代,似当在护法之前。就十大论师中,虽不能确定其所宗,亦必亲承有自。况其立义较护法为圆。奘师门下偏宗护法者,遂于旧说多所排击,惜哉! 予窃欲崇兴其学说,而力有未逮。①

1940年,苏晋仁撰有《真谛三藏年谱》,周叔迦为其作序。真谛系唯识学在南北朝属于摄论学派。周叔迦认为真谛的学说与印土十大论师之护法学说比较而言,其教义的特点在于圆融。玄奘门下为唯识新学,对真谛旧学多加以排斥。不过,周叔迦对于这种现象是很痛惜的,他在"序"中交代说"欲崇兴其学说"(真谛旧学),只是力不从心罢了。

早在1934年,上海商务印书馆出版了周叔迦著的《唯识研究》,该著中单独辟一专题探讨《真谛的唯识哲学观》。他指出真谛旧说和玄奘新说虽然都是相宗,但是依据的唯识经典不同,一为《摄大乘论》,一为《成唯识论》;并且他们的学说义理也不同,如下:

> 真谛的学说是依据《摄大乘论》的,玄奘是依据《成唯识论》。二人不同的要点有三种:第一真谛说有第九识,玄奘只说唯有八识;第二真谛说真妄和合,真如无明互相熏,玄奘说真如不受熏;第三真谛持种不坏生死相续由于第七识,玄奘说持种不坏生死相续由于第八识。②

有关真谛旧学(古学)和玄奘新学(今学)的区别,如下表所示③,可供参考:

---

① 周叔迦:《〈真谛三藏年谱〉序》,《周叔迦佛学论著全集》第4册,第1857页。
② 周叔迦:《唯识研究》,《周叔迦佛学论著全集》第2册,第590页。
③ 参见夏金华:《佛学思潮》,上海社会科学院出版社,2006年,第233页。

表 4—1

真谛	玄奘
建立九识	唯有八识
阿陀那是第七识	阿陀那是第八识异名
第七识唯有烦恼无法执	第七识执持第八识为我
第七识永不成佛	转第七识为平等性智
第八识能缘十八界	第八识仅以种子、根身、器界为所缘境（相分）
第八识能起法执	第八识不起我、法二执
第九识以真如为体	真如是胜义谛，无生灭变易

周叔迦还以真谛译的《大乘起信论》"一心开二门"（众生心开出真如门与生灭门）的唯识学义来比较玄奘《成唯识论》的唯识义。周叔迦作了详细的图解，因为篇幅所限，此处就不作标示了。周叔迦对《大乘起信论》与《成唯识论》的唯识学思想作了如下的对比：一，《大乘起信论》"心"对应《成唯识论》"法界"；二，《大乘起信论》"真如门"对应《成唯识论》"圆成实性"；三，《大乘起信论》"生灭门"对应《成唯识论》"依他起性"。而《起信》"心真如缘起万法"的思想正是唯识宗论师们所反对的，真谛《起信》之形而上本体属宇宙发生论模式的本原论，玄奘《成唯识论》之形而上本体是透过现象界看事物本质属性的本质论。这是旧学与新学在本体论层面最明显的区别所在。

关于真谛旧学，周叔迦还有其他方面的研究，例如他校订了真谛翻译的《显识论》，并且对《无相论》的创作者做出考证，认为："从译本不标作者来推定，可以认为即是真谛在西方时的著作。……可以推定《无相论》乃是真谛选择各唯识宗根本典籍中主要部分，加以自己的见解而编集成书，其中有取材于《唯识三十颂》的，也有取材于《显扬圣教论》的。"[1]周叔迦是比较推崇真谛学的，认为："真谛是在西方享有盛名的学者。"[2]并且，他还推定真谛学说的师承，认为真谛的学派是出乎十大论师之外，属于瞿波论师的系统。再有，关于真谛译世亲的《大乘唯识论》与《显识论》的区别，《大乘唯识论》是说明"识体"的，而《显识论》是说明"识用"的，周叔迦据此指出：

---

[1] 周叔迦：《校订〈显识论〉序》，《周叔迦佛学论著全集》第 4 册，第 1852 页。

[2] 周叔迦：《校订〈显识论〉序》，《周叔迦佛学论著全集》第 4 册，第 1852 页。

"此论是真谛学说的基本见解,凡愿研究古摄论师的主张,是必须参考此论的。"①

　　总之,周叔迦对唯识旧学的理解有他独到的见解。另外,他的思想对哲学界还产生过一定的影响。周叔迦根据唯识学理论识之"三能变"义②,称唯识学是"唯能论"。金岳霖在其所著的《论道》中有一组重要的范畴"道:式—能",就是借鉴了周叔迦提出唯识学之"唯能论"一说。

①周叔迦:《校订〈显识论〉序》,《周叔迦佛学论著全集》第 4 册,第 1853 页。
②"异熟能变"为第八阿赖耶识的能变,"思量能变"为第七末那识的能变,"了别境能变"为前六识（眼识、耳识、鼻识、舌识、身识、意识）的能变。

第五章　民国时期新儒家
对佛教唯识学的借鉴

第一节　梁漱溟的唯识学研究与新儒家哲学

梁漱溟(1893—1988),笔名漱溟,原名焕鼎,字寿铭。先祖为元世祖六子忽哥赤。原籍广西桂林,后入籍河南开封。梁漱溟为新儒家的开山之祖,被称为"中国最后一位儒家"。著有《究元决疑论》《印度哲学概论》《唯识述义》《东西文化及其哲学》等,多援引唯识学教义来阐发新儒学的思想。

一、从"究元决疑"到《唯识述义》

作为现代新儒家开山之祖的梁漱溟,是由佛学而后转入儒学的。关于他早年学佛的经历,梁漱溟在《究元决疑论》中自叙:"我自二十岁后思想折入佛家一路,专心佛典者四五年。"而1916发表于《东方杂志》的《究元决疑论》正是他这几年佛学的研究心得的小结。也正是由于这篇论文,梁漱溟深得蔡元培的赏识,得以进入北大任教。在北大哲学门,梁漱溟开设印度佛教的课程,又相继出版了《印度哲学概论》(1918年)和《唯识述义》(1920年)。在这三篇有关佛学的论述及论著中,如果说《究元决疑论》只是认为唯识学是佛学的一部分,而到《印度哲学概论》时是对佛学作了一个全面概览,一直到《唯识述义》他才把唯识学的位置抬高到所有佛学甚至一切东西学术之上的最高位置。

《究元决疑论》分为"究元"和"决疑"两个篇章,"究元"是讲宇宙论的;"决疑"则讲人生论。梁漱溟在《究元决疑论·佛学如实论》[①]把"究元"(就哲学而言,为探究宇宙之本原)的方式分为二途:一者性宗,一者相宗。对"决疑"之人生论有两义:一者出世间义,一者随顺世间义。此处主要探讨

---

① 《梁漱溟全集》(山东人民出版社,2005年)谓"佛学如宝论",可能是错印。

其"究元"部分。

关于"究元"之"性宗"的部分,梁漱溟拣选《楞严经》《大乘起信论》为如来藏学代表之性宗。并以鲁滂(Le Bon, Gr. G-)的《物质新论》(*The Evolution of Matter*)和《楞严》《起信》的思想来作比较。例如,梁漱溟说:"鲁滂所谓第一本体不可思议之以太者,略当佛之如来藏或阿赖耶。"①梁漱溟此处所说的第八阿赖耶识并非法相唯识宗的第八识,而是来自《起信》"生灭与不生灭和合"的阿赖耶识。不过,梁漱溟也觉得这种比附比较牵强,认为鲁滂所论虽精,不能如佛穷了。他在该文的《附记》中交代说,以西方科学假定的"以太"来比附立论,使人思想混沌。

关于"究元"之"相宗"的部分,梁漱溟拣选《三无性论》《佛性论》为法相唯识学的代表典籍②。并阐述唯识学的三性(遍计所执性、依他起性、圆成实性)的教理,其中,圆成实性的真实性是以无性为性。他还引章太炎《建立宗教论》的观点来佐证。梁漱溟认为"究元"的对象(宇宙的本体)就是圆成实性之无性义,谓:"所究元者唯是无性。唯此无性是其真实自性。……若离依他,便证圆成。"③根据宇宙本体圆成实性之无性义,可以判摄东西哲人所思考的三个议题:一,不可思议义;二,自然(Nature)轨则不可得义;三,德行(Moral)轨则不可得义。"不可思议义"是有关"形而上学"家的"何以"、"何从"、不知"何以"之义的问题。"自然轨则不可得义",即有关宇宙、自然规律的不可思。"德行轨则不可得义",即通常所说的"伦理学原理",也是不可靠的。对此,梁漱溟作总结说:"究元既竟,有为世人所当省者,则所有东西哲学心理学德行学家言,以未曾证觉本原故,种种言说无非戏论。"④对于以上三个议题,梁漱溟认为,除了佛家以外,所有的东西哲学家、心理学家、伦理学家,都没有证悟宇宙之本原,其各种言说均是戏论。可见,前期梁漱溟的治学理念完全宗于佛家无疑,而且他特别推崇法相唯识学所言的形上本体论"圆成实性"。

至于下篇"决疑"部分,对于"出世间义"与"随顺世间义"的议题,在出

---

① 梁漱溟:《究元决疑论》,《梁漱溟全集》第1卷,第6页。
② 梁漱溟选择的《三无性论》《佛性论》在法相唯识学典籍中价值不是很高,正如他《附记》中所云"其价值如何,是很待商榷的"。不过,梁漱溟极其推崇法相唯识之"圆成实性",这符合唯识学本体论的实际。
③ 梁漱溟:《究元决疑论》,《梁漱溟全集》第1卷,第9页。
④ 梁漱溟:《究元决疑论》,《梁漱溟全集》第1卷,第12—13页。

世与入世之间的选择上,梁漱溟更倾向于"出世间义"。即使在他后来从事儒学研究以及在对待西学的态度上,《究元决疑论》中的佛教出世法门也表达了他的心声,佛教对其一生的影响都是深远的。

继《究元决疑论》之后,梁漱溟在北大任教,先后完成了《印度哲学概论》《唯识述义》。他的《印度哲学概论》试图对印度佛学有个整体的把握,并且对《究元决疑论》的思想作一些修正。《究元决疑论》中他以佛学与西学作比附,而在《印度哲学概论》中则论述了佛法与哲学的关系。他说:"佛法之为物若以为哲学而研究之,实失其本意。"①他还说:"盖佛本不以哲学为事也,即今之所谓佛之哲学者,亦第为吾人从流传下来佛的宗教教训搜得,在佛初无是物,其为哲理抑非哲理亦非可定。"②严格地说,佛法不是哲学。如果实在要说佛教有哲学的话,非唯识学莫属。梁漱溟治佛学的思路指向了唯识学。

梁漱溟认为在整体佛学当中,最为精髓的当属唯识学。1920 年他出版了法相唯识学专著《唯识述义》,在该著中确立了唯识学价值地位,说道:

> 我们如果求哲学于佛教,也只在这个唯识学。因为小乘对于形而上学的问题全不过问,认识论又不发达,般若派对于不论什么问题一切不问,不下解决。对于种种问题有许多意见可供我们需求的只有唯识这一派。同广义的唯识如《起信论》派等。更进一步说,我们竟不妨以唯识学代表佛教全体的教理,这都是说唯识学价值地位的重要。③

梁漱溟在印度佛学的整体脉络中梳理出小乘佛学、大乘般若学、大乘唯识学,并且把大乘唯识学与小乘佛学、大乘般若学作了对比。他认为,小乘对形而上之本体论不关心,小乘的认识论又不发达。原始《阿含经》记载佛陀对于有关形而上的问题是不回答的,包含有世有常、世无常、世亦有常亦无常、世非有常非无常、世有边、世无边、世有边无边、世非有边非无边等十四个问题。而大乘般若学在梁漱溟看来,归于空性,在说有为法的层面上远远没有唯识学详密细致。梁漱溟做出如此判断,是因为唯识学确实能够满足梁氏后来归于儒家之入世法的需要。

---

①梁漱溟:《印度哲学概论》,《梁漱溟全集》第 1 卷,第 63 页。
②梁漱溟:《印度哲学概论》,《梁漱溟全集》第 1 卷,第 64 页。
③梁漱溟:《唯识述义》,《梁漱溟全集》第 1 卷,第 269 页。

不仅唯识学被认为是全体佛教的教理的代表,梁漱溟还认为唯识学的本体论是西学乃至人类世界所有哲学都比不上的。他说:

> 现在讲的所谓唯识学、佛学的生命就系在这解答上,我并认人类所有的形而上学的要求就系在这解答上。质言之,我看形而上学是有个方法的,有他唯一的方法的,这个方法便是唯识学用的方法。①

太虚看到梁漱溟的《唯识述义》后,作《读梁漱溟君唯识学与佛学》以回应。他承认梁漱溟该著是研究唯识宗学的"良书",并且使用唯识学的形而上学也是条贯东西洋哲学关系的一种方法论。不过,对于梁漱溟过于拔高唯识学在佛教内部的地位价值,太虚是有意见的。太虚向来主张八宗平等,说:"但予是向来主张大乘各宗,所有因本与果极是平等无二的,但建言与制行的门径有不同耳。"②

二、《东西文化及其哲学》对唯识学的援用

《东西文化及其哲学》初版于1921年,是梁漱溟的成名作,也是现代新儒学的开山之作。梁漱溟在新文化运动"打倒孔家店"的反传统的潮流中,却扛着复兴儒家文化的大旗,要为孔子讨个说法,竭力提倡儒学的真精神。

对于文化的界定,梁漱溟认为文化是一个民族生活的样法。那么什么是生活呢?生活是没有尽头的"意欲"(满足)③。故而,文化的根源在于"意欲"。据此,梁漱溟提出中西印"文化三路向"说:意欲向前的是西方文化,是一种勇于改造世界的文化;意欲自为的是中国文化,是一种调和、持中的文化;意欲向后的印度文化,是一种禁欲文化。关于三种文化的区别,梁漱溟指出:"一,西洋生活是直觉运用理智的;二,中国生活是理智运用直觉的;三,印度生活是理智运用现量的。"④梁漱溟认为西方文化已经走到头了,将来是中国的文化的复兴,文化发展到尽头,面对的是人与自我关系的思考,最终会是印度文化的复兴。通过三路向的分析,他对中国文化,尤其是儒家的思想寄予极大的期望。所以,后人称其为现代新儒家。

---

① 梁漱溟:《唯识述义》,《梁漱溟全集》第1卷,第278页。
② 太虚:《读梁漱溟君唯识学与佛学》,《太虚大师全书》第25卷,第11页。
③ 梁漱溟创造"意欲"(will)这个哲学名词,并且认为此"意欲"与叔本华的"意欲"相近,是满足的意思。
④ 梁漱溟:《东西文化及其哲学》,《梁漱溟全集》第1卷,第485页。

　　梁漱溟谈论东西文化及儒家文化,主要是围绕着一个核心哲学概念"生活"开始的。梁漱溟认为:生活＝意欲＝相续＝生物＝宇宙。以上名词所述形式不同,但是所表现的实际内容是相同的、相通的。一个受过西方哲学训练的人,很难理解梁漱溟在概念指称上的混乱。可对于中国哲学或佛学学者来说,此类名称概念是一不是二的,是浑然一体,打成一片的,见如下分析。

　　谈及文化要从"生活"开始,生活既然是"意欲"(满足),那么一定有一个主观感受的主体。对此主体的认识,梁漱溟借用佛教唯识学"相续"的专业名词来解释生活,他说:"生活就是'相续',唯识把'有情'——就是现在所谓生物——叫作'相续'。"[1]唯识学把有情众生称为"相续"。唯识学根本经典《解深密经·心意识相品》就说明有情众生的阿赖耶识是生灭相续的,是生死和轮回的根源。具体而言,生活是某范围内的"事的相续"。梁漱溟说:

　　　　一问一答即唯识家所谓一"见分"。一"相分"——是为一"事"。一"事",一"事",又一"事"……如果涌出不已,是为"相续"。为什么这样连续涌出不已? 因为我们问之不已——追寻不已。一问即有一答——自己所谓的答。问不已答不已,所以"事"之涌出不已。因此生活就成了无已的"相续"。这探问或追寻的工具其数有六,即眼、耳、鼻、舌、身、意。凡刹那间之一感觉或一念皆为一问一答的一"事"。[2]

　　梁漱溟以唯识学前六识(眼、耳、鼻、舌、身、意)的"见分"和"相分"来解释他所讲的生活是"事的相续"。前六识为感官的工具,其"见分"是认识的主体,"相分"是认识的对象,也就是他所讲的"事"。认识的对象是跟随着感觉或念头一个接一个的,所以叫"事事相续"。值得注意的是梁漱溟创造出许多哲学的新词出来,以"生活"而言,他认为"生活"就是"相续"(有情众生),另外,他又把"生活"与"生物"、"生活"与"宇宙"并称。梁漱溟说:

　　　　生物或生活实不只以他的"根身"——"正报"——为范围,应统包他的"根身"、"器界"——"正报"、"依报"——为一整个的宇宙——唯

────────────────

[1]梁漱溟:《东西文化及其哲学》,《梁漱溟全集》第 1 卷,第 376 页。
[2]梁漱溟:《东西文化及其哲学》,《梁漱溟全集》第 1 卷,第 376—377 页。

识上所谓"真异熟果"——而没有范围的。这一个宇宙就是他的宇宙。①

其根据在于唯识上的"真异熟识",即为第八识阿赖耶识之异名。而在唯识哲学理论上,阿赖耶识可以缘起宇宙万法。故而,梁漱溟认为有宇宙即有生活,有了生活便有了宇宙。说:"照我们的意思,尽宇宙是一生活,只是生活,初无宇宙。"②这也是他为什么要研究生活的原因。

关于对东西方文化的关系进行观察所用的知识论工具,梁漱溟强调,他所使用的是唯识学的三量——现量、比量、非量。在佛家因明学而言,量论属于认识论的范畴。他自己承认"我所用的名词就是唯识家研究知识所说的话";"我研究知识所用的方法就是根据于唯识学"③。关于现量、比量,梁漱溟直接使用了唯识学原有的名词和含义;而非量,则是把唯识学原有的"非量"改造成一个新的名词,即"直觉"。

关于"现量",他认为所谓现量就是"感觉"(Sensation),现量的作用是单纯的感觉,是认识过程中的感性阶段。而"比量"就要靠推理了,梁漱溟认为,"比量"即是所谓"理智",是认识过程中的理性阶段。

至于"非量",梁漱溟改造为"直觉"的意思。他说:"但是我们所以不用'非量',而用直觉者,因为唯识家所谓'非量'系包括'似现量'与'似比量'而言,乃是消极的名词,否定的名词,表示不出于现量比量之外的一种特殊心理作用,故不如用直觉为当。"④因明学称"非量",又名"似量",分为"似现量"和"似比量",相对于"真现量""真比量"而立的。"非量"(或"似量")是指错误的感觉和推理的认识,梁漱溟此处改造为"直觉"了,这种改造比较牵强了,欠说服力,因为非量毕竟乃谬误之量知,不过也恰恰说明了他对"直觉"一词的疑虑。

实际上,梁漱溟提出"直觉"这个词,是借用了柏格森哲学的。早在1916年的《究元决疑论》中,梁漱溟就把唯识学和柏格森生命哲学结合起来。另一方面,梁漱溟对整个西方哲学当然也包括柏格森哲学是不满的。他在《唯识家与柏格森》(1921年)就指出:"柏格森的方法排理智而用直

---

① 梁漱溟:《东西文化及其哲学》,《梁漱溟全集》第1卷,第376页。
② 梁漱溟:《东西文化及其哲学》,《梁漱溟全集》第1卷,第376页。
③ 梁漱溟:《东西文化及其哲学》,《梁漱溟全集》第1卷,第397页。
④ 梁漱溟:《东西文化及其哲学》,《梁漱溟全集》第1卷,第401页。

觉,而唯识家却排直觉而用理智。"①这两家的方法路向是截然不同的。

在《东西文化及其哲学》一著中,梁漱溟认为柏格森的"直觉"还远远达不到唯识家形而上本体的层面。他说:"对于唯识家形而上学的方法②,我们只能简单的告诉大家。他不像罗素舍去经验单走理智一路,也不像柏格森用那可疑的直觉。他依旧用人人信任的感觉——他叫作现量。"③梁漱溟认为,经过现量的"静观",可以达到空无所见之本体,唯识家称之为"根本智证真如"。

"直觉"在梁漱溟的东西方文化的思想体系里有高下之分。西方哲学之"直觉"是低层次的,儒家的"直觉"却是高级别的。梁漱溟在论孔子形而上学的方法时,提出孔子的思想是"一任直觉"的,"此敏锐的直觉,就是孔子所谓仁"④。仁是孔子思想的核心,可见,相比于西方哲学,梁漱溟对儒家的"直觉"是推崇的。

需要说明的是,虽然后来学界把梁漱溟纳入新儒家的行列,就儒佛立场而言,他并不完全偏袒哪一方。他说:"世界上只有两个先觉:佛是走逆着去解脱本能路的先觉;孔子是走顺着调理本能路的先觉。"⑤梁漱溟同尊佛儒,而同为新儒家的熊十力则是抑佛扬儒的,见下一节。

第二节　熊十力以唯识学对儒家哲学之创释

熊十力(1885—1968),湖北黄冈(今团风)县人。为新儒家的开山祖师。归宗儒学的著作有《新唯识论》《十力语要》《读经示要》《原儒》《体用论》《乾坤衍》等。其佛学著作有《佛家名相通释》《因明大疏删注》等。熊十力的哲学贡献在于以佛家唯识学重建儒家的道德本体。

一、《新唯识论》对《成唯识论》的改造

熊十力早年在支那内学院跟随欧阳竟无学习,接受过唯识学的系统训

---

① 梁漱溟:《唯识家与柏格森》,《民铎》1921 年第 3 卷 1 号。
② 此处"形而上学"的方法指本体论的方法,而非指片面的机械方法论。关于形而上学,《周易》曰:"形而上者谓之道,形而下者谓之器。"
③ 梁漱溟:《东西文化及其哲学》,《梁漱溟全集》第 1 卷,第 409 页。
④ 梁漱溟:《东西文化及其哲学》,《梁漱溟全集》第 1 卷,第 453 页。
⑤ 梁漱溟:《东西文化及其哲学》,《梁漱溟全集》第 1 卷,第 522 页。

练,后到北京大学讲授唯识学。他按正统的唯识宗理论写出九万多字的《唯识学概论》作为授课教材。成书后,熊十力对玄奘唯识学教义颇为不满,认为《成唯识论》哲学体系有缺陷,于是尽弃全稿,判唯识宗为"旧唯识",自创"新唯识"。

熊十力《新唯识论》文言本于1932年出版,1944年又出版了语体文本,同一本著作不同的文字风格的版本在学术界也是少见的。熊著《新唯识论》往往会被误解为宣扬佛教唯识学的书,实则不然,这是一本改造《成唯识论》,使其归宗于儒家的哲学著作。书中(文言文本)主体部分,共分八章:明宗、唯识、转变、功能、成色上、成色下、明心上、明心下。熊十力通过破斥《成唯识论》"阿赖耶识"及其种子妄心缘起诸法的理论系统,评判佛家空有二宗,旁参西方哲学思想,而又折衷于《易》,膺服陆王心学,走"反求实证"的心学路线,建立起自己一套"由体起用""体用不二"的本体论,开发出"翕辟成变"的宇宙论和"性量分殊"的认识论,构建了以本心为宇宙本体的新儒家的哲学体系。

熊十力的《新唯识论》一经出版,即引起佛学界的群起反驳。最先对《新唯识论》一书展开批判的,是熊十力曾经学习过的南京支那内学院。刘衡如(刘定权)在欧阳竟无的授意下撰文《破〈新唯识论〉》进行批驳,长文刊载于支那内学院院刊《内学》第六辑上。《破〈新唯识论〉》从佛家唯识学的角度来破斥《新唯识论》,分为八个部分:一,一元之体;二,众生同源;三,宇宙一体;四,反求实证;五,真如为体;六,种子为体;七,一翕一辟;八,能习差违。刘定权说:"统前所谈,熊君于唯识学几于全无所晓。"[①]熊十力立即又写出《破〈破〈新唯识论〉〉》,以回应《破〈新唯识论〉》。回应中,熊十力表示自己是以真理为准绳,表达了意图融会儒佛的精神。

太虚1933年作《略评新唯识论》,后又作《〈新唯识论〉语体文本再略评》。周叔迦于1933年作《新唯识三论判》。欧阳竟无于1937年作《答熊子真书》,1939年作《与熊子真书》。王恩洋于1944年作《评新唯识论者之思想》,评价《新唯识论》是"近代最富有创作性的思想"[②],这并不是表扬的

①刘定权:《破〈新唯识论〉》,熊十力:《新唯识论》,中华书局,1985年,第235页。
②王恩洋:《评新唯识论者之思想》,《中国佛教与唯识学》,第512页。

用语,而是指责熊十力的见解荒谬,"则其为学也,根本唯识即破坏唯识,密朋大易又违背大易,欲自成体系又其体系不够成立"①。对《新唯识论》展开讨论和批判的还有其他佛教界人士,例如印顺、巨赞等人,印顺作《评熊十力的新唯识论》,巨赞作《评熊十力所著书》。除了佛教界,还有其他人士,例如,方东美作《与熊子贞先生论佛学书》、朱世龙作《评熊十力哲学》。

在普遍的一片批评声中,儒学大师马一浮则对熊十力评价较高,他在《新唯识论》文言文"序言"中评价熊十力的学识"足使生、肇敛手而咨嗟,奘、基挢舌而不下。拟诸往哲,其犹辅嗣之幽赞易道,龙树之弘阐中观。自吾所遇,世之谈者,未能或之先也。可谓深于知化,长于语变者矣"②。马一浮将熊十力与历史上佛学名家道生、僧肇、玄奘、龙树相提,又与魏晋玄学家辅嗣(王弼)并论,可见对其推崇。这可能要从马一浮本人治学旨趣说起,他也是致力于佛儒相资、互摄,归宗于儒门。

《熊十力全集》(附卷)中收录了诸家对《新唯识论》的评论,名为"儒佛之争",又名"唯识华严之争"。为何名"儒佛之争"?批判方是从佛家立场发难的,熊十力则归宗于儒家。为何名唯识与华严之争?因为熊十力的哲学思想虽然表象上论及了唯识宗的《成唯识论》思想,但思想内核却近于以华严、《起信》为代表的如来藏思想,《新唯识论》哲学体系很大程度上是借鉴了中国佛教如来藏缘起思想,也就是吕澂所判的"性觉说"。华严学讲"法界缘起"论,与华严有密切相关的《大乘起信论》主张"真如缘起"论。而《成唯识论》则宣扬"阿赖耶识缘起"论。中国佛教是真心缘起诸法的系统,而唯识论是妄心缘起诸法的系统。熊十力本人所接受的思想和他所创造出的"体用"哲学、"翕辟成变"的宇宙论,更近似于中国佛教的如来藏学系统。所以,从某种程度上来说,《成唯识论》与《新唯识论》之异,也可认为是唯识与华严之争的缩影。

《新唯识论》书中大量描述了《成唯识论》的名词概念,为了区别于佛家唯识旧义,熊十力以《新唯识论》名书。首篇《明宗》章是全书总纲。《新唯识论》开篇即言:"今造此论,为欲悟诸究玄学者,令知一切物的本体,非是离自心外在境界,及非知识所行境界,唯是反求实证相应故。"③熊十力造

---

① 王恩洋:《评新唯识论者之思想》,《中国佛教与唯识学》,第512页。
② 马一浮:《新唯识论》(文言文本)"序",《新唯识论》,第40页。
③ 熊十力:《新唯识论》,第247页。

《新唯识论》的目的是要探求宇宙的本体,而其方法的途径就是"反求实证"或"反求本心"。

《成唯识论》以第八识作为本体至少有几个难题难以解决:第一个难题是为"妄心",熊十力说:"大乘赖耶,本为含藏种子。吾谓习气,亦不妨假名种子。但此习种,习种作复词。千条万绪,实交参五涉,而为不可分离之整体,亦可说为一团势力,不必更为之觅一所藏处。"①唯识宗以阿赖耶识及所含藏的习气种子为众生的本命,习属后起之妄,此与性乃本有之真是冲突的。第二个难题是"神我",熊十力认为阿赖耶识等同于外道之"神我",说:"果如其说,则众生无始以来,有一染性之神我。有漏性亦名染性。而自性菩提,果安在耶? 言菩提,即摄涅槃,自性亦觉亦寂故。"②神我,是古印度婆罗门教数论派的学说,强调"我"为世界和生命的精神主宰,后被佛教斥为"神我外道"。熊十力引此为证。总之,熊十力认为《成唯识论》的许多观点说不通。

如果《成唯识论》的这几个难题解决不了,就会出现二重本体论。对此,熊十力认为唯识学有两个本体,一是种子(阿赖耶识含藏的种子),一是真如。阿赖耶识及其种子是有为法,真如是无为法。熊十力认为,真如与种子作为两重本体,这属于多元论(因阿赖耶识含藏一切万有的种子)、二元论(阿赖耶识之体与真如)。在熊十力看来,《成唯识论》实际上是二元论(又分心物二元和善恶二元)、二种本体论、多元论;名为无我论,实是有我论。含藏在阿赖耶识的种子能生起现行,变现出世界的一切现象,这是第一重本体,佛教曰"阿赖耶识缘起",是一种"宇宙发生论"。除此之外,唯识学还立无为法,名真如,通过熏习使得种子转染成净,转八识成四智,达"大圆镜智",体证真如,这是第二重本体。熊十力认为,唯识宗《成唯识论》的本体架构二重本体义理繁复,批评唯识学"颇似烦琐的哲学","纯是无谓的穿凿",实践上从闻熏入手,因此,需要建构一种新的哲学体系来补足其理论缺陷。

实际上,《新唯识论》之所以不同于《成唯识论》的关键,就在于熊十力的体用哲学观。熊十力的哲学思想是"由体生用""体用不二"的,以纠正

①熊十力:《新唯识论》,第592页。
②熊十力:《新唯识论》,第592页。

《成唯识论》思想的错谬。熊十力说:

> 《新论》纲要即体用义……本体现起作用,亦云体现为用,或云由体成用。此语须善会,不可妄计体用为二。哲学家往往误计本体是超脱于现象界之上,或隐于现象界之背后而为现象做根原。此乃根本迷谬。《新论》谈体用,正救此失。[1]

《新唯识论》在本体论方面架构起"体"与"用"。从以上熊十力所言《新唯识论》的"体用"观,可以看出《新唯识论》与《成唯识论》的区别。在太虚的判教体系里,分为:般若宗、唯识宗、真如宗。三宗分别对应于空宗般若学、有宗唯识学、如来藏学。太虚认为,《新唯识论》则归属为真如宗。《新唯识论》"由体生用"的思想有点类似于《起信论》心真如能缘起诸法的意思。不过,玄奘的唯识宗学却坚决反对这种有具有梵化嫌疑的宇宙生存论模式的"真如缘起论"或"法界缘起论"。而这恰恰是中国传统哲学形而上本体的核心所在。熊十力试图改变《成唯识论》以第八识"阿赖耶识"建立的本体架构。

熊十力把其所创体用哲学之"本体"的相状描述为:空寂的、清静的、绝对的、刚健的、无为而无所不为的。本体可概括出几个方面的特征:其一,本体是清静的本然;其二,本体是绝对的真理;其三,本体是无形相的;其四,本体是永恒存在的;第五,本体是动与静的统一。至于"用",在《新唯识论》中也有很多别名,例如"功用""作用""生化""变动""流行"等。

本体如何产生用呢?通过"翕辟成变",一翕一辟,一动一静,生化不止、大化流行,衍生万物。翕与辟既有动、静的关系,也有心、物的关系,翕能成物,辟为一种心的势能,翕辟不离。

一方面"辟以运翕",熊十力说:"如果只有翕而没有辟,那便是完全物化,宇宙只是顽固坚凝的死物。既是死物,他也就无有自在的力用,易言之,即是没有主宰的胜用,而只有机械的罢了,然而事实上宇宙却是流行无碍的整体。"[2]也就是说,物要靠心才能活泼生动起来。另一方面"翕以显辟",熊十力说:"若无此翕,则宇宙精神无所凭以显。如果精神要显发他自己,他就必须分化,而分化又必须构成一切物。他才散著于一切物,而有其

---

① 熊十力:《新唯识论》,第465页。
② 熊十力:《新唯识论》,第321页。

各别的据点,否则无以遂其分化了。所以说翕以显辟。"①也就是说,心(宇宙精神)要靠物显示其主宰,离开物,心则显得空荡。总之,心是物的主宰,物是心显现的具象。"翕辟成变""翕辟不二"理论是《新唯识论》的一大创举,本体(心体、性体)之理呈现出万殊的现象世界。

除了本体论,熊十力也试图在认识论方面改造《成唯识论》。《新唯识论》把性智和量智统一起来。性智是对真理本真的体悟,是为真谛;量智是对感性和理性的认识,局限于俗谛。而中国传统哲学中,本体论、心性论和认识论往往是统一的。熊十力意图贯通《成唯识论》中的妄心系统与真心系统,以此改造、容纳唯识学的量论。熊十力称自己欲作《量论》而不能,而唯识家之量论却极为发达。遗憾的是,熊十力彻底否定了大乘瑜伽有宗一脉,如若顺着妄心思路,他在认识论方面的建构会走得更远,或许真能够创做出新的《量论》,这不能不说是熊十力的遗憾。有学者指出,熊十力一味强调反求本心、直觉式的体悟,虽然突出了"性智",却忽略了"量智",从而《新唯识论》在认识论的思辨能力和精细程度方面与唯识宗的知识体系相比逊色了许多。

二、《新唯识论》的新儒学哲学体系

海外学人陈荣捷赞誉熊十力的新唯识学是20世纪中国佛教唯识学发展的三座高峰之一,前两个高峰分别是:欧阳竟无"严格"意义上的唯识学、太虚的唯识学②。陈荣捷对《新唯识论》的评价有过褒之嫌,但也可见熊氏哲学思想之创见所在。严格意思上来说,熊十力《新唯识论》已经不属于佛教唯识学了,非佛学系统,作为援佛入儒之作,其唯识学思想是一种泛唯识学。

熊十力多采用佛家旧名而赋予其新儒学的含义,他自认是归宗儒家的。关于熊十力的治学路向,其弟子牟宗三最有发言权。牟宗三说熊师的《新唯识论》,"融摄孟子、陆、王与《易经》而为一。以《易经》开扩孟子,复以孟子陆王之心学收摄《易经》,直探造化之体,露无我无人之法体"③。牟宗三认为《新唯识论》至少受到了两个主要思想资源的影响。一为《周易》,二

---

①熊十力:《新唯识论》,第329页。
②参见陈荣捷:《现代中国的宗教趋势》,(台北)文殊出版社,1987年,第121页。
③牟宗三:《中国哲学的特质》,上海古籍出版社,2007年,第145页。

是从孟子到陆王之心学。熊十力在《新唯识论》中创建了"体用不二""翕辟成变"的宇宙生成模式,《周易》太极生阴阳二仪从而衍化万物的思想在《新论》中表露无遗。同时,熊十力还崇信陆王心学一脉,上溯及孟子。所以学术界有称熊十力的哲学为"新心学"[①]。总之,他把心本体与"易"之本体巧妙地捏合起来了。

在本体论层面,熊十力根据《周易》的变易思想,构建了一个超越心物的本体(心体、性体),这个本体有宇宙生成论的含义。该心体、性体具有恒转的功能,翕则生物,辟则成心,通过翕辟成变的运动,生成万法。熊十力《新唯识论》中关于本体的名目很多,例如"本心""太易""一真绝待""真心""真如""实体""实相",还有"心体""性体""仁体"等。这些词有的是来自《周易》,例如"太易";有的来自佛教,例如"真如""实相"。

这个超越心物的形而上之心体,在熊十力构建的哲学体系里,是"刚健"的,是"无为而无不为"的,是"变化流行,生生不息"的。

熊十力的"境论"哲学体系是一种"本体—宇宙论"[②]。这种本体不仅能反映出心体、性体之体性特质,能够映现万有之本质,而且还能化生万有,推演出宇宙人生的种种现象出来。《周易》"生生不息"的一套宇宙发生模式的本体论是熊氏哲学的重要思想资源,据此他提出"翕辟成变"说。"翕辟"词出自《周易》,《周易·系辞上》曰:"夫坤,其静也翕,其动也辟。"当问到:《新唯识论》翕辟义与《周易》乾坤之义是否相当? 熊十力回答说:

> 大概说来,辟与乾之义为近,翕与坤之义为近。然从来易家讲乾坤者,多不能无病,无论汉宋各家派,其言乾,则曰阳气也,言坤,则曰阴气也,其所谓二气之气字,含义究如何? 亦无明白之训释。[③]

虽然熊十力承认其创造的"翕"与"辟"一对哲学范畴,分别相近于《周易》中"坤"与"乾"这一对范畴。但是,他认为历来注家误解了乾坤二气,说:"《新论》说翕辟,与《易》家误解乾坤为二元者,自不可同年而语。"[④]熊十力认为,历来易学家把乾、坤义割裂开来,而《新唯识论》宣说的"翕辟成

[①] 张立文在《宋明新儒学与现代新儒学形上学之检讨》中认为,从熊十力、梁漱溟到贺麟、牟宗三,大体上可归属于接着宋明新儒学陆王心学一系讲。
[②] 参见郭齐勇:《熊十力思想研究》,天津人民出版社,1993年,第29页。
[③] 熊十力:《新唯识论》,第648—649页。
[④] 熊十力:《新唯识论》,第649页。

变""翕辟不二"理论,在体用之间,顿起顿灭,生生不息,翕辟虽是两种势力,却是一种势力。在熊十力的心目中,《新唯识论》是源于《易》却高于《易》的。

为了论证其体用哲学观,熊十力常引用"大海水与众沤"的关系来作比喻。大海水是体,众沤是用。体能生用,体用不离。实际上,水与波的关系是来自于佛教华严学。再有,熊十力吸取了《起信论》"一心开二门"的思想,《起信论》讲心真如缘起万法的思想,而熊十力的"心本体"近似于"如来藏自性清净心",即是心本论。"心本体"能生成万法,即是一元的宇宙生成论。

在心性论层面,熊十力提出"性智"说。"性智"在《新唯识论》中是熊十力自创的词,《成唯识论》讲转第七识成"平等性智",但熊十力所造之"性智"是极高的本体,非唯识宗"平等性智"。在《新唯识论·明宗》开篇,熊十力就提出"性智"这个概念。熊十力说:"今造此论,为欲悟诸究玄学者,令知一切物的本体,非是离自心外在境界,及非知识所行境界,唯是反求实证相应故……是实证相应者,名为性智(性智也省称智)。"[1]性智,即是真的自己、真我的觉悟。真的自己,即谓本体。在宇宙论中,性智是万有的本原和本体。刘述先认为"性智"是往自己的生命的内在去寻觅泉源,通过亲证才能建立起所谓"境界的形上学"的学问,所仰赖的是"智的直觉"[2]。

熊十力认为,性智=本心=自性=真如=本体。熊十力在《新唯识论·答谢幼伟书》中说:"性智是本心之异名,亦即本体之异名。见体云者非别以一心来见此本心,乃即本心之自觉自证,说名见体。"[3]按照熊十力对"性智"的解释,他在宇宙论、本体论、心性论、认识论上的概念是混乱的。其实,本体异名的现象,在中国传统儒道学、中国佛教典籍里都是普遍存在的。

实际上,熊十力构建"心体""性体"体系,是发挥了孟子的心性哲学和宋明理学之陆王心学的心体本体论。熊十力说:

> 本心即是性,但随义异名耳。以其主乎身,曰心。以其为吾人所

---

[1] 熊十力:《新唯识论》,第247—249页。
[2] 刘述先:《如何正确理解熊十力——读〈长悬天壤论孤心〉有感》,(台北)《当代》杂志1993年第81期。
[3] 熊十力:《新唯识论》,第676页。

以生之理,曰性。以其为万有之大原,曰天。故"尽心则知性知天",以三名所表,实是一事,但取义不一而名有三耳。尽心之尽,谓吾人修为工夫,当对治习染或私欲,而使本心得显发其德用,无有一毫亏欠也。[1]

熊十力此番谈论"心体""性体",是对孟子"尽其心则知其性,知其性则知天"思想的发挥,大致承接了孟子原始儒学的形而上哲学体系的架构。在孟子那里,"尽心则知性知天"是由形而下到形而上的工夫,良心、性体、天命是贯通为一体的。

熊十力还承接和发展了宋明以来陆王心学的思想。陆九渊曰:"吾心即宇宙,宇宙即吾心。"王阳明曰:"心外无物,心外无理。"熊十力膺服心学,在宋明儒学的基础上,进一步开发出"心物不二""体用不二"的心本体论。对于陆九渊所倡的宇宙吾心,熊十力认为这个心是"人人各具之心,即是宇宙统体之心"[2],把不在我心之外的宇宙之心提到了绝对本体的高度。对于王阳明所悟的"心外无物",熊十力也把心物关系纳入到其"体用不二"的哲学架构。他认为,"物"就是"用","心"即是"体","心物不二"是为"体用不二"的同义语。

王阳明心学思想可谓是熊十力构建"心体"哲学的最直接思想资源。在本体论与修养工夫论方面,熊十力与王阳明是基本一致的。王阳明提倡"知行合一",在王阳明那里,"良知是化生、主宰的根本","良知是天理之昭灵明觉"。熊十力则主张"反求实证",时时不忘"反求本心"的见体之路,这也是中国传统哲学一贯的心性论的路向。熊十力依照陆王心学"反求诸己"的道德实践方法,主动寻求与本体论对接,基本上承继儒家心学一脉的思想路线。故而,学界称熊十力的哲学为"新心学"。

最终,熊十力归宗儒家,他根据儒家的入世精神,意图重塑"内圣外王"的理想人格。熊十力指责佛家是一种消极的出世主义思想,《十力语要》载:"先生尝谓佛家大乘终未改易其反人生之倾向。此等思想,于中国人极不利。"[3]熊十力宣称"本实即不可拨","作用尤不可无"[4]。"本实",谓内圣之学;"作用",谓外王或致用之学。他认为"内圣"就是"自识本心",转习成

---

①熊十力:《新唯识论》,第 252 页。
②熊十力:《新唯识论》,第 522—523 页。
③熊十力:《十力语要》,《熊十力全集》第 4 卷,第 21 页。
④参见熊十力:《十力语要》,《熊十力全集》第 4 卷,第 57 页。

净,作为安身立命之本。他批评后期宋明理学家,把"内圣"与"外王"割裂开来,成为空谈之学、误国之学。熊十力创《新唯识论》作为援佛入儒之作,就是想通过研究古代西方印度之学,以考察近代西方欧洲之学对中国的影响,从而寻求新儒学适应近现代社会发展之需要。

下编(1949—1999 年)

第六章　20 世纪五六十年代
马列主义对唯识学的评判

第一节　田光烈《玄奘及其哲学思想中之辩证法因素》

田光烈(1912—2007),贵州遵义人。曾在支那内学院追随欧阳竟无和吕澂学习唯识。历任云南大学和南京大学教授、南京金陵刻经处研究员、闽南佛学院教授及研究生部导师。著有《玄奘及其哲学思想中之辩证法因素》《玄奘哲学研究》《玄奘大师与世间净化论》等。

一、玄奘唯心主义哲学思想

田光烈 50 年代撰写有《玄奘哲学思想中之辩证法因素》,发表于《哲学研究》1957 年第 2 期。后该文扩充内容成书,1958 年由云南人民出版社,书名为《玄奘及其哲学思想中之辩证法因素》。

该著用辩证唯物主义和历史唯物主义的观点、方法,阐明玄奘哲学思想。分析玄奘的思想,须要放在当时特定的历史背景下进行考察,任何一种社会哲学思想,都是那个时代社会意识的反映。田光烈说道:

> 玄奘的哲学思想是印度中世纪初期社会的上层建筑之中国移殖,是印度哲学思想在七世纪中叶唐帝国的具体历史条件之下的创造、发展与表现,是初唐社会经济在宗教的哲学的意识形态上的反映。[①]

唐朝是当时东方唯一的最富强的文明之国,国际地位非常之高。在宗教、哲学社会意识的诉求上,需要一种国际视野的观念形态。其实,玄奘不仅成功地留学归国,精通印度各家学说并融会大乘佛学诸说,而且还奉命撰写《大唐西域记》,再有还承担起把中国文化播向异域的任务,把《老子》

[①]田光烈:《玄奘及其哲学思想中之辩证法因素》,云南人民出版社,1958 年,第 10 页。

翻译成梵文,沟通了中印两国文化。玄奘糅译《唯识三十论》而形成的《成唯识论》,由此开创的唯识宗就是一种世界哲学、世界性的宗教。

玄奘译经事业的完成和宗教思想得以顺利地传播,与国家的财力支持有关。唐代的译经场地规模宏大,"因此,我们说玄奘的空前伟大的成就和当时广大的劳动人民在社会生产发展上的贡献是分不开的"①。这些都为玄奘哲学思想产生提供了良好的历史条件。

当然,玄奘哲学的产生与其个人的主观因素也分不开。田光烈指出,佛教在整个北朝都是进步势力的代表,玄奘的哲学思想既然是南北朝唯识古学的继承与发展,自然也同样地继承和发展了北朝佛教中这种进步的优良传统,"这种进步的优良传统,反映在玄奘的思想意识里"②,玄奘通过自己的主观努力,继承并开创了玄奘哲学体系。

通常我们认为玄奘哲学仅仅是唯识宗哲学,这是偏颇的。田光烈在该著中指明了玄奘哲学思想有两个根源,"第一个,是大家所熟知的法相唯识学,即瑜伽缘起论或唯识论;另一个是般若学即中观实相论或唯智论,这是为一般人所忽略的"③。越来越多的学者认识到,我们不能以法相唯识局限玄奘思想,玄奘本人是集中观与瑜伽之大成者,其翻译六百卷《大般若经》即为明证。

玄奘融合中观、瑜伽两派学说,是印度哲学思想在七世纪中叶唐帝国的具体历史条件之下而创造、发展与表现出来的。唯识学早在南北朝即已传入,北方有"地论宗",南方有"摄论宗",到了唐代,因为中国政治与经济逐渐趋向于统一,"反映在思想意识方面,自然趋于融合与统一。虽然南北法相学的真正融合与统一是在玄奘的哲学思想体系里才完成的"④。

田光烈认为,玄奘哲学是唯心主义哲学,是以唯心主义为出发点。我们知道,哲学上的根本问题是思维与存在的关系问题,而唯识宗的哲学思想明显是以心识作为认识自我和世界的根本,"识"是精神活动的统一的总体。田光烈说道:

　　　　以玄奘为首的瑜伽学者和一切唯心主义一样,都把精神作为理论

①田光烈:《玄奘及其哲学思想中之辩证法因素》,第17页。
②田光烈:《玄奘及其哲学思想中之辩证法因素》,第18页。
③田光烈:《玄奘及其哲学思想中之辩证法因素》,第19页。
④田光烈:《玄奘及其哲学思想中之辩证法因素》,第21页。

的出发点,最初的第一性的原理,精神当作一种支配世界表现一切具体现象事物的最初的非物质的然而是活生生的本质。①

唯心主义是否认物质的客观存在的。玄奘的唯识哲学认为,客观存在的宇宙间的一切事物,都是每个人自我的精神的总体"识"(阿赖耶识)所变现出来的。当然,唯识学也承认"色法"(物质)的存在,"仅仅认为它是意识所认识的对象的意义,并无客观实在的意义"②。

按照这样的理解,玄奘唯识宗哲学应走向主观唯心主义、陷入唯我论才是。田光烈的答案为否。他认为,唯识学应属于客观唯心主义而非主观唯心主义。瑜伽学者认为每个有情众生都有第八识,客观世界不是任何一个人的第八识变现的,而是所有人的第八识共变的,"这也就是以玄奘为首的瑜伽学者的哲学思想不同于'唯我论'而为客观唯心主义的标志之一"③。

不过,田光烈也承认,按照马列主义思想解读,唯识宗哲学也不是完全客观唯心主义。他指出:"不过瑜伽学者的说法是多方面的;从意识变现见相二分,以及种子熏习等观点来看,亦多少有些主观唯心论的色彩;从各自唯识的观点来看,且有多元论的意思。"④

除此之外,玄奘唯识宗哲学还有唯物主义的因素,或有导致唯物主义思想产生的可能性存在。田光烈说:"但他们对待物质的态度却是严肃的认真的分析的。他们把物质一再分析,分析到再不能分析,教它做'极微'。"⑤实际上,唯识宗不否认色法(物质)的存在,只是认为色法不离识。

以上是田光烈判定玄奘哲学为唯心主义的基本看法。1986年,田光烈出版了《玄奘哲学研究》(学林出版社)。《玄奘哲学研究》一书是在《玄奘及其哲学思想中之辩证法因素》的基础上修订而成,并附录南北朝唯识师和近代唯识家于其后,书中维系了马列主义观点作为评判佛学的准绳和依据,认为:"玄奘的哲学思想是非常露骨的唯心主义,一切唯心主义者都以否认物质的客观存在为其共同的特点。"⑥

---

①田光烈:《玄奘及其哲学思想中之辩证法因素》,第29页。
②田光烈:《玄奘及其哲学思想中之辩证法因素》,第30页。
③田光烈:《玄奘及其哲学思想中之辩证法因素》,第45页。
④田光烈:《玄奘及其哲学思想中之辩证法因素》,第45页。
⑤田光烈:《玄奘及其哲学思想中之辩证法因素》,第30—31页。
⑥田光烈:《玄奘哲学研究》,第35页。

1998年，田光烈出版了《玄奘大师与世间净化论》一著。关于《玄奘及其哲学思想中之辩证法因素》(1958年)、《玄奘哲学研究》(1986年)、《玄奘大师与世间净化论》(1998年)这三部书的前后关联，田光烈于《玄奘大师与世间净化论》"自序"中说：

> 四九年开始，我任教于云南大学文史系，不能攻读佛书，五十年代中期，在极左思潮影响下，写《玄奘及其哲学思想中之辩证法因素》一书，率多谬误之言。……八十年代中期，任教于南京大学……遂将原书修订，更名为《玄奘哲学研究》……"学然后知不足"，故对《研究》仍不满意，然因资料缺乏，也无心重写。……一九九四年四月，我应邀参加在洛阳、西安两地举行的首次中国国际玄奘学术研究会。与会的中外著名学者百余人一致认为，开展玄奘学术研究有极重要的学术意义和现实意义。这给我很大的鼓励，遂在百忙中又将原书增订一次，作为近年研究玄奘学术的汇报。①

《玄奘大师与世间净化论》与前两部的区别，在于增列和突出了第三章《瑜伽唯识学与世间流转净化论》的内容。这是晚年田光烈的研究成果，反映了他思想演变的历程。因本节主要论及五六十年代的内容，对田光烈80年代之后的思想仅作一下交代，不再赘述。

二、玄奘哲学思想之辩证法因素

恩格斯在《自然辩证法》一书中提及："辩证的思惟……对于人才是可能的，并且只对于正处于较高发展阶段上的人(佛教徒和希腊人)才是可能的。"②这里，恩格斯肯定了佛教的辩证思维，佛教徒是相对"高级发展阶段上的人"。田光烈在《玄奘及其哲学思想中之辩证法因素》"自序"中说明他写作这本书的目的，"在于根据恩格斯的指示阐明七世纪中叶祖国的一个伟大的佛教徒玄奘哲学思想中之辩证法因素"③。

在印度佛教的思想体系中，中观和瑜伽的辩证法思想极为丰富。玄奘在那烂陀寺留学，学到了瑜伽学和中观学的精髓。玄奘的辩证法思想来自

---

① 田光烈：《玄奘大师与世间净化论》"自序"，(台北)圆明出版社，1998年，第18页。
②《马克思恩格斯选集》第4卷，人民出版社，1995年，第331页。
③ 田光烈：《玄奘及其哲学思想中之辩证法因素》"自序"。

印度,但也有自己的创造发挥。田光烈从三个方面来研究玄奘哲学思想中之辩证法因素:其一,缘起论中之辩证法因素;其二,中道观中之辩证法因素;其三,因明学中之辩证法因素。

第一,关于缘起论中之辩证法因素。

缘起论是佛教的理论基石。田光烈认为,玄奘唯识论辩证法是从所缘、所依与变化的层面来建立缘起论的世界观。他说道:

> 色心(物质与精神)诸法的依靠根据与条件而生起的道理,从两个重要的原理来说明:第一是内在的互相联系与规约,叫作"缘"和"依";第二是变化发展,他们叫作"变"。从"依"这个范畴来说明物与心的本体,从"变"这个范畴来说明物与心的作用。①

唯识家讲四缘,因缘、等无间缘、所缘缘、增上缘。四缘与物质(色法)和精神(心法)生起有着相互联系相互规约的关系。至于"所缘"概念,与"能缘"相对而言。所缘为境,能缘指心。所缘为认识的对象。"所缘"还分亲所缘、疏所缘,亲所缘为内识所产生之影像,疏所缘即外在之境。

所依有二种,分"俱有所依"和"不俱有所依",以能依的东西与所依的东西是否同时而有而区分。俱有所依有四种:1,同境依——五色根;2,分别依——第六意识;3,染净依——第七末那意识;4,根本依——第八阿赖耶识。

另外,一切意识作用都有三种"所依":1,因缘依——即各种意识的潜力——种子;2,增上缘依——即"六根"(眼、耳、鼻、舌、身、意);3,等无间缘依——即"意根"("开导依")。对此详细的划分,田光烈感叹道:"这种说法,是否合乎实际,还待科学证明。不过他们这样地条分缕析的辩证的思维方法,是非常值得注意的,它在中国哲学史上开辟了一个为儒道两家哲学所不能企及的新天地。"②这也是具有纯粹印度思想之佛教唯识学独特的思辨特性、理性分析精神与儒道重玄思体悟之不同所在。这种分野,也体现出中印文化的差异。

唯识学大谈"变"。《唯识三十颂》分三能变:初能变第八根本识阿赖耶识;第二能变即第七末那识;第三能变即前六识。要使用辩证法来解释唯

---

① 田光烈:《玄奘及其哲学思想中之辩证法因素》,第 32—33 页。
② 田光烈:《玄奘及其哲学思想中之辩证法因素》,第 41 页。

识学,需要使用矛盾的范畴,无疑变的动力是第八识阿赖耶识所含藏种子内在矛盾的进展。对此,田光烈有详细的解释:

> 缘起论中有关辩证法思维的第二因素是运动变化发展的思惟方法,他们叫作"变","变"是"意识"的异名。第一"变"有一定的规律,不是杂乱无章的,第二"变"一切"众生"平等共有,不是那一种人或物特别有的,第三"变"的动力在乎"种子"(意识的潜在力)的内在矛盾,及"种子"(潜力)与"现行"(现实)的内在矛盾。[1]

矛盾存在于一切事物中,矛盾贯穿于每一事物发展过程的始终。事物发展的源泉和动力是事物的内部矛盾。变化的原因由于"种子",种子生起现行,现行熏习种子,如此不停息的运动方式,促成了变化不断的发生。而种子起现行变生的物质世界又分为共变与不共变。举例说明,共中共——如山河大地等;共中不共——如自己的田宅衣服;不共中共——如感觉器官("扶尘根");不共中不共——如视神经("胜义根")。

种子(潜力、因)与现行(现实、果)相生之中,有四种因果关系:种子生种子,种子生现行,现行生现行,现行生种子。辩证法有极为丰富的范畴论,因果关系即为其一。因果原则不仅属于唯识学,而且是佛教思想的根本法则之一。

除此之外,充满辩证规律的种子有六义。唯识宗谓诸法之种子各有本有、始起二类,而种子须具备之六项条件,称为种子六义。据《成唯识论》等载,种子六义谓:(一)刹那灭义;(二)果俱有义;(三)恒随转义;(四)性决定义;(五)待众缘义;(六)引自果义。这种因果关系及种子六义虽然具有丰富的辩证思维方法,但是"只承认内在的观念形态中的因果关系而否认外在的客观世界中的因果关系,实际是一种唯心主义的辩证法"[2]。这种变化之规律不是唯物主义辩证法,而是走向了唯心主义。因为,一切生起的外在事物均有第八识所含藏的种子所变。再有,认识对象(相分)离不开认识本身(见分)。对此,田光烈指出:

> 由此可知:如果以玄奘为首的瑜伽学者承认有外界的认识对象(外境),或者即使承认只有内在的认识对象(内境),而内在的认识对

---

①田光烈:《玄奘及其哲学思想中之辩证法因素》,第41—42页。
②田光烈:《玄奘及其哲学思想中之辩证法因素》,第53页。

象(内境)的生起不由认识自身("见分")"夹带"或"变带"而能单独生起的话,尚有一分道理可以通向唯物主义(当然还隔得远)。然而他们第一不承认有外界的认识对象(外境),只承认有内心的认识对象(内境);第二内心的认识对象(内境),也只是认识自身("见分"或"心")的附属品,由认识自身("见分"或"心")"夹带"或"变带"而生起的,这样他们不能不彻底地陷入唯心主义的窠臼中去。①

辩证法有一条重要的规律,即对立统一规律,这种辩证的思维方法在唯识学中有多对矛盾范畴。例如,见分、相分就是对立统一的。见分、相分是主观与客观的关系。"见、相"二分由识所变现,由"见、相"二分妄生我法二相,而现人我山河大地。以玄奘为首的瑜伽学者的世界观与人生观是建立在唯心的基础上。不过值得注意的是,田光烈认为,唯识家的世界观与人生观虽然是唯心的,但是他们的思维方法却是辩证的,都是从对立的统一或同一(辩证法的核心)的观点上立论。

除了对了统一规律,还有质量互变规律。"转识成智"的过程就是这条规律的体现。田光烈认为:"'转依'之学,是玄奘在实践问题上发挥心理解放("心解脱")中对立斗争过程以及由量变到质变的过程的中心环节。"②转依,即转识成智,通俗点说法是转化认识变成智慧,是以玄奘为首的瑜伽学者实现理想的的目的所在。但是,这种"舍染趣净",由可能性到现实性之转变不是一蹴而就的,是一个长期的、复杂困难的实践过程。玄奘唯识学教理和践行特别注重修行的阶段性和位阶层次。关于真理的认识次第,还有"唯识五位"③一说,也可以谓之由量变到质变的过程。

第二,中道观中之辩证法因素。

一般认为空宗重中道,实则上有宗也重中道。中道观体现了辩证法之对立统一的法则。玄奘并承了龙树、无著之学。田光烈明确地指出:"龙树、无著二家之学相即相贯,而玄奘则并承二家中道观之学说而发挥光大之。决不可以'空'或'有'任一范畴局限玄奘的哲学思想。"④

空宗的中道观可以简略地概括为空、有不二之中道,用辩证法范畴可

---

① 田光烈:《玄奘及其哲学思想中之辩证法因素》,第47页。
② 田光烈:《玄奘及其哲学思想中之辩证法因素》,第59页。
③ 分别是:一,资粮位;二,加行位;三,通达位;四,修习位;五,究竟位。
④ 田光烈:《玄奘及其哲学思想中之辩证法因素》,第70页。

以理解为现象（有）与本质（空）的关系，是真空、假有之意。而到了唯识学，则发展出三性思想（遍计所执性、依他起性、圆成实性）之中道。甚至可以说，大乘瑜伽行派，唯识学的中心思想为"三性说"。进一步而言，不仅有三性，而且还开出三无性。"遍计所执性"对应"相无自性"；"依他起性"对应"生无自性"；"圆成实性"对应"胜义无性"。这体现了辩证法对立统一规律的特质。田光烈说道："三性三无性为一切万有的实相，一切万有之上，每一事物皆具三性三无性二义，即非空（肯定的）非有（否定的）的中道。"①

玄奘学派谈中道有二种，一是"言诠中道"，即能使用言语表达的真意；二是"离言中道"，即超乎言语表达的证悟。对于离言中道，田光烈认为此种离言中道，"理智契合的真理，与'无分别智'的自内所证，非言语所能诠释"②。

中道观既是以玄奘为首瑜伽学的方法论，也是玄奘唯识思想的认识论。三性、三无性建立的目的，在于使人认识到事物之真实性。这个真实的第一义实际亦为空性。对此，田光烈说：

> 这个非空非不空（双遣二边）的中道，从实践意义以及认识意义上说，就是认识的唯一对象，实践的最终目的。这个对象，这个目的，不是别的，就是人人所具有的"心性"，亦即"佛性"。它又叫第一义空，或毕竟空。③

在认识上和实践上"非空非不空"的辩证的对立统一，从流转缘起，到还灭缘起，均就转染成净的心识而建立。这个长久的复杂的过程名为"转依"——转识成智。此处，我们可以把其称为转依中道。

"转识成智"的认识实践不仅是个人生命体验的提升，而且落实在实际生活和人间社会。90年代后，田光烈在《玄奘大师与世间净化论》中，对"世间"做出解释，认为世间即"宇宙大生命"，即"法界统一场"，世间没有实在性，是无常变化的，是刹那生灭的。在唯识家看来，有情众生的心识分为四个层次：一，前五识（眼耳鼻舌身识）；二，第六意识；三，第七末那识；四，

---

① 田光烈：《玄奘及其哲学思想中之辩证法因素》，第75页。
② 田光烈：《玄奘及其哲学思想中之辩证法因素》，第77—78页。
③ 田光烈：《玄奘及其哲学思想中之辩证法因素》，第78页。

第八阿赖耶识（藏识）。对于识与世间的关系，田光烈指出：阿赖耶识（藏识）为心识的主体，含藏有染、净诸法的种子。迷则妄生分别，执着于我法二执，堕入世间，是为"流转"；悟则没有分别，没有我执与法执，生入法界，是为"还灭"①。

而唯识学"世间净化"的法门在于"转识成智"。"转识成智"的目的也正是在于"世间净化"。田光烈指出，唯识学缘起论所说的八种意识（即三种能变以及所变的见分与相分）均属于意识的相状，而这种相状是人们沉迷的现象世界。沉迷的原因在于无明。田光烈文中还引黑格尔"大体看来，东方人的观点多认一切有限的事物仅是奄忽即逝，不能长存"②的观点来说明现象界的生灭性。"转依"（转识成智）就事而言，指第八识阿赖耶识（藏识），藏识为染、净之所依。"转依"就理而言，指真如，真如为迷、悟之所依。一旦觉悟之后，第八识阿赖耶识为大圆镜智，其体性是不生不灭的。"转依"前属于有为法、有漏的、是染的、是迷的；"转依"后则属无为法、是无漏的、是净的。

另外，"转依"与实践是分不开的，转依是一个实践的过程。唯识家认为，实践的目的在于"转意识为正智"，是说正智能够亲证真如，实现正智与真如冥然合一的状态，即是"唯识性"（圆成实性）。也只有明白三性（遍计所执性、依他起性、圆成实性）与三无性（相无性、生无性、胜义无性），才能了解"转意识为正智"是以玄奘为首的瑜伽学者的实践目的。

至于在理上的"依"，即真如（田光烈称其为真理），与实践也是密切相关的，实践是检验"真如"（或真理）正确与否的标准。田光烈的老师吕澂也把唯识学之个人"转依"解脱，扩大应用到社会实践中来，说："在认识和行为的联系中，主客两面平行的前进，而真正的转依即是由这样的途径完成的。"③

唯识宗学的"转依"修证是一个非常漫长的过程，是渐修的。而不像中国禅宗那样，讲究顿悟顿修等。唯识学体悟到真如有一定的次第。唯识学修持划分了许多阶位，有五位之说。除此之外，"转依"的方法还有四道：一，能转道；二，所转依；三，所转舍；四，所转得。总之，田光烈认为，玄奘世

---

① 参见田光烈：《玄奘大师与世间净化论》，第 247—248 页。
② 〔德〕黑格尔：《小逻辑》，贺麟译，商务印书馆，2011 年，第 315 页。
③ 吕澂：《观行与转依》，《吕澂集》，第 53 页。

间净化论,"必使地狱等九界众生,同趣于佛之清净法界,此乃奘师世间净化论之终极目的"①。

关于玄奘的中道观不仅是方法论,而且是认识论,田光烈还有进一步的交代。他认为玄奘弟子窥基注解的《辩中边论》即为"中道观"的思想方法论和认识论具体运用的书籍,"在论文的未后一章举出十五中道行,是示人如何运用'中道观'这一辩证的思想方法的伟大范例。这一切都说明玄奘哲学思想中的'中道观'是玄奘哲学思想的认识论,同时也是玄奘哲学思想的方法论"②。

最后,田光烈对玄奘哲学思想的"中道观"中之辩证法因素做出三点总结。第一条,龙树、无著二家的学说,是相即相贯的,均是以中道观为中心思想,玄奘自然承接了中观、瑜伽二学;第二条,玄奘编译的《成唯识论》的中道观是对唯识中道观的进一步发挥发展;第三条,玄奘哲学的中道观是一种对立统一的辩证法思维方法,最后走向了绝对的唯心主义。这三点认识中,前两条是基于玄奘哲学的辩证法的内在要素而谈,第三点是立足于辩证唯物主义的立场而所做出的判断,这是由哲学的第一性所决定的。

第三,因明学中的辩证法因素。

因明学,即论理学、逻辑学。如果我们从纯粹的逻辑推理来看,因明讲究固定的格式和逻辑推理,属于方法论;但是,因明不是像西方的形式逻辑那样,印度宗教的本质是使人通过推理获得认知和生命的觉悟。因明包含了量论,一种认识论。除此之外,因明也不完全像西方形式逻辑那样,它同样也有辩证逻辑的意韵。

关于玄奘对因明学的认知、传播和贡献,田光烈有着清晰的交代。他指出,弥勒、无著之学经过世亲的发展,陈那的组织,护法的运用,论理的方式与原则都非常完备,"玄奘留学印度时,因明学如日中天,因此得到全面的精湛的学习,而他所精研的唯识学有好些问题,需要论证的(立)或辩难的(破)地方都与因明有着十分密切的关系"③。梁启超也说:"法相一宗,虽渊源印土,然大成之者实自奘师。其提倡因明,传译之余,讲析不倦。中

①田光烈:《玄奘大师与世间净化论》,第 262 页。
②田光烈:《玄奘及其哲学思想中之辩证法因素》,第 80 页。
③田光烈:《玄奘及其哲学思想中之辩证法因素》,第 81 页。

国知用'逻辑'以治学,实自兹始。"①

　　田光烈提出,因明学是从辩论术发展到认识论的。从认识的来源则分为:现量(感性认识)、比量(推理而来的理性认识)。对此,田光烈认为,此种认识论符合"否定的否定"之辩证规律。他说道:

　　　　"瑜伽现量"也并不是认识的极限。它还继续不断地向前发展,"瑜伽现量"在向前发展过程中又不断地暴露出它自身的对立,而又更新地扬弃它自身。如果说第一次的现量是"正题",那末第一次的比量就是"反题",第一次的"瑜伽现量"就是"合题"了。认识的发展规律,原来是合乎"否定的否定"的辩证规律的。②

　　田光烈论述了现量—比量—现量的认识的过程。这种从正题、反题到合题的规律,符合辩证法否定之否定的规律。

　　而玄奘及其门人对因明学也有继承与发展。因明与四分说(相分、见分、自证分、证自证分)有密切的关系。四分属于认识论范畴,四分之间是重重的对立统一之矛盾关系。田光烈指出:

　　　　四分说,虽出于护法,但护法的四分说与此不尽相同,以量(认识)和量果(认识的标准或结果)释四分乃玄奘及其门人之说,正以此种说法含有非常丰富的虽然是唯心的辩证法因素。③

　　也就是说玄奘及门人发挥了护法的四分学说。至于,见分和相分究竟是同种还是别种,还有争议。玄奘为了解决此认识论(量论)方面的困境,提出三类境,见颂文:"性境不随心,独影唯随见,带质通情本,性种等随应。"④三境即:性境、带质境、独影。相、见之说,要随着不同性质的"境"而定。田光烈认为,以量论建立三境之说,是玄奘的又一贡献和发展。

　　辩证法分为唯心的辩证法和唯物的辩证法,在五六十年代学术界使用马列主义思潮研究人文社会科学的背景下,田光烈也自觉地使用辩证唯物主义来研究和评判玄奘哲学思想中的辩证法因素。

①梁启超:《佛学研究十八篇》,上海古籍出版社,2011年,第226页。
②田光烈:《玄奘及其哲学思想中之辩证法因素》,第85页。
③田光烈:《玄奘及其哲学思想中之辩证法因素》,第87页。
④载窥基所撰《成唯识论掌中枢要》卷上。

第二节　任继愈《法相宗哲学思想略论》之马列观

任继愈(1916—2009),字又之,山东平原人。著名哲学家、佛学家,曾任国家图书馆馆长。1942 年至 1964 年于北京大学哲学系任教。1964 年任继愈筹建中国社会科学院世界宗教研究所,这是国家第一个宗教研究机构。在佛学研究方面,著有《汉—唐佛教思想论集》《中国佛教史》《宗教词典》等,还主持《中华大藏经》的编辑工作。任继愈致力于用马克思主义来研究佛教史及法相唯识学。

一、法相宗在认识论上属于主观唯心主义

五六十年代,学术界普遍受到马列主义观点的影响,哲学界和宗教学界也以马克思主义思想为指导原则开展研究工作。任继愈是 1949 年以后最早使用马列主义的观点来研究佛教的学者之一。1962 年任继愈在《哲学研究》第 2 期发表了《法相宗哲学思想略论》,后载于《汉—唐佛教思想论集》(1963 年)。从马克思主义理论立场出发,分析了"八识""种子"学说以及玄奘的"真唯识量",批判了玄奘法相唯识宗的唯心主义哲学的特点。张立文评价任继愈是用马克思主义思想、观点、立场来研究中国哲学和宗教学的开拓者。任继愈用马克思主义研究佛学,提供了一种独特的视角。

哲学上的根本问题,是思维与存在(精神与物质)谁属于第一性的问题,是谁决定谁的问题。任继愈指出:"从法相宗的哲学思想体系,也充分证明这派学说是怎样向唯物主义进攻,并如何抹煞客观物质世界的存在的。"[①]在任继愈看来,法相宗[②]的哲学是把精神、意识放在第一位的,属于唯心主义的观点;而唯物主义和唯心主义属于哲学的两大对立的阵营问题。所以,有必要对唯心主义观点做出全面的批判。

任继愈认为印度佛教无论属于小乘还是大乘,都是唯心主义的,不承认物质世界的真实性,他们都分别"建立起自己的宗教世界观和神学唯心主义体系"[③]。而玄奘在中国创立的法相唯识宗,是最忠实于印度大乘有

---

①任继愈:《汉—唐中国佛教思想论集》,生活·读书·新知三联书店,1963 年,第 169 页。
②任继愈此处使用及所述的"法相宗"的概念,是针对唐代玄奘唯识宗。
③任继愈:《汉—唐中国佛教思想论集》,第 160 页。

宗的哲学体系。在任继愈看来，大乘法相唯识思想是从小乘发展起来的。任继愈说：

> 法相宗还用类似西方哲学史唯心主义经验论的方法，来论证对现实世界的一切事物不过是众多感觉经验的复合体，它（客观世界的事物）本身是不存在的，对眼感觉它有颜色，耳听到它有声音，触觉得到他的质碍性，冷、热等等。而这些，都是感觉通过人们不同的主官感觉器官得到的表象，可知外物并不真实。他们这种分析，在小乘佛教的后期，已渐趋于精密，到了大乘法相宗才比较彻底。法相宗提出了"唯识"的基本原理。①

西方哲学史上经典经验论者主要是洛克与贝克莱。其中洛克是典型的唯物主义经验论者，而贝克莱则是典型的唯心主义经验论者。任继愈认为，玄奘法相唯识宗用类似于唯心主义经验论的方法，来论证客观世界的事物是眼耳鼻舌身意的心识感觉出来的。小乘佛学后期，对于心识的分析已经趋于精密，到了大乘唯识学则进一步成熟完备起来。

那么，法相唯识宗如何看待物质世界的客观存在，又是如何论证精神是第一性的呢？任继愈说：

> 法相宗继承小乘的传统，把一切现象（法）分为两大类，一方面是精神方面的，叫作心法；一方面是自然现象方面的，叫作色法。不论是属于精神方面或自然现象方面，都不承认有客观实在的物质作为基础，都是识所变现出来的。②

任继愈认为法相唯识宗划分一切法，是继承小乘的传统。世亲归于大乘前作小乘的《俱舍论》，分有五位七十五法，信奉大乘后作《大乘百法明门论》则分五位百法。大乘唯识学的五位百法中的五位是：心法、心所法、色法、不相应行法、无为法。其中，心法是讲精神的；色法是讲物质的。据此，任继愈把法相唯识宗的法的分类，也概括分为色法（自然现象方面）和心法（精神方面）。需要说明的是，五位法中的"心所有法"，当然是依附于心法（八识）的，可以说属于精神层面。但是五位法中的"不相应行法"例如时

---

①任继愈：《汉—唐中国佛教思想论集》，第162页。
②任继愈：《汉—唐中国佛教思想论集》，第166页。

（时间）、方（空间）、数（数字）等，有人认为这是假设出来的概念，本身是不存在的。五位法中还有一个"无为法"，这是一切有为法现象界之本体。在法相唯识宗看来，也只有"无为法"才是最圆满、最究竟的实相。"无为法"用马克思主义理论分析来看最终也属于唯心的。

任继愈认为法相唯识宗在认识论上属于主观唯心主义。法相唯识宗是如何反对唯物主义、构造它的唯心主义哲学体系的呢？他说：

> 在法相宗的体系里，从认识论方面讲，他们取消了认识中的主客观对立的关系，把认识的作用仅仅归结为主观精神（心）的自我认识。[①]

法相唯识宗主张"万法唯识""唯识无境"，任继愈认为此说取消了主观和客观完全对立的关系，在认识论层面，他们把客观世界完全归于主观的世界，走上了主观唯心主义的道路。

关于法相唯识学根、尘、识的关系，六根即我们的感觉器官，分为：眼、耳、鼻、舌、身、意；六识分为：眼识、耳识、鼻识、舌识、身识、意识，现在我们称之为视、听、嗅、味、触、脑；还有六尘或六境，即六根、六识分别对应的：色、声、香、味、触、法。任继愈指出法相唯识宗所说的身体的物质结构（如眼、耳、心等）都归结于纯精神、纯主观，"在主观方面，起作用的也不是由于生理、心理的条件，而是纯精神的作用"[②]。

在认识论方面，任继愈还从法相唯识学的见分（认识主体）与相分（认识对象）来确认法相唯识宗学属于主观唯心主义。任继愈说："他们就把八识的认识对象，都归为它们自己'见分'所认识它们自己变现出来的'相分'。他们认为，只有这样，才能把物质世界的客观存在消灭干净。"[③]再有，任继愈还举玄奘在印度僧俗无遮大会上提出的"真唯识量"为例进行分析。这首"真唯识量"的因明格式是：真故极成色，不离于眼识（宗）；自许初三摄，眼所不摄故（因）；犹如眼识（喻）。任继愈说"真唯识量"是玄奘用生命来维护这一唯心主义观点的一组命题。

侯外庐在《中国思想通史》中论及玄奘唯识宗"八识"与"外境"时也说："在它们谈到'内识'转化为外境时，它们的世界观的主观唯心主义的本质

---

①任继愈：《汉—唐中国佛教思想论集》，第174页。
②任继愈：《汉—唐中国佛教思想论集》，第169页。
③任继愈：《汉—唐中国佛教思想论集》，第173页。

更加暴露无遗。"①侯外庐、范文澜、任继愈、季羡林等一代学人均从马列主义的观点把佛教判为唯心主义的阵营。

二、法相宗在世界构成上属于客观唯心主义

任继愈用马列主义的观点来审视法相唯识宗。他认为,法相唯识宗学不仅是主观唯心主义,而且也是客观唯心主义。就世界构成及发展问题上,他从第八识、种子以及圆成实性等层面上把法相唯识学判为客观唯心主义。

首先,来看法相唯识宗立的第八识,即阿赖耶识。在法相唯识宗看来,第八识阿赖耶识是每个有情众生(人和动物)都具有的心识,第八识不仅能够变现出世界万物的一切现象出来,而且也是轮回的依据。任继愈说:

> 单就认识的作用和过程来说,法相宗的认识学说是主观唯心主义的,但是就他们建立的第八识永远存在,不因个人的死亡而消灭,它又是"客观"的、多元的精神性的微粒,又是客观唯心主义的。②

就缘起论而言,法相唯识宗宣扬"阿赖耶识缘起说",以"阿赖耶识"为宇宙世界的本体。阿赖耶识这个识体的真实存在,任继愈称"就是变相的不死的灵魂"。在任继愈看来,有点类似于悬置于一切物质观念上的绝对的精神实体。故而,任继愈认为其属于客观唯心主义。

任继愈还指出阿赖耶识的精神性的种子是构成世界的原因。他说:

> 在世界的构成、发展的问题上,也同样发挥了它的彻底的唯心主义特点。法相宗建立了精神性的单子——"种子"说,认为种子是构成世界的原因。③

法相唯识宗宣扬四缘说④,第一为"因缘"。这是一种因果关系,种能生芽,又能形成新的种子。法相唯识宗认为阿赖耶识所含藏的种子能够生起现行,变现出世界万有出来。而现行又能复熏习种子。种子理论是解释世界上一切心理现象和自然现象的起源、变化的原因。任继愈认为,此因

---

① 张岂之主编:《侯外庐著作与思想研究》第 13 卷,长春出版社,2016 年,第 237 页。
② 任继愈:《汉—唐中国佛教思想论集》,第 176 页。
③ 任继愈:《汉—唐中国佛教思想论集》,第 176 页。
④ 四缘,即因缘、等无间缘、所缘缘、增上缘。

缘指的只不过是精神的原因。任继愈引列宁的话"本质的关系或本质之间的关系"①来证明因果规律。唯物主义者的因果观,首先指向物质。而法相唯识宗的因果观,在任继愈看来,首先指向的是在心中前一观念与后一观念的刹那生灭的因果关系。此因果范畴,"在他们的哲学体系里被歪曲为'识的流转相续',抽掉了物质基础,他就可以大胆地乱说"②。

除了第八识及所含藏的种子为世界的本原外,可作为判定客观唯心主义的标准的是"圆成实性"。任继愈发现,法相唯识宗所讲的"圆成实性",更是一个超现实的绝对的精神本体。他说:

> 可是,问题恰恰出在这三性和三无性的关系上。圆成实性或真如佛性,法相宗认为是万法(一切事物)的实体,但佛教认为真如是"无为法",就是说它对于世界不具有加工、改造、推动的作用,它是不造作、不生灭、永世常存的。它是绝对清净、不杂有染污的精神实体。法相宗抬出这样一个虚构的超现实的本体,作为人们向往的目标。③

法相唯识宗讲三性(遍计所执性、依他起性、圆成实性),此"圆成实性"是一切法的真实本性,确为宇宙世界的本体无疑。任继愈用马克思主义观点来分析法相唯识宗的各种理论,也是一种诠释方法。任继愈指出,马克思主义思想刺中了近代客观唯心主义的心脏,法相唯识宗的阿赖耶识学说虽然不是现代资产阶级哲学家们所谓的"理性",但是马克思主义的基本精神和原则对于剖析古代法相唯识宗的唯心主义体系也是完全适用的。

法相唯识宗构造的八识学说是一系列主观作用的画面,任继愈分析了《成唯识论述记》卷一,也承认"法相宗也接触到感性与思维的关系的问题",但是他认为法相宗"实际上是贬抑感性的作用。而且他们连'感觉经验'也给改造成脱离客观对象的'感觉经验'"④。

整体而言,任继愈认为,法相唯识宗在认识论上属于主观唯心主义,在世界观上属于唯心主义,而且是客观唯心主义。侯外庐主编的《中国思想通史》论述法相唯识宗时,虽然认为唯识宗通篇的基本原理是主观唯心主

①〔俄〕列宁:《列宁全集》第38卷,人民出版社,1960年,第161页。
②任继愈:《汉—唐中国佛教思想论集》,第180页。
③任继愈:《汉—唐中国佛教思想论集》,第184—185页。
④任继愈:《汉—唐中国佛教思想论集》,第171页。

义,但有些思想也接近于客观唯心主义。《通史》从中国哲学特有的"体用关系"来说明唯识宗的识"本体"生成相用的理念,说:"当他们从一个言忘虑绝的识'本体'引出八识的结构时……他们就近于客观唯心主义,因为归根到底一切都是识'本体'的变现……而一切规定着意识的相互关系及其转变的外境的规律,也只是这一本体所固有的'用'而已。"①用马列主义对佛教和唯识宗的批判在80年代后还有余波,佛学专家郭朋就曾说:"从唯识宗认为'真如'即是'唯识实性'这一点上,也透露出了另一个问题,这就是,唯识宗是主观唯心主义者,但是,既然'唯识实性'就是'真如',那末,它也就接近了客观唯心论。"②

　　总之,马克思主义学者普遍认为法相唯识宗是宣扬唯心论的世界观,和其他佛教宗派在唯心这一哲学的根本问题上,没有什么本质上的分歧。使用马列主义作为思想武器来研究人文社会科学包括佛学是20世纪五六十年代盛行的学术方法。任继愈所撰《汉—唐佛教思想论集》中的文章被毛泽东赞为"凤毛麟角",是以马克思主义研究模式来研究佛学的代表作品。

①侯外庐主编:《中国思想通史》第4卷上册,人民出版社,1959年,第228页。
②郭朋:《中国佛教思想史》中卷《隋唐佛教思想》,福建人民出版社,1994年,第309页。

第七章　80年代后大陆高校和科研院所唯识学研究的转向

第一节　韩镜清从玄奘唯识学的疏解到慈氏唯识学的译介

韩镜清(1912—2003),北京市人。曾亲近近代南北唯识大师——欧阳竟无、韩清净,并在北京大学成为汤用彤的研究生。韩镜清通晓藏文,任教和工作于中央民族大学、中国社会科学院。他的成就主要在于退休后,1992年编撰完成《成唯识论疏翼》,以整理、补充窥基的《成唯识论述记》。1993年在北京成立"慈氏学会",专门从事把藏文慈氏学佛典翻译成汉文的工作。

一、《成唯识论疏翼》的编写

韩镜清从青年时代就立志要完成对《成唯识论述记》的校勘注释,酝酿了半个世纪。他于1977年退休,专心着手对《成唯识论述记》的校勘注释工作。吕新国在《〈成唯识论疏翼〉序言》中说韩镜清十年间积累卡片数十箱,又用五年时间梳理成文。总计用时十五年,终于于1992年完成了这部约二百四十万字的《成唯识论疏翼》,对前人的成果作了一次全面的整理和完善。

《成唯识论述记》是研究唐代玄奘、窥基唯识宗思想的必备论书。唯识宗自从创立后不久就衰微了,到了元代《述记》已经失传。直至清末才由杨仁山从日本寻回,在金陵刻经处刻印流通,并引起了中国许多知识精英的兴趣。

关于窥基《成唯识论述记》的由来,是据玄奘译的《成唯识论》而来的。玄奘把印度十大论师对《唯识三十论》的注释糅译为《成唯识论》,原本玄奘是想全部译出十大论师的观点,只是后来因弟子窥基的请求,以十大论师之首护法论师的观点为主,旁采他家,形成了今天我们所见到的《成唯识论》。而在糅译同时,玄奘留下了大批解释《成唯识论》的口义,被窥基以"备忘录"的形式形成了《成唯识论述记》。

不过,《述记》文本牵涉面太广,引经据典的资料太多,时间又短促,是草创之作。而且窥基也加入了自己的见解,是否就是玄奘本人口头所述的原义,还值得进一步考究。此外,唯识宗学说的系统构建并没有在窥基就结束了。按照唯识宗传承的谱系来说,玄奘传窥基,窥基传慧沼,慧沼再传于智周。三代人均对玄奘《成唯识论》有自己的发挥。窥基著的《成唯识论枢要》、慧沼著的《成唯识论了义灯》、智周著的《成唯识论演秘》总称"唯识三疏"。当时,玄奘门下,出现了慈恩、西明两系唯识之论争。新罗人圆测虽然从学于玄奘,但同尊真谛与玄奘的学说,并撰文驳斥窥基的学说;慧沼著《成唯识论了义灯》十四卷,就是为了驳破圆测、道证等诸家异说,而阐发窥基所传之唯识。慧沼再嫡传于智周,智周之后,唯识宗遂逐渐衰微,传承不明。韩镜清认为:"由于其后一千多年来形成了莫大遗憾的断层,因此,这一资讯宝库非常需要继续完善和增加透明度。"[1]这是韩镜清疏解窥基《成唯识论述记》的出发点。

当然,梳理《成唯识论述记》首先是因为唯识学本身就具有的教理和修证上的价值。1990 年,韩镜清在介绍《成唯识论疏翼》这部注疏的第一条,就抬出了唯识学在修学佛法中的地位。他说:

> 自从人类发现"阿赖耶识"以后,把一切现象只归成暗流和明流两个场面之间的交替和转移,掘发出事物发展的亲因亲果的规律,才能认识和理解主体与客体、可能与现实、具体与抽象的真正关系,因而在理论上可以确切解答人生和宇宙中存在的所有问题,对人类如何掌握和决定未来的命运,可以设想到较为具体的方案,在认识"真实"方面引起一个翻天覆地的变化,使改造颠倒错乱的主体世界有了依据,为明证"真如"、得到"解脱"铺下了"高速公路"。[2]

治学严谨的韩镜清行文中也不乏文学笔法,他指的"暗流"和"明流"两个场面,实为哲学上的现象界与本体界。暗流为认识的虚妄方面,明流则

---

[1] 韩镜清:《编写〈成唯识论疏翼〉简介》,《成唯识论疏翼》,(高雄)弥勒讲堂,2005 年。
[2] 韩镜清:《编写〈成唯识论疏翼〉简介》,《成唯识论疏翼》。

为认识的真实方面。我们知道，唯识宗学宣扬"转识成智"，此处可以理解为由凡夫识入圣智、由虚妄成为真实、由痴迷到觉悟、由生死轮转到彻底解脱自由的过程。故而，韩镜清高度肯定了唯识学"阿赖耶识"的价值——在理论上可以确切解答人生和宇宙中存在的所有问题。

《成唯识论述记》具有极为重要的资料、文献价值，韩镜清称《述记》是"系统唯识学的资讯宝库"。如果要系统地研究玄奘唯识学，也只有这部《述记》才能有丰富的资讯可供查阅。韩镜清指出："此书在世界文化思想、哲学、史学等方面具有特别重要的地位，在学说上它是佛学、系统唯识学的宝典，在文献方面它是极为稀有的资料宝库。"[1]佛学的目的是在于觉悟、解脱，而不是宣传所谓的哲学或文化等。所以，在韩镜清看来，最为重要的是"对于实证无住涅槃和圆满佛智来说，它是深密发挥慈氏学教理行果的宝藏，是信解行证无上正等正觉的大路"[2]。

韩镜清的《成唯识论疏翼》是对窥基的《成唯识论述记》的整理和补充。《疏翼》的目的是为了推进唯识宗学的系统化进程。关于《成唯识论疏翼》该著的名称，《〈成唯识论疏翼〉凡例》云："'疏'即《成唯识论述记》；'翼'是辅助义；'疏翼'是使《述记》生起翅膀飞起来，使它进一步发挥作用之意。"[3]关于《疏翼》的成书，韩镜清指出：

　　甲、传抄错误较多，需要细校，幸有金藏《述记》及《丹珠尔》中重要论典存在。

　　乙、汉译文句构造，特需"佛典章句学"的建立。应利用藏译论典文句结构，及新式标点符号，严格地把汉译典籍武装起来。

　　丙、《述记》虽原有科判，但不大完全。

　　丁、《述记》间或也有失误，需要订正。

　　戊、引据最多，问题也最严重。古人引据多只取大意，随意增减原文，有处指书名，不及卷行；有处应有引据，而未指出，现能找到原文的，而又有选取长短如何适合需要的问题，造成不少困难。

　　己、现代要弄清经论原典意义，若有藏文同本异译存在，不但起到

---

①韩镜清：《编写〈成唯识论疏翼〉简介》，《成唯识论疏翼》。
②韩镜清：《编写〈成唯识论疏翼〉简介》，《成唯识论疏翼》。
③《〈成唯识论疏翼〉凡例》，《成唯识论疏翼》。

校勘作用,还可以起到不可多得的解释作用。这是现在才有的有利
条件。

　　庚、慈氏学重要典籍在《丹珠尔》中也大量存在,整部或零段译入,
实有必要,这次只能零段选译补充需要。①

　　根据韩镜清的介绍及《成唯识论疏翼》的"凡例"所示,《疏翼》以金陵刻
经处刊行的《成唯识论述记》为底本,并对勘《金版大藏经》的《成唯识论述
记》。另外,"文中援引的校勘版本另有天海、春日、法隆、明历、东大寺、大
谷、延康、续藏等"②。而《疏翼》的一大亮点是根据藏文大藏经的论藏《丹
珠尔》有关著述加以扩引而成。韩镜清认为以藏文存在的慈氏唯识学,对
研究汉典玄奘唯识学有莫大的辅助作用。《疏翼》完成以后,韩镜清就全身
心投入到藏传慈氏唯识学的典籍翻译和研究工作。

二、从藏文慈氏学开发唯识学

　　韩镜清治唯识的路向是由玄奘唯识宗学回归慈氏唯识学的。他认为
玄奘存在着误解和误译,试图从唯识学的源头去寻找答案。而藏文中保留
了完整的《慈氏五颂》以及唯识十大论师等论书,为汉典所缺。他精通藏
文,把藏典唯识翻译过来,对汉典唯识有着极大的补充和纠正作用。藏本
与汉本相比,具有语言学上的优越性,"藏译本比汉译本更接近梵文原典,
这是肯定无疑的"③。

　　自1992年完成《成唯识论疏翼》之后,韩镜清于1993年与吴立民、黄
心川、张岱年、金克木等学者在北京成立"慈氏学会",专门弘扬慈氏(弥勒)
学。而他主要的工作就是把藏文慈氏学经典翻译成汉文。他翻译了慈氏
的《慈氏五颂》④及重要唯识释论、因明著作六十多部,约二百六十多万字,
从退休至2003年去世,平均每年译两本书之多,基本上实现了完整的慈氏
学体系的汉译,对汉传慈氏学研究具有开创性作用。

　　韩镜清翻译的《慈氏学九种译著》已在香港出版。九篇分别为:慈氏造

---

①韩镜清:《编写〈成唯识论疏翼〉简介》,《成唯识论疏翼》。
②《〈成唯识论疏翼〉凡例》,《成唯识论疏翼》。
③韩廷杰:《〈韩镜清佛典翻译手稿〉序》,《灵山海会》2010年刊,第74页。
④慈氏五颂为:《辨法法性论颂》《辩中边论颂》《现观庄严论颂》《究竟一乘宝性论颂》《大乘庄严经
论颂》。

颂、世亲释论的《辨法法性论》，世亲的《确显三自性颂》，龙树的《能达未达论》，安慧的《唯识三十论》，海云的《瑜伽师地论本地分菩萨地真实义品释》，智藏的《瑜伽师地论摄决择分所引解深密经慈氏品略解》，龙友作颂、智月释义的《略显瑜伽师修习义》，陈那的《入瑜伽论》，法称的《正理滴点论》[①]。另外，《韩镜清翻译手稿》由杭州佛学院出资影印已经出了超过九辑，有慈氏的《慧度教授庄严现观颂》《大乘庄严经藏颂》；有无著的《解深密经论》《无上相续论》《静虑灯》；世亲的《成业论解说》《摄大乘论意趣显发略说》，还有安慧、陈那、法称、无性、护法等唯识因明释论。配合慈氏的《瑜伽师地论》，一个慈氏学全集的概貌已经显现。

　　韩镜清称其由藏译汉的唯识典籍翻译，是中国历史上的第三次唯识学译传。1994 年，韩镜清于第一届国际玄奘学术研讨会提交了论文《唯识学的两次译传》；1999 年，他于第二届国际玄奘学术研讨会提交了论文《唯识学的第三次译传》。他认为，"第六世纪是系统唯识学传入华夏的第一阶段"[②]，即指南北朝的唯识学派，产生了地论师和摄论师。韩镜清称这一批哲学家中出现了一次剧烈的分歧，是围绕着"佛性"与"如来藏"为中心而展开的。韩镜清说："佛教哲学的最重要的特色是把本体论与宇宙论当作两码事。"[③]而《大乘起信论》[④]的"心真如"缘起诸法的理论，受到中国传统哲学儒道宇宙生成论的影响，扰乱了佛教固有的哲学本体论的思维，因而引起了玄奘的质疑和反对，并导致了玄奘第二次译传的开始。但是，韩镜清认为，玄奘法师对唯了别识是误译和误解。韩镜清指出玄奘的错误有五点并予以纠正。拨乱一：无真无假；拨乱二：以从代主；拨乱三：以反作正；拨乱四：绳假蛇威；拨乱五：以辨代了。韩镜清觉得他需要从藏典唯识中尤其是慈氏唯识中发现唯识的真正旨意，以完整、系统的慈氏学统摄唯识学，可视为唯识学的第三次译传。

　　韩镜清尤其针对的是第五条"拨乱五：以辨代了"。韩镜清认为玄奘以"辨别识"代替了"了别识"，这不符合慈氏学的原意。他说：

①参见韩镜清：《慈氏学九种译著》"目录"。
②韩镜清：《唯识学的两次译传》，《佛学研究》1994 年刊。
③韩镜清：《唯识学的两次译传》，《佛学研究》1994 年刊。
④韩镜清认为《大乘起信论》为中国人昙延伪托的印度马鸣伪造，他在《唯识学的两次译传》中说：
　"这种的行为不但有失哲学家的真正身份，而且引起后宋许多类似不光彩行为的多次出现。虽然为了传统文化出了一把力，但不应采取这种错误手段。"

　　了别识、辨别识,在藏、梵文里都不是一个词,而汉译中却都翻作一个"识"字。梵文"Vijñapti",藏译作"Rnam-par-rig-pa"是"了别识"的意思,梵文"Vijñāna",藏译作"Rnam-par-shes-pa",是"辨别识"的意思。①

　　玄奘的汉译只有一个"识"字,藏文却分开来讲,分为"了别识"和"辨别识"。对此,韩镜清说得很清楚:

　　　　一个是讲八种识体时专用的 Vijñāna(辨别识),一个是讲"唯识"时使用的 Vijñapti(了别识),而在藏译中两词是分开译的。Vijñāna(辨别识)是在内外六处两种色法之间能起的一种辨别作用,很明显是有能辨别、所辨别两个方面;而 Vijñapti(了别识)则是讲所有的东西都是"分别"或"遍计",除此之外并没有所缘境界的存在,只能说在缘起上有能而无所,没有能所两个方面的问题。②

　　韩镜清认为,"了别识"和"辨别识"两者是不能混淆起来的。也就是说,"了别识"是有"能"(主观认识或心识主体)而无"所"(客观现象或认识对象),排除了三性之"遍计所执性",而只有"依他起性"和"圆成实性";反之,"辨别识"则把"能"与"所"分开,有"能辨别"与"所辨别"这两个方面,有主体也有客体。而玄奘唯识学实际上只讲了"了别识"而忽略了"辨别识",因此韩镜清指责玄奘学,"若将辨别识代替了了别识,就不是真正的唯识学"③。周贵华认为,一般汉译瑜伽行派唯识著述的"唯识"概念是指"唯了别",玄奘将"唯了别"换译为"唯识",这是由于汉传玄奘唯识学派对"唯识"概念作了单面化诠释,是随顺护法唯识思想的"唯识"概念④。

　　藏译经论中有几对词汇是汉译经论所没有的。除了"了别识"与"辨别识",例如,还有"所相"与"能相"、"空性"与"空"、"行相"与"种类"。其中,"行相""种类"在藏文中虽同属一词,但差异较大。

　　由"了别识""辨别识"之分,韩镜清谈到了唯识学的三性义。他认为三

①韩镜清:《唯识学的第三次译传》,黄心川主编:《玄奘研究:第二届铜川玄奘国际学术研讨会论文集》,陕西师范大学出版社,1999年,第204页。
②黄夏年、陈科:《建立慈氏学的人:访韩镜清教授》,《世界宗教文化》2000年第4期。
③韩镜清:《唯识学的第三次译传》,《玄奘研究:第二届铜川玄奘国际学术研讨会论文集》,第204页。
④周贵华:《唯识与唯了别——"唯识学"的一个基本问题的再诠释》,《哲学研究》2004年第3期。

性是整个大乘佛学的核心，"三性究竟圆满地发挥了佛学中道义，清晰明确地解释了所有佛说的甚深意趣，是我们闻思经论和指导修行的明灯"①。

除了唯识学、三性学，韩镜清还重视般若学，他认为这三学都是慈氏学的组成部分，都属于整个慈氏学，是整个佛陀学的领域。慈氏唯识学是把大乘佛学融会贯通成一个更大范围的理论体系。"完整、系统地开发出包括唯识学、三性学、般若学三个有机组成部分的全部慈氏学理论，才能真正把握整个大乘佛陀学的真髓。"②韩镜清意图把三性义从唯识学中独立出来组成慈氏学三个部分，目的是要把弥勒学中道思想的发展脉络全部呈现出来，这是极有创见的思想。但是，这样也会使得他人误解其义，毕竟三性义作为一般意义上的唯识教理，是否能够发展成为一个独立的佛学体系是个值得再探讨的议题。

第二节　韩廷杰、林国良对《成唯识论》的注解

韩廷杰（1939—），河北蠡县人。1960 年于北京大学东语系师从季羡林、金克木学习梵文和巴利文。毕业后分配到中国社会科学院世界宗教研究所研究佛教，从事梵文与巴利文的佛经翻译与研究，校勘、注释有《成唯识论校释》。

林国良（1952—），上海人。上海大学文学院研究员，著有《成唯识论直解》，在大陆和台湾均有发行，另发表多篇有关唯识学的论文。《成唯识论直解》是中国大陆出版的适合现代人阅读的通俗之作。

一、韩廷杰的《成唯识论校释》

韩廷杰这部《成唯识论校释》（1998 年）是近现代以来，尤其是中华人民共和国成立后对《成唯识论》作校勘释义的一部有影响力之作。严格地说来，慈航的《成唯识论讲话》（1952 年）和演培的《成唯识论讲记》（1975年）虽然对《成唯识论》做出释义，但不能算作校释。况且，韩廷杰是季羡林的学生，精通梵文等多种文字，在语言学上的优势和其他因素，使得该著成

①韩廷杰：《〈韩镜清佛典翻译手稿〉序》，《灵山海会》2010 年刊，第 73 页。
②吕兴国：《努力开发慈氏学，振兴真正佛陀教——介绍韩镜清教授》，转引自黄夏年：《百年的唯识学研究》，《社会科学动态》2000 年第 1 期。

为中华人民共和国建立以来国内对《成唯识论》的校勘、注释严谨之作。

对玄奘《成唯识论》的注疏、解释,分为唐代唯识学、明末唯识学以及近现代唯识学这三个阶段。唐代玄奘唯识宗的正统嫡传:窥基—慧沼—智周,著作有"唯识三大部"和"唯识三疏"之称。"唯识三大部"为:窥基的《成唯识论述记》、慧沼的《成唯识论了义灯》、智周的《成唯识论演秘》。"唯识三疏"为:窥基的《成唯识论掌中枢要》、慧沼的《成唯识论了义灯》、智周的《成唯识论演秘》。而后不久唯识宗绝嗣,传承不明,著疏飘零。

到了明末,出现了研习唯识宗学的兴旺局面,对《成唯识论》的疏解比唐代玄奘、窥基创立的唯识宗还要多。高原著有《成唯识论随疏》(亦称《成唯识论随注》)、《成唯识论俗诠》,王肯堂著有《成唯识论证义》,通润著有《成唯识论集解》,大惠著有《成唯识论自考录》,广承著有《成唯识论音义》,大真著有《成唯识论合响》。尤其是智旭著的《成唯识论观心法要》和智素等著的《成唯识论音响补遗》,慈航甚为推崇,说:"古来大德注解《成唯识论》,方便读者的,要算蕅益大师的《唯识心要》和智素法师他们公孙三代所合著的《成唯识论音响补遗》,是研究唯识最好的两部入门书。"①

近代以来又迎来了唯识学复兴的思潮。虽然这个时代唯识学家人才辈出,著书立说蔚为大观,其中不乏对《成唯识论》的研究,然而,对《成唯识论》作系统疏解并形成专著出版的却不多。(此处,不把对部头较小的《唯识三十论》和部头较大的《成唯识论述记》的注解统计在内。)近代以来,反倒是日本人对《成唯识论》的疏释较为细密。日本注疏以良算等所集《成唯识论同学钞》48卷、善念撰《成唯识论泉钞》30卷、藏俊所集《成唯识论本文钞》45卷、湛慧辑《成唯识论论疏集成编》45卷等为最著名。此外尚有英、法等译本②。而近代中国,在《成唯识论》勘对、释义方面,主要有支那内学院欧阳竟无、吕澂编《藏要》本对《成唯识论》的校勘辑录。另外,欧阳竟无还著有《唯识讲义》。中华人民共和国成立以后,主要是慈航1952年撰有《成唯识论讲话》,演培1975年撰有《成唯识论讲记》。严格地说来,这两本早于韩廷杰《成唯识论校释》的著作还不是真正意义上的校勘和释义。

①慈航:《成唯识论讲话》"自序",《慈航法师全集》,(台北)慈航法师永久纪念会,1981年。
②参见苏渊雷的《成唯识论》"词条"释义。

关于韩廷杰这部《成唯识论校释》校勘释义的情况,可从该著的"凡例"中寻其端倪,其云:

一、本书以《藏要》本为底本,并据《高丽藏》本、《嘉兴藏》本、《大正藏》本校勘。

二、《藏要》本是迄今为止最好的一个版本,该本校历三遍:一译校,二类校,三刻校。译校对勘颂文,用三种译本:梵本《三十唯识颂》、藏本胜友等译《三十论颂》、陈本真谛译《转识论》。类校对勘长行,用五种异本:梵本安慧《三十唯识释》、藏本胜友等译安慧《三十论释》、藏本胜友等译律天《三十论疏》、陈本真谛译《转识论》、疏本唐窥基著《成唯识论述记》。刻校用南宋刻本为底本,对勘丽刻、明刻及《述记》牒文。可见《藏要》本的校注是很宝贵的,本书全部采用。①

《成唯识论》之《藏要》本是公认的迄今为止最好的一个版本。因此,韩廷杰这部《成唯识论校释》采用《藏要》本为底本。历来,《成唯识论》既有大藏经本,还有单刻本,《成唯识论》最早收录在《高丽藏》。但是,韩廷杰选择底本的时候,并未使用《高丽藏》本和其他藏本,而是选用了支那内学院的《藏要》本。黄永年主张整理古籍,应以善本为底本,善本选用的标准是文字错误较少,而不是以刊刻的时间和版本的名气。所以,"理所当然地要用校勘精审、比较接近原书面貌的善本作为底本"②。

关于《藏要》的编辑工作,后来据吕澂所讲,是十分艰辛和细致的工作,从1927年耗时十余年完成,"先要逐一翻译梵文、藏文、巴利文等几种版本,在文字上对版本、原典、异译进行校勘,然后在义理方面对各宗派的依据、传录、前后学说的变化等,穷源究委,丝丝入扣,并要对历史上遗留下来的许多疑难问题做出解答"③。因为《藏要》本《成唯识论》校历三遍:一译校、二类校、三刻校,可见是完备细致的,是"宝贵"的。因此,韩廷杰的《成唯识论校释》采用了《藏要》本全部的校注内容。

《成唯识论校释》不仅有校,还有释。每段《成唯识论》原文校释之后加上"本段大意",以通释本段全文。韩廷杰释文的特点是引经据典、考证出

①韩廷杰:《成唯识论校释》"凡例",中华书局,1998年,第1页。
②黄永年:《古籍整理概论》,上海书店出版社,2001年,第16页。
③高振农:《怀念恩师吕澂先生》,《五台山研究》1998年第1期。

处,指出了《成唯识论》原文中引文的来源。以《成唯识论》卷一原文篇首为例,曰:

> 稽首唯识性,满分清净者。我今释彼说,利乐诸有情。

> 今造此论。为于二空有迷谬者生正解故。生解为断二重障故。由我、法执,二障具生,若证二空,彼障随断。断障为得二胜果故:由断续生烦恼障故,证真解脱;由断碍解所知障故,得大菩提。又为开示谬执我法迷唯识者,令达二空,于唯识理如实知故。复有迷谬唯识理者,或执外境如识非无,或执内识如境非有,或执诸识用别体同,或执离心无别心所。为遮此等种种异执,令于唯识深妙理中得如实解,故作斯论。①

韩廷杰针对以上《成唯识论》原文采用现代汉语释"本段大意"。并且,韩廷杰据窥基所撰的《成唯识论述记》,把《成唯识论》原文本隐藏的诸宗、诸师的观点都一一交代出来。例如,针对"稽首唯识性,满分清净者。我今释彼说,利乐诸有情"开篇语,释文为:"向万法唯识的佛法致敬! 向完全清净的佛教致敬! 向部分清净的菩萨致敬! 我(十大论师)现在解释世亲菩萨的《唯识三十颂》,是为了给有情众生带来利益和安乐。"②

针对"为于二空有迷谬者生正解故……由断碍解所知障故,得大菩提"原文,韩廷杰在释文中说明这是"安慧"所说。针对"又为开示谬执我法迷唯识者,令达二空,于唯识理如实知故"原文,韩廷杰在释文中说明这是"火辨"等人所说。针对"复有迷谬唯识理者,或执外境如识非无,或执内识如境非有,或执诸识用别体同,或执离心无别心所"原文,韩廷杰在释文中说明这是"护法"等人所说。并且韩廷杰还交代各派错谬的观点:"或执外境如识非无"是小乘说一切有部的观点,"或执内识如境非有"是大乘空宗的观点,"或执诸识用别体同"是《楞伽经》的观点③,"或执离心无别心所"是小乘经量部的观点。

《成唯识论校释》还有一个特点就是介绍佛教一些名相概念,同时也列出"梵文"并加以解释。韩廷杰曾受教于季羡林和金克木,1960 年至 1965

---

①韩廷杰:《成唯识论校释》卷一,第1页。
②韩廷杰:《成唯识论校释》卷一,第7页。
③《楞伽经》也属于唯识学六经之一。支那内学院提倡的是刘宋译《楞伽》,反对的是魏译《楞伽》。

年期间在北京大学东语系学习梵文和巴利文,《成唯识论校释》充分发挥了其专长。在《成唯识论校释》中常有佛教梵文的名词概念,例如《成唯识论》第一段,就出现了"有情"(梵文 Sattva 的意译,意为有情识者,义同众生)、"解脱"(梵文 Moksa 的意译,是指摆脱了一切烦恼的一种精神境界,亦即涅槃)、"菩提"(梵文 Bodhi 的音译,意译觉悟)等。

学界争论最为激烈当属玄奘对于"唯识"一词的梵文翻译问题。以《唯识三十颂》第二十七颂说到的"唯识"为例,玄奘译曰:现前立少物,谓是唯识性,以有所得故,非实住唯识。霍韬晦把玄奘译"唯识"改译为"唯表别"或"唯表",韩镜清则改译为"唯了别识",以还原梵、藏本唯识之原义。韩廷杰引用了《藏要》本的注称:"梵、藏本作唯彼,Tammātra,deni tsam-pa。"①值得注意的是,支那内学院勘《藏要》,明知译称为"唯彼",但还是遵从了玄奘译本"唯识"的意思。《成唯识论校释》全篇多处引梵本、藏本对勘并释义,再参照汉文,是该著的价值所在。

另外,韩廷杰在此著的《序言》中,对《成唯识论》的题解、印度十大论师的不同观点(种子的起源、四分说、末那识的所依、有无末那识、各识有无能遍计)诸多问题,以及玄奘留学及翻译工作(译场的分工、五不翻的原则)等问题都做了简要的介绍,并对唯识宗哲学理论,例如八识论、种子论、四分论、三自性做出必要的剖析。

我们知道《成唯识论》书名,却很少有人听过《净唯识论》。两个名称是为同一本论著。为何叫净唯识? 韩廷杰交代说,这是一种比喻的说法,以珠宝为喻,珠宝本性光洁,若不经过磨擦显现不出光洁。唯识宗通过比喻教导人要通过修行,清净心识,"去掉不符合佛教义理的'污垢',达到涅槃成佛的最终目的"②。再例如,对于《唯识三十论》的第七颂文"阿罗汉、灭定、出世道无有"的解释,白话文为:在阿罗汉位、灭尽定位和出世道位没有末那识。关于没有末那识的问题如何看? 安慧的理解是没有末那识的这个识体,安慧被称为"体无家";护法的理解是末那识的识体还是有的,只是要去除末那识的染污意,护法被称为"义无家"。据此,韩廷杰指出:"安慧的观点是'唯识古义',护法的观点是'唯识新义'。"③判定唯识古与今、旧

①韩廷杰:《成唯识论校释》卷九,第618页。
②韩廷杰:《成唯识论校释》"序言",第1页。
③韩廷杰:《成唯识论校释》"序言",第4页。

与新的标准不一。有一种观点是:谁更接近无著、世亲思想的原义,即为古学(旧学);谁有更多的发挥成分,即为今学(新学)。与安慧相比,护法的创新要多些,解释也更精细些。

《成唯识论校释》还提到了玄奘翻译为新译的问题。韩廷杰对玄奘新译是较为推崇的。当然,有些人是不喜新译的,例如守培撰《读唯识新旧两译不同论后的一点意见》,认为:"旧译无一非处,新译无一是处。"①佛教翻译史上旧译的代表有真谛和鸠摩罗什,新译的代表为玄奘和义净。在唯识学翻译史上,旧译的代表是真谛,新译的代表是玄奘。对于新旧两译的比较,韩廷杰更认同新译,他指出:"旧译者多为外国人,因不通汉语,有的过于强调意译而失原旨,有的过于强调直译,使中国人难以理解。玄奘既精通梵文,又精通汉语,所译经典既不失原旨,又通顺流畅,便于中国人阅读。"②这种观点被多数人所接受,就连主张融通诸宗的太虚对真谛旧译也颇多微词,而称赞玄奘的新译。不过,韩廷杰也曾指出玄奘创立的新译也是有问题的,例如,"他翻译的《五蕴论》,将心所法误译为心法"③。

总之,《成唯识论校释》不但对《成唯识论》中的核心词汇都进行了详细的注解,而且将《成唯识论》全本译成了白话文。韩著《成唯识论校释》既是一部可供研究人员使用的唯识学工具书,也是一部供爱好古籍和唯识论的读者入门的教材类读本。20世纪80年代改革开放后,佛学研究需要新的转向,佛教典籍的整理工作显示出空前的必要性。中华书局组织全国佛学专家对佛典进行系列的注释、校勘,包括韩廷杰的《成唯识论校释》在内的"中国佛教典籍选刊"一批丛书的相继出版,在一定程度上缓解了当时大陆基本研究资料匮乏的情况,并带动了相关基础理论研究的开展。

二、林国良的《成唯识论直解》

目前在中国大陆影响力较大的除了韩廷杰的《成唯识论校释》(1998年版),还有就是林国良的《成唯识论直解》(2000年版)。林国良的注解稍晚于韩廷杰,《成唯识论校释》是繁体竖排版,而《成唯识论直解》是简体横

---

① 守培:《读唯识新旧两译不同论后的一点意见》,《现代佛教学术丛刊》第28册《唯识学问题研究》,第121页。
② 韩廷杰:《成唯识论校释》"序言",第8—9页。
③ 韩廷杰:《〈韩镜清佛典翻译手稿〉序》,《灵山海会》2010年刊,第74页。

排版,适合现代人的阅读习惯,更为通俗易懂。此外,韩廷杰在台湾还出版了《成唯识论译注》《成唯识论》白话版。林国良的《成唯识论直解》也在台湾出版。这两本《成唯识论》注解在台湾和大陆的玄奘学学术交流上发挥着一定的作用。进入21世纪,也有其他家的注疏和解释出现。例如,已故台湾于凌波著的《简明成唯识论白话讲记》由佛陀教育基金会于2003年出版,已故闽南佛学院导师单培根的《成唯识论义释》由缘善堂于2010年出版,还有释大恩、蒲正信著的《成唯识论注释》由巴蜀书社于2012年出版。

《成唯识论直解》相比于《成唯识论校释》一大亮点就是更通俗化。对于研习唯识学,尤指《成唯识论》的现代人来说,这两本对《成唯识论》注释之作都是必备的。对于《成唯识论直解》的通俗化努力,林国良认为:

> 唯识学对于大多数现代人,尤其是青年人来说,毕竟是过于艰深难懂。而《成唯识论》作为一本唯识学的基本经典,由于其过于精炼简约,对许多人来说,如同天书般难读。正是有感于此,笔者萌生了将该书通俗化的心念。[①]

《成唯识论直解》的行文分为原文、今译、注释、评析四个部分。尤其“评析”部分,作者做了大量的解说。整体看起来,使得读者能够一目了然。既然为评析,就会夹杂着论述。例如,探讨“所缘缘”(分:亲所缘缘、疏所缘缘)一词时,林国良甚至引近人熊十力观点为证,认为:“熊先生是赞同此时仍有亲所缘缘。而这又回到了从《俱舍论》至《瑜伽师地论》对所缘缘的看法。”[②]意图要从玄奘《成唯识论》之前的经典,即慈氏学,甚至是小乘经典中寻找线索。其实,熊十力的这种看法,在明代智旭的《观所缘缘论释直解》中有相似的说法。《成唯识论直解》旁征博引,超出了原典,参照了近人的观点。该著也并非完全是普通的通俗读物,还具有一定的学理价值。

再有,林国良还做了一项重要的工作,是把《成唯识论》十卷原本拆开,进行分章分节,并在章节上加了标题。例如,第一章“论破我执与法执”;第一节“概论”;第二节“破我执”;第三节“破法执”;第四节“余论”。而每一节里又细分为各个小点。例如,第一节“概论”又分为造论宗旨和总破二执。这些反映了作者对《成唯识论》全书宏观把握的能力。

---

① 林国良:《成唯识论直解》“前言”,复旦大学出版社,2000年,第32页。
② 林国良:《成唯识论直解》,第538页。

　　《成唯识论直解》所用的底本和《成唯识论校释》一样，均是《藏要》本。因为，《藏要》本是公认准确度较高的。另外，他还参考了唐窥基的《成唯识论述记》以及明代蕅益智旭的《成唯识论观心法要》等进行校勘。林国良指出：

　　　　本书的"今译"和"注释"，除参考上述二书外，还参考了《成唯识论枢要》等历代注书，以及近代与当代的一些唯识学著述，如正果法师的《佛教基本知识》、梅光羲的《相宗纲要》《相宗纲要续编》、熊十力的《佛家名相通释》、井上玄真的《唯识三十颂讲话》、罗时宪的《唯识方隅》)(上编)，以及吕澂、王恩洋等学者的唯识学著述，力求对《成唯识论》能理解正确、表述无误。①

　　难能可贵的是，林国良发现了《藏要》本的一些错误，"但笔者在校勘过程中还是发现了少量错误，凡有改字之处，本书均出注说明"②。例如，《成唯识论》藏要本原文说："论曰：初能变识，大小乘教名阿赖耶。此识具有能藏、所藏、执藏义故，谓与杂染互为缘故，有情执为自内我故。此即显示初能变识所有自相，摄持因果为自相故。此识自相分位虽多，藏识过重是故偏说。"③"藏识过重"的"识"字，意思是说这第八识的自相、分位的形态较多，有能藏、所藏、执藏三种含义，有异熟识；然而以"阿赖耶"执藏的过失最重，所以偏说第八识为阿赖耶名。阿赖耶是梵语 alaya 的音译，就是收藏的意思，意译为"藏识"。不过，对于"藏识过重"这句，智旭的《成唯识论观心法要》作"初"，为"藏初过重"。林国良又对勘《成唯识论述记》，发现对此有解释，故而，改为"识"改为"初"字。林国良作注释说："初：《藏要》作'识'，《观心法要》作'初'，而《述记》释此句时，也说了'最初舍'与'过失重'二义，故本书从《观心法要》。"④据此，林国良译为："第八识的自身性状，形态虽然很多，但藏识的名称在证果时最先舍弃，且执藏的作用过失最重，所以偏重藏的含义而说第八识为阿赖耶识。"⑤

　　"由意识的二种缘证有第七识"，《成唯识论》说到"牙影"一词，曰："不

①林国良：《成唯识论直解》"前言"，第32—33页。
②林国良：《成唯识论直解》"前言"，第32页。
③《成唯识论》卷二，欧阳竟无编：《藏要》第4册，上海书店出版社，1991年，第590页。
④林国良：《成唯识论直解》，第117页。
⑤林国良：《成唯识论直解》，第117页。

可说色为彼所依,意非色故,意识应无随念、计度二分别故。亦不可说五识无有俱有所依,彼与五根俱时而转,如牙影故。"①关于"牙影",林国良在"前言"中交代了他采纳了上海研究唯识学顾兴根老居士的个人见解。他在注释中说:

> 牙影:一般的理解,"牙"通"芽"。《述记》即作"芽",其注为:"如芽与影,必同时故。影由芽发……"但任何物体在光线下都有影子,一定要说由芽发影,此喻并无任何直观性,实属牵强。至于将"芽"解作种子与芽,也不通,因为种子与芽并不一定同时。此外另有一解:"牙"指"牙旗",即旗杆上饰有象牙的大旗,为古代军中主将之旗。这样,"牙影"就是"牙旗"与其影子,无论"牙旗"如何飘动,其影子总是追随不离。因而此解似更合文意,故本书译文取此解。②

除了采取了一些新观点以外,《成唯识论直解》还有个很明显的特点就是注重用西方心理学、现代科学等知识来解释唯识义理。林国良善于使用心理学知识来解释唯识学之心识现象。例如,关于唯识学的别境心所"胜解",林国良指出:"胜解大体相当于现代心理学所说的'理解'。但现代心理学的'理解'专指意识对事物本质的认识;而唯识学认为除意识外,五识也可有微弱的胜解。"③

除了心理学,该著中还经常用其他科学进行释义。例如,关于"法无我",《成唯识论直解》评析道:

> 按现代科学的观点,物体在发生化学变化,即形成质变时,参与变化的各原子的外层电子数目有得失,即物体的主体有变化。据此完全可以得出事物没有真实不变的主体,即诸法无我的结论。④

林国良的目的是使得抽象思辨能力极强的唯识宗哲学变得更通俗一点,而用现代科学知识与唯识学相比较也不失为一种方法。《成唯识论直解》在"前言"中考察出唯识学乃至全部佛学与现代科学的四种关系:一是佛学的某些理论,已被证明为正确;二是佛学的另一些理论目前还无法证

---

① 林国良:《成唯识论直解》,第 329 页。
② 林国良:《成唯识论直解》,第 330 页。
③ 林国良:《成唯识论直解》"附录",第 764 页。
④ 林国良:《成唯识论直解》,第 38 页。

实或证伪；三是在知识层次上，佛学或唯识学的某些知识显出其局限性；四是佛学或唯识学的有些理论如何与现代科学的已有成果相适应，值得探讨。这种看法较为全面，有利于厘清科学与佛学的异同，以及二者交涉之临界点。就科学在当今生活中的作用和在现代人心目中的地位而言，学者陈新认为：如果佛教试图蔑视科学、把科学扔在一边，其结果可能是佛教本身被蔑视、被扔在一边。《直解》的慎重超越了这两种偏颇的态度，这大概就是儒家中"中庸"或佛家的"中道"吧[①]！

①参见陈新：《〈成唯识论直解〉观感漫谈》，《普门学报》2002 年第 10 期，第 369 页。

第八章 80年代后大陆佛教界
佛学院对唯识学的弘扬

第一节 惟贤于重庆佛学院对唯识学的推广和泛化

惟贤(1920—2013),四川省蓬溪县人。十三岁到四川南充"龟山书院"师从王恩洋学习儒学、唯识。十六岁考入太虚创办、法尊主持的汉藏教理院,成为当时最年轻的一名学生。他亲近太虚十年,深得太虚"八宗平等"思想的精髓,现有《慈云全集》出版。90年代后,其创办的重庆佛学院在唯识学研习和弘扬上享有声誉。

一、唯识论不同于哲学、宗教之唯心论

惟贤于1992年在罗汉寺创办了重庆市佛学院;1995年,重庆市佛学院迁入华岩寺,命名为重庆佛学院;2004年经国家宗教事务局批准成为汉语系高级佛学院。重庆佛学院具有"三传并弘,四众并摄,偏重唯识,注重管理"的院派特色。其中,"偏重唯识"反映了该院的治学宗旨。2013年惟贤圆寂时,国家宗教事务局唁电赞誉其为"法门领袖、唯识学泰斗、国学大师"。

1985年,惟贤讲《唯识三十颂概说》于成都四川尼众佛学院。其中,他纠正了以往几种对唯识的错误认识。其中一条就是:唯识论不能混同于普通的唯心论。按惟贤的意思,笔者认为此处界定的内涵是:一、"普通"的唯心论指哲学、宗教之唯心论;二、唯识论属于佛学,不等同于哲学、其他宗教。惟贤说:

> 不能将唯识混同于普通的唯心论。唯心论分主观、客观两种。主观唯心论认为宇宙万有都是人的主观所决定的。客观唯心论认为客观上有一个主宰世界的造物主,都比较玄虚。如古希腊柏拉图的"理念世界",德国黑格尔的"绝对精神",中国古代的玄学,皆谈玄说妙。

有些人对唯识产生了误解,将唯识混同于世间的唯心论。佛法讲实际重行持,这点与别的宗教不同。佛教理论是建立在三量上,即现量、比量、圣言量。(1)现量:现证现知对所认识的外境并不否定,如前五识了别色声香味触法六尘初刹那时候,以及定中缘境,正智契真如,第八识所缘的境界都叫作现量。(2)比量:进行推论,如远见烟就知彼处有火,听到隔壁有说话的声音,就知道里面有人,以及由因知果。(3)圣言量:又名圣教量,对佛说的法深信不疑,深信因果,三宝功德,根据圣人的言教才认识真理。

"心本无生因境有,前境若无心亦无",唯识学并不否定万法的存在,怎能与普通的唯心论混为一体呢?[①]

惟贤此处所指"唯心论"的范围是极其广泛的,包括东西哲学、其他宗教(主要指西方基督教)均有唯心论的说法。马克思主义学者认为唯心论有主观和客观唯心论两种。有关主观唯心论,惟贤并没有举例。至于客观唯心论,他举例说西方哲学有柏拉图的"理念世界"、黑格尔的"绝对精神",而东方哲学主要指玄学,他们共通的特点之一就是"玄虚"。

惟贤认为,佛法注重实践修持,这点与哲学、其他宗教是不同的。在认识论层面,他认为佛学是建立在量论上,因明学分为三量,即现量、比量、圣言量。现量是一种对外境有感知的感性认识;比量是一种理性的推理;而圣言量则是圣人的言教,也属于认识的一种。尤其是现量,可以证明唯识学并不否定外境、万法的存在。惟贤据此认为,唯识论与哲学、其他宗教的唯心论有一定的区别。

实际上,惟贤的观点受到近代诸多唯识家的影响。太虚撰写过《佛学与宗教哲学及科学哲学》,针对西方的宗教,太虚认为宗教哲学所说的上帝创造一切违背了自己设定的因果律。按照宗教家的观点,上帝能创造一切,上帝是无始无终的、作为世界万物创造的主因(终极因、目的因),如果承认上帝是存在的,那么上帝又从哪里产生呢?如果承认上帝是不存在的,自身是没有的,又怎么能产生这世界万物呢?章太炎撰写过《论佛法与宗教、哲学及现实之关系》,他反对把佛法看成宗教和哲学,不过他认为三者之间更多地具有融通性。在章太炎看来,佛法只与哲学家为同聚,不与

---

① 惟贤:《唯识札记》,宗教文化出版社,2006 年,第 114—115 页。

宗教家为同聚,佛法是"哲学之实证者",明确地把佛法归入哲学,而且是最高明的哲学。另外他认为佛法也有不圆满的地方,"佛法亦有不圆满处,应待后人补苴"①。梁漱溟也可以说是在站在佛教的立场来看待佛学与宗教、哲学的关系,他在《印度哲学概论》中认为,佛法既不是宗教,又不是哲学,只好叫作佛法。

欧阳竟无演讲过《佛法非宗教非哲学,而为今时所必需》,他开门见山地讲,从西洋名词翻译而来的"宗教""哲学"二词,意义各殊,范围狭隘,根本不能包含广大无边的佛法,"正名定辞,所以宗教哲学二名都用不着,佛法就是佛法,佛法就称佛法"②。王恩洋在《研究佛法者应当注意的三个问题》中也说:"佛法就是佛法。佛法非宗教,佛法非哲学。"③惟贤曾师从王恩洋,又亲近太虚,所以,他的观点反映了近代以来佛教界对佛法、宗教、哲学三者关系判别的基本态度。

惟贤关于唯心论的看法,是对马克思主义思潮在哲学界、佛教界、宗教界影响的回应。惟贤认为,唯识论不能混同于普通的唯心论,因为唯识学并不否定万法的存在,意图要把唯识论与唯心论鉴别开来。在以任继愈、侯外庐、范文澜、郭朋、冯契等为代表的马克思主义学者的视野下,唯识论属于唯心主义,其中又分为主观唯心论和客观唯心论。其中,任继愈讲得比较详细,认为唯识宗在认识论上属于主观唯心论,在世界构成上属于客观唯心论。冯契甚至借鉴了唯识学"转识成智"的概念以建构其"智慧"学说,但作了唯物主义的改造。其他学者用马列主义观点评判唯识宗学说与唯心主义虽有差异,但其为唯心主义的立场,是毫无疑问的。

二、唯识学是所有佛教宗派的基础

法相唯识学在历代佛教判教中的地位是不同的。分清、确定唯识学在佛法中的地位对于了解唯识学在整个佛学大背景下的概观和发展趋向有着重要的意义。而惟贤从唯识学的立场以及融通诸宗的角度出发,把唯识学抬到一个较高的位置。

①参见章太炎:《论佛法与宗教、哲学及现实之关系》,《中国哲学》第6辑,生活·读书·新知三联书店,1981年。
②欧阳竟无:《佛法非宗教非哲学,而为今时所必需》,《欧阳竟无集》,第1页。
③王恩洋:《研究佛法者应当注意的三个问题》,《中国佛教与唯识学》,第42页。

1998 年惟贤作《玄奘法师与唯识学——纪念玄奘法师圆寂 1335 年》，高度评价了玄奘的唯识思想。玄奘思想的一大特点就在于"融会贯通，阐扬真义"，惟贤说：

> 在中印历史上，大小乘之争，空有之争，历来不绝。玄奘法师趣大舍小，以小归大，并融会般若瑜伽，宣示中道，特别提出瑜伽的三自性义，破遍计所执性以明真空，不落常见；立依他起性显妙有，不落断见，由此断除我、法二执，证得圆成实性。此三自性说，有立有破，合符中道。玄奘法师在印度曾著有《会宗论》解释此义，在印度与小乘和空见论者均有辩论，全使对方折服，以至小乘论师赞扬其为"解脱天"，大乘论师赞扬其为"大乘天"。这说明玄奘法师洞察真理，精宣妙义，合符佛陀心印，熄灭了诸家争论。①

印度部派佛教盛谈"有"说，比如说一切有部，讲"我空法有"；龙树、提婆为了纠正小乘偏有的说法，宣讲般若空义；同时又有一种人，深信大乘，广弘般若的教理，但又不免只看见了般若空的一边，于是无著、世亲又宣讲大乘有义。空有二宗历史确实上存在着争辩，比如护法与清辨论师相抗。因为般若启前，唯识继后，往往认为唯识与般若是不同的。其实，唯识并不废般若，有宗也弘扬般若。玄奘就曾倾注了极大心血翻译《大般若经》六百卷，足见唯识宗也是重视般若的。关于空有二宗的关系，印顺撰的《清辨与护法》有详细的讨论，他选取了空宗清辨的《掌珍论》和有宗护法的《广百论释论》，分析了空有二宗的有无同异关系。

玄奘在印度时所著《会宗论》就是调和当时印度佛教界、空有二宗的会通之作。不过，《会宗论》是梵文写的，玄奘又没有翻译出来。那么，《会宗论》原文为何？巨赞考证认为，玄奘"性境不随心，独影唯从见，带质通情本，性种等随应"这首授予窥基的偈颂，可能是包括在《会宗论》里面的②。这首讲唯识三类境（性境、独影境、带质境）的偈颂，《成唯识论掌中枢要》卷上末、《成唯论了义灯》卷一末、《大乘法苑义林章》卷四末、《百法问答钞》卷二等均有记载。这首偈颂是解决相宗内部问题的，巨赞认为如果不先把相宗方面的问题解决了，性、相两宗的会通就无从着手。不管怎么说，《会宗

①惟贤：《唯识札记》，第 154 页。
②参见巨赞：《关于玄奘法师的〈会宗论〉》，《现代佛学》1956 年 3 月号。

论》熄灭了诸家争论,这符合佛陀的教旨,也体现了玄奘唯识宗学说易被忽略的融通精神。

不过,玄奘唯识宗学说的根基还在于唯识学,惟贤对此有着一定的推扬。他在"结语"中还引证弘一、南怀瑾的观点为证,说道:

> 弘一大师说:"法相宗又名慈恩宗,此宗最重要,无论学何宗派,皆应先以此为根底。"南怀瑾先生曾说:"密宗修法的理论依据是以唯识学的理论依据为基础。"此宗既深湛又广博,全部佛学的显密二宗,都以法相唯识学为理论基础。①

可以看出,惟贤是推崇以上二师的观点的。弘一本为民国弘扬律学的一代高僧;南怀瑾修持禅、密等诸宗,也认同唯识的教理。而密宗与唯识学也颇有关联。藏传佛教保留了许多印度大乘瑜伽行派论师的论疏。另外,宗喀巴《菩提道次第广论》次第说与唯识学修学次第也可相互参研。不少汉地佛学院均研习藏传《菩提道次第广论》。可见,唯识学为所有宗派的基础之说并不是空穴来风。王恩洋认为唯识教是佛法的根本,提出"一切佛法皆法相学"②。我们知道,惟贤曾经受学于王恩洋,所以惟贤的提法也是有师承的。不过,惟贤的思想受到太虚的影响更大。太虚武昌佛学院唯识学系与王恩洋所在支那内学院唯识学系有着很大的差异。王恩洋的唯识思想教宗玄奘一家,而太虚的唯识思想是会通佛教各家各派的。

惟贤于 2004 年讲《唯识学在佛法中的地位》于重庆慈云寺,重申了他把唯识学置于佛学根基的立场所在。以弟子正根提问,惟贤作答的方式记录下来:

> 问:唯识学的思想是不是贯穿于整个佛教所有宗派? 所有宗派均是以唯识学思想为基础,只有形式不一样而已?
> 答:对的。不管小乘、大乘,性宗、相宗,它都是以唯识学为基础。我刚才所说:业感缘起,业,行动,行动又由无明烦恼,烦恼又由意识,都是讲识,要净心,诸恶莫作,众善奉行,自净其意,也是以意识为主,有意就会发动身业、语业。
> 问:是不是可以这样讲,如果把唯识思想学通了,其他各个宗派的

---

① 惟贤:《唯识札记》,第 158 页。
② 王恩洋:《中国佛教与唯识学》,第 319 页。

思想就一通百通？

　　答：是这样子的，它有连带关系，一通百通，你若晓得什么是业感缘起，什么是性空缘起，什么是法界缘起，把唯识学通了，它都是一致的，八宗平等，到了那个悟的境界，就一条道路，你看密宗到了大圆满境界，都是这个道理，悟得空，所以一通百通。①

　　言谈中，惟贤所指的唯识学是用唯识的外延含义来涵括所有佛教诸学之广义唯识，而并非仅指唯识学派之狭义唯识。他认为无论大小二乘、性相二宗，均以唯识学为基础。这个"唯识"是心识的意思。因为无论原始佛教，还是部派佛教，还是后来的大乘空有二宗，甚至到中国佛教，均离不开"心"字上作功夫。小乘虽然不明显，可是还是讲"识"，惟贤特别指出，小乘的"业感缘起"，十二因缘之无明（烦恼）、行、识等，都是离不开识，要"自净其意"，并且是"以意识为主"。佛家有三业，指的是身、口、意三业，有意就会发动身业、口业，可见意识造业占据业力最为重要的位置。

　　惟贤还指出，诸家各宗，除了小乘的"业感缘起"，还有大乘空宗的"性空缘起"，还有大乘如来藏系佛学的"法界缘起"，也是讲心识的，八宗是一致、平等的。所以叫"一通百通"。惟贤在"唯识的中心思想，从小乘到大乘"的论点中提出"三界唯心、万法唯识"的道理是贯穿于整个唯识的理论，他认为佛教不管是小乘还是大乘，中心思想讲"唯心因果"，从小乘的"业报缘起"到大乘的"性空缘起""真如缘起""赖耶缘起"都离不开心。

　　需要交代的是，惟贤关于"八宗平等"的思想是来自于太虚。而近代三系唯识之武昌佛学院太虚的思想最明显的特点就在于融贯诸宗。惟贤于2000 年撰有《玄奘精神与人间佛教》一文，还提到了太虚的唯识著述与人间佛教。针对太虚的"人生佛教"思想，惟贤指出："太虚大师据此写有《人乘佛教正法论》、《人生佛教》、《菩萨学处》等书。他的思想系统，系'教宗弥勒、学绍玄奘'，憧憬于弥勒龙华三会的人间净土。"②总体说来，惟贤的唯识学的许多观点基本上承接了太虚系唯识学。不过，惟贤关于唯识学是所有佛学的基础、根底的论断，会让人误解他特意抬高了唯识学在诸教中的地位。

---

①惟贤：《唯识札记》，第 31—32 页。
②惟贤：《唯识札记》，第 175 页

实则上,惟贤所述之唯识更多层面是指广义之佛家唯心义,而非狭义之唯识义。从某种意义上而言,惟贤拔高了唯识学的同时,也把法相唯识义泛化了。

第二节　唐仲容于四川省佛学院对唯识学与诸宗的贯通

唐仲容(1920—2002),四川巴中市石城乡人。当代盲人佛学家,师承王恩洋。1947 年赴成都东方文教研究院,讲授唯识哲学并指导研究生。80 年代末在四川省佛学院任教,晚年以唯识理论为根基,致力于融通性相、空有。90 年代末发表有《试论有为无为两缘起说的会通》,还著有《般若心经唯识新悟精义》等,以探求中观、禅宗与唯识的融通性。

一、有为缘起、无为缘起的会通

作为纯粹印度佛学的唯识宗学与中国佛学在佛教界对峙已久,二者思想的差异性在中国佛教界争执不休。《大乘起信论》真伪问题、如来藏系佛学的合法性问题、中印佛学"性寂""性觉"说的划分问题等,为 20 世纪以来讨论的焦点议题。有鉴于此,唐仲容发表《试论有为无为两缘起说的会通》(《法音》1989 年第 8 期),认为有对唯识学与中国佛学做出会通的必要。

唐仲容从缘起论的角度,提炼出唯识学与中国佛学的区别所在,前者属于"有为缘起",后者属于"无为缘起"。对此,唐仲容说:

> 弥勒、无著、世亲诸大士在融汇印度诸派小乘主一切法有的教义和大乘性宗主一切法空的教义的基础上,宗三时了义经而建立以赖耶识为中心的有为缘起说,为法相唯识宗所主。它保存了印度佛教的真面目,拥有不少信众,占有较大的势力。
>
> 无为缘起说以真如为中心,它是根据佛陀所说的"如来藏",又本《大般若经》中"诸法虽生而真如不动,真如虽生诸法,而真如不生","真如流趋世间,一切善法之所依止"等圣言,而更吸收中国儒家"天性"、"道心"、"明德"之说和老庄道无为而无不为,能生万法的主张之所建立。它是带有中国民族文化特色的佛教教义的主干,也是大乘教义有着创造性发挥的一大成就。中国的天台、贤首、禅、净等宗皆以此

缘起说为理论基础而成立。①

印度大乘瑜伽行派是后期兴起的成熟的唯识学体系,可以说代表了印度佛学的真精髓。大乘唯识学宣扬"阿赖耶识缘起论",阿赖耶识本是凡夫识,藏有染净万法的种子,第八识是归为有为法范畴。据此,唐仲容说唯识学的这种缘起属于"有为缘起说"。

而中国佛教天台、华严、禅宗、净土宗等宣扬"如来藏缘起论"。例如,《大乘起信论》宣扬"心真如缘起",认为"真如"能够缘起万法。这样"由体生用"的缘起理论,玄奘唯识宗学是极力反对的。而如来藏缘起思想与中国本土的儒家、道家思想是极为相似的。例如道家"无为而无不为","道生一,一生二,二生三"开启的宇宙生成论模式。这种缘起理论,唐仲容称其为"无为缘起说"。

那么,二者会通的意义何在? 唐仲容认为有四点:第一,有为法与无为法属于一对体用(或理事)范畴,有为法是事,无为法是理,两缘起说有着相互贯通的内在联系;第二,缘起理论是佛教教义的核心,佛教各宗各派,皆有各自特有的缘起论;第三,会通能够使学人自修化众,左右逢源,方便善巧;第四,能够融通教义,消除教义上的分歧,杜绝门户纷争的局面。

至于会通的态度,唐仲容认为要有科学的态度:一是重客观实际;二是讲实事求是。唐仲容认为如果建立一种所谓"综合性的缘起说"则是杜撰臆造,是错误的。

关于会通的方法,唐仲容提出三点:第一,先将两缘起说加以对照,作比较的研究,于有关文献反复阅读,于有关义理反复思维;第二,从事会通,必须由浅入深,由粗及细,由部分达到整体,以求得高度的会通,而这里的高度会通,必须在闻思的基础上以修证为主来达成;第三,在研究会通的用功上是平等的。不过,会通必须从有为缘起说出发,并以之为主来与无为缘起说进行会通。唐仲容认为以有为缘起为出发点的会通,是会通的关键,是纲举目张的妙法。

下面,探讨"有为缘起说"和"无为缘起说"的会通的具体内容。唐仲容从教、理、行、果四个方面来融通二者,阐述如下:

第一,在"教"的方面会通。这两种缘起论都属于大乘教义。"有为缘

---

① 唐仲容:《试论有为无为两缘起说的会通》,《法音》1989 年第 8 期。

起说"，是根据《解深密经》《华严经》《密严经》《楞伽经》《大乘阿毗达摩经》等大乘经，以及《瑜伽师地论》《摄大乘论》等大乘论建立起来，"唯识"是其总持法门。而"无为缘起"说，则根据《华严经》《楞伽经》等大乘经，以及《大乘起信论》等大乘论建立起来，"唯心"是其总持法门。

在论典方面，《成唯识论》和《大乘起信论》分别是两缘起说的代表。前者显示"万法唯识"义，后者显示"一切唯心造"义。而在会通层面，"唯识、唯心二名可以互换使用，因为心是诸识之总名"①。

第二，在"理"的方面会通。两缘起说的共通性有五义：一，真如即真心义；二，一心二门义；三，阿赖耶识是生一切法的根本义；四，法性本空远离名言分别义；五，熏习义。

就"真如即真心"义而言，"无为缘起说"认为真如是能所混同、理事不二、智如一体的真心。而"有为缘起说"特别反对心真如之说。唐仲容为了说明"有为缘起说"也有"心真如"一说，并引《唯识三十颂》"此诸法胜义，亦即是真如，常如其性故，是唯识实性"以证明。还有其他的证明，此处不一一罗列。总之，唐仲容得出结论：虽然有前人讲"有为缘起"时，不承认真如即真心，然而"有为缘起"说避免不了真如即是真心义。

就"一心二门"义而言，"无为缘起说"以《起信论》为例，宣扬"真如门"和"生灭门"；而唯识学也有唯识相（有为法）和唯识性（无为法）的分别，唯识学除了讲三性（遍计所执性、依他起性、圆成实性），还讲三无性（相无性、生无性、胜义无自性）。

就"阿赖耶识是生一切法的根本"义而言，唐仲容认为"无为缘起说"同样也认为阿赖耶识能生起染净万法，《起信论》云："所谓不生不灭，与生灭和合，非一非异，名为阿黎耶识。此识有二种义，能摄一切法，生一切法。"

就"法性本空远离名言分别"义而言，可以从"有为缘起说"和"无为缘起说"两家的主张和文句来看，也是大体一致的。

就"熏习"义而言，有为、无为二缘起说，对熏习都是高度重视的。唐仲容认为，两家内容虽有分歧，但共同点是：一，同是认为熏习是缘起的关键部分；二，同是认为世间染法的形成，是由熏习所致；三，对于转染成净以及净法的相续不断，亦皆认为由熏习使然。

---

① 唐仲容：《试论有为无为两缘起说的会通》，《法音》1989年第8期。

第三，在"行"的方面会通。两缘起说有两个方面的内容可作会通：一是"因言遣言"，以净名言遣染名言，最后染净名言俱遣，而入于无分别；二是重"对治"，在修观行上，必须有针对性，破某执宜修某观，断某障宜修某行。

第四，在"果"的方面会通。一是同中有异："有为缘起说"之《成唯识论》讲"转依"，即"转识成智"，是转染成净；而"无为缘起说"之《起信论》讲"归本"，除染还净或转染还净。二是异中见同："有为缘起说"，虽然是转依，但也寓有归本之意；"无为缘起说"归本时，这种改旧换新的意味，亦可说为转依。

总而言之，唐仲容作会通的目的是两家取长补短，从而相互补充。其意义在于：其一，能将诸法殊胜相与平等性两相融贯；其二，"有为缘起说"的"种子周遍，现行对碍"是对"无为缘起说"不觉与本觉同时并存合为阿赖耶识之说的补充；其三，"有为缘起说"根据"无为缘起说"建立的顿悟法门为借鉴，也可以建立起顿悟法门，这对于注重渐修法门的"有为缘起说"是一个重大的补充①。值得强调的是，唐仲容虽然师从王恩洋，可是他的观点并不同于支那内学院宗于玄奘唯识学的传统，他主张"有为缘起说"之唯识宗学，但并不反对"无为缘起说"之中国佛学，认为纯粹印度佛学和中国佛学二者是可以求同存异的。

二、唯识与中观、禅宗的融通

唐仲容晚年一直致力于融通性宗与相宗、空宗与有宗、有为法与无为法。他在《自述》中提出"唯识是中观理论的完美发展"。2000年，唐仲容居士以八十岁高龄，作《般若波罗蜜多心经讲记》以唯识解读般若，而他发现奉行《金刚经》的禅宗南宗，也可与唯识会通。

唐仲容在《七五自述》中提出：唯识是中观理论的完美发展。印度大乘佛学，中观启前，唯识承后，唯识学的发展是以中观学为基础的。实际上，唯识学并不排斥中观，从无著作的《顺中论》和玄奘所作《会宗论》可以看出他们融通诸宗的观点。不过，中观学在心意识状态方面，不如唯识学完整。中观学只讲了六识（眼耳鼻舌身意），唯识学除了这六识，又别立了第七末

①唐仲容：《试论有为无为两缘起说的会通》，《法音》1989年第8期。

那识和第八阿赖耶识。据此,唐仲容指出,唯识学派的创始人无著、世亲,"根据《解深密经》和《慈氏五论》,建立唯识学以补中观理论的美中不足。唯识学是方广一切唯心造,和般若缘起性空两大原则有机结合,形成内因缘生一切法的有为缘起论"[①]。

唐仲容于2000年在《般若波罗蜜多心经讲记》中以唯识会通般若,认为般若智慧是最正确、最真实、最伟大的认识能力;从唯识家而言,明白一切事物都是心识所现,不可言说的认识。《讲记》首先指出《心经》的"心"字与"观"字最为重要。

关于《心经》的"心"字的解释,唐仲容认为,佛法中心就是识、识就是心,唯心就是唯识的意思。关于《心经》的"心"字,唐仲容指出此心是八种识合起来讲的,他说:

> 《心经》所讲的心是八种识的综合运用,非常灵动,其内容非常丰富。不但是人生命的主体,也是宇宙人生的根本。离开八识就没有心,离开心就没有八识。因此,唯心就是唯识。[②]

除了"心"字,还有就是"观"字。唐仲容指出,般若学经典《心经》是以"观"字开头,而《金刚经》却是以"观"字结尾,这说明"观照"在修持上的重要性。而"观照"在唯识行持上的运用,就是四依四不依中的"依智不依识"。以《心经》原文"照见五蕴[③]皆空"作分析,其中的"识蕴",唐仲容说"识"是指一切有情众生的八识以及与八识相应的五十一心所有法。

对于《心经》"色不异空,空不异色,色即是空,空即是色,受想行识亦复如是"的解读,唐仲容指出在唯识家而言,这是在有为法与无为法的关系上说的。般若的"空"即指唯识的"无为法";般若的"有"即指唯识的"有为法"。他还引《解深密经·胜义谛相品》"有为,非有为亦非无为;无为,非无为亦非有为"为证,以说明空有不二、性相一如、有为法与无为法为一。

对于《心经》"是诸法空相,不生不灭,不垢不净,不增不减"原文,唐仲容继续引《解深密经》"胜义谛以不二为相"作解。他说:"这里就是不二相,

---

① 唐仲容:《七五自述》,《唐仲容先生文集》,内学讲堂,2003年。
② 唐仲容:《般若波罗蜜多心经讲记》,《心经唯识心悟精义》,(台北)台湾慈宗学会,2003年,第12页。
③ 五蕴,即色、受、想、行、识。

离开生灭两边,离开垢净两边,离开增减两边,不生不灭,不垢不净,不增不减,就是不二法门,就是远离两边的无分别空。"①

对于《心经》"无无明,亦无无明尽,乃至无老死,亦无老死尽"原文,唐仲容引《成唯识论》作解。《成唯识论》云:"观现在法有引后用,假立当果,对说现因;观现在法有酬前相,假立曾因,对说现果。假谓现识,似彼相现,如是因果,理趣显然。远离两边,契会中道。"他指出,对于三世(过去世、现在世、未来世),应抓住现在,活在当下。

对于《心经》"三世诸佛,依般若波罗蜜多,故得阿耨多罗三藐三菩提"原文,唐仲容认为觉悟是对宇宙人生绝对真理的彻底的洞察和了解,"也就是一切事物都是心识所现的影像,如梦如幻,有而非真,远离分别言说"②。对于阿耨多罗三藐三菩提(无上正等正觉)的形成,唐仲容指出,此为唯识学的"转识成智"——转前五识为成所作智、转第六意识为妙观察智、转第七末那识为平等性智、转本识第八识为无垢识大圆镜智。

《金刚经》与《心经》同为般若学经典。唐仲容对《金刚经》的部分内容也以唯识做出解读。他在《金刚经要义总结》中分析了《金刚经》结尾"一切有为法,如梦幻泡影,如露亦如电,应作如是观"一句偈颂。他指出,《金刚经》"缘起性空"的缘起理论,属于"有为缘起说"③,而有为缘起论是唯识宗学的所依。对此,唐仲容说:

> 缘生法的总体不外是心,心是积集义、集起义,主要指第八识受熏、持种,一切诸法种子之所积集。由于诸法种子积集其中,随缘即起诸法现行,故第八识名为"藏识",亦名"所知依"。于此也就说明了以第八识为总体的心即是一团种子的有机结合。④

唐仲容在《般若波罗蜜多心经讲记》中解释了唯识的道理和《金刚经》所讲的"如梦幻泡影"可以相配合,他指出唯识学所说的"根身"(身体、五官)是阿赖耶识的内四大种为因(原因)、业力为缘(条件)所变现出来的;"器界"(山河大地、日月星辰)是阿赖耶识的外四大种为因(原因)、业力为

---

① 唐仲容:《般若波罗蜜多心经讲记》,《心经唯识心悟精义》,第24页。
② 唐仲容:《般若波罗蜜多心经讲记》,《心经唯识心悟精义》,第31页。
③ 关于"有为缘起说",详见唐仲容《试论有为无为两缘起说的会通》。
④ 唐仲容:《金刚经要义总结》,《心经唯识心悟精义》,第38页。

缘(条件)所变现出来的。所以,根身和器界都是不真实的,如同《金刚经》所说的"梦幻泡影"。

唐仲容除了以唯识会通般若,还把修唯识观和禅宗的修法相结合。1962年,他发誓诵读《坛经》,豁然开朗,"既通达六祖禅的教理基础是有为缘起;也通达六祖的行持既是般若的顿悟,也是唯识讲破我法二执实证诸法空性的现观"①。

禅宗与《金刚经》渊源颇深。南宗六祖慧能就是听到有人读诵《金刚经》"应无所住而生其心"而开悟的。唐仲容认为《坛经》教法也是建立在"有为缘起说"的基础上,此与《金刚经》是一致的。我们知道中国佛教包括禅宗往往建立在唐仲容所判的"无为缘起说"的基础上,而为何《坛经》属于"有为缘起说"呢? 对于这样的矛盾的调和,唐仲容如是说:

> 如果六祖是主有为缘起,那么《坛经》序品中记载五祖传诵《金刚经》至"应无所住而生其心"时豁然大悟,所说"何期自性本自清净"至"何期自性能生万法"五句惊叹之词怎么理解?
> 须知这也是从有为缘起来讲,因为有为缘起主张缘生诸法的本性,空寂离言,如《解深密经》说:"一切诸法,无生无灭,本来寂静,自性涅槃。"六祖惊叹语中所说的自性,即是唯识所讲"自性涅槃"的自性,与本性空性是同义词。②

唐仲容认为《坛经》所说"何期自性能生万法"与唯识之"有为缘起"所讲真如"迷悟依"是相同的。如果"迷而不悟",则为无明,流转三界,而为世间;如果"悟而不迷",则为般若,能生种种无漏善法,而出世间。"何期自性能生万法"绝不能当作"无为缘起说"所讲的真如能生一切万法来理解。

另外,《坛经·付嘱品》还有"自性能含万法,名含藏识"这样的原文,此处的"自性"更是指阿赖耶识的种子了。唐仲容指出《坛经》此段"阿赖耶识起用的情况全与唯识所讲阿赖耶识自性缘起的内容相符,这充分说明《坛经》是讲赖耶缘起的,它的理论基础是有为缘起论"③。所以,唐仲容认为《坛经》属于"有为缘起说"无疑。

———————

①唐仲容:《七五自述》,《唐仲容先生文集》。
②唐仲容:《七五自述》,《唐仲容先生文集》。
③唐仲容:《七五自述》,《唐仲容先生文集》。

而通过对《成唯识论》与《坛经》的修持上的比较,他发现禅宗所讲的
"顿悟"与唯识宗"现观"也有相似之处。他说:

> 六祖的禅修是般若的顿悟。唯识的宗旨主要在破我法执,实证唯
> 识性,而入能所双忘,智境如如相应的现观。《成唯识论·造论缘起》
> 云:"今造此论,为于二空有迷谬者生正解故,生解为断二重障故。由
> 我法执二障俱生;若证二空,彼障随断。"《唯识三十颂》云:"由假说我
> 法,有种种相转……若时于所缘,智都无所得,尔时住唯识,离二取相
> 故。"这些言句都是说唯识的主旨专在破我法执,实证"言思道断,心行
> 处灭"的现观。《坛经》说:"兀兀不修善,腾腾不造恶,寂寂断见闻,荡
> 荡心无著。"又说:"平等如梦幻,不起凡圣见,不作涅槃解,二边三际
> 断。"这些禅境都是与唯识所讲破我法执,实证诸法真空本性的现观,
> 不谋而合的。①

通常会认为唯识宗仅仅是渐修法门,例如唯识宗有"五重唯识观"。五
重分别是:一,遣虚存实识;二,舍滥留纯识;三,摄末归本识;四,隐劣显胜
识;五,遣相证性识。再有唯识学有菩萨五十二个阶位(十信、十住、十行、
十回向、十地、等觉、妙觉)。唐仲容发现唯识宗学也有顿的观念。唐仲容
比对原文发现《成唯识论》的原句是说唯识的主旨在于破我法二执,实证
"言思道断,心行处灭"的现观;而唯识所讲破我执、法执,实证诸法真空本
性的现观与禅宗顿悟的禅境是相通的。

总之,唐仲容思想多有创见,在经教学理上,能从经典文本比对入手,
虽会被他人误为附会之谈,但能做到有据可循;作为盲人佛学家,其思想重
于体证,则是对自家心境的显发。

第三节　单培根、顾康年于闽南佛学院对
唯识学与禅密的参合

单培根(1917—1995),字根土,浙江嘉兴人。1943年,师从范古农学
法相唯识。除了研习唯识,还兼及中观、西藏密宗黄教。1986年至1995

---

① 唐仲容:《七五自述》,《唐仲容先生文集》。

年于闽南佛学院讲授唯识、因明。开讲过《因明入正理论》《辩中边论》《解深密经》《菩提道次第广论》等经论,现有《单老居士文集》《肇论讲义》出版发行。

　　顾康年(1916—1994),字康年,名匡贤,浙江嘉善人。在法相学社师从范古农学法相唯识。深明唯识和禅宗,精研黄檗《传心法要》,阐微《瑜伽师地论》。1990年前后曾应邀在闽南佛学院、九华山佛学院任教,有《骊珠集》传世。

一、单培根对唯识学与密宗的显密互参

　　据《厦门佛教志》载,单培根于1986年至1995年在闽南佛学院教授唯识[①]。单培根主要著述在于唯识,有《成唯识论释义》《论相宗空宗与性宗之十异》《略说百法明门论宗旨》《六无为法辩正》《意根探索》《因明入正理论通释》《建立阿陀那识与末那识》等。不过,单培根治学最大的心得在于融会唯识与密宗黄教,释了法于1995年为《单老居士文集》作的《序》中说:"单老特别推崇西藏宗喀巴大师所著的《菩提道次第广论》和弥勒菩萨述的《瑜伽师地论》,他说佛法的全部教理和修行法门都在这两部论中。"[②]不过,单培根有关唯识与密宗的著述较少,他发表过有关密宗上师昂旺朗吉堪布的《菩提道次第略论释》的摘句,名为《昂旺朗吉堪布奢摩他警语摘录》。从摘录中大致可以看出,单培根对显密二教是等同对待的。

　　昂旺朗吉堪布上师(1899—1969),在汉地康定、雅安、成都弘法前后共十二年,著有《菩提道次第略论释》等。"奢摩他",为梵语 camatha 音译;意译成中文是"止"的意思,为禅定的异名,常与"观"(智慧)并称,称为止观。单培根对《菩提道次第略论释》中涉及"定"的精要语录进行摘录,以表明密宗黄教与唯识学具有高度的相关性。对此,他交代说:

　　　　《菩提道次第略论释》,昂旺朗吉堪布口授,郭和卿译,由康同生居
　　　士依据刘衡如黄隼高诸居士笔记集纂而成,共二十卷。其中卷十三卷
　　　十四论奢摩他。我请之,觉甚多讼人警醒之语。爱摘而录之,以便

---

①参见厦门市佛教协会编:《厦门佛教志》"闽南佛学院历年任职任教居士一览表",厦门大学出版
　社,2006年,第215页。
②释了法:《单老居士文集序》,《闽南佛学》1995年第2期。

阅览。①

《菩提道次第广论》《菩提道次第略论》是藏传佛教格鲁派（黄教）的创立者宗喀巴所著。《略论》和《广论》差别在于，因为《广论》旁征博引，与诸宗辩论，文字比较繁多，后宗喀巴应弟子之请又作《略论》，简要地阐明密宗佛学修学的要领。

密宗黄教认为修学有一定的先后次第，是先显后密的，必须经过下士道、中士道，然而才能行上士道。下士道分修福德资粮的先后次第；中士道分修除烦恼障和所知障的先后次第；上士道则有觉悟有情众生的先后次第。《菩提道次第广论》占据一半的内容是讲"止观"的，而印度大乘瑜伽行派唯识学的"瑜伽"义，就是"止观"的意思。唯识学的大论《瑜伽师地论》中的"瑜伽师地"，意即瑜伽师修行要经历十七地，也是谈论修止观的层次，多属于"渐修"的路线，这是唯识学与密宗黄教在论典、修法上的共通之处。有"渐"就有"顿"，禅宗就是典型的顿法，对此，单培根摘录说：

> 凡得定者，内心亦不起分别，或有于此即认为证空性者，如支那堪布所谓，心于任何境不起分别，即为修习空性，是以修定为修空性！修定正规，定依所缘。有不依所缘者，不以心为所缘。不以非心为缘，一切不作意，顿遮分别疑虑之念，内心自能得住，空境自生，不为外境所套，如水之澄，亦不住于空境。如是修者，在支那堪布亦自认为修定，剀切言之，此不但非空性，亦非是定，乃是一种相似定。②

支那堪布即吐蕃宗论中的汉僧摩诃衍，唐朝时期继禅宗的"顿渐之争"后在藏地也发生了"顿渐之争"，禅宗摩诃衍在藏地弘法曾被破，学界称为"吐蕃宗论"。昂旺朗吉堪布也大致上沿用了西藏密宗这一边的判断，认为摩诃衍的修定，不是空性，也不是定，而是一种"相似定"。不过，太虚为支那堪布翻案，当时莲花戒所出难题，一一可答，认为支那堪布在藏地并未被破。昂旺朗吉堪布认为真正的"定"必须根据《解深密经》，依"所缘"（相分）而修。他说："必如《深密》，以善思惟法为所缘而修，乃为正安。故知修止，定须先依所缘。不依所缘一法，在康藏所谓大手印、大圆满者，亦有

---

① 单培根：《昂旺朗吉堪布奢摩他警语摘录》，《闽南佛学》1994年第2期。
② 单培根：《昂旺朗吉堪布奢摩他警语摘录》，《闽南佛学》1994年第2期。

此失。"①

西藏修止观两种错误的作法：一种是"以缘俗谛"为止，"缘胜义"为观；还有一种是"以心不分别"而住，"无了别明显之精"为止，"有了别明显之精"为观。什么叫"明显之精"呢？比如修"卓巴钦波"，对此单培根摘引昂旺朗吉堪布《菩提道次地略论释》的原文如下："其所谓明显之精者，如修卓巴钦波者，息心，息以后忽然天朗，心境明洁，遂误为认识本来。但此不应理，以其与前诸经论所说悉相违故。"②原因在于止观是缘真俗二谛的，修"卓巴钦波"，仅缘俗谛心体而已。

关于修止得止，要行善积累福德资粮，有止还要有戒，还有配合观，才能得到解脱。"止分，属于上界功德，必息五欲，乃能生起。"③单培根还认为：

> 道次有总语，大乘法为重要，大乘人《昂旺朗吉堪布奢摩他警语摘录》尤为重要，如修法人无大乘心，不得大乘功德，今人徒知大乘法殊胜，尤其金刚乘殊胜。④

如果修法人根性最低下，而所修为最高峰之法，那是不可能有成就的。以修金刚乘圆满次第三摩地为例，是至高无上的法门，如果没有生起的次第法门，则最终的究竟圆满也是不可得的。如果要学大乘的"止"，就不要轻视上士道菩提心之加行法。

修法较为稳妥的办法是"仍以先寻所缘，观察练习后，再住心其上而修"⑤；"如缘所缘，令其明显，若现起已.生起一持彼有力之心，此明分殊胜。心略生高举，随何亦不新观而住，此住分殊胜。即此数语，已见本宗修定要义"⑥。单培根在摘语中，还涉及到其他各种错误的修法，例如，"枯坐而修"，自以为寻觅心源。并引《辩中边论》中"有欲三摩地（谓有以欲而得三摩地者）、道三摩地、观三摩地、心三摩地"为证，此是上等根器的人修法，对于多数低等根器的人来说，还是选择稳妥的办法。

---

①单培根：《昂旺朗吉堪布奢摩他警语摘录》，《闽南佛学》1994年第2期。
②昂旺朗吉堪布《菩提道次地略论释》卷一三，（台北）方广出版社，2006年，第843页。
③单培根：《昂旺朗吉堪布奢摩他警语摘录》，《闽南佛学》1994年第2期。
④单培根：《昂旺朗吉堪布奢摩他警语摘录》，《闽南佛学》1994年第2期。
⑤单培根：《昂旺朗吉堪布奢摩他警语摘录》，《闽南佛学》1994年第2期。
⑥单培根：《昂旺朗吉堪布奢摩他警语摘录》，《闽南佛学》1994年第2期。

总之,修止要有一定的修止正轨、次第和方法。这是密教黄教修法与唯识学闻熏渐修的法门共通的地方。以研习唯识见长的闽南佛学院研究生导师济群也重视宗喀巴的《菩提道次第广论》《菩提道次第略论》,著有《菩提心与道次第》一书,阐扬上述的修止观方法。

二、顾康年对唯识学与禅门的抉微

据《厦门佛教志》载,顾康年于 1986 年至 1987 年在闽南佛学院任教①。顾居士乃一介寒士,自谓:江南布衣,沪滨遁士,逃名谢禄,闭门读书。顾康年虽生活艰辛仍专意佛学,"融会法相、唯识,得益于《瑜珈师地论》,特别是精读黄檗大师《传心法要》等,深悟西来拈花宗旨"②。该段评论道出了顾康年治学二门之心得。

顾康年极为重视唯识,撰写有《〈瑜伽〉抉微——〈瑜伽师地论〉之微言大义》。《瑜伽师地论科句披寻记》是韩清净最重要的一部著作,该著却是由顾康年代为整理印刷出版的。1959 年,顾康年还在书后撰有一篇《瑜伽师地论科句披寻记汇编后记》。

顾康年重视《瑜伽师地论》,著《瑜伽抉微》以解《瑜伽师地论》,他认为法相唯识学分析诸法相状,详尽宇宙人生问题。再有,通常人认为法相唯识偏重经教,高谈义理,实则也是侧重入世的精神,而非消极厌世。顾康年在《例言》中说道:"为此阐扬瑜伽菩萨地中,誓愿生死,长滞三途之高贵品质。并颉出有无一味、真俗相融,性相通训,教下义证,以飨来哲,矫正视听。"③

如何正确地认识法相唯识呢?为了对法相宗之唯识有正确的了解,顾康年做出三个方面的分别。其一,"与真心宗的分别"。真谛译的《大乘起信论》是一部典型宣扬真心论的著作,并且真谛的唯识古学建立了"无垢识",等同于真心。玄奘的新译则不同,改正了真心的错误。到了明代唯识学兴盛,因唐代论疏多散佚,故后人讥之为向壁。明人研究唯识,也走真心路线。顾康年赞成的是正宗唯识宗妄心路线,他独赞成王恩洋"《大乘起信论料简》三作,慧眼独焯,为唯识学中一盏明灯。其他则都与真心学说混淆

①参见《厦门佛教志》"闽南佛学院历年任职任教居士一览表",第 215 页。
②朱冷时:《骊珠集》"敬序",顾康年:《骊珠集》,朝夕书苑,2005 年,第 3 页。
③顾康年:《骊珠集》"例言",第 13 页。

莫别"①。其二,"与哲学唯心论的分别"。哲学分为唯物、唯心两大派,看似唯识论归为唯心主义,实则错谬。因为唯识论认为,若执唯识真实有者即同法执,故唯识论不同于唯心论。顾康年说:"唯识与真心也是对立不相容的。然而中国学者,对于唯识能明确地这样认识的,竟罕有其人。这也是中国人传统思想的关系。"②其三,"与性空宗幻空的分别"。中观与瑜伽之争中,清辨、护法辩论空有问题。中观宗认为,一切法如幻,一切法性空,幻即是空。顾康年认为:"唯识之识是幻有,不是真实有,这是唯识宗的正义。"③空宗为幻空,有宗为幻有。

如果说唯识属于教,禅则属于宗。顾康年对禅宗宗门乱象持严厉的批判态度。一方面说:"时至今日,禅宗早已大利于天下,循至积弊丛生而消亡矣。"④可是,另一方面他又说:"所谓真正佛法,惟在禅宗一系,其他均谓之未得佛法之真传可也。"⑤顾康年并不是反对禅宗法门,而是反对禅宗法脉中断及"以教滥宗"等现象。何为教与宗?

自来宗教一词,分宗与教,黄忏华在《佛学概论》中就谈及了"宗与教"的概念。"教"指经教;"宗"谓教外别传,不立文字为宗。顾康年认为,历史上的禅宗出现了以教滥宗、以禅名宗的混淆现象。"盖皆坐禅之师,强攀硬扯,混入宗门",即使像永明延寿这样的一代宗师,其著《宗镜录》,在顾康年看来,也是"处处以宗门代言人自居。抄袭经论祖语,文长百卷"⑥。而历史上一些名望较高的祖师大德包括明末高僧之著述,均被顾康年视为"禁区",是"重点抉择"的对象。其在《例言》中谈到《骊珠集》的编撰:"本集以历代释氏文献中,如道宣之《续高僧传》,净觉之《楞伽师资记》,圭峰之《禅源诸诠》,大慧之《宗门武库》、《大慧语录》,永明之《宗镜录》,莲池之《竹窗随笔》等皆脍炙人口,权威著作,遂为禁区。"⑦顾康年不惧佛门祖德权威,以《传心法要》之见地发狮子吼,真乃深得禅宗之真精神矣,不过恐有失个人之偏好了。

---

① 顾康年:《骊珠集》,第 215 页。
② 顾康年:《骊珠集》,第 215 页。
③ 顾康年:《骊珠集》,第 216 页。
④ 顾康年:《骊珠集》,第 211 页。
⑤ 顾康年:《骊珠集》,第 210 页。
⑥ 顾康年:《骊珠集》"代序"。
⑦ 顾康年:《骊珠集》"例言",第 14 页。

在宗与教融通的方面,顾康年在论及"佛法无灵"与"感应道交"时,说道:"若在宗门大德,或扬眉瞬目,棒喝交加;或以吃茶去,洗盏未,生活边语相接来看,深大根器已熟者如六祖其人其事,堪承咐嘱。倘从教下寻求说明问题,除唯识法相奘师之新译,又安得尽致耶?盖众生一期果报,乃先世自所作业之异熟因缘,会当人生根尽,少有流转,如影随形,委无有失。"①顾康年认为宗则推禅宗祖师之机锋棒喝,教最推唯识法相。

顾康年致力于唯识与禅的会通,主张性相融通、真妄同源。他说道:"《辩中边论》首颂,早已揭示,真妄一原,性相通训。"②虽然,顾康年对永明延寿《宗镜录》颇多不满,但他撰有《宗镜录要义》。《宗镜录》就是一部性相融通之著。对于《宗镜录》中"佛亦不断性恶,机缘所激,慈力所熏入阿鼻,同一切恶事化众生"一句的解释,顾康年认为此种四摄精神,同于《瑜伽师地论·菩萨地种性品》文义。《宗镜录》中有"如来性恶不断,还能起恶,而是解心无染,通达恶际即是实际,能以五逆相而得解脱,亦不缚不脱,行于非道而通达佛道;阐提染而不达,此为异也"句,顾康年认为:"《瑜伽》离系不离系一文,与此悉符。"③

顾康年还以唯识与禅来解平等义。众生与佛平等,为何六道众生轮回流转不得解脱呢?因为众生色心不清净,颠倒妄想。对此,顾康年引黄檗禅语与瑜伽经典作答。他说:"如黄檗大师云:'佛与众生不二,即心佛众生三无差别,常平等常差别,此真正平等真俗一味之旨。'而庸流高推圣境,自局凡下,是乃软根之徒,长时期熏染未缚……《瑜伽师地论》菩萨地诸品盛扬斯旨。惜知者不多,纵然同秉此义,以其无量生中,四惑相随,无我似我,宿种现行……虽然种性局限,但总不当轻视佛者觉义,善增上缘根亦可转,见《摄大乘论》转根说。"④

又,针对《瑜伽师地论·菩萨地真实义品》有"名言自性,离言法性,平等平等"句,顾康年认为:"即南岳慧思《大乘止观》中所斥'别求真',亦是黄檗希运所示'当体自寂,性自离故'。"⑤提倡自性平等,宣扬烦恼即菩提,生

---

①顾康年:《骊珠集》,第77页。
②顾康年:《骊珠集》"随记",第56页。
③顾康年:《骊珠集》"随记",第73页。
④顾康年:《骊珠集》,第113页。
⑤顾康年:《骊珠集》"《瑜伽》抉微",第283页。

死即涅槃,真俗平等之旨。

再次,《瑜伽师地论》载:"善观察所知果相者,谓此转依是善通达所知真实,所知真如果,若不尔,诸佛自性,应更观察,更有所断,更有所灭。"顾康年作"按语":"善观察与善通达,与宗门所要求彻了,或称见性,颇为接近,论所言见性已见平等法性,即真如果。其反诘云:岂应更有所断,更有所灭二句,尤为明白。余尝示人常差别常平等即三无差别之要义,而人都不会。今再以古师口语配之:黄檗云:'佛亦不智,众生亦不愚。'到此田地,还观察什么?"①以宣扬平等法性的重要性。我们知道,唯识宗历来提倡"五种姓"(性),《大乘入楞伽经》卷二称五种种姓为:声闻乘种姓,缘觉乘种姓,如来乘种性,不定种姓,无种姓。这种不平等思想与中土佛教普遍宣扬的"一切众生皆有佛性"不同。顾康年试图捏合唯识与禅在佛性论上的差异。

值得注意的是顾康年对如来藏系佛学的批判。他批判以台贤为首的中国佛教系统,认为它们不重视正统唯识:"佛学之不明,其弊有在:一者隋唐以降,台贤二宗,子孙鼎盛,无论缁素,率皆轻视相宗,良以二家判教,列为始门,二者纵有少数留心真诠,如清凉澄观,撰《华严疏钞》,悉依法相,永明延寿之辑《宗镜》,半搜唯识,智旭、蒲益之编相宗八要等,非不致力,独惜彼辈宗旨不纯,盖蒙《楞严》《起信》之谬而不自知,如食杂毒,有何足取?"②

批判中国佛教的经典中,《楞严》《起信》首当其冲。而重视该经典的近代太虚也受到顾康年的责难。顾康年说:"惜皆受《楞严》《起信》伪书漫蚀,见解不纯,立义难精。如近代太虚之武昌佛学院,暨沪上密林师之《摄大乘论义记》等,与前永明、藕益辈同罹伪书之难,良足惋已。"③顾康年极为赞赏以欧阳为首的支那内学院系佛学,他说:"自欧阳弟子作《起信论料简》、《楞严百伪》,世有慧目,得以开明。前此千余载以伪滥真,实未有金鲲之为括众眚也,言之可胜浩叹。偶一忆及《楞严经》文中如偈云:'空生大觉中,如海一沤发。'显然剿袭《华严》'虚空可量风可系,无能称说佛功德'之义而变作者,……综览三藏中,可能伪经不多,而《楞严》《起信》等已伪迹

①顾康年:《骊珠集》"《瑜伽》抉微",第309—310页。

②顾康年:《骊珠集》,第190页。

③顾康年:《骊珠集》,第247页。

显然。"①

　　《楞严》《起信》之所以被质疑和发难,在于其"真常"心体,并且这个真心有生起万法之嫌疑。顾康年破斥《楞严》之"妙静明心",对于《楞严经》"诸法于生唯心所现,一切因果世界微尘因心成体"句,顾康年认为解释真心之体为误,对本体的破斥,既不要执着于本心之体,也不要执着于第八阿赖耶识之识体。顾康年引《成唯识论》作证:"若有识可唯,亦是法执。"至于《大乘起信论》讲真如"随缘不变"义,还能"不变随缘",如何分辨"真如"之义? 顾康年说:"八识为有为法,真如乃无为法。真如随缘不变者,随缘即法法真如,不变者此真即不伪,如即不异,决无真如生万法之理,此义具详。"②以此反对真如生万法的如来藏缘起思想。

　　"真如"在中国佛学系统中有"心真如"一说,这与玄奘新译唯识是不同的。对此,顾康年从《解深密经》"七真如"看真如义。中国佛教系统宣扬真心思想,其"真如"名称,指的是万法之体,而且指心真如、心体。顾康年认为,以真如作万法之体的理解,来读天台、华严宗所奉的典籍《楞严》《圆觉》《起信》一类说真心的经论和法释,都是通顺的。他发现,唯识宗对真如解释非真心义,有一个最明显的例子,就是《解深密经》的七真如③,应理解为真实、如实、如是、真理的意思。这样解释是很自然,明确通顺的,顾康年说:"从七真如之建立可以看出在无著、世亲成立唯识宗时,真如之名在印度尚没有被作为万法之体的名称。知道这点,对于读佛典而求解其义是很有帮助的。"④1979年,顾康年在回复单培根书信中谈及了真如的本体性,说道:"指执有'本体论''还原论'常住真心之类。'真如'无为法摄,怎得混同于心法? 若救言真心同'性',何不迳称为性? 迷信伪书及权威。"⑤

　　在对待中国佛学系统上,顾康年的态度是矛盾的,他反对如来藏学之义理,但同时也大力提倡禅宗"教外别传"之法门,他认为这是不矛盾的。在本章节一开始就已经交代了顾康年的治学理路。在宗上他遵信禅宗,在教上,又信奉唯识。在批判中国佛教台贤净密系统时,他以唯识经教入手,

①顾康年:《骊珠集》,第173—174页。
②顾康年:《骊珠集》,第91页。
③七真如:安立真如、邪行真如、清净真如、正行真如、流转真如、实相真如、唯识真如。
④顾康年:《骊珠集》,第212页。
⑤顾康年:《骊珠集》"书信录",第266页。

特阐唯识和禅合一法门。顾康年说道:"释迦一代时教,概括唯识(《唯识三十颂》《唯识二十颂》),为学佛之通途;性相俱全。从知往昔台贤诸家,各执一经,净密众派,但就其术。唯识一宗,能具释缘起性空能诠之整体,与拈华宗旨,教外别传,所诠之觉义,如车两轮,似鸟双翼,不能失一。"[①]

　　总之,在顾康年佛学的视野下,唯识之经教与禅宗之别传是其思想的两轮或双翼,分别对应于教和宗二学系统。他常常批判禅门之大德,认为他们乱解经义,而评判的标准则以唯识教义相配释,对释门缁素的著作做出拣选和抉择。值得强调的是,顾康年对中国佛教系统并非像南京支那内学院那般几乎全盘否定,而是有所保留的。他反对禅门弊端和经教不辨的现象,而非一概推翻。对于中国佛教祖师禅、黄檗禅法自有心得。顾康年虽然反对中国台贤(天台和华严)二宗,对净土法门却大力提倡,盛赞净土之清净世界。净土普摄三乘,回护下根,以证佛门广大、有教无类之旨。我们知道,瑜伽学宗师世亲曾作《往生论》,玄奘译有《称赞净土佛摄受经》,窥基作有《阿弥陀经通赞疏》,在经教上,唯识与净土有相通处。

---

①顾康年:《骊珠集》,第 164—165 页。

第九章　1949 年以来香港佛教
唯识学的研究概况

第一节　罗时宪的佛教法相学会对支那内学院学风的沿袭

罗时宪(1914—1993),名孔章,广东顺德人,毕业于中山大学,历任中山大学及广东国民大学教职。罗时宪曾皈依太虚,但遍读欧阳竟无著述,效仿欧阳在香港首开居士道场研习唯识之风。1949 年抵香港,在香海莲社、三轮佛学社、香港大学及中文大学部等机构讲授唯识、因明。1965 年创立法相学会,出版《法相学会集刊》。1984 年移居加拿大,创立安河法相学会,使法相唯识之学说,远播至北美。著有《唯识方隅》《成唯识论述记删注》《瑜伽师地论纂释》《能断金刚般若波罗蜜多经纂释》等。

一、佛教法相学会的创立及罗门一系法脉

罗时宪为现代佛学的唯识家,是 20 世纪下半叶香港弘扬唯识学的传法人。据谈锡永回忆,罗时宪早年并不信服唯识,他研读唯识学论著,只是想找出其中谬误之处加以破斥,可是却愈读愈信服,结果由反唯识变为崇唯识[①]。陈道生评价罗时宪弘法贡献有三:一,现居士身说法者,以罗公为第一人;二,发扬唯识学,罗公开其先河;三,罗公以足因缘度无量众,随其根性,各有所得,入室弟子享盛名于时下者,不可胜数[②]。

罗时宪的治学与支那内学院和武昌佛学院都有一定的关联。罗时宪早年皈依太虚座下,但深慕欧阳竟无支那内学院的治学学风,毕生致力居士弘扬法相唯识学。1935 年,太虚莅临广州至中山大学演讲,罗时宪即于此时皈依太虚座下,得读经法要,摘录如下:

---

① 参见谈锡永:《悼念罗孔章前辈》,《罗时宪先生哀思录》,(香港)佛教法相学会,1994 年,第 43 页。
② 参见陈道生:《罗公时宪传》,《罗时宪先生哀思录》,第 40 页。

太虚:过去读什么佛学书?

罗时宪:大师的著作和讲录多已读过。又读支那内学院师资的著作。

太虚:研究唯识很好。但切勿执着阿赖耶识是实有,明白识是假立;唯识往往拘执名相,极为烦事,今后最好一本空宗、一本有宗相间来读。

罗时宪:大师以为应该怎样读?

太虚:先读《十二门论》,再读《摄大乘论》,然后读《中论》,次为有宗的《成唯识论》,再读《大智度论》《瑜伽师地论》,以后便可任意选择来读。①

由此可见,武院和内院的学风都对罗时宪产生了极大的影响。但从居士道场的意义来说,在身份认同上,罗时宪作为一名居士而且是学者,他更倾向于欧阳竟无的支那内学院的治学学风。

1949年,罗时宪南迁香港,自1956年始,邵黄志儒居士等人请罗时宪定期开讲《般若心经》,及后续讲《唯识抉择谈》《瑜珈师地论》等唯识论典。而罗时宪真正意义上弘传唯识是从"三轮佛学社"开始。1962年,罗时宪、刘锐之、梁隐盦等居士创办"三轮佛学社",成为香港发扬唯识的道场。三轮佛学社当时首倡为初基者开设"佛学星期班"。三轮佛学社学风严谨,据叶文意回忆:"罗公常说,学佛最紧要对名词定义清楚,不可混淆,不然就变成笼统真如。""颟顸佛性、笼统真如"一语出自杨文会对中国佛教衰落现状之评语,后太虚、印光均用之。罗时宪为了提倡一种严谨的治学精神,告诫学人这种不求甚解的治学陋习,以纠正颟顸学风。罗时宪开讲《成唯识论》达十年之久,培养了香港第二代唯识学者。三轮佛学社为"佛教法相学会"的创立奠定了条件。

1965年,罗时宪正式创立"佛教法相学会",梁隐盦、韦达、霍韬晦、叶文意、李润生、高秉业等十四位佛教学者组成首届董事会。董事会成员多人出于罗时宪门下,创办的学会成为香港一间具有学术性的佛教社团。法相学会的宗旨是禀承欧阳竟无支那内学院的精神与学风,以弘扬玄奘法相唯识宗学为己任,提供有系统的研习经典课程,研究佛理,培育弘法人才,

①罗时宪:《学佛》,《罗时宪著作全集》第六卷,中国社会科学出版社,2010年,第183页。

印行经籍及学术论文。正如该会的简介和宗旨所言：

> 　　法相学会致力弘传自印度传入中国的佛教法相唯识学的精深义理，借以佛教正理融入现代社会，令人远离烦恼，生活自在安乐。本会亦提倡因明学，为香港专门弘扬唯识及因明学的佛教团体。
>
> 　　本会更订立以下宗旨：推广佛法，弘扬佛教各宗派思想；出版佛学著作及法相集刊；培育弘法人才。①

　　需要交代的是，罗时宪治学并不仅仅限于唯识，而是空有、显密融通的。他创立"佛教法相学会"大力阐扬法相唯识，也是为了纠正香港佛教颟顸笼统学风之需要。对此，霍韬晦说道："罗先生学养，已不限于慈恩一宗，而是出入空有两轮、显密两教。他之所以特重唯识，足因为他想提倡一种严谨的治学态度，做到以经解经，言之有据。"②李润生也说："罗老师只是要我们掌握好唯识，那么再去研究其他（宗派）便会更容易。他也曾鼓励我研究《华严经》，所以我也不是只学唯识，同时亦学中观、如来藏、禅、因明学等等。罗时宪老师本身亦并非只懂唯识，他同样懂密宗，既是密宗弟子，通达金胎二部，也是太虚法师弟子，所以思想领域很广阔。"③不同于一般的经师，仅仅注重唯识经论教典的传授，罗时宪还特别强调瑜伽禅定法门。我们知道，唯识学又名瑜伽行派，慈氏《瑜伽师地论》，又称《十七地论》，意即瑜伽师修行所要经历的境界（十七地），瑜伽行要修行种种禅定观行。罗时宪不仅自己坚持定时修禅，而且教导学人修习禅定，是名副其实的瑜伽师。佛教法相学会亦经常举办禅修班，解行并重、定慧双资。

　　70 年代后期，在香港佛教法相学会的基础上，罗时宪主持"能仁研究所"，又培养了不少僧俗界的硕士、博士。罗时宪开创居士道场，为香港培养了一大批佛学人材，甚至远播海内外。正如谈锡永所述："如今能主持讲席的居士，十之七八出先生门下，由是即可见他对佛教贡献之大。"④80 年代，罗时宪移居加拿大，创立"安河法相学会"，弘传唯识远至北美。

　　罗时宪创办的香港佛教法相学会，延续了近代以来居士创办佛学道场

---

① 参见佛教法相学会网站：http://www.dhalbi.org/dhalbi/html_t/about_us/about_main.php? p_id=1。
② 霍韬晦：《一灯燃百千灯，敬悼罗时宪老师》，《罗时宪先生哀思录》，第 49 页。
③ 佛教法相学会主办："罗时宪教授往生十五周年纪念讲座"。
④ 谈锡永：《悼念罗孔章前辈》，《罗时宪先生哀思录》，第 44 页。

的传统,使得佛法弘法事业薪火相传。罗时宪效仿杨文会、欧阳竟无开创居士道场之风,在香港首创居士弘法的风气。法相学会创办以来,罗门弟子人才辈出。出家的有释衍空,在家的有叶文意、霍韬晦、李润生、高永霄、王联章、李葛夫、赵国森、陈雁姿等学者。罗门法嗣积极致力于佛学道场的建立,释衍空成立"觉醒心灵成长中心",霍韬晦创办"法住学会",叶文意主持"空中结缘",高永霄主持"世界佛教友谊会港澳分区总会",王联章创办"香港慈氏学会"等。

罗时宪之后,法相学会在李润生、赵国森、陈雁姿等的带领下,秉承师业,阐扬佛学,育材利世,出版佛学著述,并积极开展与佛教团体、大学的合作,如与三轮佛学会、佛教真言宗居士林、香港大学佛学研究中心,共同举办佛学课程。法相学会成员李润生对唯识、因明、中观等都有研究,著述颇丰,著有《成唯识论述记解读》《正理滴论解义》《中论析义》《百论析义》《十二门论析义》等;赵国森著有《解深密经导读》《佛学基础课程》;陈雁姿著有《陈那观所缘缘论之研究》等。

总之,罗时宪开创了香港居士弘法之风,奠定了法相学会的宗旨和发展方向,树立一代学风,影响深远。李润生特别说明:"罗公的治学方法是以论解经,以疏解论,且非常重视科判。即一套经、一套论、一定纲领条目清楚。"[1]罗时宪所及其创立的法相学会,培育众多弘法人材,对香港佛教贡献良多。

二、《唯识方隅》的唯识入门体系研究

罗时宪授学过程中,深感初入门者对典籍浩瀚和名相繁多的唯识学莫知所从,为法相初基者特撰《唯识方隅》,使初学者有所依循。《唯识方隅》是一部严谨的唯识学概论,研习者借此得窥法相唯识堂奥。

王联章说:"罗公治学态度严谨精密,在课堂中每每痛陈宋明以来学佛者含糊笼统、空疏混乱,鼓励培养唯识的清晰、准确、有系统的思维训练。为方便学人进入'艰涩'的唯识系统,特著有《唯识方隅》,不单撷取唐贤疏记的精华,更兼收近人研究的成果,加以融会抉择,又经多年的讲习、修改,成为现在的定本。"[2]《唯识方隅》精密而有条理,一改通常唯识教材笼统、

---

①佛教法相学会主办:"罗时宪教授往生十五周年纪念讲座"。
②王联章:《金陵刻经处精神与学风在香港的发扬》,《金陵刻经处与近现代佛教义学研讨会论文集》,2016年7月。

空疏的弊病。直至晚年，罗时宪依然坚持讲授《唯识方隅》，由此想见他对这本书的重视。

《唯识方隅》极具系统性与启发性。全书共分四章："前导""诸行""真如""解行"，目的在"辨说唯识要义，以晓初学"①。"前导"与"诸行"两章，早于 1968 年在《法相学会集刊》第一辑刊行。1978 年，该著上卷单行本出版。直至 1991 年，《唯识方隅》之"真如"与"解行"两章才全部完成。

第一章为"前导"，"前导"前部分，通过对"三自性"的分析，辨别空、有二宗中道关系，空宗"以遮作表"，有宗"即用以显体"；"前导"后半部，详述唯识的意义与唯识学之流源，从教史的角度，介绍唯识学的渊源、建立、承传及其发展。第二章为"诸行"，阐释心识与唯识种子的关系，解析种子起现行、现行熏种子功义，剖析心识的内部结构和外在现象界的生成及变化，并探讨心王、心所的主辅相应关系，以及业感缘起理论等诸多问题。著述行文中配入图表，条理清晰，直观明了。第三章为"真如"，"真如"一章说明真如的体用关系及意义。真如是相对于诸行而言。真如为诸行之体，诸行为真如之用，体用不二，体用不离。以及交代体证真如的修证方法和效用。第四章为"解行"，阐明唯识学之知识论和实践论。"解"即"量论"，属于知识论范畴，"行"即"修行"，属于实践论范畴。对此，李润生于 1991 年 7 月 4 日所作的《序》中云："昔者熊十力先生著《新唯识论》，只及'境篇'，未成'量论'，所以多处嗟叹'量论未作'，引为毕生憾事。今罗师不但以轻盈的笔触，撰述'量论'的奥义，且把陈那、法称理论的精华，糅合成一个圆满的佛家知识论体系。"②

此章之"解"依佛家知识论体系而得其轨范。解、行须相应，理论与实践要结合，佛家不尚空谈，尤重实践。要说明的是，熊十力《新唯识论》未涉及"量论"，即使论及量论知识论，依然缺乏佛家必要的修证环节。我们知道，熊十力归宗于儒家，《新唯识论》定位于哲学著作适合，熊氏为哲学家，而非宗教家。佛家说教理行证，行为修行的过程，证为修行的结果。罗时宪《唯识方隅》最终立足点在于行证、证果上，建立佛家的实践论体系。《唯识方隅》介绍了唯识家的修证方法，包括修行的根基、历程和方法，使初入法相唯识者可以依循正确的指导规范，从闻思修到三摩地的证果之宗趣。

①《罗时宪著作全集》"总序"，第 4 页。
②李润生：《〈唯识方隅〉序》，《罗时宪著作全集》第三卷，第 2 页。

　　以上四章既成,概括三自性与空有、唯识一词之意义、唯识之源流,以及现行、种子、缘生、真如名、真如与诸行、证真如之方法、证真如之胜利、量论、修行方法等内容,形成本质与现象、直觉与理性、认知与实践、教理与证果等多对范畴,唯识思想在境、行、果三方面无不赅备,一气呵成,合成完整的一部。

　　《唯识方隅》引章太炎所说唯识学是"以施设名相始,以排遣名相终",名相只是施设,善巧方便而已,如木筏过河。法相唯识学就在于借用名相来描述法相却不落于相,以证得佛教胜义空性。

　　这部《唯识方隅》值得称颂之处,在于追本溯源。罗时宪考证出唯识学经典及思想的源流关系,尤其是从杂藏及小乘经典中寻求踪迹。我们通常以大乘唯识而论唯识,好像是一蹴而就的,如果从源头来寻找,则提供了一种新的证据和理论根源,也更有说服力。

　　罗时宪认为,唯识学之渊源分为四:一,所依经典处于杂藏;二,第七识之建立与《解脱经》之关系;三,种子之建立与小乘论藏之关系;四,第八识之建立与小乘经论之关系①。

　　其一,所依经典处于杂藏。佛涅槃后,除了小乘经、律、论之外,还有杂藏。大众部确有杂藏。有学者认为,大乘经从杂藏而出,杂藏文句简朴,大乘经经后人藻饰渲染而成。罗时宪说:"佛灭后第六百年至第七百年间,龙孟、提婆阐发空轮义趣,建立大乘空宗。至第九百年,慈氏、无著阐发有轮义趣,建立大乘有宗。无著复抉择大乘有宗奥义,而造《摄大乘论》,唯识学之基础于焉建立。"②而唯识学所依据的经典,如何来源自于杂藏? 此与大乘经有间接的关联。罗时宪作图如下:

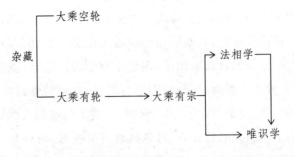

图 9—1

①参见罗时宪:《唯识方隅》,《罗时宪著作全集》第三卷,第 13 页。
②罗时宪:《唯识方隅》,《罗时宪著作全集》第三卷,第 14 页。

　　其二,第七识之建立与《解脱经》之关系。小乘《阿含经》及论藏虽然说有意识,但却没有第七识末那识。而《解脱经》在六识之外别说有污染末那识。《解脱经》是四阿含经之外被零落的经本,《解脱经》可能是上座、大众结集外所结集的经典,为大小乘所共许。《成唯识论述记》曾引《解脱经》证明有第七识。故此,罗时宪说:"故知慈氏、无著之说第七识,除本之《深密》、《楞伽》等经外,亦与《解脱经》有关系。"[1]并作图如下:

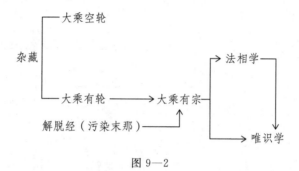

图 9—2

　　其三,种子之建立与小乘论藏之关系。说一切有部的世友造《品类足论》,建立无表色。之后,从小乘说一切有部分出的经量部正式建立了种子义。到了无著依据大乘有轮经典,建立唯识学的种子义,初具规模。后来,经过世亲、护法等论师进行补充,义乃周密。对此,罗时宪作图如下:

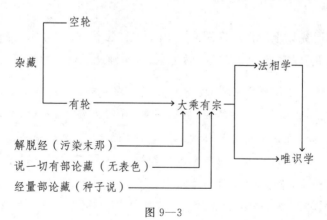

图 9—3

　　其四,第八识之建立与小乘经论之关系。小乘经论中虽然没有正式说第八识阿赖耶识,但有类似阿赖耶识之说法。大众部经藏中说根本识。上

①罗时宪:《唯识方隅》,《罗时宪著作全集》第三卷,第 15 页。

座部论藏中立"有分识",具有相续不断,遍一切处义。从上座部分化的说一切有部经藏中有阿赖耶识之名。从说一切有部分化的化地部论藏中建立"穷生死蕴",以贯通三世。经量部建立"一味蕴"。故罗时宪认为"慈氏、无著等依有轮诸经以建立阿赖耶识,对此等法相,必曾加以抉择(学说有所承受,并不等于不由实证得来)。故说阿赖耶识之建立,亦源于小乘经、论二藏"①,如下图:

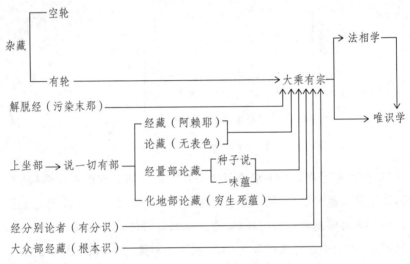

图 9—4

从罗时宪以上所作的四图来看,似主张"法相、唯识分宗"之说。其实不然。对此,罗时宪在谈及唯识学传承时,明确地说出他的观点。说道:

> 无著推广慈氏之意,于瑜伽一宗之学,特开二门:一、括《瑜伽论》一切法门,集《阿毗达摩经》所有宗要,详辨五蕴、十二处、十八界等法相,造《阿毗达摩集论》,陈义赅广,小大兼被,是为法相学。二、括《解深密》、《瑜伽》法门,诠《阿毗达摩经》摄大乘一品宗要,造《摄大乘论》,说理精微,唯被大乘,是为唯识学。然法相与唯识,只是一个体系中之两门,并非分成两个宗派。②

"法相、唯识分宗"是欧阳竟无提出来的,后遭受太虚等极力反对,认为

①罗时宪:《唯识方隅》,《罗时宪著作全集》第三卷,第16页。
②罗时宪:《唯识方隅》,《罗时宪著作全集》第三卷,第18—19页。

割裂了法相唯识学统一的教法体系。罗时宪效仿支那内学院致力于香港居士道场的弘传,曾遍读欧阳著述,但却皈依太虚门下。他对欧阳、太虚的学说都是兼收并蓄的。

另外,罗时宪有关因明学的论述绝大多数保存于《唯识方隅》中。在该著第四部分"解行"之"解"中详细讨论了"量论",即有关于因明学认识论。书中指出,"量论""因明"与"正理"三词的用法:

> 佛家量论,旧称因明。因明之学"原唯佛说,文广义散,备在众经"(窥基《因明大疏》语)。其在外宗,则有关量论之学说通称"正理"(后时佛家亦用此名)。[①]

实则"量论""因明"与"正理"各词有异,若从各词语含义的外延来说,三者所述可相互涵摄。佛教的因明学是从印度正理学继承和发展而来的,因明与正理有历史关系。因明除了认识论,还有逻辑学,"因明包括逻辑学和认识论"[②]。因明逻辑学为宗、因、喻三支。因明认识论即为量论。罗时宪置因明"量论"于其唯识体系之内作为"解行"之解。"我们要整体性研究因明文本,而且更要把因明置于佛教、置于唯识学理论体系中。与虞愚先生一样有向太虚法师、欧阳竟无先生学习背景的罗时宪先生的《唯识方隅》就是这样研究的经典著作。"[③]罗时宪在《唯识方隅》一书中糅合了陈那、商羯罗主与法称之说,形成了系统的量论的知识系统。也只有掌握了量论这个体系,才得其规范,这也是法相唯识学这一教门的特色所在。

三、《般若》经论对读开中观瑜伽学之风

般若学是大乘佛学思想的核心,无论是空宗还是有宗,必以般若观空的智慧为旨归。作为最早出现的大乘经典,大乘中观、瑜伽两系,对般若经典和般若学均是高度尊崇的。罗时宪亦弘扬般若学,开"中观瑜伽学"的研究风气。

《八千颂般若经论对读》是罗时宪撰的最后遗作。是把玄奘所译《小品般若经》(亦即《八千颂般若经》)与法尊从藏文所译的弥勒《现观庄严论颂》

---

①罗时宪:《唯识方隅》,《罗时宪著作全集》第三卷,第 106 页。
②释妙灵:《真如·因明学丛书》"总序",吕澂《因明纲要》,中华书局,2006 年,第 1 页。
③郑堆、光泉主编:《因明》第六辑,甘肃民族出版社,2012 年,第 12 页。

分段对照进行研究,并参考诸家释文加上注释而成。《现观庄严论颂》译成中文后最早依此与《般若经》对读的是太虚。罗时宪在分科对读中,则分别列出"经"(《大般若经》第四会)、"论"(《现观庄严论颂》)、"述"(罗时宪的简释)三组文字。

关于《小品般若经》在般若学与《现观庄严论颂》在唯识学中的地位,《罗时宪全集·总序》中有详细的交代:"众《般若经》中,以十万颂、二万五千颂(世称《大品般若经》)、八千颂(世称《小品般若经》)最为重要,对中观、唯识二宗的影响亦最为深远,但可惜文义繁复,不易研读。后弥勒论师以唯识宗的见地,造众《现观庄严论颂》,贯摄上述三部《般若经》的内容,以八事七十义为纲领,叙述自凡夫循序修行实践以达至成佛境地的次第历程。后'瑜伽中观学派'多有发挥疏释。"①对于《大品般若经》的注释,罗时宪认为,"龙树论师曾作《大智度论》解释二万五千颂,仍未能得其统绪"②。之后,才有弥勒著《现观庄严论颂》,就是以法相唯识来贯摄般若的。对读的目的在于中观、瑜伽的融合。

对于罗师的治学旨趣,李润生说:"老师的佛学,无论显教密教、大乘小乘、阿含毗昙、瑜伽、中观,无不通达。所以能在岭南,因时制宜,分别开出唯识、般若、原始佛教,以及瑜伽行中观学的研究风气。"③

《现观庄严论颂》是一部以美妙的韵文畅释《般若经》奥义以教授学人的论释,又名"般若波罗蜜多教授论"。《现观庄严论颂》着意于中观、瑜伽之会通。太虚作《〈现观庄严论〉序》,叹曰:"运瑜伽巧分别相,彰般若无分别性,得斯论而般若之眉目朗,瑜伽之精髓充矣。"④

罗时宪《八千颂般若经论对读》参照的《现观庄严论颂》的底本是法尊从藏文翻译成汉文的译本。不过,法尊的翻译文辞质朴难通,使得汉语佛学界对般若经论的比较研究,反倒不如西方、日本。罗时宪又参考了Edward Conze(爱德华·孔慈)的《现观庄严论颂》英文译本和日人真野龙海著的《现观庄严论之研究》。其中,20 世纪中 Edward Conze《现观庄严论颂》英译本是由梵文本翻译而成的,于 1975 年在美国加利福尼亚大学印行

①《罗时宪著作全集》"总序",第 5 页。
②罗时宪:《八千颂般若经论对读》"自序",《罗时宪著作全集》第一卷,第 1 页。
③李润生:《续佛慧命》,《罗时宪先生哀思录》,第 50 页。
④太虚:《〈现观庄严论〉序》,《太虚大师全书》第 32 卷,第 308 页。

出版。罗时宪在《八千颂般若经论对读》"自序"中交代说,其内容是将经文依《现观庄严论颂》先分为:(一)序分;(二)正宗分;(三)流通分。正宗分中依八个大主题分为八部分,即:(一)一切相智性;(二)道相智性;(三)一切智性——以上三部分就修行的目标;(四)一切相加行;(五)至顶加行;(六)渐次加行;(七)一刹那现证菩提加行——以上四大部分说修行的方法;(八)法身——说修行所得的果。八个大主题又各分若干个小课题,共七十个小课题。每一个小课题都有经,有论(颂文),有解释。

关于大乘《般若经》的真实性问题,罗时宪有自己的判断标准。通常认为,大乘经典是较晚出现的,历来就有怀疑是否为佛说? 罗时宪认为:

> 依我的意见,世界上没有一本经是"每一句话都是佛口亲宣的"。今天我们要判别某一本是否佛说(或最近于佛说,或最合于佛意),第一要"以理为宗",看它有没有违反三法印。……第二,要参考历代的经目,和辨伪的文籍,平心地加以检察,以免为伪书所蒙蔽。[1]

三法印者:一,诸行无常;二,诸法无我;三,涅槃寂静。三法印是识别、鉴定是真假佛法的标准。若此法与三法印相违,纵然是佛陀亲口所说,也是不了义;若此法与三法印相契合,即使非佛陀所说,也可视同佛说。罗时宪认为《大般若经》的大部分都可以通过这两项标准(三法印、历来经目等)加以检验。

罗时宪为何选《现观庄严论颂》而非《大智度论》与《般若经》对读呢? 我们知道,《大智度论》是空宗解释般若经典的权威著作,是龙树所造。罗时宪大致给出三个理由:其一,《大智度论》只以大品般若作解释对象,《现观庄严论颂》则可以解释整个根本般若,可与根本五分对读。其二,《大智度论》虽详释大品般若,但未将全经的内文加以分析、摘要。本讲就是先取第四分对读以作入门,俾学人先对般若的重要义理作初步了解,然后逐步与其他四分对读作深入研究。其三,弥勒为一生补处菩萨,继释迦佛后当来作佛,故在宗教立场说,弥勒之言当最堪信。大乘经典,以中文及藏文所存资料最丰富,藏传佛教界极尊崇弥勒菩萨及其所述,藏传佛学者亦皆以《现观庄严论颂》作研究般若的指南[2]。

---

① 罗时宪:《八千颂般若经论对读》"导言",《罗时宪著作全集》第一卷,第1页。
② 参见罗时宪:《八千颂般若经论对读》"导言",《罗时宪著作全集》第一卷,第3页。

本文试举一例二者之对读。例如,"经论所说修行所依之种性"部分①。

【经】具寿善现白佛言:"所说菩萨摩诃萨者,何等名为菩萨句义?"佛告善现:"学一切法无著无碍。"②

"经",即《般若经》,对此罗时宪作解释如下:

【述】具寿善现问菩萨一词具何意义。佛答:"学一切法无著无碍。"依论意,菩萨因为有成佛之种性,故于修学一切法,能无著无碍。"种性"是种子、功能之别名。按此说明"菩萨摩诃萨"一观念具有八义,这里所说的"学一切法无著无碍"是第一义。③

罗时宪认为按照《庄严经论》的文意,菩萨成佛之"种性"是为种子、功能。我们知道,唯识学认为种性是有差别的。《庄严经论》对此有说明:

【论】通达有六法,对治,与断除,彼等皆永尽,具智慧悲愍,不共诸弟子,利他渐次行,智无功用转,所依名种性。④

罗时宪解释如下:

【述】大乘修行之所依,即是菩萨身中所具菩萨本性住种性。这是真如法界上本然具有之无漏种子,故称为"法界自性住种子"。界限从大乘资粮道前(旧译谓从资粮起,乃就现行说。今言从资粮道前起,是就种子说。)乃至成佛前的一刹那,即最后心(金刚心)。⑤

菩萨本性住种性有十三种:

修行之自性(本质)分六种,即为《般若经》所说"通达有六法":暖、顶、忍、世第一法四种智。此相当于唯识五位加行位。第五见道、第六修道。

修行之作用分三种:"对治"逆品立能治修行、"断除"逆品立能断修行、逆品尽分,立"彼永尽"之解脱道修行。

界限增上分四种:依第八地增上,立双破生死、涅槃二边之"慧悲"修行,菩萨由具此修行种性故,由慧不堕生死,由悲不入涅槃;依第九地增上,

①参见罗时宪:《八千颂般若经论对读》,《罗时宪著作全集》第一卷,第40—42页。
②《大般若波罗蜜多经》卷五三八,《大正藏》第7册,第766页。
③罗时宪:《八千颂般若经论对读》,《罗时宪著作全集》第一卷,第40页。
④罗时宪:《八千颂般若经论对读》,《罗时宪著作全集》第一卷,第41页。
⑤罗时宪:《八千颂般若经论对读》,《罗时宪著作全集》第一卷,第41页。

立"不共声闻弟子"之修行,此乃菩萨及佛所独具的修行;依第十地后得智增上,立"次第利他"之修行;依第十地后心增上,假立"智无功用运转"修行,后心指成佛前的金刚心,其时利他的智慧不须勉力,自然生起。

关于此论的异议及争讼。《庄严经论》所论并对其解释如下①:

【论】法界无差别,种性不应异。

【述】外人诤云:三乘种性不应该有差别,或一切的人都应该具有三乘种性;以彼等之究竟实体真如法界无有差别,当彼等证得真如法界时亦不见有差别的形相故。(旧释谓法界即种性,今不取)

三乘是声闻、缘觉、菩萨三乘,《法华》倡"开权显实""三乘归一",三乘是佛的方便说,一乘是佛的真实说。而《庄严经论》对"种性不异"的解答如下:

【论】由能依法异,故说彼差异。

【述】于胜义中(真如法界是胜智所证之境,故名胜义。"胜"是胜智,即无漏智;"义"是境义。胜智所证之境,名为"胜义"),无一切差别之相,固然没有所依种性的差别,没有能依的三乘智德差别,也没有菩萨的十三种修行的差别相。然于世俗谛中,为令众生悟入甚深法义故,只要于理无违,于事有益,亦得就如幻的三乘智德之大小,而施设(假说)如幻的所依的三乘种性差别,和十三类修行所依的种性差别。(以上共三颂释正行所依之种性)

我们知道,《法华》讲"三乘",唯识宗则宣扬"五性"(五种性或五种姓)——声闻乘种性、独觉乘种性、菩萨乘种性、不定种性、无种性。罗时宪认为佛教关于种性的差异问题,在胜义谛解中是没有差别性的,但对世俗谛而言,确实有种性的差别。

种性话题只是《般若经》与《庄严经论》对读中反映的一个侧面问题。关于此议题,仍然有很多值得探讨之处。本文不再赘述。

20 世纪 80 年代以来,罗时宪的《八千颂般若经对读》分别在佛教法相学会、能仁研究所演教,因形成组织精密的经论对读体系,具有一定的影响力。对此,李润生有明确的交代:"不少学人追随先生从事《现观庄严论》或

---

① 罗时宪:《八千颂般若经论对读》,《罗时宪著作全集》第一卷,第 41—42 页。

'般若学'的研究,开'中观瑜伽学'的研究风气。"①后来罗时宪带出的学生,借此撰写出多篇具有价值的学位论文。

第二节　霍韬晦与吴汝钧的梵文唯识学翻译及研究

霍韬晦(1940—2018),号量斋,广东南海(今广州)人。1957 年移居香港,60 年代考入新亚书院师从唐君毅,后赴日本留学专攻佛教文献学,任职于香港中文大学哲学系教授中西哲学、佛学超过二十年。80 年代创办香港佛教法住学会、法住文化书院,对中国文化及佛教文化事业贡献良多。著有《安慧〈三十唯识释〉原典译注》《佛家逻辑研究》《佛教的现代智慧》《绝对与圆融》等。

吴汝钧(1946 —),广东南海(今广州)人。香港中文大学毕业,师从劳思光、唐君毅、牟宗三等学者,并随霍韬晦学习梵文。曾赴日本京都大学、德国汉堡大学学习,后于加拿大麦克马斯德大学获哲学博士学位。任职于香港能仁书院、香港浸会大学、台湾"中央研究院"。唯识学方面著述有《唯识哲学:关于转识成智理论问题之研究》《唯识现象学 1:世亲与护法》《唯识现象学 2:安慧》《唯识学与精神分析:以阿赖耶识与潜意识为主》等。

一、霍韬晦《安慧〈三十唯识释〉》的梵文译本

霍韬晦将安慧论师之《三十唯识释》梵文原本②翻译成中文,并且作了注解,引介文献学、语言学、哲学等研究方法,令人耳目一新。该著于 1980 年由香港中文大学出版。

唯识学自来有新旧古今之分,唐以来护法—玄奘一系为正统唯识宗学,是为新学。而安慧一系旧译唯识学则被湮没了。《成唯识论》是玄奘取护法观点对《唯识三十论》的注解为主而成,对印度十大论师思想均有取舍,安慧的主张在《成唯识论》《成唯识论述记》中都有所载,但很不完整,甚至有的地方出现了错谬和歪曲。霍韬晦费十年之力译成此书,在译注以及译语的现代化上,颇费心力,为学界所重。我们知道,如果研究安慧的唯

---

①李润生:《八千颂般若经论对读》"后记",《罗时宪著作全集》第一卷,第 341 页。
②所用梵文原本是法国人莱维(Sylvain Lévi)《唯识论疏》(Vijñaptimātrātāsiddhi)一书之《三十唯识释》,并参考了日本学者获原云来、宇井伯寿的订正表。

识,也能为了解真谛唯识思想提供文献资料和思想来源。霍韬晦通过梵文原语与《三十唯识释》旧译、新译的对照,发现了真谛与安慧所传唯识思想具有相通之处。

目前《三十唯识颂》的汉译本有九种:一,陈真谛译《转识论》(《唯识三十颂》的同本异译);二,唐玄奘译《唯识三十论》,系自《成唯识论》,护法等十大论师造释,玄奘译;三,刘定权译《三十颂》,译自藏文;四,吕澂译《安慧三十唯识释略抄》[①],安慧释,颂文部分译自梵文,并参校藏译,释文部分主要依藏译本;五,霍韬晦译《三十唯识释》,安慧释,译自梵文;六,徐梵澄译《〈三十唯识〉疏释》,安慧释,译自梵文;七,韩镜清译《唯识三十论》,安慧释,译自藏文;八,韩廷杰译《唯识三十颂》,译自梵文;九,韩廷杰译《〈唯识三十颂〉安慧释》,安慧释,译自梵文。

另外,藏文本有《安慧造唯识三十论疏》(日人寺本婉雅版刊本1933年);日文有荻原云来译《三十颂了别释》(东京大正大学1938年);日人宇井伯寿《安慧·护法唯识三十颂释论》(东京岩波书店1952年);日人野泽静译《唯识三十颂之原典解释》(收录于《世亲唯识之原典解明》,京都法藏馆1953年)[②],。可见,日本佛学界对于《唯识三十颂》的研究还是很丰富的。

日本佛学界除了保留了《唯识三十颂》梵文本,还存有许多佛教经论梵文本。与唯识学有关的经论有如《瑜伽师地论》《唯识二十论》《大乘庄严经论》《辩中边论》《因明入正理论》等。另外,还有汉土已佚的典籍均尚有梵文本或藏文本流传,如弥勒的《辨法法性论》《现观庄严论颂》、世亲的《三自性论》、陈那的《集量论》、安慧的《三十唯识释》《辩中边论释》。

霍韬晦有感于梵文原典的重要性,相对于国外研究来说,中国佛学界有关原典资料和知识的掌握还是匮乏的。于是,1969年,霍韬晦通过美国哈佛燕京学社的资助前往日本攻读佛学,尤其专攻佛教文献学。对此,霍韬晦说道:

　　在此之前,我已风闻日本研究佛学的成绩,但没有想到竟然是如此丰美:研究机构数十、学者盈千、出版刊物不计其数。其中以研

①吕澂是从藏文译出,霍韬晦则从梵本译出。李润生评价了梵文藏文本的区别,认为梵文原本比藏文译本更可信。参见李润生:《评介〈安慧三十唯识释原典译注〉》,《内明》1981年第3期。
②参见霍韬晦:《安慧〈三十唯识释〉原典译注》"译注说明",香港中文大学出版社,1980年,第13页。

读原典的风气最盛,一般学子都先修梵文,然后进修藏文、巴利文及其他外文来作装备,目的是把原典解译为现代语,并分享欧洲学者的成果。①

而霍韬晦选取的是安慧的《三十唯识颂》来翻译,为何呢?因为安慧的思想很特别,有别于护法、玄奘一系唯识。在唯识学史上可以另辟一派,在佛家思想史上具有一定的重要性。霍韬晦给出以下几个理由。

其一,玄奘糅译的《成唯识论》仅采取了十大论师护法一家的观点,如果仅仅通过《成唯识论》要想全面地了解其他各家思想是无途径可寻的。

其二,玄奘既然宗于护法一家,怀疑玄奘对其他各家的评价及批评是否公允?玄奘翻译时批评最多的是安慧论师,但是在对勘梵本时,霍韬晦发现:"有很多批都是不确实的或错置的,亦有一些是从后世推演其说的(最明显的,莫如称安慧为一分家,主相见同种之说,安慧其实未言)。"②

其三,通过比对《唯识三十颂》的梵文本和玄奘汉译本,发现玄奘对世亲唯识学思想有自己的发挥甚至是改动。玄奘译本常常出现增减文字的情况。霍韬晦认为:"从前我们以为玄奘的翻译最忠实,现在看起来仍有很多地方混有译者的观点在内。……若假定梵本可靠,则玄奘的加工和改造便不可掩。"③

其四,护法和安慧谁更接近世亲思想的原义?霍韬晦推测,由于安慧的时代比护法较早,其疏解可能更接近世亲原义。对此,霍韬晦有着详细的辨释,兹录如下:"现在我们照资料的性质看,安慧释是可以满足这一要求的。一来安慧释的确先出,在时代上较接近世亲,应保存有更多的古义;二来安慧释文字简约,紧随颂文作解,达意即止,不尚支蔓,若干后世讨论极繁的问题,如识的转化(识变)问题、识的内部结构(相见等诸分)问题,安慧的答案都极简单;有些更全不触及,如第八识、第七识的存在论证,及三依(诸识活动的相互关系)、四缘(心心所起现的条件)之类。从后世的观点言,安慧释容有不足,但在究明唯识本义、与唯识思想初期的开展上说,安

---

①霍韬晦:《安慧〈三十唯识释〉原典译注》"自序",第 1 页。
②霍韬晦:《安慧〈三十唯识释〉原典译注》"自序",第 2 页。
③霍韬晦:《安慧〈三十唯识释〉原典译注》"自序",第 3 页。

慧释的价值是无可代替的。"①也就是说安慧的疏解更忠实于世亲《唯识三十颂》文本资料。

霍韬晦对刊《唯识三十颂》梵文,发现了玄奘译本有改动之处。

例如,《唯识三十颂》第一颂。此处把玄奘、真谛、霍韬晦译本相互比较。

【玄】译:由假说我法,有种种相转,彼依识所变。此能变唯三。②

【真】译:识转有二种:一转为众生,二转为法。一切所缘不出此二,此二实无,但是识转作二相貌也。次明能缘有三种。③

【霍】译:我法施设相,虽有种种现;彼实识转化。此转化为三。

【霍】语体文译:(世间上)诚然有种种"我"、"法"的施设呈现,不过,这(些施设)都是在识的转化之中。然而,这种转化有三种。④

唯识家立万法唯识所变之理。梵文 pariṇāma 是转变的意思,玄奘译为"能变",日本学者译之为"转变",霍韬晦译为"转化"。对于识转化的境与识之关系,霍韬晦认为:"世亲认为'境'(vijñapti)是一种存在,它的内容是由'识'(vijñāna)的状态转化(pariṇāma)而来才得以呈显的。所以识是境存在的依据,也即是现象的起源。"⑤

关于"转"字,真谛译《转识论》(《唯识三十颂》同本异译)曰:"识转有二种:一转为众生,二转为法。"真谛译本开头即明识转变之理,一切诸法即众生与法都由识所变现。有学者认为,真谛译本《转识论》开篇即类似于《起信论》一心开二门之生灭门的变现。而玄奘译本则更强调后面的"三能变",分别是第八识(异熟识)、第七识(思量识)和前六识(了别境识)。玄奘似淡化"识"转变为二门之功能,或者说走妄心的路线更明显。

再例如,举《唯识三十颂》第三颂中的句子。

【玄】译:不可知执受、处、了。⑥

---

① 霍韬晦:《安慧〈三十唯识释〉原典译注》"自序",第 4 页。
②《唯识三十论颂》,《大正藏》第 31 册,第 60 页。
③《转识论》,《大正藏》第 31 册,第 61 页。
④ 霍韬晦:《安慧〈三十唯识释〉原典译注》"唯识三十颂三译对照",第 3 页。
⑤ 霍韬晦:《唯识与识转化》,《绝对与圆融:佛教思想论集》,(台北)东大图书股份有限公司,1986 年,第 234 页。
⑥《唯识三十论颂》,《大正藏》第 31 册,第 60 页。

【霍】译:彼有不可知:执受、处表别。

【霍】语体译:其次,这(阿赖耶识)有(两种)不可知的表别:(就是)执受(表别)和处(表别)。①

霍韬晦将 vijñapti(了别)译为表别,类似于显现的意思。后来,霍韬晦在《唯识五义》一文中更进一层指出,"表别"即"唯表"义。霍韬晦说:

> 由此唯识学派转向观念主义,把实在论者的本体勾消,认为客观存在其实只是一种表相,称为 vijñapti(拙著《安慧〈三十唯识释〉原典译注》一书中曾译为"表别",意义不够明朗,宜改正)。一切法都不过是表相状态的存在;简言之,就是"唯表"(vijñaptimātratā)。这一个"表"字,是扣紧对象讲的,与上文所说的"识"不同。事实上,唯识学派的开山大师世亲(Vasubandhu,约公元五世纪)的两本主要作品:《二十唯识论》(Vimśatikāvijñaptimātratāsiddhi)、《三十唯识颂》(Trimśikāvijñaptimātratāsiddhi),原题用的就是"唯表"。玄奘全部译为"唯识",便把问题的重心转移了。②

最有争议的是关于"唯识"一词的翻译。梵文 vijñaptimātra,玄奘译为"唯识",霍韬晦认为玄奘未能把唯识应作"唯表"的原义翻译出来,应译为"唯表"或"唯表别"。试举玄奘译(梵译)、霍韬晦(梵译)译本比较如下:

《唯识三十颂》第十七颂

【玄】是诸识转变,分别所分别,由此彼皆无,故一切唯识。③

【霍】识转化分别。彼皆所分别。由此彼皆无,故一切唯表。④

《唯识三十颂》第二十五颂

【玄】此诸法胜义,亦即是真如,常如其性故,即唯识实性。⑤

【霍】此诸法胜义,亦即是真如。常如此有故。彼即唯表性。⑥

《唯识三十颂》第二十七颂

---

①霍韬晦:《安慧〈三十唯识释〉原典译注》"唯识三十颂三译对照",第3页。

②霍韬晦:《唯识五义》,《华岗佛学学报》1983年第6期,第314页。

③《唯识三十论颂》,《大正藏》第31册,第60页。

④霍韬晦:《安慧〈三十唯识释〉原典译注》"唯识三十颂三译对照",第6页。

⑤《唯识三十论颂》,《大正藏》第31册,第61页。

⑥霍韬晦:《安慧〈三十唯识释〉原典译注》"唯识三十颂三译对照",第8页。

【玄】现前立少物,谓是唯识性,以有所得故,非实住唯识。①

【霍】谓是唯表别,然有所得故;现前立少物,实未住唯表。②

第十七颂文中,霍韬晦译为"唯表"(vijñaptimātra),世亲为了补足音节字数,多加了一个-ka,表示所属的意思,相当于"东西"或"者",变成 vijñaptimātrakam③。

第二十五颂文中,霍韬晦译为"唯表性"(唯表别状态的存在),《唯识三十颂》梵文颂文作 vijñaptimātratā,玄奘译为"唯识性",而且还增加了一个"实字",为"唯识实性"④。

第二十七颂文中,梵文看得最明显。颂文中,霍韬晦译为"唯表",《唯识三十颂》梵文颂文作 vijñaptimātra,玄奘译为"唯识"⑤。

值得注意的是,《唯识三十颂》吕澂译本(藏译)与韩镜清译本(藏译)对"唯识"一词的翻译也是截然不同的。吕澂完全宗于玄奘的翻译,仍然使用了"唯识",而韩镜清则使用"唯了别"一词,此有点类似于霍韬晦所用"唯表"(唯表别)的意味。

关于 vijñaptimātra 抑或 vijñānamātra 两词之争,实难定论。因为,我们今日亦无从知晓玄奘当时所据的梵本原本中是用哪一个词? 日本大正大学长泽实导在《瑜伽行思想与密教的研究》一著中在解释 vijñapti(了别、表别)与 vijñāna(识)两字的含义时,认为唯识 vijñānamātra 一词之意即为"唯了别"。有些日本学者如结城令闻、山口益、胜又俊教等均未敢断言玄奘所译"唯识"一词有误。有学者认为玄奘并非不明了"唯识"一词之意,"并非玄奘未经考虑的做法。即使以安慧《三十唯识释》(或译《唯识三十论》)来看,也难说就是'误译',更谈不上由此'误译'而引来的研究唯识的千年'误区'。至于说玄奘主要承奉护法一系的唯识学"⑥。而霍韬晦把"唯识"一词改回"唯表"的提法,仍然值得进一步研究。与其说是翻译问题,亦可能属学派归属问题。

---

①《唯识三十论颂》,《大正藏》第31册,第61页。
②霍韬晦:《安慧〈三十唯识释〉原典译注》"唯识三十颂三译对照",第9页。
③参见霍韬晦:《安慧〈三十唯识释〉原典译注》,第113页。
④参见霍韬晦:《安慧〈三十唯识释〉原典译注》,第139页。
⑤参见霍韬晦:《安慧〈三十唯识释〉原典译注》,第144页。
⑥陆沉:《唯识学"转识成智"说研究》,四川人民出版社,2005年,第111页。

二、吴汝钧《唯识三十颂》由梵译汉及唯识现象学

吴汝钧的研究唯识经历过三个阶段:第一个阶段研究唯识学"转识成智"的理论问题,以康德的哲学为参照,确定唯识学的思想主脉是经验主义,因无漏种子是生灭法难以作为觉悟成佛的超越的依据的困境所在。第二个阶段研究唯识现象学,以梵文文献学和哲学分析法为方法,以胡塞尔的现象学为参照,研究世亲、护法和安慧的唯识思想。第三个阶段研究唯识心理学,将唯识学与弗洛伊德、荣格的精神分析作比较①。本文主要涉及吴汝钧的梵文文献学研究及唯识现象学的建立,也就是作者所述第二个阶段的研究。第一个阶段是吴汝钧早期的唯识学研究,后来他的思想发生了变化并不能作为其思想代表,第三个阶段时间已经超出了 20 世纪,内容并非本文所重。

为什么要从第一个阶段转向第二个阶段呢? 70 年代,吴汝钧完成了香港中文大学硕士论文有关唯识学转识成智问题的研究,但是他是从一种批判的角度来思考,通过对转识成智说的考察,考察无漏种子的本有,是一种经验主义,从而指出《成唯识论》在转识成智上的困难②。吴汝钧在《佛学研究方法论》中道出其学术转向的缘由,"它以无漏种子来说觉悟的基础,以因果来限定众生的本质,是一条死路。这是如是的唯识系统的必然结果。要转出生路,便涉及对整个系统以至于整个思想方向的改造"③。这个改造,吴汝钧首先是从佛教文献学研究开始的,并且试图建立唯识现象学体系。

吴汝钧认为,研究佛教必须要深入梵文、巴利文、藏文,再辅以日本及欧美学者的研究成果。因此,他留学日本京都大学,接受文献学的基本训练。之后,他又到欧洲的德国留学,接触欧洲的佛学研究风气,全面接受西方的文献学学术训练。80 年代,吴汝钧回到香港,把安慧梵文注释本的哲学要点摘录出来,把安慧与护法之学作一对比,发现二者的同异关系,并引入现象学的解释,

实际上,吴汝钧在完成《唯识现象学》之前,对梵文、现象学都有很深的

---

①参见吴汝钧:《唯识学与精神分析:以阿赖耶识与潜意识为主》"自序",(台北)学生书局,2014 年。
②参见吴汝钧:《唯识哲学:关于转识成智理论问题之研究》,(高雄)佛光出版社,1978 年。
③吴汝钧:《〈佛学研究方法论〉自序》,《鹅湖》1983 年第 8 卷第 12 期。

研究,且有独立的专著出版。关于梵文的研究有:《梵文入门》(弥勒出版社 1984 年)、《梵文文法动词及梵英字汇对照表》(华宇出版社 1985 年);关于现象学的研究有:《胡塞尔现象学解析》(台湾商务印书馆 2001 年)。之后,完成了唯识现象学两部曲的出版:《唯识现象学 1:世亲与护法》(学生书局 2002 年)、《唯识现象学 2:安慧》(学生书局 2002 年)。这两部著作虽然出版于 2002 年,但是工作开始得较早。吴汝钧早在 1970 年在香港中文大学写硕士论文时,就细读了世亲的《唯识三十颂》与护法的《成唯识论》;1997—1998 年,吴汝钧在香港能仁书院哲学研究所开讲唯识学课程,又详细解读了《唯识三十颂》文献,把《唯识三十颂》由梵文译成语体文,对比玄奘的译本。而要理解吴汝钧这两部《唯识现象学》,首先要解读出《唯识三十颂》。

为了深入理解《唯识三十颂》,吴汝钧直接从《唯识三十颂》梵文的本子再翻译一次,译成白话文,对比玄奘汉译本,将生疏的语言转化成熟悉的语言。在对比安慧的解释时,也更容易理解护法与安慧思想之不同。

吴汝钧《唯识现象学》分为两部:第一部是对世亲《唯识三十颂》的解释,以及护法对《唯识三十颂》的解释,即《成唯识论》,并用西方现象学的语言来理解世亲、护法的思想;第二部是安慧对《唯识三十颂》的解释,也是使用现象学、胡塞尔的现象学的语言来解读安慧的思想。

吴汝钧在《唯识现象学 1:世亲与护法》中已经交代了该著的写作方法、思路和研究意义。该书透过《唯识三十颂》梵文原偈,应用中、英、德、日、梵五种语言的著述,以西方胡塞尔的现象学对唯识学加以比较,倡导一种文献学与哲学分析双轨并进的佛学研究方法。我们知道,文献学只是一种工具,关键在于唯识学与西方现象学具有内在高度近似的关联性。对此,吴汝钧说道:

> 若简单地作一总结,则可以说,唯识学是以一切存在由识所变现,不是客观独立存在。一般人多以存在具有客观性、独立性,唯识学则扭转这种看法,把一切存在归于心识。这便很类似胡塞尔的现象学还原(phänomenologische Reduktion)的方法,把一切以未能证验的事物为客观实在的看法扭转过来,而归源于意识。胡塞尔把这些未能证验的东西称为超离的东西(Transzendente),视之为缺乏明证性,不在真理体系之中;它们不是自身被给予,没有认识的功效的本质。他认为

应把这些东西标记出来,不将之视为有本质内藏于其中的现象。①

更具体一点,胡塞尔的"现象学还原",就相当于唯识学的"转识成智"。可以说,"转识成智"之"识"对应于胡塞尔所说的"经验意识","转识成智"之"智"对应于胡塞尔所说的"超越意识"。两者的不同之处为,识的特性为虚妄执着,智的特性则是清净的。

通过对比解读,吴汝钧发现,护法和安慧的思想是不同的。例如,护法和安慧对识之转变的理解有别。护法分得较细,有相分,还有见分等;而安慧则从异时因果讲识之转变,认为识在前一个瞬间是某一个状态,在下一个瞬间它转变为另外一个状态。吴汝钧认为,护法和安慧对识转变(Vijñāna-pariṇāma)观念的分歧为:

> 照安慧的了解,识转变指识在前刹那至后一刹那间的转变。这种了解是就识本身经过不同刹那的转变来说。而护法就不同,他从见分和相分来说识转变。他认为识现起时产生一种分化的作用,在一个刹那中分见分和相分。相分是变现出来的对象,即客观的现象世界;而见分则是认识对象的主体,即主观方面的自我。这种识的分化就是转变识。②

按照《成唯识论述记》的说法,安慧主张"一分说",难陀主张"二分说",陈那主张"三分说",护法则主张"四分说"。所谓四分为:相分、见分、自证分、证自证分。吴汝钧爬梳安慧《唯识三十论释》梵文本中,发现"他没有提到见、相分,在整本《论释》中也没有提及见、相二分。他对识转变的理解,是识在前后刹那间的转变。护法在其《成唯识论》中则以识变现见、相二分来说识转变。如识'转似二分'"③。

护法、安慧问题焦点在"识转变"第一颂。第一颂如下:

【梵文本】ātmadharmopacāro hi vividho yaḥ pravartate/

Vijñānapariṇāme'sau pariṇāmaḥ sa ca tridhā//

【梵本语译】不管实行哪些种种的我、法的假设,实际上,这只是在

---

① 吴汝钧:《唯识现象学1:世亲与护法》,(台北)学生书局,2002年,第30页。
② 吴汝钧:《唯识现象学1:世亲与护法》,第154页。
③ 《成唯识论》卷一,《大正藏》第31册,第1页。

识转变中。同时,这转变有三种。①

　　【玄奘译本】由假说我法,有种种相转,彼依识所变,此能变唯三。②

这首偈颂的主要问题是"识转变"或"识所变"(Vijñāna-pariṇāma)上,安慧与护法的诠释有严重分歧③。

而安慧解释转变的原文如下:

Kāraṇakṣana-nirodhasamakālaḥ kāraṇakṣaṇavilakṣaṇaḥ

Kāryasyātmalābhaḥ pariṇāmaḥ /④

吴汝钧的翻译是:"转变即是在因的刹那(Kāraṇa-kṣaṇa)灭去的同时,有与它相异的果(Kārya)得到自体(ātman)生起。"⑤

可见,安慧与护法对识转变的理解是不同的。安慧并没有像护法那样,即《成唯识论》中能开出见、相二分说得那么复杂。汉地佛教界一般认为,安慧为无相唯识学的代表人物,护法则是有相唯识学的代表人物,而玄奘开创的唯识宗就继承了护法的观点。

再有,安慧与在"无漏界"、出世间智的实践理论也是不同的。吴汝钧发现,护法详细地说明"转识成智"(转八识成四智)和证果(三种法身),安慧则用一切智性(sarvajñātā)。吴汝钧说道:

　　　　安慧以心来说无漏界,表示心的清净性格。这表示安慧有清净心的思想的倾向,在这一点上,他可通到如来藏自性清净心一体系方面去,这是印度大乘佛教中中观学与唯识学之外的另一个思想体系。

　　　　护法则着重虚妄赖耶思想,未有提到清净心;他是以大菩提和大涅槃来说无漏界,着重果相方面。⑥

很多学者认为,安慧作为唯识旧学系统,倾向于如来藏学系统。吴汝钧也认为安慧识之学说有清净心的倾向,心不具有迷执的力量或因素,以心通无漏界。这种思想后来发展成为有别于空宗、有宗的另一种佛学系统的思想来源之一,也是唯识古今学、新旧学之间的差异的一种表现。到了

---

① 吴汝钧:《唯识现象学1:世亲与护法》,第17页。
② 《唯识三十论颂》,《大正藏》第31册,第60页。
③ 参见吴汝钧:《唯识现象学2:安慧》"别序",(台北)学生书局,2002年,第1页。
④ 吴汝钧:《唯识现象学2:安慧》"别序",第6页。
⑤ 吴汝钧:《唯识现象学2:安慧》"别序",第6页。
⑥ 吴汝钧:《唯识现象学2:安慧》,第166页。

南朝摄论师,真谛系唯识学就承接了安慧的思想。

吴汝钧在《唯识现象学》中还发现了玄奘翻译的一些问题。例如,《唯识三十颂》第二十八颂。

【梵文本】yadālambanaṃ vijñānaṃ naivopalabhate tadā/

sthiataṃ vijñāna(apti)mātratve grāhyābhāve tadagrahāt//

【梵本语译】不管是什么时候,当识不得所缘时,便能成立唯识。当所取没有时,亦没有取着所取的事。[1]

【玄奘译本】若时于所缘,智都无所得,尔时住唯识,离二取相故。[2]

吴汝钧说:"这首偈颂描述通达位。玄奘译本与梵文本的意思有点出入,两者的分别主要在智的问题。梵文本没有特别提到智,但玄奘译本就强调在住于唯识的真理境界中,对于所缘和智都是无所执着的。"[3]关于"智"的添加,或许玄奘用的梵文本与吴汝钧用的不是同一个梵文本,也或许玄奘意译了,增加了自己的理解。

再有,吴汝钧批评了玄奘把"所缘"与"智"放在了一起。"所缘境"与"无分别智"似很难放在一起。对此,吴汝钧说道:"如果说到无分别智,就应没有所缘境。这里看到护法的解释有点漏洞,他不应将无分别智所缘境放在对等的位置,这会使人误解,以为无分别智所缘境能够同时存在。……一般人研究唯识,对于《成论》所说的都不会批评,为着要守持一种家法。但若站在较开放的角度来说,《成论》有些地方是可以批评的,这处就是其中一点。"[4]吴汝钧敢于挑战传统正宗唯识学权威是值得赞扬的。无分别智与所缘境同时出现在语句中,确实会出现误解。不过,在这句话语境下,或许玄奘添加了"智"字会更容易理解,"智"与"境"原本相对而立,只要区别开亦可。

那么,护法和安慧的学说谁更接近世亲学说? 有学者认为,世亲思想最为原始,只是护法和安慧因各自的解读才出现分化;也有学者认为,安慧的思想更接近世亲原义。吴汝钧此处交代了日本和西方的学者对安慧的

①吴汝钧:《唯识现象学1:世亲与护法》,第235页。
②《唯识三十论颂》,《大正藏》第31册,第61页。
③吴汝钧:《唯识现象学1:世亲与护法》,第235页。
④吴汝钧:《唯识现象学1:世亲与护法》,第237页。

研究成果,说道:"实际上,日本和西方的佛学研究界几乎已有一个共识,认为安慧的唯识学较接近世亲的原意,护法的唯识学反而不那么接近,这便展示出中土人士在依护法来理解世亲的唯识学上的偏差,一千多年来都是如此。"①这也许对中国人研究护法—玄奘唯识学统造成了挑战。

那么,护法和安慧的思想谁更接近现象学? 吴汝钧认为护法的识转变思想更贴近胡塞尔现象学。吴汝钧说道:"护法的识转似见分与相分以开出主体世界与客体的存在世界的构思,极其类似现象学的意识(Bewußtsein)开出能意(Noesis)与所意(Noema),以意向性(Intentionalität)指向以致架构对象世界",至于安慧,"他的思想未如护法的思想那样接近现象学"②。

不过,现象学本身也存在着缺陷。西方哲学毕竟不属于宗教。佛教唯识学除了履行了哲学的功能,更主要目的还在宗教实践。例如,唯识学转依(转识成智)、五位修行都具有很强的实践意味。胡塞尔现象学则擅长概念的分析与理论体系的建构,但并没有提出有关现象学"还原"或"悬置"的具体的实践方法,"胡塞尔是哲学理论形态的人,缺乏修行兴趣,只注重概念的思考与理论的建构,因此引来不少同道的批评。现象学是一种哲学理论,不是一种宗教信仰,它的基础在理性,特别是理论理性,不在实践理性"③。

不管怎么说,吴汝钧的《唯识现象学》两部曲集文献学和哲学分析方法为一体,成一家之言。更进一层的是,他试图建立唯识现象学的哲学体系,即参考胡塞尔现象学的架构,来替唯识学建构一套唯识现象学。在完成《唯识现象学 1:世亲与护法》《唯识现象学 2:安慧》之后,他再接再厉,连续完成了《纯粹力动现象学》《纯粹力动现象学续篇》《纯粹力动现象学六讲》等著述。吴汝钧秉持了佛教唯识学的理论无漏种子是有缺陷的观点,用胡塞尔"绝对意识"(absolute consciousness)这个绝对的主体性、超越的主体性来代替无漏种子作为最高的根据,由此他提出"纯粹力动"的本体哲学的架构④。

①吴汝钧:《唯识现象学 2:安慧》"别序",第 8 页。
②吴汝钧:《唯识现象学 2:安慧》"别序",第 10 页。
③吴汝钧:《唯识现象学 1:世亲与护法》,第 237 页。
④关于吴汝钧"唯识现象学"的构建,参见《佛教哲学与唯识现象学:吴汝钧与赖贤宗对谈》,(台北)"中央研究院"国际学人中心,2000 年。

这有点类似于近代熊十力用易学本体论来改造《成唯识论》,从而创造出《新唯识论》哲学体系。吴汝钧建立的"纯粹力动"哲学思想体系,是有别于护法、玄奘唯识学系统的,他的思想既受到了胡塞尔现象学的启发,也能看到中国佛教的如来藏学系统例如《大乘起信论》的影子。需要界定的是,吴汝钧的"唯识现象学"非佛学理论,而是一套自创的哲学理论和体系。

第十章　1949年以来台湾佛教唯识学的研究概况

第一节　杨白衣、叶阿月日本求学的唯识学研习

杨白衣(1924—1986),名显祥,字白衣,台湾台南人。历任文化大学、东海大学教授,执教于台湾各佛学院。1950年主编台湾光复后最早创办的佛教刊物《觉生月刊》。1953年,二度东渡日本,入日本佛教大学专攻佛学。1984年,杨白衣以《圆测の研究》申请获得日本佛教大学的博士学位。杨白衣的贡献在于将日本佛教界之治学方法和崭新研究成果推介给中国台湾佛教界,推动台湾地区佛学研究的创新与发展。出版的著述有《俱舍、成实宗史观》《印度佛教概说》《唯识要义》《俱舍要义》等。

叶阿月(1928—2009),台湾台南人。1963年毕业于日本曹洞宗驹泽大学佛教学科。1966年、1972年先后获得日本东京大学硕、博士学位。1978年又赴印度,学习唯识学与梵文。曾任台湾大学哲学系教授,主要教授印度哲学、唯识学、梵文等,主要著述有《唯識思想の研究——根本真実としての三性説を中心にして—》《叶阿月教授佛学论文集》《唯识思想论文集》等。

一、杨白衣的圆测唯识学研究与日本学术方法

80年代初,新罗僧人圆测第一次进入现代唯识学界的视野。杨白衣提交了日语博士论文《圆测の研究》,及用中文发表了两篇论文:《新罗系的唯识宗》(《中国佛教》1982年第4期)与《圆测之研究——传记及其思想特色》(《华冈佛学学报》1983年第6期),介绍了新罗的唯识学及重要僧人圆测的生平、思想。稍后一位在台湾大学哲学研究所攻读硕士的韩国学者金东柱根据《佛说般若波罗密多心经赞》来探讨圆测唯识思想,并以中文撰写

及出版其专著《圆测唯识学之探讨》①。

　　杨白衣的博士论文《圆测の研究》,分序论和本论,序论为二章,本论为五章。序论第一章涉及圆测时代之背景,包括政治时代背景及唐代周边国家(新罗、日本、契丹等)关系,第二章论及唐代中国佛教界及周边国家新罗、日本佛教界的发展状况及政策动向,尤其是唯识学派谱系(地论学派、摄论学派、法相学派)之描画,以及唯识新旧两传的对峙。

　　本论分为五章。第一章交代圆测的生涯,分传记、师承关系、门人三个部分;第二章探讨圆测的事迹,分译经、著作,著作的整理很详尽,不仅有现存的著作和散佚著作的分类,还对圆测的著作所引的经和论作进一步的梳理;第三章探讨圆测的思想,除了其最主要思想唯识观,还有净土观、戒律观、般若观等。其中唯识观则分判明细,开为十论,有:判教论、教体论、八识论、五姓论、识变论、种子论、熏习论、三性论、转依论、行道论;第四章还发掘出其他著书中所包含圆测的学说,例如,新罗太贤《成唯识论学记》、惠沼《成唯识论了义灯》、日本良算《成唯识论同学钞》、日本善珠《唯识义灯增明记》所见圆测之思想。第五章则总结了圆测思想的特色,计有三点:其一,理长为宗;其二,唯识与中观的圆融;其三,新旧佛教的会归②。

　　在中国佛教史上,圆测传言被视为异端而遭受慈恩一派的排斥、诽谤。载有圆测盗法一事,关于圆测是否存有盗法呢?杨白衣并不赞成此言论。历史上的史料记载有两种截然不同的态度,一种认为圆测不道德,例如,《宋高僧传》载圆测常贿赂守门者盗听讲义,贬称圆测之为人;另一种认为圆测品行高尚,例如崔致远在《智异山大华严寺事迹》赞他为高洁之人,宋复在《故大德圆测法师佛舍利塔铭并序》,称他为"性乐山水"之人。杨白衣在评价圆测时,开篇即为:"圆测是新罗僧人,其学识和高洁的人格受武后的信任和尊崇。"③杨白衣认为如果圆测真的是盗听而来,不管多么乐法,盗听都是不道德的。但是,杨白衣推测,像圆测这样高洁之人,是不可能盗法的,只是他讲得好,被怀疑为盗法。

　　对此,杨白衣有这样的看法,"圆测对唯识的造诣,正如上述,并非盗听之后始能理解。或许他的讲述博得好评,因而被疑为盗听而来。果如此,

①〔韩〕金东柱《圆测唯识学之探讨》,(台北)汇文堂出版社,1987年。
②参见杨白衣:《圆测の研究》"目次",日本佛教大学博士论文,1984年。
③杨白衣:《圆测の研究》,第46页。

圆测对唯识的造诣非同小可,乃是融合新旧两传的高水平的唯识学。圆测的唯识学正如后述,乃得世亲真传的唯识学。他大公无私地网罗一切学说,从更高层的观点组织了唯识思想。圆测的学说,规模广大精密,自由自在地驱使了一切经论,不偏向任何一家,就是对般若的空义,亦采包容的态度。笔者对圆测的好感,即起因于此"①。杨白衣交代了自己写作圆测的缘由。

　　圆测保留下来的主要著述是《解深密经疏》,杨白衣总结了《解深密经疏》有两大特色。其一,尽管圆测属于新译唯识家,但不同于慈恩宗一味排斥旧学,他公平地取舍对待新译唯识派(玄奘说)与旧唯识义(真谛说),以"理长为宗",圆测唯识思想更有性宗、如来藏学的色彩。杨白衣认为此是该书"最大的特色";其二,圆测"解题"时细致严谨的治学精神,详述思想背景、历史开展、思想种类、差异、分派实情等,杨白衣认为,这是一种现代学者所用的方法论,称其为"最宝贵之处"②。《解深密经疏》为理解圆测思想的最佳线索,《解深密经疏》的学术风格也就是圆测思想和治学的特点所在。这两大特色第一条谓圆测思想的特色,第二条即圆测治学方法的特色。

　　而第一条圆测思想的特色,杨白衣归纳为三点:其一,理长为宗;其二;唯识与中观的圆融;其三,新旧唯识的会归③。

　　其一,理长为宗。

　　杨白衣认为,圆测使用了世亲"理长为宗"的观点,活用新、旧二派的优点,甚至是另创新说。文中说道:

　　　　依现存的圆测之著作判断,圆测受到世亲、安慧、真谛的影响颇巨。他以"理长为宗"为宗旨,公平地摄取印度新旧二系之唯识,也提出不少新的见解。他不但精通唯识,对般若、戒律、净土、俱舍等造诣亦颇深,而提出了很多高见。④

　　"理长为宗"是世亲的治学方针。所谓"理长为宗",即不拘泥于一家宗

---

① 杨白衣:《圆测之研究——传记及其思想特色》,《华冈佛学学报》1983第6期,第108页。
② 参见杨白衣:《圆测之研究——传记及其思想特色》,《华冈佛学学报》1983第6期,第125、135、142页。
③ 参见杨白衣:《圆测の研究》,日本佛教大学博士论文,1984年,第943—967页。
④ 杨白衣:《圆测之研究——传记及其思想特色》,《华冈佛学学报》1983第6期,第105页。

派思想,但能兼采各家所长,为自宗所用。世亲作《俱舍论》,即以说一切有部思想为主,兼采经量部义理,以阐明阿毗达磨(对法,即论典)之真义。

其二,唯识与中观的圆融。

杨白衣认为圆测思想方面的特色在于唯识与中观的圆融。从圆测的著述中可以窥见其一二。现存圆测的著作中,有三部:(一)《解深密经疏》十卷(《卍新纂续藏经》第34、35册);(二)《仁王经疏》六卷(《大正藏》第33册,No.1708);(三)《佛说般若波罗蜜多心经赞》一卷(《大正藏》第33册,No.1711)①。中观(般若)与唯识(瑜伽)历来有争辩,历史上有清辨、护法关于空有之争。空宗谈真俗二谛,唯识谈三性及三无自性,杨白衣认为:"依圆测的看法,唯识与中观,乃能融通,因于三无性含摄三种无自性而为无相,故与清辨所谓的毕竟空同义"②;"唯识的三性说,乃以空思想为根底故,得与中观融通。这在千余年前,圆测已一再强调,由此可见他是一位伟大的思想家"③。圆测以《解深密经》三性说(遍计所执性、依他起性、圆成实性)贯通般若空。圆测认为,唯识三性说继承般若空的思想,把般若判为"二兼三时教"④。三时教渊源于《解深密经》卷二《无自性相品》,第一时有教、第二时空教、第三时中道教,又称有、空、中三时教。此等思想渊源于《解深密经》。第一时有教,代表性经典为《阿含经》;第二时空教,代表性经典为《般若》等经;第三时中道教,代表性经典为《解深密》《华严》等经。圆测以般若兼通三时,可谓圆测独特之判教。

再有,杨白衣认为根据无相唯识,唯识中观可融通,说:"只要依据无相唯识,唯识与中观是可以互通,都为'空'的延长,只不过其说明方法不同而已。"⑤无相唯识属于唯识旧学的主张,此与有相唯识有差异。唯识自来有今古、新旧之别。护法—玄奘一系倡"有相唯识";安慧—真谛一系则倡"无相唯识"。实际上,无论唯识旧译和新译,都提倡与中观的融通。印度历史上曾出现了瑜伽、中观合流,形成瑜伽中观派。玄奘本人也是大力提倡般若学的。杨白衣此处观点值得再商榷。

---

①参见杨白衣:《圆测の研究》"目次",第260—271页。
②杨白衣:《圆测之研究——传记及其思想特色》,《华冈佛学学报》1983第6期,第138页。
③杨白衣:《圆测之研究——传记及其思想特色》,《华冈佛学学报》1983第6期,第144页。
④杨白衣:《圆测の研究》第三章第二节"教判论",第373页。
⑤杨白衣:《圆测之研究——传记及其思想特色》,《华冈佛学学报》1983第6期,第142页。

其三,新旧唯识的会归。

圆测思想方面的特色还融通新旧古今。虽然,圆测师从唯识新学家玄奘,但是他兼具新旧二学,并不偏废安慧、真谛系唯识旧学。杨白衣指出:

> 圆测是会归新旧佛教的伟大学僧——思想家。殊是将新旧唯识哲学熔化于一炉,开创新宗派的大德。若允许的话,笔者愿意尊崇他为宗派的祖师。在中国三种唯识学派之中,圆测得说是另辟一学派的祖师。可惜,这一学派,在中国未兴,而于新罗落根,影响了日本、韩国的佛教。现今虽未形成宗派,但相信其思想长久会被传承,而终有开花结果,受到再评价的一日。①

值得注意的是关于"法相学派"的称谓,杨白衣在《圆测の研究》中溯及中国唯识学派的源流及系谱的时候,分为唯识三学派:地论学派、摄论学派和法相学派。实则上,南北朝时期,唯识学传入中土为两派,到了唐代才正式成立了唯识宗。关于法相学派的名称一说,对此霍姆斯·维慈(Holmes Welch)更倾向于使用"法相宗"名称。"在中国,它被称为法相宗、唯识宗或慈恩宗(以其创立者封号命名),一些权威喜欢称之为法相学派(school),但我发现把它译为和'sect'相一致的宗(tsung),更不容易引起混淆,除非这样会牵涉到中国宗教的法系制度。"②

此处,最有价值的观点是,杨白衣提出中国唯识学派第四派一说。除了杨白衣所界定的唯识三学派——即南北朝时期的地论学派、摄论学派与唐代的法相学派,那么圆测则属于第四个唯识学派。地论学派和摄论学派属于唯识古学,慈恩宗或唯识宗之法相学派则属于唯识今学,而圆测之唯识学是兼具唯识古今新旧的。所以,按照杨白衣的理解,圆测开创了一个新的唯识学派。只可惜在中国未能传承,而于落根于新罗,影响了日本、韩国的佛教。

关于新旧两传唯识思想的差异,杨白衣博士论文《圆测の研究》所撰的"新旧两传之对峙"③有说明。杨白衣并作表(见表 10—1)交代了圆测如何

---

① 杨白衣:《圆测之研究——传记及其思想特色》,《华冈佛学学报》1983 第 6 期,第 144 页。
② 〔美〕霍姆斯·维慈:《中国佛教的复兴》,王雷泉等译,上海古籍出版社,2006 年,第 162 页。
③ 杨白衣:《圆测の研究》第二章第三节"新旧两传之对峙",第 102 页。

会归了新旧古今唯识思想①。

表 10—1   新旧两传之对峙与圆测之会归

真谛所传	玄奘所传	圆测之会归	
1. 无相唯识	1. 有相唯识	1. 无相唯识	旧
2. 一乘真实	2. 三乘真实	2. 一乘真实	旧
三乘方便	一乘方便	三乘方便	
一乘皆成	五姓各别	一性皆成	
3. 五十二位说	3. 四十一位说	3. 五十二位说	旧
4. 本识能变, 诸识不变	4. 八识皆能变	4. 八识皆能变	新
5. 九识说	5. 八识说	5. 八识说	新
6. 如来藏缘起	6. 赖耶缘起	6. 赖耶缘起	新
7. 梨耶识染净和合	7. 阿赖耶识虚妄识	7. 阿赖耶识虚妄识	新
	8. 八识体一	8. 六识体一	

圆测对真谛和玄奘所传译两种唯识思想的会归, 提供了我们理解佛教的新思路, 这在当时来说确实属于一种创见。因为, 圆测是把唯识学放在佛教这一整体思路下来诠释和解读的结果。要知道, 唐代唯识宗传承不久就绝嗣了。而融通古今、性相唯识的方法, 到了宋初永明延寿撰《宗镜录》才把这种贯通为一的思路逐渐发扬开来。

需要特别说明是, 杨白衣的治学方法受到了日本治学风气的影响。杨白衣在留学日本后, 把日本的学术方法和研究状况推介到了中国台湾。近代日本治学之风, 又受到欧美"西潮"文明的洗礼。明治维新以来, 日本一跃成为亚洲各国成功经验的典范。而台湾地区在"日据时期", 从 1895 年甲午战争后至 1945 年二战结束, 前后有五十年, 达半个世纪。不仅台湾地区如此, 甚至整个近代中国佛教研究都受到日本的影响。比如佛教的大藏经即是重印日本整编后的《大正新修大藏经》《卍新纂续藏经》。

台湾地区佛教受日本佛教影响极大, 日本佛教研究为台湾地区佛教起到了示范作用。表现有以下几点: 一, 不少台湾地区人士到日本接受高等教育, 其中包括许多佛教人士; 二, 大陆传统佛教不能满足时代的冲击和挑战; 三, 日本兼具了中国文化的精华和西方文化的治学方法, 擅长文献学整理和校勘。因为日本佛教方面研究的优势, 吸引了不少台湾地区人士到日本学习佛学。杨白衣、张曼涛、慧岳即是早期留学日本的台湾地区僧俗界的代表人物。

---

① 杨白衣:《圆测之研究——传记及其思想特色》,《华冈佛学学报》1983 第 6 期, 第 148 页。

杨白衣的唯识学主要著述《唯识要义》，即为参考日本学者深浦正文《唯识学研究》等，从而对《成唯识论》做出系统完整的介绍①。杨白衣《略谈研究佛学的工具书》中明确指出，丁福保的《佛学大辞典》是转译日本真宗大谷派学僧织田所著而来，说道："我国目前最完善的佛学辞典，要算丁福保的《佛学大辞典》，这是日人《织田佛学大辞典》的翻译，可惜未全译。"②杨白衣积极参与日本学术界最新研究成果的翻译工作，以介绍给台湾地区学界。他翻译了牧田谛亮的《疑经研究——中国佛教中之真经与疑经》(载《华冈佛学学报》1985年第4期)，还翻译了小野玄妙著的《佛教经典总论》(新文丰出版公司1983年)。

杨白衣还据日本留学期间所掌握的资料，辨别一些有争议的问题。例如，杨白衣撰文《关于楞严的真伪辩》，对南怀瑾提出质疑。问难起因于南怀瑾著《楞严大义今释》，南怀瑾在该著中提到《楞严》真伪问题的提出始于梁启超。杨白衣指出《楞严》的真伪提出，发生于唐代，而后展转于日本。他说道："至于《楞严》的思想，是否为真常唯心论，我想这是值得研究、讨论的。希望南大德别以为：'这些理论大多是据自日本式的佛学思想路线而来'，而再重一步地论证楞严的真义。不然，世间上的事情，巧合的既多，殊途同归的更多啊！"③

杨白依治学细密，此多受到日本重视文献方法的影响。当解释经典时，须网罗诸说，较其优劣。从杨白衣对圆测《解深密经疏》所引文献统计可见其治学学风之严谨。圆测在注疏中，纵横引用很多经论加以注释。依杨白衣的统计，共有下列各书：

甲、经典类：一，《瑜伽论》529次；二，梁《摄论》379次；三，《解深密经》39次；四，《杂集论》184次；五，《显扬圣教论》183次；六，《大智度论》180次；七，《成唯识论》151次；八，无性《摄论》128次；九，《大毗婆沙论》122次；十，《俱舍论》111次；十一，《佛地论》102次；十二，《唯识论》84次；十三，《庄严经》79次；十四，《顺正理论》76次；十五，《相续经》68次；

---

① 参见杨白衣：《唯识要义》，(台北)文津出版社，1988年。
② 杨白衣：《略谈研究佛学的工具书》，邢定云、昙摩结等：《佛教基础知识(二)》，(台北)大乘文化出版社，1980年，第45—46页。
③ 杨白衣：《关于楞严的真伪辩》，《现代佛教学术丛刊》第35册《大乘起信论与楞严经考辨》，第349页。

十六,《阿含经》67 次;十七,《华严经》54 次;十八,《解节经》《法华经》51 次;十九,《十地论》48 次;二十,《涅槃经》38 次;二一,《善戒经》《楞伽经》30 次;二二,《成实经》25 次;二三,《金光明经》《波若论》《地持论》20 次;二四,《杂心论》《维摩经》《金刚般若论》《中边分别论》17 次;二五,《金刚仙论》《辩中边论》《广百论》《仁王经》13 次;二六,《无量义经》《大品》《大业经》12 次;二七,《十住毗婆沙论》11 次;二八,其他仅引用数次的有下:《杂含》8 次,《部执论》《宝积经》《十地经》《佛性论》各 7 次,《真实论》《五蕴论》《阿毗达磨经》《理门论》《显宗论》各 5 次,《掌珍论》《无垢称经》各 4 次,《长含》《中论》《楞严经》《本业经》《胜鬘经》《宝性论》《大乘同性经》《大般若经》各 3 次,《阿难目佉陀罗经》《大悲经》《海龙王经》《大集经》《法集经》《央掘魔经》《普曜经》《梵网经》《四分律》《不可思议经》各 2 次,《观音授记经》《菩萨灯论》《集法经》《识身足论》《正法念处经》《伽陀经》《金刚华经》《五浊论》《业释经》《大乘起信论》《大界经》《宝鬘论》《十轮经》《五王经》《法印经》《集异门论》《密严经》《百法论》《密迹经》《发智论》《金光明经》《旧俱舍》《海慧菩萨品》《菩提资粮论》《摄法经》各 1 次。共引用了 83 种以上的经论[1]。

乙、引用古德学说的有:一,世亲 77 次;二,玄奘 49 次;三,真谛、护法 35 次;四,菩提留支、龙树各 8 次;五,弥勒 4 次;六,长耳三藏、清辨各 3 次;七,其他仅引用 1—2 次的有:吉藏、瞿婆、坚慧、护月、亲光、诞、光统、刘虬、罗什、昙无忏、求那跋陀罗、般颇等人。合计引用了 21 人。

丙、部派:一,萨婆多部 64 次;二,经部 43 次;三,大众部 18 次;四,一说部、说出世部、鸡胤部各 3 次;五,其他仅引用 1—2 次的部派是:多闻部、法密部、数论、胜论等。合计部派有 13 个[2]。

可见杨白衣在统计引用方面所下的功夫之深,此需费极大的耐心和精力。正如慈怡在所编的《佛光大辞典》中评价杨白衣,"乃将日本佛学界之崭新成果,介绍于台湾佛学界。其所涉猎之范围极广,佛教史、义理、目录学等方面皆尝钻研,且着重研究方法之创新,对现代台湾之佛学研究,颇有启蒙作用"[3]。作为早期到日本留学的台湾地区佛教学者,他追求并推广的现代佛教学术治学方法是新颖的、功不可没的。

---

①参见杨白衣:《圆测の研究》"著作所引之经论",第 289—333 页。
②参见杨白衣:《圆测の研究》"著作所引之论师与部派",第 333—350 页。
③慈怡主编:《佛光大辞典》,北京图书馆出版社,1989 年,第 5485 页。

二、叶阿月的根本真实三性说研究与日本学术方法

叶阿月对《中边分别论》有着精深的研究。1966年,叶阿月提交的《中边分别论三性说之研究:以真实品为中心》论文获东京大学硕士学位。之后,叶阿月继续攻读博士学位,他在日本著名学者中村元的指导下,继续加深对《中边分别论》的研究,1972年以《根本真实としての三性説とその展開:中辺分別論を中心として》获得东京大学博士学位。叶阿月在日本的留学所取得的成绩,是历史上第一次有中国台湾的佛教学者获得日本公立大学佛学研究机构颁发的学位。之后,该博士论文由日本东京国书刊行会于1975年出版,题名有改动,名为:《唯識思想の研究——根本真実としての三性説を中心にして—》(以下简称"《唯識思想の研究》")。该著围绕着《中边分别论》层层展开。作者可能考虑到分布章节内容与题目须保持一致,出版时题名有了改动。对于叶阿月该本专著的价值,江灿腾评价说:"是其生平学术论述的最高峰之作,一时颇获来自学界的高度称誉。但因其日文版全书,始终未能译成中文出版,且其生平,虽能持续治学严谨,但孤傲难处、中文论述又非其所长,所以终其一生,都未能产生巨大的典范性研究效应。"[①]虽然叶著影响力有限,主要在日本学界,而非在汉语佛学界,但是我们仍然不可否认该著的学术价值,尤其在现代唯识学史上是不可磨灭的。

《中边分别论》为真谛所译,世称旧译;同译还有《辩中边论》为玄奘所译,世称新译。藏传佛教也有《辩中边论》译本。《辩中边论》是弥勒五大论典之一,世亲作论释。《中边分别论》作为初期印度大乘瑜伽行派论典,宣扬中道实相,依三性(遍计所执性、依他起性、圆成实性)之有无显唯识中道真实义。叶阿月所著的《唯識思想の研究》,以《中边分别论》为中心,通过《中边分别论》安慧注的梵文本,对照梵本、藏本及真谛和玄奘的汉译本,比对各本之间的异同进行比较研究,还参考引用了大量的日本学者的研究成果,另外对真谛的唯识思想亦有所涉及。

《唯識思想の研究》全书章节共分本论(八章)及资料论。本论第一章

---

①江灿腾:《认识台湾本土佛教:解严以来的转型与多元新貌》,(台北)台湾商务印书馆,2012年,第57页。

探讨唯识论典中的三性说,除了《中边分别论》,还涉及《三无性论》《显扬圣教论》《大乘庄严经论》《摄大乘论》《佛性论》《瑜伽师地论》《唯识三十颂》等;第二章探讨流转缘起的心识说、虚妄分别的流转缘起、刹那展转、轮回生死等;第三章探讨还灭缘起的空性说、虚妄分别还灭缘起的特质、《中边分别论》中的转依思想等;第四章探讨空性特质;第五章探讨空性的同义语;第六章探讨空性的差别(种类),般若系与唯识系空性的种类;第七章探讨以《中边分别论》为中心的心性清净说,还有《阿含经》、《般若经》、如来藏系经典和唯识论书中的心性清净说;第八章探讨根本真实三性说的展开,论及三性真实义和真实相,三性和四圣谛、二谛、四种、五事、七真如、十种善巧、十无颠倒及十金刚句的真实义。资料论分别探讨《中边分别论》之《相品》的比较研究和《真实品》的比较研究①。

因《唯識思想の研究》为日文著述,并未有中文本出版,难以在汉语佛学界引起普遍的关注和研读。不过,该著或者其博士论文用中文表述的内容概要还是可以觅见。叶阿月于 1973 年在《慧炬》期刊上用中文发表了《根本真实的三性说及其展开》一文,该文是叶阿月在日本东京大学攻读人文科印度哲学,通过佛学博士学位后,在该刊撰写的博士论文提要。

第一,为何阐释三性以《中边分别论》为中心?

在叶阿月博士论文或《唯識思想の研究》专著第一章中,以《中边分别论》为中心探讨三性说的定义,至于其他唯识论典,例如《三无性论》《显扬圣教论》《大乘庄严经论》《摄大乘论》《佛性论》《瑜伽师地论》《唯识三十颂》等也涉及三性,但不像《中边分别论》那样概括的言简意赅。

叶阿月认为,《中边分别论·相品》有二十二偈,虽然只有第五偈简述三性说的定义,"但其文意可以说总括诸唯识论所说的定义文意"②。对此,叶阿月在《唯識思想の研究》中有交代,如下:

> 在描述其根本真实之前,先在《相品》第五偈中说明三性说的定义。在几乎所有的二十二偈中详细描述作为三性说中最重要的要素,即虚妄分别和空性。因此,为了探究三性说的性质,需要研究《相品》

① 参见叶阿月:《唯識思想の研究——根本真実としての三性説を中心にして—》"目次",(东京)国书刊行会,1975年。
② 叶阿月:《根本真实的三性说及其展开》,《慧炬》1973年第 5 期,第 8 页。

第五偈的内容。①

我们来看真谛译本《中边分别论·相品》第五偈原文:

分别及依他,真实唯三性,由尘与乱识,及二无故说。②

再看玄奘译本《辩中边论》"摄相"颂文:

唯所执依他,及圆成实性,境故分别故,及二空故说。③

玄奘译文出现了两性,三性中"依他起性"翻译是一样,均用"依他";玄奘译"遍计所执性",真谛旧译为"分别性";玄奘译"圆成实性",真谛旧译为"真实性"。

关于世亲对此颂文"分别性"的注释,真谛和玄奘翻译也不同。

【真谛译本】:分别性者,谓六尘永不可得,犹如空华;依他性者,谓唯乱识有非实故,犹如幻物;真实性者,谓所取能取二无所有,真实有无故,犹如虚空。④

【玄奘译本】:依止虚妄分别境故,说有遍计所执自性;依止虚妄分别性故,说有依他起自性;依止所取能取空故,说有圆成实性。⑤

第二,为何虚妄分别能总摄三性?

玄奘译时把"虚妄分别"带进来,"依止虚妄分别境故,说有遍计所执自性;依止虚妄分别性故,说有依他起自性",仅就三性的关系而言,从玄奘译本我们或许能看得清楚些。关于"虚妄分别"能够总摄三性的特质,叶阿月说:

而以说明此三性说的定义的第五偈的题目名为虚妄分别(abhūtaparikalpa)的摄相(Sonigraha-laksana)。由此可知依他起性的虚妄分别有总摄三性的性格,就是说,识性的虚妄分别是缘起性,所以人法二我见的迷乱一灭就能为流转缘起的遍计所执性,但是,人法二我见的迷乱一灭就能为还灭缘起的圆成实性。因此,缘起性的虚妄分

---

①叶阿月:《唯識思想の研究——根本真実としての三性説を中心にして—》,第2页。
②《中边分别论》卷上,《大正藏》第31册,第451页。
③《辩中边论》卷上,《大正藏》第31册,第464页。
④《中边分别论》卷上,《大正藏》第31册,第451页。
⑤《辩中边论》卷上,《大正藏》第31册,第464页。

别本身为依他起性,同时也能为遍计所执性和圆成实性的二性。这就是称为虚妄分别总摄三性的意思。①

缘起性的虚妄分别本身为依他起性,同时能为流转缘起的遍计所执性和还灭缘起的圆成实性之二性。其实,三性只有两性,遍计所执性为假有。那么唯识宗为什么要把遍计所执性开列出来呢?济群说明:"如果不加以说明,怎么知道它是没有呢?因为,遍计所执性是错觉的显现,这种境界实际并不存在,但在凡夫的认识中,又确确实实认为它是存在的,这才使得有情不能认识世界的真相。"②

叶阿月认为,三性之中,依他起性的虚妄分别最为重要,因为它的性格属于缘起性。叶阿月说道:

> 关于梵文的"abhūtaparikalpa",真谛和玄奘都是译它为"虚妄分别",但真谛除了这以外又译它为"乱识虚妄性"及"乱识"。这就是虚妄分别的识性要显现外境(artha),有情(sattva),我(ātman),了别(vijñapti)之时,其本身就是乱识的性格。这样的学说和安慧的学说一致。真谛翻译显现外境等四种的识(vijñāna)为本识,就是阿赖耶识。③

三性思想体现了唯识学特色的中道观。《中边分别论》的三性中道思想,兼具真实义和真实相,总括宇宙人生中所有的诸真实现象和本质,是为根本真实。叶阿月说道:"《中边分别论》的中道思想,就是根本真实的三性说,不但总括诸唯识论书的要义,甚至进至超出其诸论书的学说为最有意义的特色。"④

第三,几对范畴。

1,流转缘起和还灭缘起。

按照唯识学术语,流转缘起为"转变"说,还灭缘起为"转依"说。《唯识三十颂》认为一切法唯识所变,有三种变现外境的功能,云:"彼依识所变,此能变为三,谓异熟思量,及了别境识。"能变为异熟识(第八识阿赖耶识)、思量识(第七末那识)、了别境识(前六识)。由此八识及所含藏种子能变生

---

①叶阿月:《根本真实的三性说及其展开》,《慧炬》1973年第5期,第8页。

②济群:《真理与谬论——〈辨中边论〉探微》,上海古籍出版社,2004年,第16页。

③叶阿月:《根本真实的三性说及其展开》,《慧炬》1973年第5期,第9页。

④叶阿月:《根本真实的三性说及其展开》,《慧炬》1973年第5期,第15页。

世界一切诸法,此可谓之流转缘起。至于还灭缘起,是反过来寻求证悟之道,"转依"即为转识成智,转第八识成大圆镜智,亦即了悟空性和圆成实性。对此叶阿月指出:

> 总而言之,《中边分别论》主张虚妄分别和空性是不一不异的中道思想,而以三性说为根本真实,所以三性之中,重视依他起性的乱识虚妄分别的重要性——流转缘起和还灭缘起——就是依他起性的染净二分说。[①]

叶阿月认为,《中边分别论》的依他起性是中间环节,依他起性具有染净二分的特质,架构起流转缘起和还灭缘起,既能够缘起世间诸法,也能够灭除诸法假有的乱识虚妄,证悟空性。

2,有垢真如与无垢真如。

有垢真如与无垢真如是一对范畴,为何名有垢与无垢呢? 这是一个形象的比喻,似被尘垢所覆盖的样子。对此,叶阿月说道:

> 圆成实性的心性清净常被客尘烦恼所附随或相离,其状态可以表示圆成实性不是与遍计所执性和依他起性远隔而孤立单存的圆成实性。就是可以说常与三性中最重要的染净二分的依他起性不一不异的关系。换一句话说,心性清净的真如被客尘烦恼所附随就是有垢真如,然后离开其客尘烦恼时就是无垢真如,此有垢真如和无垢真如为圆成实性的性格,才使其真实义就是"有和无的真实"(sad asacca tattvam)。[②]

真谛译《中边分别论》云:"根本真实中有三种性:此性中次第应知三种无常义,一无有物为义故说无常,二生灭为义,三有垢无垢为义。"真谛译《摄大乘论》曰二垢真如:"真实性亦有二种:一自性成就,释曰:谓有垢真如。二清净成就,释曰:谓无垢真如。"此有垢真如和无垢真如都具有圆成实性的性格,它们的关系是一体两面的关系,真实体性为一,只是被客尘烦恼覆盖。

3,《中边分别论》的清净心识及思想渊源。

值得交代的是关于《中边分别论》的清净心识,《中边分别论》没有"如

---

①叶阿月:《根本真实的三性说及其展开》,《慧炬》1973 年第 5 期,第 11 页。
②叶阿月:《根本真实的三性说及其展开》,《慧炬》1973 年第 5 期,第 14 页。

来藏"的术语,不过叶阿月通过研究发现,《中边分别论》还是蕴含有净识等思想。叶阿月说:

> 《中边分别论》不但没有如来藏的术语,甚至《成唯识论》和《三无性论》等所说的净识的术语,及《转识论》和《十八空论》等所说的阿摩罗识的术语也避之而不谈,只有保持《阿含经》及《般若经》所述的心性清净说的术语而已,虽然如此,但可以说,其实质上已有包含其所避的如来藏和净识等的思想。①

而且,叶阿月考证出《中边分别论》的心性清净说是继承《阿含经》学说而来。巴利文增支部阿含经文如下:

> Pabhassaram idam bhikkhave cittam tañ ca kho āgantukehi upakhiliṭṭhan ti(诸比丘,诸心是明净,此又被客尘烦恼所染)
>
> Pabhassaram idam bhikkhave cittam tañ ca kho āgantukehi upakhilesehi vippamuttan ti(诸比丘,此心是明净,此又从客尘烦恼解脱)

叶阿月认为巴利文增支部阿含经此句文意与《中边分别论·相品》第二十一偈所说的文意一致②。

再有,《中边分别论》清净心识还来自于《般若经》。叶阿月说:

> 《中边分别论》:"不染非不染,非净非不净,心本清净故,烦恼客尘故。"如来藏系的心性清净说是由《般若经》发展来的。③

《中边分别论》这种"非……非……"或"不……不……"语言格式,吸纳了中观派的逻辑论式,《金刚经》以"佛说……不是……是名……"句式破相显性,《中论》宣八不中道论显示实相。叶阿月认为,唯识论典虽然没有明说如来藏,但会使用与如来藏系同义语的"空性""真如""法身""大涅槃"等作为"转依"的术语来说明圆成实性。不过,此处要特别说明的是,佛教用来表示真实性本体的专业术语特别多,但是均从不同角度来阐释这些不同

---

①叶阿月:《根本真实的三性说及其展开》,《慧炬》1973年第5期,第11页。
②参见叶阿月:《以中边分别论为中心比较诸经论的心性清净说》,《现代佛教学术丛刊》第43册《唯识思想论集(三)》,第218页。
③叶阿月:《根本真实的三性说及其展开》,《慧炬》1973年第5期,第14页。

的概念,如果说体性为一是可以的,但是,如此众多的本体性概念,也需要鉴别开来。同样的实性,在佛曰法身、在人曰佛性、在宇宙为实相。例如"真如",如来藏系佛学,往往理解为心真如,而玄奘唯识系则不这样认为。

不管怎么说,真谛系统唯识古学,更倾向于心性清净说,此与后来玄奘今学妄心说有区别。叶阿月通过真谛翻译的《中边分别论》,厘清了与诸经所说的心性清净思想的渊源和发展线索。指出《中边分别论》的心性清净说,是为修行与解脱而成立杂染性与清净性,而且强调不染不净中道[1]。

叶阿月的《唯識思想の研究》还引起了后来学者的关注,具有争议。玄奘《摄论释》有这么一句话:"此中安立因相者,谓即次前所说品类一切种子,阿赖耶识由彼杂染品类诸法熏习所成功能差别为彼生因,是名安立此识因相。"但是真谛释本则为:"八识中随一识不净品法所熏习,已得功能胜异为生彼法,后转成因明因相。"叶阿月将这句话解读为:在八识之中的任何一识,受不净品法熏习,从而得到胜功能,作为生起杂染法[2]。圣凯认为:这种解读方式是将八识都可以作为所熏,认为这是从一识的立场来说明八识与阿赖耶识的不一不异的作用。我们不同意这种解读方法,从一识的立场是对的,但并不是八识中的任何一识都可以受熏。真谛包括唯识古学的思想,虽然主张八识"同体别用",但是八识的功能仍然比较清楚,只有第八识才可以受熏,这是瑜伽行派的基本观点[3]。

最后,要交代一下叶阿月的治学受到日本学术界风格的影响。日本东京大学末木文美士教授撰写的《学术主义佛教学的展开与问题点:以东京大学的情形为中心》一文,把东京大学的佛教学研究分成三个时期来探讨。第一期,是从原坦山于 1879 年开讲"佛书讲义"开始到 1917 年设置专任讲座为止;第二期是由设置专任讲座开始到 1945 年二战结束为止;第三期则是战后期,第三期是以研究印度哲学为主的中村元(1912—1999)和以研究早期佛教为主的平川彰(1915—2002)为代表人物。战后整个佛教研究的学风直接受到西方的影响。另外,日本一直以来有重视佛教文献传统的因素,整体上的日本学风是重视文献学的研究方式。日本学者竹村牧男认为,文献学一般包括版本校订、目录学、语言学等,"文字明义理明"——所

---

① 参见叶阿月:《以〈中边分别论〉为中心比较诸经论的心性清净说》,《文史哲学报》1974 年第 23 期。
② 参见叶阿月:《唯識思想の研究——根本真実としての三性説を中心にして—》,第 146 页。
③ 参见圣凯:《摄论学派研究》上册,宗教文化出版社,2006 年,第 96 页。

谓"印度学"就是此方法,此亦可见于北台湾佛研所的研究上①。

在这样的环境中,在东京大学留学的叶阿月就处于战后的第三期,她在六七十年代得到中村元及平川彰的指导,开展《中边分别论》的研究。释了意在其主编的《觉醒的力量:全球宗教对话与交流》中指出台湾地区学术界佛学研究的困境所在:"因为台湾大学的佛教研究只附属于哲学系,所以没有形成独自的佛学研究传统。……80年代以后,中国台湾到海外留学研究佛教的风气渐盛,已经不必孤军奋战。即使如此,中国台湾这种附属于哲学系的佛学研究,和日本有独立的科系和学会所形成的力量不可同日而语。"②

不过,我们仍然不可否认,叶阿月在受到了日本学术风格的训练后对台湾地区学术界所带来的影响。叶阿月的唯识学思想研究,不纯粹是一般思想史或哲学式的写作方式,而是特别注重文献系统的整理和对勘。叶阿月的博士论文或《唯識思想の研究》特别注重文献资料。以《中边分别论》为例,叶阿月所录的资料有:

其一,现存的梵本有:

1,*Madhyānta-vibhāga-bhāṣya*,ed. by Nagao(長尾) Tokyo Suzuki(鈴木学術財団) 1964.

2,*Madhyānta-vibhāga-śāstra*,ed. by Ramchndra Pandega Patna Motilal Banarsidass 1971.

3,*Sthiramati*:*Madhyānta-vibhāga ṭikā*,ed. by S. Yamaguchi(山口)Nagoya 1934.

4,*Madhyānta-vibhāga-sūtra bhāṣya-ṭīkā of sthiramati*,Part 1 ed. V Bhattacharya and G. Tucci(Calutta oriental series no. 24)London 1932.

其二,汉译有四种:

1,《辩中边论颂》,弥勒造,玄奘译。

2,《辩中边论》,世亲造,玄奘译。

3,《中边分别论》,世亲造,真谛译。

4,《辩中边论述记》,窥基撰。

①〔日〕竹村牧男:《唯識三性説の研究》,(东京)春秋社,1995年,第35—36页。
②释了意主编:《觉醒的力量:全球宗教对话与交流》,宗教文化出版社,2010年,第198页。

其三,藏传佛教译本有三种:

1,dbus daṅ mthaḥ rnam par ḥbyed paḥi tshig leḥur byas pa,弥勒造
(mgon po byams pa)。

2,dbus daṅ mthaḥ rnam par ḥbyed pahi ḥgrel pa,世亲造(dbyig
gñen)。

3,dbus daṅ mthaḥ rnam par ḥbyed paḥi ḥgrel dśed,安慧造(dlo btan)。

其四,日文翻译有四种:

1,《安慧阿遮梨耶造　中辺分別論釈疏》,山口益訳註,名古屋,破塵閣
書房,1935。

2,《漢藏對照、弁中辺論》,山口益編,名古屋,破塵閣書房,1935。

3,《弁中辺論》,宇井伯寿、山上曹源共訳。

4,《中正と兩極端との弁別》(中辺分別論)第一章相品、第三章真实
品,(和訳)長尾雅人訳,中央公論社,1967。

其五,英译本有三种:

1,Th. Stcherbatsky:*Madhyānta-vibhaṅga*,(Bibliotheca Buddhica
xxx 1936. Chap. I only)

2,D. L. Friedmann:*Madhyānta-vibhāga-ṭīkā*,(Amsteradm 1937,
chap. I only)

3,Paul Wilfred O'Brien:*Madhyānta-vibhāgaśāstra*,(Monumenta
Nipponica vaI IX ond x,1953-54 chap. Ⅲ)

舍尔巴茨基(Th. Stcherbatsky)及弗里德曼(Friedmann)这两本只是
翻译了《中边分别论·相品》,保罗·威尔弗雷德·奥布莱恩(Paul Wilfred
O'Brien)则翻译了《真实品》。

以上诸本是叶阿月研究《中边分别论》的基础材料,是以梵文原典为中
心来比较汉文翻译和藏文翻译的内容,尤其注重真谛译本和玄奘译本比
较,以探究世亲思想以及真谛、玄奘思想之异同[1]。

通过以上的文献罗列,反映出叶阿月在日本接受文献学学风熏染的一
个侧面。可以看出日本学风的优点所在,日本佛教研究至少有两个方面的
优势。其一,由于历史原因,日本的佛教学研究能很好把汉学和西学相结

---

[1]参见叶阿月:《唯識思想の研究——根本真実としての三性説を中心にして—》"序論"。

合。相比于欧美学者,很多日本学者对传统的汉文掌握有一种特殊的优势。其二,日本的佛教学走向了国际化。日本学者长期以来与世界学者保持着互动与交流。但是,也不可忽略其本身存在的缺陷,正如四川大学的陈兵教授所述:"日本,可谓当代佛教研究的第一大国,其研究方法系本世纪初从欧洲所引进……日本学者学风严谨,重集体研究,值得我们学习。但日本佛教研究,过于经院化,与佛教现实脱节,研究方法过于板滞,多搬用西方的哲学、宗教概念套佛教。"①如果某种学术只是为了研究而研究,通俗化和普及化不够,那也失去了佛教作为教育的一个功能,这也是更具理性化特质的佛教唯识学所面临挑战的话题。

第二节　于凌波、萧平实对唯识学的理解和解读

于凌波(1927—2005),河南省洛阳县人。1949年入台后皈依于忏云座下,复拜李炳南门下修学净土。早年撰有《向知识分子介绍佛教》,在《菩提树》月刊连载。因深究唯识,受请在台北、台中的佛学院所授课,课程以唯识学论典为主。90年代后常往返大陆,访问佛教寺院、佛门人士,搜集资料整理出《中国近现代佛教人物志》《现代佛教人物辞典》等。关于唯识学方面著述有《唯识学纲要》《唯识三论今诠》《唯识名词白话新解》《净土与唯识》等。

萧平实(1944—),台湾人。1985年皈依后,修习净土、参禅明心。1997年于台北市创立正觉同修会,分别在中国台湾多地、中国香港以及美国洛杉矶市等设有共修处。萧平实宣扬"第八识真心如来藏"不生不灭的真实意涵。与唯识有关的著述有:《真实如来藏》《真假开悟——真如、如来藏、阿赖耶识间之关系》等。

一、于凌波净土宗与唯识学的比较

佛教的净土法门有多种,常见有四大净土:药师佛之东方琉璃净土、阿閦佛之东方妙喜净土、兜率天内院的弥勒净土、阿弥陀佛的西方极乐净土。

①王永会:《佛法与佛教研究——陈兵教授访谈录》,陈兵:《佛法在世间:人间佛教与现代社会》,中国时代经济出版社,2008年,第325页。

另外还有《华严经》之华藏世界、《法华经》之灵山净土、《大乘密严经》之密严净土等。在中国历史上,弥勒之兜率净土曾盛行一段时间,而今最为中国佛教徒所熟悉的是阿弥陀佛的西方极乐净土。通常所说的净土宗即指阿弥陀佛净土,为西方极乐世界。本文简称的净土即指西方净土,以往生西方极乐世界为修行目标。

历史上,净土宗和唯识宗有一定的亲缘关系。净土宗基本典籍之一《无量寿经优婆提舍愿生偈》(简称《往生论》),是印度大乘瑜伽行派宗师世亲所著。南北朝时期唯识学派地论师菩提流支翻译了《往生论》。被推为净土宗初祖之昙鸾受菩提流支的指点并赠授了《观无量寿经》,专修净土并弘传净宗一脉。

唐代创立了唯识宗,虽然信仰弥勒净土,但同样也有弥陀净土的论著。窥基撰《阿弥陀经疏》一卷、《阿弥陀经通赞疏》三卷。并以唯识解净土,曰:"净土以何为体? 答《摄论》云:唯识智为体,谓佛及菩萨唯识智为体。即《金刚般若论》云:智习唯识通。"[①]"唯识智为体"为道基所撰《摄大乘论章》,窥基引此来诠解净土佛菩萨智慧之体。

于凌波信仰净土宗,而且精研唯识,特撰有《净土与唯识》《弥陀净土与弥勒净土》等文,以阐解净土宗与唯识学思想关系之奥义,宣扬"老实念佛,转染成净,往生西方,离苦得乐"[②]心得之法。

佛教认为,在末法时代,阿弥陀佛的净土念佛是"易行难信"的方便法门。佛教徒信仰西方三圣("阿弥陀佛""观世音菩萨""大势至菩萨"),以信、愿、行为三资粮,以念西方极乐世界"阿弥陀佛"的圣号为总持。既然叫西方极乐世界,为何名为西方呢? 是否是方位问题? 对此,于凌波认为:

> 至于世尊说弥陀净土在西方,我们也不执为定实,这不过是一种譬喻,以太阳自东方出来,而没落于西方,世尊以此譬喻西方人生之归宿处。[③]

念"阿弥陀佛""观世音菩萨"圣号简易方便,可谓"三根普被,利钝全

---

①〔唐〕窥基:《阿弥陀经疏》,李森:《中国净土宗大全》第二辑《中国净土宗论著汇要》,长春出版社,1996 年,第 350—351 页。

②于凌波:《净土与唯识》,(台中)李炳南居士纪念文教基金会,1988 年,第 9 页。

③于凌波:《净土与唯识》,第 9—10 页。

收"。不过,就唯识学义理而言,西方净土只为方便法,实则为"唯心净土"。
于凌波说道:

> 对于钝根的人来说,不明自心,须有依持,说西方净土;而对于利
> 根的人来说,净土即在自心,心净则国土净,心秽则国土秽。①

唯心净土、自性弥陀是有经典可寻的。《维摩诘经》则明确宣说:"若菩
萨欲得净土当净其心,随其心净则佛土净。"②表明了菩萨要取净土,必先
净其自心,净土由心造。唯识学阐扬"三界唯心,万法唯识"的妙理,以"六
经十一论"为所依,修五位唯识行为行持。而净土宗,强调一心念佛,以"净
土三经"为所依,以往生西方极乐世界为归宿。二者教理不同,经论不同,
修行实践方法不同。貌似毫无关联,事实不然。于凌波认为,净土宗的原
理,就是建立在唯识学的基础上。他说道:

> 我人的心识,是"其大无外,其小无内",十方三世法界,尽在我人
> 心识之中。所以,"从是西方,过十万亿佛土,有世界名曰极乐"的西方
> 极乐世界,也是在我人的心识之中。③

唯识学认为,众生的阿赖耶识中含藏有世界万有的种子,并且能够变
现出一切万法。依此教理,净土也在我们每个人的心识之中。

这里有问题,既然已经唯心净土了,为何还需要念佛呢?于凌波指出,
念佛菩萨名号相当于唯识学的清净种子熏习。他说道:

> 原来我人身、口、意三者的一切行为,对于八识田中的种子就是一
> 种熏习作用;我人心中充满贪婪嗔恚愚痴,这贪嗔痴也是一种熏习;我
> 人念念不离佛号,这佛号也是一种熏习。前者是污染性的熏习,后者
> 是清净性的熏习。念佛日久,功力日深。我们八识田中的种子,污染
> 者日少,清净者日多,这就是念佛的功效。④

在净土宗而言为老实念佛,在唯识家看来则为"转染成净",具"转识成
智"之功效。于凌波结合个人三十年念佛的心得体会,总结出念佛有三种

---

① 于凌波:《净土与唯识》,第 10 页。
② 〔姚秦〕鸠摩罗什译:《维摩诘所说经》,《大正藏》第 14 册,第 538 页。
③ 于凌波:《净土与唯识》,第 12 页。
④ 于凌波:《净土与唯识》,第 12 页。

层次的利益：

其一，念佛可以摄心：我人的一颗妄心，似猿猴、如野马，终日奔驰，随时攀缘。唯有一句佛号，可以摄心于一境，减少妄想执着，维持内心宁静。

其二，念佛三业清净：一句佛号不离心，心中自然不会再有污染性的恶念。如果我人身体拜佛，口中诵佛，心中念佛，身、口、意三业都保持清净。我们拜佛之时，自然不会有杀、盗、淫的恶行；我们口中诵佛，自然不会有妄语、绮语、两舌、恶口；我们心中念佛，念得密密麻麻，妄念不起，自然不会生起贪嗔痴慢的恶念。所以，念佛不止是三业清净，而是远离十恶，行于十善。

其三，念佛往生极乐：念佛最高层次的利益，是往生西方极乐世界。世尊开示念佛法门，以信、愿、行三种资粮为行持，我人果能依法修行，念佛功夫日深，临命终时，一心不乱，决定往生西方极乐世界[1]。

净土法门，通常有四种念佛方法，即：持名念佛、观像念佛、观想念佛、实相念佛。念佛的最高境界，是实相念佛。实相念佛是一种念而无念的境界，达念佛三昧。唯识学用"能"（见分、主体）与"所"（相分、客体）来表示我与法的关系，于凌波认为，那是一种能所双遣的见地，"那时没有'能'念的我，没有'所'念的佛，'能''所'双亡，实相现前，那就是'唯心净土，自性而陀'的境界，不必等到临命终时弥陀接引，就已经置身净土了"[2]。不过，于凌波也说明实相念佛的境界太高，非钝根之人所能，初学者应从持名念佛做起。

净土法门盛行于世，俗语云："家家观世音，户户阿弥陀。"在中国古代还流传过一种信仰，即弥勒净土，信奉弥勒往生兜率天。据史料显示，南北朝时期是弥勒信仰的全盛时期。据传东晋道安是弥勒净土最早的信奉者。道安往生后，慧远方始在庐山东林寺结白莲社，开弥陀净土念佛往生的法门，被尊为中国净土宗之初祖。隋代统一以后，弥勒净土日趋衰微，而弥陀净土日渐盛行，逐渐成为民间普遍的信仰。不过，弥勒信仰仍有发展，随着玄奘开创的唯识宗，玄奘、窥基等，都是弥勒的信奉者，祈求往生兜率弥勒内院。可是，唯识宗因为义理繁复和讲究逻辑推理，不适合中土人士口味，很快就消失了，这或许也影响到弥勒净土的传扬和发展。而弥陀净土到了隋唐，则有昙鸾、道绰、善导等净宗大德。至五代宋初永明延寿倡禅净双

---

[1]参见于凌波：《净土与唯识》，第 13 页。
[2]于凌波：《净土与唯识》，第 14 页。

修,至元、明、清数朝,禅宗净土趋于融合,使阿弥陀佛的净土法门,逐渐成为当代佛教的主流。

随着近代唯识学复兴运动的开展,又出现了弥勒兜率净土信仰复兴的趋势。作为近代唯识学三系之一的太虚就是弥勒净土的信奉者。太虚撰有《兜率净土与十方净土之比观》一文,曰:"兜率净土之殊胜有三:(一)十方净土有缘皆得往生,但何方净土与此界众生最为有缘,未易行知。弥勒菩萨以当来于此土作佛,教化此界众生,则为与此界众生有缘可知,特现兜率净土,故应发愿往生以亲近之也。(二)兜率净土,同在娑婆,且在欲界;此变化净土在同处同界故,与此界众生特有亲切接近之殊胜缘,故他方净土泛摄十方有情,而此则专化此土欲界众生也。(三)弥勒净土,是由人上生。故其上生,是由人修习十善福德成办,即是使人类德业增胜,社会进化成为清净安乐;由此可早感弥勒下生成佛,亦为创造人间净土也。"[1]

对于弥陀净土(净土宗)与弥勒净土(唯识宗)信仰高下之比较,于凌波有自己的看法:"历史上曾有弥陀净土与弥勒净土劣胜的比较,事实上,佛说十方净土,平等平等,无有差别。修持何种法门,无非是由各人的因缘而定罢了。"[2]太虚本人则是提倡八宗平等的,无有净土宗和唯识宗孰优孰劣之分,只能说信仰弥勒净土还是弥陀净土要视个人因缘和愿力所行。

二、萧平实论如来藏阿赖耶识真实义

对如来藏思想的批判与守护是一个引入注目的话题,如来藏系佛学系统是中国佛教的根基,大乘唯识学与如来藏系佛学究竟有何关联呢?在印度佛教史上,印度大乘瑜伽行派是后期成熟的佛学体系,实际上,还有一股暗流,即如来藏系佛学。有一种观点认为唯识学与如来藏系佛学是两个佛学系统。而萧平实则持反对态度,他坚决维护如来藏系佛学,并且意图把唯识系与如来藏系捏合为一。

萧平实肯定"如来藏"是真实存在的,并且认为如来藏即是阿赖耶识,是不生不灭之真实心,亦即真如。萧平实批驳了印顺等所说之"唯有名相、无此心体"的观点,在佛教界引起激荡。萧平实特别强调如来藏的重要性,

---

① 太虚:《法藏·法相唯识学》,《太虚大师全书》第10卷,第365页。
② 于凌波:《弥勒净土与弥陀净土在中土的流传》,弘一大师学会编:《第三届弘一大师德学会议论文集》,1999年。

认为如来藏思想乃三乘佛法及世间一切法之根本。而印顺则判定如来藏系佛学为"真常唯心"。由于各家观点相异,法义之辩不可避免。

萧平实从修行者体证的角度,以如来藏阿赖耶识及其所生七转识来证验"三界唯心,万法唯识"之理。对于中国历史上历代禅宗祖师对唯识学的误解,萧平实有自己的看法,他说:

> 然禅宗祖师之证悟者,每多因悟生慢,排斥唯识学,乃因误解唯识学所致。亦因如来藏系唯识经典甚深难解,真悟者欲求融会贯通亦非易事,故禅师们大多望崖而退。此非佛子之过,实因真正的证悟极为不易,证悟后欲求贯通如来藏系唯识经论,又复倍难。苟无多劫所修善根信根福德因缘,则不能遇宗教俱通、定慧等持之真善知识,欲通达唯识如来藏系经典,诚非易事。[①]

《序》中,萧平实认为唯识学经典奥义过于艰深难解,禅师们实难融会贯通。禅宗为中国佛学的代表,太虚谓"中国佛学的根本特质在禅"。中国禅宗属于如来藏系佛学,而唯识学往往表现了更印度化的色彩。此处有要交代的是,萧平实使用"如来藏系唯识经典""唯识如来藏系经典"语词来表述如来藏学与唯识学的关联,似把二学等同起来。而欧阳竟无、吕澂等内学院学系佛学则努力把唯识学经典与如来藏系经典鉴别开来,以维护正统玄奘系唯识学的教旨。可见,萧平实的主张,相对于有影响力的"南欧"系唯识学来说,是独辟蹊径的。或许在萧平实的佛教判教体系里,唯识学就属于如来藏系佛学,而在思想方面,其整合性则表现得更加彻底。

萧平实交代了他写作《真实如来藏》的缘由。总结出四个方面:

> 一者不信佛之佛学研究者及一神教信仰之佛学研究者,每多主张如来藏思想非佛说,并以大乘经典出现之年代远近而判定大乘经典非佛说,藉以毁坏佛法之根本与奥妙,并博取其个人之名闻与利养;若不加以辨正,大乘宗门正法将提早灭绝失传。

> 二者某些未见道之大法师及某些弘法之居士亦附和此说,更派遣门下弟子前往国外,从彼否定如来藏思想之佛学教授受业。返国之后,变本加厉,自挖墙脚,自坏大乘教法,故须写作此书予以辨正,庶免

---

①萧平实:《真实如来藏》"序",(台北)正智出版社,1997 年。

大乘宗门正法之根本,为彼等无智之人所毁坏。

　　三者未证得如来藏之某大导师之著作,其思想亦导向此一错误之观点。有许多法师及居士受其影响,乃极力推崇声闻法及缘觉法,每谓缘起性空方是究竟,唯识观之如来藏思想非究竟。此等师徒斫丧佛法根本之恶劣影响,极为广大深远,若不及早导正,大乘宗门正法之根本,不久必灭。则唯识如来藏深妙正法将变成世间佛学学问,从此无人能亲证如来藏,不信有如来藏故。①

　　萧平实维护如来藏系佛学,认定其为大乘宗门正法。为了辩驳之需要,其写作所引的经典原文及教义思想,而非采自唯识经典和如来藏系经典,而是用四部原始《阿含经》及大乘般若系经典及中观教义。其目的是为了使得《真实如来藏》论证更有说服力。

　　在第一到第十一章中,萧平实分别依妄心之间断证有如来藏,依有情能忆念之有记心证有如来藏,由因果证有如来藏,依六道轮回证有如来藏,依命根证有如来藏,依五蕴证有如来藏,依妄心不能持种证有如来藏,依能受熏之理证有如来藏,依有覆有分别心证有如来藏,由佛菩萨一切种智证有如来藏,依佛四智证有如来藏—真如。

　　从第十二到十九章,萧平实依小乘经典教义和经文证明如来藏。内容包括:依小乘《阿含经》声闻四圣谛证有如来藏,依小乘《阿含经》佛说十二因缘法证有如来藏,依小乘化地部《阿含经》中说"穷生死蕴"证有如来藏,依小乘上座部《阿含经》中说"有分识"证有如来藏,依小乘说一切有部《增一阿含经》证有如来藏,依小乘《阿含经》密意证有如来藏,依小乘《阿含经》佛说四食证有如来藏,依小乘《杂阿含经》之《央掘魔罗经》证有如来藏。

　　从第二十章到二十三章,萧平实依大乘般若系经典教义及中观派证如来藏义。内容包括:依大乘般若遣相空理证有如来藏,依《金刚般若波罗密经》密意证有如来藏,依般若空之精华《心经》证有如来藏,依龙树菩萨中道偈证有如来藏。

　　从第二十四章到第三十三章,萧平实从证果及其他情况说有如来藏义。内容包括:依声闻涅槃之证得证有如来藏,依"智证断修"证有如来藏,依"器世间有"证有如来藏,由"不可知执受"证有如来藏,由死亡之过程证

①萧平实:《真实如来藏》,第1—2页。

有如来藏,依有情众生睡梦证有如来藏,依众生处胎时见闻觉知心之有无证有如来藏,依无心定等证有如来藏,依弥勒菩萨说成佛之道五位差别证有如来藏,依医学麻醉剂使用于手术之精神现象证有如来藏。

最后,在第三十四章到三十六章中,萧平实概说如来藏思想的真实义。依如来藏性证有如来藏,如来藏思想真是佛说是一切法根本,如来藏唯识智慧之密意不应明说。

在萧平实看来,阿赖耶识与如来藏是一体的,这个阿赖耶识、如来藏亦即为真如。他说:

> 《成唯识论》——成就"三界唯心,万法唯识"之议论也。心者总有八识,唯第八识如来藏恒常坚住不坏,白凡夫位乃至成佛,皆是此识。性非坚密故能受熏,非分别性故能受熏;能生七转识故,与七转识共生三界六尘万法。三界世间之成住坏空、循环不已,乃因共业有情各各自有之第八识中蕴集业种所感而共生,故云三界唯心;心者如来藏——阿赖耶识、异熟识、真如也。[1]

关于阿赖耶识与如来藏是一还是二的关系。即便是经典所说看起来也有矛盾之处,觉得匪夷所思。例如《入楞伽经》云:"阿梨耶识者名如来藏。"[2]然而《入楞伽经》亦云:"如来藏识不在阿梨耶识中。"[3]这些句法历来解释有歧出,争执不断。吕澂曾撰《起信与楞伽》批评魏译《楞伽经》的谬误,此乃涉及古今唯识教义问题。萧平实对"如来藏识不在阿梨耶识中"的解读为:"佛已经明说如来藏不在阿梨耶识中,因为佛已经在《楞伽》中明说如来藏就是阿赖耶识心体故。"[4]意思是不可在阿赖耶识心体中另外寻觅如来藏心体。实则,我们可用中道观之辩证法来理解。例如,如来藏三义:空如来藏、不空如来藏、空不空如来藏,以彰显如来藏自性清净心中道义。

另外,还有一点需注意,萧平实指出,阿赖耶识即是如来藏,而且也即是真如。他不断申明"阿赖耶识即是如来藏、真如"[5],"真如、如来藏之体

---

[1] 萧平实:《真实如来藏》,第64页。
[2] 《入楞伽经》卷七,《大正藏》第16册,第556页。
[3] 《入楞伽经》卷七,《大正藏》第16册,第556页。
[4] 萧平实:《真假开悟——真如、如来藏、阿赖耶识间之关系》,(台北)佛教正觉同修会,2013年,第266页。
[5] 萧平实:《真假开悟——真如、如来藏、阿赖耶识间之关系》"前言"。

性与阿赖耶识完全相同"①。我们知道,《楞伽经》就有"如来藏藏识"一说,在句法上把如来藏与藏识(阿赖耶识)连接。如来藏与阿赖耶识,在于识之体性为一,这是好理解的,但如何又是真如呢? 这个真如不是当作一个独立的形而上悬置的本体来对待,佛教正觉同修会在《辨唯识性相》中说:"禅宗所说的真如,以及部分般若经典所说的真如,就是说第八阿赖耶、异熟、无垢识,所以真如只是指称阿赖耶识心体,而不是另有一个心可以称为真如。"②也就是说真如是心体的真实状态和属性特质,本就是如来藏藏识之体性。佛教正觉同修会明确反对真如生成义,因真如不是"实体有"的法,当然不可能出生阿赖耶识等相用。真如生万法是一种梵化论,正因为如此,才是如来藏佛学系统最易受指责之处。萧平实通过真如义的解读,意欲为如来藏正名。

我们可以看出,萧平实虽然有自己的独特的证悟和解读方式,但是,从学理上来讲,他对佛学名词概念的把握和处理上,会显得较为笼统。近代以来以玄奘正统唯识宗学为旗帜的唯识家们一直试图把传统唯识经典与如来藏系佛学经典分离开来,而萧平实则又把阿赖耶识—如来藏进行扭合。或许,他正是以这种体证的实践方式为佛教带来一种不一样的效应。

总之,关于如来藏思想的激荡和交锋是 20 世纪佛学的一个特别现象,即使到了下半叶这个问题依然是学术界、佛教界关注的热点。近代南京支那内学院就开始反对如来藏系佛学,20 世纪下半叶在中国的香港和台湾地区,拒斥如来藏的声音不绝于耳。在香港传扬法相唯识的罗时宪就根据《大乘起信论》"一心开二门"思想来否定如来藏③。批判最严厉的是台湾地区的印顺,判如来藏经典为"真常"系列。日本又兴起"批判佛教"风波,袴谷宪昭、松本史朗宣说如来藏思想非佛教思想,乃是基体说(dhātu-vāda)、实体论,中国的香港和台湾地区佛教与日本反驳如来藏思想一起形成了一种风潮。当然也有人出来维护如来藏,反驳如来藏学与护持如来藏学之辩无疑是 20 世纪佛学思想中最为激烈的法义之争。

①萧平实:《真假开悟——真如、如来藏、阿赖耶识间之关系》,第 262 页。
②《辨唯识性相——对紫莲心海〈辨唯识性相〉一书否定阿赖耶识之回应》,(台北)佛教正觉同修会,2011 年,第 6 页。
③参见谈锡永:《认识如来藏》,《佛教观察》2010 年第 10 期。

结　语

　　20世纪佛教唯识学的复兴，是中国近现代佛教复兴运动中引入注目的事件。沉寂已久的法相唯识学，因其逸佚的典籍从日本回归燃起了中国人研习唯识的兴致，再加上受到西学的激发和民族救亡图存的压力，唯识学被一批教界、学界杰出人士选为最为契合时代需求的当机法门。

　　自从杨文会开启了唯识学复兴之门，各家各派研习唯识，呈现出多元化、多角度的形态。"南欧"系特色在于宗于玄奘正统唯识宗学；"太虚"系特色在于融通诸宗及内外学；"北韩"系特色在于回归到唯识学始祖弥勒慈氏学论典中寻根探源。至于其他诸家治学唯识，不拘泥于师学，甚至独辟蹊径，自成一家。有的研习唯识纯粹出于弘扬佛法之祈愿；有的把佛学与民族救亡图存相连，强调积极入世的精神；有的侧重于唯识与国学的重新诠释，以解决国学、儒学面临的困境；有的注重唯识与西方哲学、心理学、科学的融通，以应对西方文化的挑战。本文放在当时特定时代背景下进行考察，以此勾画出上、下半个世纪唯识学发展的概貌。百年唯识学思潮中的前五十年，奠定了整个20世纪法相唯识复兴的基调。虽然说整个唯识学系之体系构建和思想高度在上半叶已经达到了顶峰，后来者难以逾越，但是下半叶的唯识学仍然有发展。20世纪上、下半叶不是完全割裂的，中华人民共和国建立后，中国内地和港台的唯识学者或多或少与近代唯识学三系有一定的关联。僧界的惟贤师从王恩洋、太虚；居士界的田光烈曾追随欧阳竟无和吕澂学唯识；学界的韩镜清曾问学于"南欧北韩"；在香港创立法相学会的罗时宪皈依太虚，并效仿欧阳竟无的支那内学院开创香港居士弘扬唯识的道场。20世纪下半叶唯识学的研究越来越专业化、学术化，内地高等院校、科研院所及港台高校往往把唯识学作为一门学问来研究。再有，受到现代学术方法的影响，唯识学的研究越来越国际化，在港台，受到日本学术风气的波及，中国唯识学者们多善梵文、巴利文、藏文、日文等多种语言文字。值得注意的是，印度大乘瑜伽学之修证法门，随着唐代唯识宗法脉中断而失传。近现代唯识学复兴运动固然热闹，但三家唯识学系关注点并不在此,而是分别热衷于教义抉择、文献整理及世学之应用,瑜伽宗修证应无人得知或难以通晓。再有,百年来的唯识学与其他佛学流派一样,一直存在着教界问道与学界问学的两条路线,即使进了 21 世纪,佛教界和学术界研习法相唯识的两条路径依然并存。

总之,百年的唯识学思潮及其发展已然成为历史,特定的时代造就了特定的思想。回顾过往,继往开来,法相唯识学不仅要进一步开出求知,而且要开出求证的道路,还要不断适应现当代社会发展的需要,这是唯识学研究迈向未来的新动力和新方向。

附录一:百年唯识学学术争鸣之焦点

20 世纪唯识学复兴思潮中,产生了若干有关法相唯识法义、教法的辩论,这些难解的问题成为那个时代的焦点议题,即使到了今天,有些话题,依然是佛教界争论的热点。对中国佛教的未来,佛教唯识学的进一步发展依然有启示作用。

一、法相、唯识分宗之辩

这场争论时间跨度较大,影响深远。1916 年欧阳竟无作《百法五蕴论叙》就提出了法相、唯识进行分宗的构想。1925 年欧阳竟无又提:"唯识、法相学是两种学。"[①]直到 1938 年与院友讲谈论义中,欧阳还宣说:"盖弥勒学者,发挥法相与唯识二事也。初但法相,后创唯识。……是法平等曰法相,万法统一曰唯识。二事可相摄而不可相淆,亦复不可相乱,此弥勒学也。"[②]欧阳认为,法相唯识虽统摄于弥勒学,但法相与唯识是二事,这种相对的独立性表现在时间的先后上,是先有法相,后有唯识的。法相与唯识可以相互涵摄但不可相互混淆。至于二者的特点,欧阳竟无在《唯识抉择谈》说明:"法相赅广,五姓齐被;唯识精玄,唯被后二。"[③]意谓法相学广博、义广、普摄全教,唯识学则求精纯、义深,唯属瑜伽一门。欧阳竟无认为,法相学广于唯识学,而玄奘唯识宗专长则在于唯识学。

法相、唯识分宗思想提出后,遭到太虚的驳斥,太虚撰有《论法相必宗唯识》(1928 年)、《再论法相必宗唯识》(1932 年)等文,主张"法相、唯识不可分","法相必宗唯识"。例如,太虚说:"今以法相唯识连称,则示一切法(五法、三相等)皆唯识所现。……法相示唯识之所现,而唯识所现即一切法相;唯识立法相之所宗,故法相必宗唯识。所现一切法甚广,然所变所现一切法之所归则在唯识,故示宗旨所在曰法相唯识。法相唯识学,即说明

①欧阳竟无:《与章行严书》,《欧阳竟无集》,第 184 页。
②欧阳竟无:《辨唯识法相》,《欧阳竟无内外学》,第 456 页。
③欧阳竟无:《唯识抉择谈》,《欧阳竟无内外学》,第 417 页。

唯识法相之学理理论,凡经论有阐明法相及唯识之义者皆属之。"①太虚是把法相纳入唯识学体系中来论证法相唯识不可区分,唯识为本,法相为末。太虚的解读偏向于一种纯佛学教理的认识,他认为法相依识假名安立,一切事物之法相是唯识所变现,从而法相必宗唯识。

印顺1946年还在武昌佛学院的研究会上,在《辨法相与唯识》一文中重提法相与唯识关系问题,他主张"凡唯识必是法相的,法相却不必是唯识"②的观点。印顺的意思是说在法相概念的外延要广于唯识,而唯识从属于法相,因此说,法相却不必是唯识。不过,印顺的观点没有太虚那么激烈,他采取了中和平正的立场,他评论说:"我觉得法相与唯识,这两个名词,不一定冲突,也不一定同一。"③印顺宗于般若中观,他擅于从中道角度对法相与唯识做出判释。

法相、唯识是否分宗之辩在佛教界的影响还是很大的。对此议题,我们应该辩证地看待,欧阳竟无分宗说,不利于对无著、世亲学说的整体把握,但有助于认识法相唯识学的发展和演化。

二、相、见同种与别种之辩

该辩论发生在20年代。卷入这场争论的有景昌极、缪凤林、唐大圆、太虚,诸家辩论涉及新、旧唯识学异说。1928年,景昌极在《学衡》上发表《见相别种辨》。景昌极反对《成唯识论述记》载见分、相分别种说,赞同安慧的观点,主张见分、相分同种。安慧的思想属唯识学旧学。其观点引起了缪凤林、唐大圆的注意,连续在《学衡》上刊载论文展开学术争鸣,之后太虚也加入了论争。

缪凤林撰《唯识今释》,认为见、相别种乃护法、玄奘本义,而且安慧也主张别种,甚至安慧的主张比窥基《述记》记载得更清楚。他说道:"安慧之主别种,则《唯识论》适有明文。论卷四论俱有依,难陀谓眼等五根即五识种,次安慧驳云:彼说理教相违,若五色根即五识种,十八界种应成杂乱,然十八界各别有种,诸圣教中处处说故,又五识种各有能生相见种分异,为执何等名眼等根,若见分种应识蕴摄,若相分种应外处摄,便违圣教眼等五根皆是色蕴内处所摄上云云。"①而唐大圆亦作《见相别种释》质难见相同种说。景昌极不认可此说，又撰《唯识今释补义》答之，引经据典，正名析辞。

太虚亦卷入这场争论，太虚作《见相别种辨释难》，依护法之义驳景昌极之见相同种说。太虚说："所言同种别种之异，颇见学解有进，然安慧见相分是遍计无，譬如龟毛兔角，既不应说龟毛兔角同一种生，亦不应说龟毛兔角别二种生，是无法故。故更应知相、见种同别之二说，无关安慧，但是许相见亦依他有家自有此之二说；故《述记》云：许有相见二体性者，说相见种或同或异。"②

直到60年代，霍韬晦据唐代慧沼之《成唯识论了义灯》撰《相见同种别种辨》，对见、相二分同种、别种的种种说法进行了剖析。相见同种还是别种的问题，还涉及到四分说（相分、见分、自证分、证自证分），深层次还涉及到有相唯识、无相唯识古今新旧唯识之争等诸多问题。

三、真如能否作疏所缘缘之辩

1924年，支那内学院第五次研究会上开展"真如作疏所缘缘义"的学术研讨活动，参与辩论的有陈证如、吕澂、王恩洋。辩论缘起于黄居素写给吕澂的一封书信。所缘缘有两种：亲所缘缘和疏所缘缘。亲所缘缘是见分直接所缘之境，是识之相分。疏所缘缘是见分间接所缘之境，所缘的对象（客体）和能缘的心（主体）分离，托"质"之影像为所缘，因为隔了一层，所以为疏离义。疏所缘缘即相分之本质（质）。

黄居素认为真如不能为疏所缘缘，《二十唯识述记》中所载"遍计所执凡夫亲缘圣人疏缘，圆成实性圣人亲缘凡夫疏缘"的说法不究竟，只是一种方便假说。陈证如认为必须要搞清楚三个问题：一，何谓本质？二，何谓疏所缘缘？三，何谓真如？他把真如分为"体真如"与"用真如"，认为"体真如"不能作疏所缘缘，而"用真如"则可以用作疏所缘缘。

对这个问题做出深入辩论的是王恩洋和吕澂。双方的基本立场是：王恩洋认为真如不能作"疏所缘缘"，吕澂认为真如能够作"疏所缘缘"。王恩洋说："不作真如为疏所缘缘解，但云疏所缘缘为真如固无妨也。"③意为实

①缪凤林：《唯识今释》，《现代佛教学术丛刊》第27册《唯识思想今论》，第107页。
②太虚：《见相别种辨释难》，《法相唯识学》下册，第94页。
③王恩洋：《真如作疏所缘缘义》，《内学》1924年第一辑，第283页。

性真如不可被缘，法相真如可作为疏所缘缘。而吕澂认为当"后得智"缘真
如时，真如可作为疏所缘缘。双方争论的焦点如下：后得智与根本智是否
能同时而起？ 真如是否有质？ 真如是否与能缘体相离？ 例如关于真如是
否有质的问题，二家看法迥异。王恩洋认为真如不是一个实体，因此没有
本质，他说："何真如为本质之有？"①但是，吕澂认为真如有本质，因为真如
即圆成实性，真实有。他辩解说："真如有为质之义。真如为法性，圆成实
有。在亲证时既属有法为所虑托而成亲所缘缘，在疏缘时即应仍属于有法
而得托为本质。……故云真如为质，无所病也。"②可见，二人对"质"的概
念理解完全不同，真如空性到底是真实有呢？ 还是真实无呢？ 这就是佛法
辩证的玄妙之处。也只有念及中道观方可不着两边。

四、相宗新旧二译不同之辩

相宗新旧两译，也反映了唯识今学与古学的不同见地。1931年，梅光
羲在《海潮音》发表《相宗新旧两译不同论》，《海潮音》同期载有太虚的《相
宗新旧两译不同论书后》，讨论菩提流支、真谛为旧译（古学）和玄奘为新译
（今学）的问题，由此引发了佛学界新旧古今唯识的论争。

梅光羲的《相宗新旧两译不同论》，细说了南北朝地论宗、摄论宗与唐
代慈恩宗之不同。地论宗以"第八识为净识"，摄论宗于"八识之外立第九
识"，而慈恩宗则"既不立九识亦不谓第八识是净识"③。梅光羲认为安慧、
真谛之学为空有"过渡唯识学"，护法之学则是唯识学发展的最高水平，"故
唯识学至护法而确然可立矣，亦唯识学至护法而纯粹以精矣"④。

太虚在《海潮音》同期发表有《相宗新旧两译不同论书后》。他同意梅
光羲的观点，赞同护法新译之学。太虚对唯识旧译有成见，认为菩提流支
所传译为"泛世亲学"，真谛所传的唯识古学误传了世亲的思想，真谛之学
是"无根柢"的学问。太虚说："不应以旧译之异于新译者，为亦系正传世亲
唯识学者，但当视为传泛世亲学且误传者。而正世亲学乃唯应以新译为

①王恩洋：《真如作疏所缘缘义》，《内学》1924年第一辑，第283页。
②王恩洋：《真如作疏所缘缘义》，《内学》1924年第一辑，第284页。
③梅光羲：《相宗新旧两译不同论》，《现代佛教学术丛刊》第28册《唯识学问题研究》，第93页。
④梅光羲：《相宗新旧两译不同论》，《现代佛教学术丛刊》第28册《唯识学问题研究》，第95页。

准也。"①

1933年，守培作《读唯识新旧两译不同论后的一点意见》，其观点是："新旧二译，共有二十二种不同义，旧译无一非处，新译无一是处，当知新译之非，犹不止此。简直言之，凡新译不同旧译者，皆无是处。"②守培对旧译唯识极为偏好，他还有一篇颇具争议性的论文《新八识规矩颂》，非难护法、玄奘一系的新译唯识，相反提倡菩提流支、真谛的旧译唯识。这与其所信奉的中国如来藏系佛学系统有关。

而印顺则维护新译唯识，认为"旧的都错，新的都对"③。不过，守培和印顺依持的经典不同，守培从中国佛教系统的《大乘起信论》《楞严经》等如来藏学思想出发，对新译唯识进行批判，因为唯识旧学、古学在思想层面更接近如来藏系真常唯心；而印顺则站在般若中观的立场，从缘起性空的法义，以融贯唯识。

这场法义的问难，难免有各家偏好之嫌疑，不过为理解新旧唯识之间的同异提供了一次契机。

五、《辨法法性论》翻译之辩

《辨法法性论》是弥勒五论之一，因汉传佛教典籍中未录，法尊于1936年由藏文译成汉文，并由太虚润证文义。《辨法法性论》详尽辨析有法（生死）与法性（涅槃），宣瑜伽、中观二谛双运之理，如何悟于有法与法性，从而转迷为悟、转染成净。

1938年，欧阳竟无在《瑜伽法相辞典叙》中认为法尊译本不符合玄奘所译《辩中边论》虚妄分别非实有亦非全无义。欧阳说："新贵少年译弥勒《辨法法性论》，以实无而现为虚妄，以无义惟计为分别，此可谓弥勒学乎？弥勒《辩中边论》，明明说虚妄分别有，明明说非实有全无。其言无者，无二也，其言有者，妄中有空空中有妄也。而彼但以二取名言之现实无惟计，以尽概乎虚妄分别之义。"④欧阳的意思是，同样是弥勒的论著，法尊译的《辨

---

①太虚：《相宗新旧两译不同论书后》，《法相唯识学》下册，第406页。

②守培：《读唯识新旧两译不同论后的一点意见》，《现代佛教学术丛刊》第28册《唯识学问题研究》，第121页。

③印顺：《悼念守培上人》，《妙云集》下编之十，（台北）正闻出版社，1990年，第352页。

④欧阳渐：《瑜伽法相辞典叙》，《现代佛教学术丛刊》第28册《唯识问题研究》，第328页。

法法性论》偏于空宗之无,并非空有中道,而玄奘译本《辩中边论》才是非空非不空的中道义。

1938年前后,欧阳又作《辨虚妄分别》《辨二谛三性》。认为《辨法法性论》根本不是弥勒所作,"此论梵文不存,根本无从研核,徒凭重译,辗转相沿,又乌知其中所蕴何若? 却怪译者曾不矜慎,匆匆重译,又不署重译之辞,而直书某某所译"①。欧阳认为《辨法法性论》是托名伪作,而玄奘译《辩中边论》真实可靠,才是弥勒系的中观唯识正义。

法尊也连续发文《驳欧阳渐〈法相辞典·叙〉》《驳欧阳渐辨虚妄分别——即再驳〈法相辞典·叙〉》。法尊宣告自己所译《辨法法性论》乃弥勒之学,"《辨法法性论》所说虚妄分别,岂有不符《辩中边论》之义而非弥勒学之处乎? ……法尊敢正告天下曰:此弥勒学也,亦奘译义也"②。这可能与藏本所传唯识与汉译玄奘唯识传承有关。藏传佛教有"慈氏五论"③之说,汉传唯识系也有个"弥勒五论"④。欧阳竟无以汉藏"五论"所指名目不同,怀疑《辨法法性论》非弥勒造论。

该场辩论除了涉及到藏译唯识与玄奘汉译唯识之不同,因藏传佛教有重视中观的传统,宗喀巴主要是站在中观的立场上。还似有可能涉及唯识古今学、新译与旧译之争。《辨法法性论》若确为弥勒所造,归为原始瑜伽学一类,但不像《辩中边论》为玄奘新译,若按照支那内学院对古今学的划分,应判为古学一系,这对于以唯识今学立派的欧阳竟无来说是难以认同的。

六、《大乘起信论》真伪之辩

关于《起信论》真伪的说法,近代最先是由日本学者挑起。早在20世纪初,日本佛教学者舟桥水哉认为《起信》为中国人所撰,引起了日本其他学者的注意。望月信亨、羽溪了谛、村上专精、常盘大定、铃木宗忠等均加入论战。争论归争论,近代日本学术界乃至现在日本学者在《起信》经典归

---

①欧阳竟无:《欧阳竟无佛学文选》,第86页。
②释法尊:《驳欧阳渐〈法相辞典·叙〉》,《法尊法师佛学论文集》,中国佛教文化研究所,1990年,第289页。
③《究竟一乘宝性论》《辨法性论》《辩中边论》《现观庄严论》《大乘经庄严论》。
④《瑜伽师地论》《分别瑜伽论》《大庄严论》《辨中边》《金刚般若论》。

属问题上,一般的印度佛教史还是把其列入为印度大乘晚期的代表典籍。

到了 1922 年前后,日本学者关于《起信论》真伪问题的争辩,逐渐传到我国。梁启超、章太炎、欧阳竟无、太虚、王恩洋、唐大圆、常惺均加入论战。1922 年,梁启超受望月信亨影响作《大乘起信论考证》一文,认为《起信》的作者是梁陈间中国人所创作,并且高度赞叹了中国人的创作才华。

1923 年,王恩洋依玄奘唯识今学立场作《起信论料简》,并非表扬中国人,而是抨击如来藏真心缘起万法之错谬,"斯论之作,固出于梁陈小儿"。针对王恩洋,常惺作《大乘起信论料简驳议》,认为看待《起信》不能以唯识家眼来"评判一切"。太虚也加入论战,作《起信论唯识释》,调和《起信》唯识义与玄奘正统唯识学的关系冲突之处。王恩洋作《起信论唯识释质疑》,而太虚又作《答起信论唯识释质疑》,两人反复辩难。

直至四五十年代,《起信论》议题还再发酵。吕澂作《大乘起信论考证》《起信与楞伽》《起信与禅》等,仍然批判"《起信》之书是伪,《起信》之说是似"[1]。《起信》涉及到真谛系唯识古学和如来藏系佛学,而内学院一系唯识学对此佛学系统的"真如缘起说"持彻底否定态度,而太虚及其门人则极力消解《起信论》与玄奘唯识宗学的矛盾,坚决维护中国佛学。

七、"性寂"与"性觉"之辩

40 年代最引人瞩目的当属于吕澂与熊十力有关中印佛学根本问题的辩论,学界又把其称为"唯识"与"华严"之辩,堪为 20 世纪中国佛教史上的鹅湖之会。

该辩论起源于 1943 年欧阳竟无逝世,吕澂邀请熊十力撰文悼念,熊十力顺带批评了欧阳竟无是经师,从闻熏入手,从而引出熊、吕二家关于佛学根本问题的一场争辩,历时近半年,往来书信十七封。吕澂直指熊十力的《新唯识论》是中国佛学的"性觉"路向,他说:"尊论完全从性觉(与性寂相反)立说,与中土一切伪经、伪论同一鼻孔出气,安得据以衡量佛法?若求一真是真非,窃谓尚应商量也。"[2]

关于性寂和性觉的区别在于"一则革新,一则返本"[3],所谓"革新"在

---

①吕澂:《大乘起信论考证》,《吕澂佛学论著选集》卷一,第 347 页。
②《辩佛学根本问题——吕澂、熊十力往复函稿》,《中国哲学》第 11 辑,第 169 页。
③《辩佛学根本问题——吕澂、熊十力往复函稿》,《中国哲学》第 11 辑,第 173 页。

于转识成智,转染成净,此谓唯识宗的修学路径。所谓"返本"是中国佛教天台、华严、禅宗之"反求本心"的修学路径。吕澂认为,佛家的根本义为"心性本净",此为性寂的意思,但是中国佛教系统误解为性觉。吕澂说:"佛家者言,重在离染转依,而由虚妄实相(所谓幻也,染位仍妄),以着工夫,故立根本义曰心性本净。净之云者,妄法本相,非一切言执所得扰乱(净字梵文原是明净,与清净异),此即性寂之说也(自性涅槃、法住法位,不待觉而后存,故着不得觉字)。六代以来,讹译惑人,离言法性自内觉证者(不据名言,谓之曰内),一错而为自己觉证,再错而为来来觉证。于是,心性本净之解,乃成性觉。佛家真意,遂以荡然。"①我们知道,唯识宗实践的是"由妄证真"的方法,而中国佛教如来藏系统,尤其是禅宗是直指人心、见性成佛,是"返本还源"的方法。

　　熊十力对吕澂区分"性寂""性觉"的思想体系是不认同的,或者说是不感兴趣。熊十力坚信他的《新唯识论》不外于本心,能够呈现本体大用。他仿效禅宗语录的口气说:"吾以为须勘起的是谁?果何所著?若得主人公,随缘赴感靡不周,而恒处此菩提座,起即无起,更无所着也。"②郭齐勇称熊十力的此种态度是为"顾左右而言他"③。

　　对于吕澂的批评,熊十力并不接受。他认为要从自我本心找真理。我们知道,熊十力是归宗儒学的,他承接了陆王心学的传统。他对佛家的诸多观点颇有微词,他在信尾中说:"总之,佛家之学,毛病甚多。我愿你照他的真相讲明算了。不必有意为他回护。佛家尽有高深而不可颠扑处,但以吾所见,其妄诞处实不少,而无著之徒为尤甚。印度人最喜弄名词,许多地方弄得甚好,其弄得不好者也不少。中国先哲最不肯弄名词,其长在是,其短亦在是。我对于佛,根本不是完全相信的,因此,对于伪不伪的问题,都无所谓。我还是反在自身来找真理。"④双方通过书信往复辩论,历经四个月之久,但没有结果,只待后人深究。对于,熊吕二家的观点,以及吕澂有关中印佛学的划分,读者自行判断。

　　在吕澂看来,"性寂说"是以玄奘纯粹唯识为代表的印度佛学,为真佛

①《辩佛学根本问题——吕澂、熊十力往复函稿》,《中国哲学》第11辑,第174页。
②熊十力:《复吕澂》,《熊十力论学书札》,上海书店出版社,2009年,第38页。
③郭齐勇:《熊十力与中国传统文化》,(台北)远流出版公司,1990年,第219页。
④《辩佛学根本问题——吕澂、熊十力往复函稿》,《中国哲学》第11辑,第199页。

学；"性觉说"是以如来藏学为体系的中国佛学，为伪佛学。而性觉说的代表之一就是华严学系统，《华严经》有《如来性起品》，"性起"观念是华严宗的基本教义。华严宗与《大乘起信论》关系密切，《起信》倡"真如缘起"思想。这场中印佛学根本问题之辩，反映了中国佛学与印度佛学之间的分歧处。考虑到熊十力归为儒家，这场辩论同时折射出中国哲学思维与印度哲学思维的差异。而对于如来藏系佛学的态度，在大陆佛教界，甚至在港台地区，在日本依然是个讨论的焦点话题。

附录二:百年唯识学视域中
诸子人性说释义之辨

　　人性善恶的探讨一直是中国文化、中国哲学亘古不变的话题。20 世纪中国,在佛教唯识学复兴思潮的背景下,唯识学者们热衷于以唯识学教理释义国学经典、儒释道之学,例如,章太炎作《齐物论唯识释》,太虚作《大乘起信论唯识释》。而诸子人性说的唯识释也是引人瞩目的学术现象,又如,章太炎作《诸子学九篇》(1910 年)、《诸子略说》(1935 年),太虚作《论荀子》(1915 年),王恩洋作《荀子学案》(1945 年),其著述中均涉及到以唯识学阐释人性善恶说。1924 年,唐大圆模仿了《三字经》文风体例著有《唯识三字经》,开篇即为:"人之初,性无记;非善恶,名藏识。"①1924 年《学衡》杂志第 26 期上刊载了缪凤林的《阐性——从孟荀之唯识》和王恩洋的《书缪凤林君阐性篇后》两篇文章,参与到当时人性说的讨论。对唯识学颇有研究的新儒家梁漱溟于 20 世纪 80 年代出版了《人心与人生》,从心理学角度来探讨人性,此与唯识学有莫大的关联,说唯识学心所有法可供心理学者参考。百年来唯识学者们对诸子人性说的释义莫衷一是、各有千秋,故而有分辨、释疑的必要。先秦诸子人性说众说纷纭,知名的有三家:孟子的性善说、荀子的性恶说、告子的性无善恶说。本文从佛教唯识学视角出发,以孟子、荀子、告子三家人性说思想为中心,以问题意识为导向,提炼出争议的焦点,以期对诸子人性说的唯识学释义做出深入的辨析。

一、"我爱"与"不害"之辨:孟子性善说唯识释

　　以唯识学释义孟子"性善说"②有两种对立的观点:一是用"我爱"烦恼心所③释性善,以章太炎为代表;二是用"不害"善心所释性善,以缪凤林为

---

①唐大圆:《唯识三字经释论》,第 1 页。
②孟子认为人性善是人具有天赋的道德观念,人天生有"恻隐之心、羞恶之心、辞让之心、是非之心"心之四端,发出来的就是性之四德"仁、义、礼、智"。
③唯识学论典《大乘百法明门论》分"烦恼"心所(二十六个)与"善"心所(十一个)对立。

代表。这两种观点各有侧重。孟子言见孺子入井有"怵惕恻隐之心"的文本语境中,既有"怵惕"义也有"恻隐"义。解释为"我爱"烦恼心所侧重在"怵惕"义,解释为"不害"善心所侧重在"恻隐"义。

(一)"我爱"释性善

"我爱",是常伴第七识意根的心所,用其解释孟子性善说是极有挑战的,因为"我爱"与"我痴""我见""我慢"一起为四根本烦恼心所。章太炎在《诸子学九篇·辨性》中首次提出,孟子言性善与唯识学"我爱"心所有关。章太炎说:"孟子虽不言,固弗能异。意根当我爱我慢,有我爱故贪无厌,有我慢故求必胜于人。"①后来,太虚也赞同章太炎"我爱"一说,认为孟子的"性善说","乃意识推意根之我爱而泛爱孺子"②。即是说见孺子入井之泛爱,是第六意识推转第七识意根"我爱"心所而来。意根,即第七识,是第六意识之根。第七识又名为末那识(末那为梵语 manas 之音译),意译为"意",思量义。与第七识恒常相随的是痴、见、爱、慢四根本烦恼心所。

"我爱"烦恼心所是理解孟子"性善说"的枢纽,章太炎在《辨性》中解释说:"推我爱以爱他人,虽非始志哉,亦不待师法教化。孟子曰:今人乍见孺子将入井,皆有怵惕恻隐之心,是审善也。"③

上段文字大意为:由"我爱"能够推导出爱他人,即使不是自己的情志所愿,也不需要等待老师的教诲和法度的约束,具有内在的自发性。《孟子》言乍见孺子入井生起的善端"怵惕恻隐之心",就是唯识学"我爱"心所,生起"我爱"这个过程为"审善"。因为第七识"意根"是恒审的思量识,执第八识为自我,执着于我善也是烦恼。对于"审"字,章太炎有这样的解释:"无以为者,任运而起,不计度而起,故谓之审。"④"审"的道德行为特征是出于天性。而"审善",即为爱他人的意思,章太炎说:"今独以诚爱人为审善。"⑤

需要注意的是,对于孟子所述"怵惕恻隐之心",章太炎并没有区分怵惕心与恻隐心,笼统地一并归为唯识学"我爱"心所。以章太炎在思想界的

①章太炎:《诸子学九篇·辨性》,《国故论衡》,第113页。
②太虚:《国学》,《太虚大师全书》第22卷,第356页。
③章太炎:《诸子学九篇·辨性》,《国故论衡》,第113页。
④章太炎:《诸子学九篇·辨性》,《国故论衡》,第115页。
⑤章太炎:《诸子学九篇·辨性》,《国故论衡》,第115页。

影响力,他对孟子性善说的理解及其唯识释,很快引起了不少学人的关注。由此,引发了缪凤林的激烈反对,认为应该用善心所而不是用烦恼心所来释义孟子人性善思想。

(二)"不害"释性善

以"不害"善心所释孟子性善说,是缪凤林对章太炎"我爱"观点的驳斥。在唯识学重镇南京支那内学院学习过的缪凤林撰写了一篇《阐性——从孟荀之唯识》文章寄给欧阳竟无坐下得力助手王恩洋征求意见,王恩洋特撰《书缪凤林君阐性篇后》对该文做出肯定和修订。两篇文章均刊载于1924年《学衡》杂志第 26 期上。缪凤林在文中批评章太炎观点的错谬,说:"章太炎《国故论衡》载《辨性》上下二篇,虽以唯识解性,然今观其文,凡涉及唯识者,几无一语不谬。"①从缪凤林撰文的内容来看,针对的一大目标就是以"我爱"释孟子"性善说"。缪凤林指认孟子说的"怵惕恻隐之心"是"不害"善心所。

唯识家立十一个善心所,"不害"和"无嗔'是其中的两个善心所。不过"不害"没有自体,是"无嗔"的一部分。无嗔,对治的是害命的嗔心;不害,对治的是损恼有情的害心。基于这样的认识,缪凤林认为:"见孺子入井而有怵惕恻隐之心,名之曰仁。唯识家名曰不害,系无嗔分为体。"②意思是说,见孺子入井而有怵惕恻隐之仁心就是指"不害"之心。

既然"不害"属于善心所,也就是说与第七识"意根"四烦恼心所是对立的,不被"意根"心王所摄,而是附属于前五识(眼耳鼻舌身五种识)和第六意识。同时,"恻隐之心"即"不害"心所生起时,会引发其他心所生发的连锁反应。缪凤林说:"见孺子入井而有怵惕恻隐之心,此为不害,无嗔一分为体。此之不害,除必托眼识及五俱意识外,与之俱起者,尚有其他心所。"③所谓"五俱意识",指当前五识现起时,第六意识一定同时俱起。意思是说,当眼识看见孺子入井时,并同意识生起了"不害"善心所。同时,也会生起其他心所。缪凤林认为,五个遍行心所(触、作意、受、想、思)和别境心所中三个心所(胜解、念、定),也会跟着"不害"生起。

"不害"生起时,还会带动善心所中的"无贪""无嗔"。缪凤林说:"如起

①缪凤林:《阐性——从孟荀之唯识》,《学衡》1924 年第 26 期,第 14 页。
②缪凤林:《阐性——从孟荀之唯识》,《学衡》1924 年第 26 期,第 16 页。
③缪凤林:《阐性——从孟荀之唯识》,《学衡》1924 年第 26 期,第 34 页。

不害,心非所以内交于孺子之父兄,非所以邀誉于乡党,是曰无贪。非恶其声而然,是曰无嗔。"①所引原文"非所以内交于孺子之父母也,非所以要誉于乡党朋友也,非恶其声而然也",语出《孟子·公孙丑上》。意思是说,"不害"心所生起后,救孺子出井,不是因为想跟孺子的父兄做朋友,不是因为要想在乡邻朋友中博取声誉,此属于"无贪"心所;也不是因为厌恶孺子哭声而产生惊惧问情心理,此属于"无嗔"心所。

(三)对"我爱""不害"释性善的辨析

以上是唯识学心所阐释孟子"性善说"的两种观点,分别围绕"我爱""不害"为中心展开。可是,两种解释均有理论上的困境。章太炎释性善为"我爱"最大的质疑属烦恼心所,与善心所是截然对立的,背离了孟子"性善说"以善作道德基础的立论。缪凤林释性善为"不害"的质疑是属于诸多心理现象的臆测,缪凤林自己也承认当见孺子入井"不害"心所生起的时候,"或尚有其他种功能,亦未可知"②。

唯识学认为,心所"我爱"又名"我贪"。《大乘义章》卷五曰:"贪染名爱。"③《成唯识论述记》卷八曰:"耽染名爱。"④我爱是为贪爱,一种执着的力量,属于根本烦恼心所。佛教不谈世俗之"爱",而讲"慈悲"。这也是为什么章太炎把孟子"怵惕恻隐之心"解释为"我爱"(我贪),会遭到发难,而"不害"善心所就是一种慈悲心。还有,需要说明的是,唯识学心所讲的善恶与儒家讲的善恶不同,佛家以染净解脱谈善恶,儒家以道德好坏谈善恶。

"我爱"和"不害"两种观点是站在两个不同角度说的。孟子言"怵惕恻隐之心"文本语境中既有"怵惕"义也有"恻隐"义,章太炎的"我爱"唯识释侧重在"怵惕"义,缪凤林的"不害"唯识释侧重在"恻隐"义。因为见孺子入井有"怵惕"之心,这样发出的爱心,不是纯净的爱,是伴随着恐惧警惕的,所以把其理解为第七识根本烦恼"我爱",为烦恼心所之爱。也因为见孺子入井有"恻隐"之心,这是一种悯爱救护之心,所以才把其解读为"不害"善心所。

---

①缪凤林:《阐性——从孟荀之唯识》,《学衡》1924年第26期,第34页。
②缪凤林:《阐性——从孟荀之唯识》,《学衡》1924年第26期,第34页。
③〔晋〕慧远:《大乘义章》,《大正藏》第44册,第580页。
④〔唐〕窥基:《成唯识论述记》,《大正藏》第43册,第518页。

二、"意根"与"意识"之辨:荀子性恶说唯识释

以唯识学释义荀子"性恶说"①主要有两种观点:一是依第七识"意根"释性恶,以太虚为代表;二是依第六识"意识"释性恶,以王恩洋为代表。这两种观点相异处在于:依第七识"意根"摄人性恶,着意于"意根"(隐、内、主)的特性;依第六识"意识"摄人性恶,着意于"意识"(显、外、辅)的特性。但是二说也有融通之处,第七识是第六意识之根,造作恶业直接参与的是"意识",背后的依据则是"意根"。

(一)"意根"释性恶

"意根",即意,思量义,为第七识末那识的异名。以"意根"详细阐释荀子"性恶说"的是太虚。太虚依唯识义作《论荀子》,在《论荀子·性恶篇论》中认为人性恶是第七识意根的作用。太虚说:"生之所以然者何指?盖有生之类,有意根号曰末那,译曰染意,此但意根,而非意识。"②人之初生好利,为染,是恶的,为第七识意根所摄。对此太虚进一步解释说:"荀子以人生而好利……故谓性恶。此亦据业用缘习而论者,乃意识顺意根之四烦恼,率同前五根识而转趋外境者也。"③还说:"人类之生由于染意,染意必与四烦恼俱,意识必依意根而发,意根染故,意识亦染。顺之而偕前五根识,交待外缘,起为行业,必有营私凌人之恶。"④

"意根",是有染污的,常与我痴、我见、我爱、我慢四烦恼俱。太虚认为荀子说的人性相当于"意根",即第七识末那识,为第六意识的根,因为染执的原因,偕同第六意识和前五识(眼、耳、鼻、舌、身识),"转趋外境","交待外缘",造作恶业,必定会具有营私凌人的恶性。太虚认为这是荀子高明的地方,领悟到人性之染,符合了"意根"具有染的特性。

可是,第七识"意根"具有"有覆无记"的伦理属性,虽有染但不记善恶。

---

① 荀子认为人性"生之所以然者谓之性",这种人生来的自然之性是恶的,但是"人之性恶,其善者伪也",后天教育可以由恶变善。荀子"性恶说"在名声上没有孟子"性善说"那么入耳,最为后人诋訾。亦有学者为荀子正名,认为"荀子的人性论在先秦儒家思想中无疑是较为特殊、较为完备的,值得充分重视"(梁涛:《荀子人性论辨正——论荀子的性恶、心善说》,《哲学研究》2015年第5期)。对于荀子"性恶说"的本意,近现代以来,佛家曾予以声援和修正。
② 太虚:《国学》,《太虚大师全书》第22卷,第354页。
③ 太虚:《国学》,《太虚大师全书》第22卷,第356—357页。
④ 太虚:《国学》,《太虚大师全书》第22卷,第359页。

太虚据此认为荀子并没有领悟到"意根"的无记性(无善无恶),批评荀子"顾未悟意根无记,谓之性恶,则不然也"①。太虚认为荀子过于走向人性恶的极端了。

(二)"意识"释性恶

而以第六意识释义荀子"性恶说"是王恩洋的主张。王恩洋在《荀子学案·论性第九》中,以佛法唯识学作为心性论的解决方法,来阐释荀子性恶说。他认为荀子的"性恶说"是第六意识直接作用的结果。他指出:"意识依意根起,遍缘一切法,能思虑计度,能造善,亦能造恶。……通常人所谓心者,多指意识说,荀子即其一也。"②就"意根"与"意识"的关系而言,意根是第七识,意识是第六识,意根是意识的依持,意识依意根而生起。王恩洋认为,第六意识具有思虑计度的功能,能造作善业和恶业,若就恶业而言,正是荀子"性恶说"所指。也就是说,造作恶业是由第六意识这种理性思维直接发动的,第七识意根只是隐藏在第六意识背后而已。

正是因为"意识"有思虑计度的功能,才能够修正前五识因情感乖谬引发的恶性,从而改恶向善,这恰恰也能解释荀子提出的"性恶善伪"命题。对此,王恩洋说:"心为知虑,谓即知识,而知识中不包括感觉,彼以目视之明,耳听之聪,亦皆归于性者,此荀子之特别主张也,心能计虑,故尔能修正情感之乖谬,起伪化性以归于正。"③

此处"心"指"意识",王恩洋所说的"知识"应理解为认知,属于理性思维,区别于前五识(眼、耳、鼻、舌、身识)感性思维。第六意识对前五识起着管控、引领作用,从而能修正情感乖谬之恶性,以此来理解荀子的"化性起伪"思想。缪凤林对第六意识与前五识的关系有描述,以眼识见名利为例,说:"见名利少艾则起贪性,此见为眼识及五俱意识。"④唯识宗强调第六意识有"五俱意识"的功用,与前五识同时并生,明了所缘之境。比对王恩洋的观点,可以理解为,眼识见名利是一种感性思维,同时一定有"意识"这种理性思维揣度"名利"并做出是否"贪"的抉择。如果用"意识"的理智来克制"贪",也就是"起伪化性以归于正"。

---

①太虚:《国学》,《太虚大师全书》第 22 卷,第 354 页。

②王恩洋:《王恩洋先生论著集》第 8 卷,四川人民出版社,2001 年,第 726 页。

③王恩洋:《王恩洋先生论著集》第 8 卷,第 725—726 页。

④缪凤林:《阐性——从孟荀之唯识》,《学衡》1924 年第 26 期,第 17 页。

（三）对"意根""意识"释性恶的辨析

分别以"意根""意识"释义荀子"性恶说"的代表人物是太虚、王恩洋。"意根"之"有覆无记"的伦理属性来理解荀子"性恶说"存在着理论上的困惑。因为"意根"有覆具有染性是可以解释人性之恶，但是"意根"为无记性，恒审思量不发业用不造善不造恶，来理解人性之恶通常就会有思维逻辑上的矛盾。而"意识"则为"有覆有记"性，有染污且造善造恶，王恩洋用"意识"来释义人性恶，就会显得更直接。

那么，又如何辨别用唯识学对荀子"性恶说"释义的两种观点呢？我们知道，第六意识依托于第七识意根，在思维的结构上，有隐显、内外、主辅的分别。故而，两种观点的分歧点在于：太虚依第七识"意根"摄荀子人性恶，反映了"意根"具有的隐、内、主的特性；王恩洋依第六识"意识"摄荀子人性恶，反映了"意识"具有的显、外、辅的特性。但是，二说也有融通之处。如果说，造作恶业是第六意识挟前五识直接参与的结果，那么第七识意根就是背后的依持。"意根"的特性是恒审思量，处处作主，第七识不仅是第六识"意识"的根据，也是前六识共同的根据。

三、"异熟识"与"异熟生"之辨：告子性无善恶说唯识释

以唯识学释义告子"性无善恶说"①的分歧在于：一是持"异熟识"释人性，以章太炎为代表；二是持"异熟生"释人性，以太虚为代表。二说分别从体与用的层面来谈。"异熟识"为第八识阿赖耶识之体，"异熟生"则为第八识阿赖耶识之用。章太炎持"异熟识"释性无善恶是在体的层面，太虚持"异熟生"释性无善恶是在用的层面。

（一）"异熟识"释性无善恶

以佛家思想阐扬告子人性说的龚自珍，欣赏告子的"性无善恶说"暗合佛理，在《阐告子》（1833 年）一文中自称："龚氏之言性也，则宗无善无不善而已矣。"②逐渐引发了后人对告子人性思想的重视。而用唯识思想阐释告子人性说的是杨文会，他是近现代佛教唯识学复兴的开启者。杨文会在

---

① 告子人性说的主张是"性无善恶说"。关于告子人性说的言论记载于《孟子·告子》篇。告子言"生之谓性"，并指出生来如此之性是"性无善与无不善也"。
② 龚自珍：《阐告子》，《龚自珍全集》，上海古籍出版社，1999 年，第 129 页。

《孟子发隐》中把告子"生之谓性"释义为"随业受生之识为性"①。杨文会并没有详细说明,但人之初生以"异熟识"(第八阿赖耶识)为性的观点呼之欲出了。所谓"异熟识",为第八识阿赖耶识之果体,系由善恶业熏习而感召因果业报的主体。阿赖耶识(阿赖耶是梵语 alaya 之音译),亦译作"阿罗耶识""阿黎耶识",意译为"藏识",谓含藏一切善恶因果种子之识。

　　真正意义上以唯识学释告子人性说,并指认其为"异熟识"(阿赖耶识)所摄的是章太炎。章太炎曾师从杨文会,受到杨文会的影响,他在《诸子学九篇·辨性》中直指告子言性为阿罗耶识(即"阿赖耶识"、"异熟识"),说道:"告子亦言生之谓性。……即生以为性,是阿罗耶识也。阿罗耶者,未始执我,未始执生。不执我则我爱我慢无所起,故曰无善无不善也。"②章太炎在《诸子略说》中,进一步强调了告子"无善无恶"之性即为阿赖耶识,说:"告子谓'性无善无不善',语本不谬……又谓'生之谓性',亦合古训。此所谓性,即阿赖耶识。佛法释阿赖耶为无记性,无善无恶,而阿赖耶之义即生理也。"③

　　章太炎以"异熟识"(第八阿赖耶识之果体)释义告子的人性说,有个连贯的过程,把告子言"生之谓性"释为"阿赖耶识",再推及到"性无善恶"。有两处须辨明:

　　第一,对于告子"生之谓性"的唯识释。章太炎训释"性"之本义为"生",指出了人性具有生命本能的自然属性。在中国古代,性出于生字。傅斯年作《性命古训辨证》倡言"独立之性字,为先秦遗文所无;先秦遗文中,皆用生字为之"④。性即人之初"生"。按照唯识宗的教义,"异熟识"(阿赖耶识)是身、心依持的根本,具备无所不包和无休止运动的特征,能派生出人的身体五官等生命形态以及整个外在的表象世界。章太炎据此认为,阿赖耶识能生的特性可释义告子的"生之谓性"。

　　第二,对于告子"性无善恶"的唯识释。此说是紧连着"生之谓性"来的。"异熟识"(阿赖耶识)是能"生"的,而生的过程中自身表现出来的伦理

---

①杨文会:《孟子发隐》,《杨仁山全集》,第209页。
②章太炎:《诸子学九篇·辨性》,《国故论衡》,第114页。
③章太炎:《演讲集》(下),《章太炎全集》,第999页。
④傅斯年:《性命古训辨证》上卷,转引自徐复观:《中国人性论史·先秦篇》,上海三联书店,2001年,第5页。

属性却是没有善恶分别的。根据唯识宗的教义，"异熟识"（阿赖耶识）具有"无覆无记"性，即指不覆障圣道的非善非恶之法。《成唯识论》卷五曰："于善不善益损义中，不可记别。故名无记。"①章太炎据此认为，阿赖耶识的"无记性"（无善无恶）可释义告子的"性无善恶说"。

（二）"异熟生"释性无善恶

"异熟生"释义告子"性无善恶说"，是对"异熟识"观点的辨正。太虚在《论荀子》中使用了唯识学"异熟生"来修订章太炎的说法；太虚在《人性之分析与修证》(1932年)演讲中还提到了告子"人性无善无不善，只讲到佛学上的异熟生"②。

以"异熟识"（阿赖耶识）释告子"性无善恶说"有其合理性，太虚在没有完全否定章太炎观点的基础上，认为告子人性说更准确的释义是"异熟生"。他在《论荀子》中说道："章太炎君谓其指阿黎耶识而言者，是矣。然犹有辨：阿黎耶识，无性无生，其所以有生者，则由意根执为内自体相，以其持种名执藏识，以其受报名真异熟。……详告子之所计，盖是指异熟生之身根积聚相者。异熟生亦惟无记性。前五根识善恶，皆由意识而发，故告子谓之无善无恶，最无妄矣。"③

"异熟生"的含义则有狭义和广义之分。"异熟生"狭义的解释认为"异熟识"（真异熟）与"异熟生"有区别。所谓"异熟识"，又名"真异熟"，是一切有情总报第八识阿赖耶识（或阿黎耶识）之果体；所谓"异熟生"是从"真异熟"所生之前六识别报（包括身根等）。"异熟生"广义的解释因袭了说一切有部《俱舍论》的观点，认为异熟因、异熟果、异熟识、异熟生属同义词，依《成唯识论述记》，"异熟生"是包含了第八识总报之果体及一切别报。太虚的意思是说，"异熟生"之本质即归属于阿赖耶识，与"异熟识"（真异熟）可统一起来，但是严格地区分开来，"异熟生"和"异熟识"则是不同的。

"异熟生"要放在不同的语境下来判断是否是狭义还是广义。引前文太虚所说"详告子之所计，盖是指异熟生之身根积聚相"，句中为狭义的"异熟生"，指第八阿赖耶识所生的别报（身根），是针对告子"生之谓性"的生理、生命的自然体而言的。按照太虚的意思，"真异熟"（即异熟识、阿赖耶

①《成唯识论》，《大正藏》第31册，第26页。
②太虚：《国学》，《太虚大师全书》第22卷，第194页。
③太虚：《国学》，《太虚大师全书》第22卷，第358—359页。

识之果体)虽然能变生出人的身体五官,但是"异熟识"只是个精神实体,是不能用来释义告子"生之谓性"的自然人性,这也是太虚不完全赞同章太炎观点的原因所在。引后文太虚所说"异熟生亦唯无记性",句中为广义的"异熟生",指第八阿赖耶识自体。因为只有阿赖耶识总报之果体——异熟识,才能具有不记善恶的伦理属性,也才符合告子"性无善恶"的人性说观点。

(三)对"异熟识""异熟生"释性无善恶的辨析

"异熟识"(阿赖耶识之果体)具有无记性(不记善恶),是可以释义告子"性无善恶说"。然而,"异熟识"只是个精神实体,虽有变生出人生命体的功能,但来解释告子"生之谓性"人的自然生理就会比较牵强。鉴于此,太虚修正了章太炎的观点,提出了以"异熟生"来解告子人性说,但是"异熟生"也存在着概念混乱的问题。

"异熟生",顾名思义系指由"异熟"所生之义。何为"异熟识"?作为佛教大乘唯识学的基础理论,"异熟识"的名称多样,有真异熟、阿赖耶识、阿罗耶识、阿黎耶识、藏识、第八识等异名。通常的说法叫第八阿赖耶识。唯识学认为,人有八识,前六识为眼、耳、鼻、舌、身、意识,第七末那识,第八阿赖耶识则为根本识。作为异熟或真异熟的第八识,是总报之果体。

为了判别"异熟识"和"异熟生"对告子性无善恶说的释义,本文借用"体"和"用"这对范畴以示二者的关系。"体"与"用"是中国哲学的一对重要的范畴。如果说,"异熟识"是第八识阿赖耶识之体,"异熟生"则是第八识阿赖耶识之用。此体与用的关系,有一个由体起用的动态过程,是由"异熟识"生起"异熟生"。在对告子性无善恶说的理解上,分开来说,章太炎持"异熟识"是从阿赖耶识之体上言人性,太虚持"异熟生"是从阿赖耶识之用上言人性;合而言之,二说均可统归为第八识阿赖耶识摄人性。

由上所述,为何20世纪的唯识学者热衷于探讨人性话题?这要放在当时特定的学术环境和时代背景下考察。就学术环境而言,近现代是中国社会的转型时期,与中国传统哲学重人伦道德相比,佛教唯识学缜密的知识论符合了现代学术求知、开智的诉求,唯识学研习思潮应机而起。再有,佛学"格义"、儒学"六经注我"的传统又影响到了近现代唯识学者的诠释方法。于是,出现了以唯识学对中国人性说的道德观念任运解读的治学理路。就时代背景而言,诸子人性说的唯识释指向于人生、社会。积极推广

"人间佛教"的太虚以唯识解《荀》时说明："近世天演学者,谓人皆有贪生营私之欲,义亦符契。故荀子性恶,于义为诚。"①物竞天择、适者生存的进化论同样影响到章太炎对人性说的抉择,他根据唯识学的染净观念认为在社会进化过程中,善和恶、苦和乐"俱分进化"。佛学新释下的人性学说是解答现实人生、社会道德困惑问题的一种时代的选择。

　　为何诸子人性说唯识释存在着分歧？这涉及到佛学与诸子学属于不同话语体系的问题。唯识家对诸子人性善恶说的阐释共用了唯识理论,却出现了不同的解释结果,根源在于不同学术体系的碰撞。再有,就三家人性说见解高下的比较而言,唯识学者往往贬低孟荀,抬高告子,认为孟荀性善、性恶说只讲到六七识,唯独告子人性说触及第八阿赖耶识。偏爱告子的原因在于,告子"性无善恶说"与佛家性无记伦理思想在话语体系上相对来说是对应的。

　　虽然唯识家释义诸子人性说存有分歧,但唯识学仍然是跳出人性说纷争并对其判释、调和的一味良方。佛家唯识学存有共法,比如八识说、种子说、真如说。对于诸子人性说异说,至少有三种调适的方法：第一,用第八识进行摄涵。阿赖耶识涵盖了性善、性恶、性无记三类因素,孟子"性善说"、荀子"性恶说"、告子"性无善恶说"均可用第八识阿赖耶识囊括。第二,用种子习气进行化解。在《楞伽经》《成唯识论》中都曾提到,阿赖耶识有染净种子,善法有善法的种子,恶法有恶法的种子,对于诸子人性善恶说均可以用唯识学种子义进行化解。第三,用真如本体性进行提升。人性的本体性是先秦以来中国人性学说发展的方向,"人性理论的发展,往往是与本体论架构亦即'思想方面'的创新相联系的"②。唯识学认为诸法实性之无为法为"真如",由于阿赖耶识有染的种子,不能够作为理想人格与世界的究竟本体,需要将人性提升至本体性。正如太虚所说："纯善性——纯粹之善性,即真如觉性,亦即佛性。"③从本体性来看,超善恶、至善的体性即真如佛性。在当代社会,关于人性思考的话题时常会触动国人内心的深处,以佛家唯识学释义先秦诸子人性说直探人性的伦理奥义,为人们的心灵环保提供可资借鉴的内容,对于人性善恶的评判标准具有启发意义。

①太虚：《国学》,《太虚大师全书》第22卷,第359页。
②向世陵：《石峻先生〈略论中国人性学说之演变〉研究》,《中国哲学史》2007年第1期。
③太虚：《人性之分析与修证》,《太虚大师全书》第23卷,第192页。

主要参考文献

一、典籍

《CBETA 电子佛典集成》,(台北)中华电子佛典协会,2010 年。

《大正新修大藏经》,(台北)财团法人佛陀教育基金会,1990 年。

《卍新纂续藏经》,(台北)财团法人佛陀教育基金会,1990 年。

欧阳竟无编:《藏要》,上海书店出版社,1991 年。

二、工具书

慈怡主编:《佛光大辞典》,北京图书馆出版社,1989 年。

丁福保编:《佛学大辞典》,上海佛学书局,2004 年。

蓝吉富编:《中华佛教百科全书》,(台北)中华佛教百科文献基金会,
    1994 年。

三、著作

《梁任公近著第一辑》,商务印书馆,1924 年。

《罗时宪先生哀思录》,(香港)佛教法相学会,1994 年。

陈兵、邓子美:《二十世纪中国佛教》,民族出版社,2000 年。

陈士强:《中国佛教百科全书·经典卷》,上海古籍出版社,2000 年。

程恭让:《华梵之间》,中国社会科学出版社,2007 年。

程恭让:《抉择于真伪之间:欧阳竟无佛学思想探微》,华东师范大学出版
    社,2000 年。

丁为祥:《熊十力学术思想评传》,北京图书馆出版社,1999 年。

丁文江、赵丰田编:《梁启超年谱长编》,上海人民出版社,1983 年。

杜继文:《中国佛教与中国文化》,宗教文化出版社,2003 年。

多罗那它:《印度佛教史》,张建木译,四川民族出版社,1988 年。

法尊:《法尊大师文汇》,华夏出版社,2012年。

方立天:《佛教哲学》,中国人民大学出版社,1986年。

方立天:《中国佛教哲学要义》,中国人民大学出版社,2002年。

刚晓:《佛教因明论》,宗教文化出版社,2007年。

高振农:《近现代中国佛教论:高振农文集》,中国社会科学出版社,
　2002年。

顾康年:《骊珠集》,朝夕书苑,2005年。

郭朋:《印顺佛学思想研究》,中国社会科学出版社,1991年。

郭朋:《中国佛教思想史》,福建人民出版社,1994年。

韩镜清:《成唯识论疏翼》,(高雄)弥勒讲堂,2005年。

韩镜清:《慈氏学九种译著》,(香港)中国佛教文化出版有限公司,1998年。

韩清静:《〈能断金刚般若波罗蜜多经〉了义疏》,三时学会,1927年。

韩清净:《瑜伽师地论科句披寻记》,(纽约)科学出版社纽约公司,
　1999年。

韩廷杰:《成唯识论校释》,中华书局,1998年。

何建明:《佛法观念的近代调适》,广东人民出版社,1998年。

侯外庐主编:《中国思想通史》,人民出版社,1959年。

黄忏华:《中国佛教史》,东方出版社,2008年。

黄心川主编:《玄奘研究:第二届铜川玄奘国际学术研讨会文集》,陕西师范
　大学出版社,1999年。

黄心川主编:《玄奘研究文集》,中州古籍出版社,1995年。

黄永年:《古籍整理概论》,上海书店出版社,2001年。

霍韬晦:《安慧〈三十唯识释〉原典译注》,(香港)中文大学出版社,1980年。

霍韬晦:《佛教的现代智慧》,(香港)崇德出版社,1982年。

江灿腾:《台湾佛教百年史之研究(1895—1995)》,(台北)南天书局,
　1996年。

巨赞:《巨赞法师全集》,社会科学文献出版社,2008年。

巨赞著,黄夏年主编:《巨赞集》,中国社会科学出版社,1995年。

赖永海:《中国佛性论》,上海人民出版社,1988年。

蓝吉富:《二十世纪的中日佛教》,(台北)新文丰出版公司,1991年。

李广良:《心识的力量:太虚唯识学思想研究》,华东师范大学出版社,

2003 年。

李建欣:《印度古典瑜伽哲学思想研究》,北京大学出版社,2000 年。

梁启超:《佛学研究十八篇》,上海古籍出版社,2011 年。

梁启超:《梁启超国学讲录二种》,中国社会科学出版社,1997 年。

梁启超:《饮冰室合集》,中华书局,1989 年。

梁启超:《中国近三百年学术史》,天津古籍出版社,2003 年。

梁漱溟:《梁漱溟全集》,山东人民出版社,2005 年。

梁漱溟:《人心与人生》,学林出版社,1984 年。

林国良:《成唯识论直解》,复旦大学出版社,2000 年。

刘成有:《近现代居士佛学研究》,巴蜀书社,2002 年。

刘梦溪主编:《中国现代学术经典·杨文会、欧阳渐、吕澂卷》,河北教育出版社,1996 年。

刘泽亮:《佛教语言观》,宗教文化出版社,2007 年。

刘泽亮点校整理:《永明延寿禅师全书》,宗教文化出版社,2008 年。

楼宇烈:《中国佛教与人文精神》,宗教文化出版社,2003 年。

陆沉:《唯识学"转识成智"说研究》,四川人民出版社,2005 年。

罗时宪:《罗时宪著作全集》,中国社会科学出版社,2010 年。

吕澂:《吕澂佛学论著选集》,齐鲁书社,1991 年。

吕澂:《因明纲要》,中华书局,2006 年。

吕澂:《中国佛学源流略讲》,中华书局,1979 年。

吕澂著,黄夏年主编:《吕澂集》,中国社会科学出版社,1995 年。

麻天祥:《20 世纪中国佛学问题》,湖南教育出版社,2001 年。

马佩主编:《玄奘研究》,河南大学出版社,1997 年。

蒙文通:《蒙文通文集》,巴蜀书社,1987 年。

牟宗三:《牟宗三先生全集》,(台北)联经出版公司,2003 年。

牟宗三:《中西哲学之会通十四讲》,上海古籍出版社,1997 年。

欧阳竟无:《欧阳竟无佛学文选》,武汉大学出版社,2009 年。

欧阳竟无:《欧阳竟无内外学》,商务印书馆,2015 年。

欧阳竟无:《欧阳竟无著述集》,赵军点校,东方出版社,2014 年。

欧阳竟无:《唯识讲义》,支那内学院,1926 年。

欧阳竟无著,黄夏年主编:《欧阳竟无集》,中国社会科学出版社,1995 年。

潘桂明:《中国居士佛教史》,中国社会科学出版社,2000 年。

任继愈:《汉—唐佛教思想论集》,生活·读书·新知三联书店,1963 年。

沈剑英:《因明学研究》,东方出版中心,2002 年。

圣凯:《摄论学派研究》,宗教文化出版社,2006 年。

圣严:《明末佛教研究》,宗教文化出版社,2006 年。

石峻等编:《中国佛教思想资料选编》,中华书局,1990 年。

释东初:《中国佛教近代史》,(台北)东初出版社,1974 年。

释法舫:《法舫文集》,金城出版社,2011 年。

太虚:《法相唯识学》,商务印书馆,2002 年。

太虚:《太虚大师全书》,宗教文化出版社,2005 年。

太虚主编:《海潮音文库》,(台北)新文丰出版公司,1985 年。

太虚著,黄夏年主编:《太虚集》,中国社会科学出版社,1995 年。

太虚、圆瑛、韩清静:《金刚经心释》,陕西师范大学出版社,2008 年。

谭嗣同:《谭嗣同全集(增订本)》,中华书局,1981 年。

唐大圆:《唯识的科学方法》,上海佛学书局,1931 年。

唐大圆:《唯识三字经释论》,上海佛学书局,1934 年。

唐大圆:《唯识新裁撷汇》,(台中)青莲出版社,1994 年。

唐仲容:《唐仲容先生文集》,内学讲堂,2003 年。

唐仲容:《心经唯识心悟精义》,(台北)台湾慈宗学会,2003 年。

田光烈:《玄奘大师与世间净化论》,(台北)圆明出版社,1998 年。

田光烈:《玄奘及其哲学思想中之辩证法因素》,云南人民出版社,1958 年。

田光烈:《玄奘哲学研究》,学林出版社,1986 年。

王恩洋:《王恩洋先生论著集》,四川人民出版社,2001 年。

王恩洋:《中国佛教与唯识学》,宗教文化出版社,2003 年。

惟贤:《唯识札记》,宗教文化出版社,2006 年。

魏道儒:《中国华严宗通史》,凤凰出版社,2008 年。

魏道儒主编:《世界佛教通史》,中国社会科学出版社,2015 年。

吴汝钧:《唯识现象学 1:世亲与护法》,(台北)学生书局,2002 年。

吴汝钧:《唯识现象学 2:安慧》,(台北)学生书局,2002 年。

吴汝钧:《唯识哲学:关于转识成智理论问题之研究》,(高雄)佛光出版社,
　1978 年。

吴信如编著:《法相奥义》,中国藏学出版社,2006年。

夏金华:《佛学思潮》,上海社会科学院出版社,2006年。

厦门市佛教协会编:《厦门佛教志》,厦门大学出版社,2006年。

萧平实:《真假开悟——真如、如来藏、阿赖耶识间之关系》,(台北)佛教正
　　觉同修会,2013年。

萧平实:《真实如来藏》,(台北)正智出版社,1997年。

熊十力:《新唯识论》,中华书局,1985年。

熊十力:《熊十力全集》,湖北教育出版社,2001年。

杨白衣:《唯识读本》,(高雄)高雄文殊讲堂,1999年。

杨白衣:《唯识要义》,(台北)文津出版社,1988年。

杨化群:《藏传因明学》,中华书局,2009年。

杨仁山著,黄夏年主编:《杨仁山集》,中国社会科学出版社,1995年。

杨廷福:《玄奘年谱》,中华书局,1988年。

杨维中:《经典诠释与中国佛学》,宗教文化出版社,2006年。

杨维中:《中国唯识宗通史》,凤凰出版社,2008年。

杨文会:《杨仁山全集》,黄山书社,2000年。

姚南强:《因明学说史纲要》,三联书店,2000年。

姚卫群:《佛学概论》,宗教文化出版社,2002年。

叶阿月:《唯識思想の研究——根本真実としての三性説を中心にし
　　て—》,(东京)国书刊行会,1975年。

叶阿月:《叶阿月教授佛学论文集》,(台北)净法界善友文教基金会,
　　2012年。

印顺:《摄大乘论讲记》,(台北)正闻出版社,2000年。

印顺:《印顺大师文汇》,华夏出版社,2012年

印顺:《印顺法师佛学著作全集》,中华书局,2009年。

尤智表:《一个科学者研究佛经的报告》,上海佛学书局,1995年。

于凌波:《净土与唯识》,(台中)李炳南居士纪念文教基金会,1988年。

于凌波:《中国近现代佛教人物志》,宗教文化出版社,1995年。

虞愚:《因明学》,中华书局2006年版。

袁宏禹:《吕澂唯识学思想研究》,人民出版社,2015年。

张东荪:《思想与社会》,岳麓书社,2010年。

张曼涛主编:《现代佛教学术丛刊》,(台北)大乘文化出版社,1978—
　　1979 年。

张岂之主编:《侯外庐著作与思想研究》,长春出版社,2016 年。

张志强:《唯识思想与晚明唯识学研究》,(高雄)佛光山文教基金会,
　　2001 年。

章炳麟:《太炎先生自定年谱》,龙门书店,1965 年。

章太炎:《菿汉三言》,上海书店出版社,2011 年。

章太炎:《国故论衡》,上海古籍出版社,2003 年。

章太炎:《国学概论》,上海古籍出版社,1997 年。

章太炎:《章太炎全集》,徐复点校,上海人民出版社,2014 年。

章太炎、刘师培等:《中国近三百年学术史论》,上海古籍出版社,2006 年。

赵国森:《解深密经导读》,(香港)密乘佛学会和博益出版集团有限公司,
　　1995 年。

郑伟宏:《汉传佛教因明研究》,中华书局,2007 年。

周贵华:《唯识、心性与如来藏》,宗教文化出版社,2006 年。

周贵华:《唯识与了别:根本唯识思想研究》,中国社会科学出版社,
　　2004 年。

周叔迦:《周叔迦佛学论著全集》,中华书局,2006 年。

朱芾煌:《法相辞典》,上海佛学书局,1995 年。

〔日〕横山纮一:《唯识思想入门》,许洋生译,(台北)东大图书公司,
　　2002 年。

〔日〕井上玄真:《唯识三十颂讲话》,(台北)海潮音杂志社,1937 年。

〔美〕霍姆斯·维慈:《中国佛教的复兴》,王雷泉等译,上海古籍出版社,
　　2006 年。

四、论文

白杨:《玄奘研究综述(1994—2007)》,《新疆师范大学学报(哲学社会科学
　　版)》2008 年第 1 期、第 2 期。

程恭让:《韩清净居士佛教思想之特质析论》,《普门学报》2001 年第 1 期。

程恭让:《三时学会清净居士的晚年著述与思想》,《世界宗教研究》1998 年
　　第 1 期。

董绍明:《北京三时学会简介》,《佛教文化》1991 年第 3 期。

佛日:《法相唯识学复兴的回顾》,《法音》1997 年第 5 期、第 6 期。

佛日:《近现代居士佛教》,《法音》1998 年第 5 期。

高瑞泉:《论现代嬗变中的"平等"观念》,《学术月刊》2005 年第 7 期。

高振农:《试论玄奘学说在近代中国的复兴》,《南亚研究》1994 年第 3 期。

韩镜清:《唯识学的第三次译传》,黄心川主编:《玄奘研究:第二届铜川玄奘
　　国际学术研讨会论文集》,陕西师范大学出版社,1999 年。

韩镜清:《唯识学的两次译传》,《佛学研究》1994 年刊。

韩清净:《三时学会清净学长纪念朱芾煌居士文》,《佛学月刊》1942 年第 2
　　卷第 4 期。

韩清净:《瑜伽师地论披寻记叙》,《藏外佛教文献》第 2 辑,宗教文化出版
　　社,1996 年。

韩廷杰:《〈韩镜清佛典翻译手稿〉序》,《灵山海会》2010 年刊。

胡晓光:《唯识学要义》,《浙江佛教》2001 年第 2 期。

黄夏年:《百年的唯识学研究》,《社会科学动态》2000 年第 1 期。

黄夏年:《百年玄奘研究综述》,《广东佛教》2001 年 1 期

黄夏年:《第二届国际玄奘学术研讨会在铜川举行》,《佛学研究》1999
　　年刊。

黄夏年:《四十年来我国玄奘研究的综述》,《佛学研究》1993 年刊。

黄心川:《玄奘及唯识学研究的回顾与展望》,《西南民族大学学报(人文社
　　会科学版)》2007 年第 3 期。

巨赞:《关于玄奘法师的〈会宗论〉》,《现代佛学》1956 年 3 月号。

赖永海:《缘起论是佛法的理论基石》,《社会科学战线》2003 年第 5 期。

李富华:《关于〈楞严经〉的几个问题》,《世界宗教研究》1996 年第 3 期。

李向平:《中国佛教传统的现代转换及其意义二题》,《佛学研究》1995
　　年刊。

李志夫:《对百年来华人学者对唯识学研究之初步分析》,麻天祥编:《佛学
　　百年》,武汉大学出版社,2008 年。

梁漱溟:《唯识家与柏格森》,《民铎》1921 年第 3 卷 1 号。

刘宇光:《汉语学界唯识学研究——甲子回顾:1949 年—2011 年》,《汉语佛
　　学评论》2013 年第 3 辑。

吕澂:《柏格森哲学与唯识》,《民铎》1921年第3卷第1号。

吕澂:《法相大学特科开学演讲》,《内学》1925年第二辑。

吕澂、熊十力:《辩佛学根本问题——吕澂、熊十力往复函稿》,谈壮飞、罗照整理,《中国哲学》第11辑,人民出版社,1984年。

蒙原:《〈玄奘研究〉和玄奘研究》,《河南大学学报(社会科学版)》1998年第2期。

缪凤林:《阐性——从孟荀之唯识》,《学衡》1924年第26期。

任继愈:《法相宗哲学思想略论》,《哲学研究》1962年第2期。

单培根:《昂旺朗吉堪布奢摩他警语摘录》,《闽南佛学》1994年第2期。

唐大圆:《唯识实验学》,《东方文化》1926年第2辑。

唐仲容:《试论有为无为两缘起说的会通》,《法音》1989年第8期。

王恩洋:《真如作疏所缘缘义》,《内学》1924年第一辑。

王静磊:《近十年国内唯识学研究综述》,《五台山研究》2009年第3期。

夏志前:《〈楞严〉之诤与晚明佛教——以〈楞严经〉的诠释为中心》,《中国哲学史》2007年第3期。

杨白衣:《圆测の研究》,日本佛教大学博士论文,1984年。

杨白衣:《圆测之研究——传记及其思想特色》,《华冈佛学学报》1983第6期。

姚南强:《百年来的中国因明学研究》,《中国社会科学》1994年第5期。

叶阿月:《根本真实的三性说及其展开》,《慧炬》1973年第5期。

叶阿月:《以〈中边分别论〉为中心比较诸经论的心性清净说》,《文史哲学报》1974年第23期。

张志强:《"法相"与"唯识"何以分宗?——试论"唯识、法相分宗说"在欧阳竟无佛学思想中的奠基地位》,《中国哲学史》2010年第3期。

章太炎:《论佛法与宗教、哲学以及现实之关系》,《中国哲学》第6辑,生活·读书·新知三联书店,1981年。

赵欢:《近五年玄奘研究综述(2008—2013)》,《世界宗教文化》2015年第1期。

周贵华:《唯识与唯了别——"唯识学"的一个基本问题的再诠释》,《哲学研究》2004年第3期。

周贵华:《中国二十世纪唯识学研究略析》,《佛学研究》2010年刊。

〔美〕丹·鲁索斯:《二十世纪西方唯识学研究回顾》,《中国哲学史》2002 年第 4 期。

〔越南〕阮才书:《"佛教振兴运动"中的唯识宗地位》,《佛学研究》1999年刊。

后 记

本书是我主持的国家社科基金后期资助项目的最终结项成果,并根据评审专家反馈的修改意见不断修订而成。在申报之初,仅完成了前八章,第九章和第十章涉及香港、台湾地区的部分在申请结项鉴定时一并补充完整。各章节虽有遗漏和空疏之嫌,但全书形成一个相对比较系统的百年唯识学思潮的概览。

近二十年来,我一直主要从事唯识学研究,我的硕士论文是有关王恩洋唯识学思想的研究,博士论文是有关吕澂唯识学思想的研究。吕澂先生和王恩洋先生归于"南欧"一系,隶属近代唯识学重镇南京支那内学院唯识学派。得益于硕士、博士论文的前期铺垫,博士论文后来申请到了国家社科基金青年项目。完成国家社科基金项目结项并出版之后,我设想对20世纪这一百年来的唯识学发展作一个系统的梳理,因历史叙述之宏阔与幽微,自知学力浅薄,资质愚钝,信心不足。拙稿完成之初,就书稿命名和提纲之事,一再请教厦门大学的恩师刘泽亮先生与南京大学唯识学专家杨维中先生,又受到岳父黄高宪教授的训诲,最终定名为"20世纪中国唯识学史要"。若全名为"史",恐执笔者学术素养不足,把握不了;若名为"简史""史略",20世纪也就一百年而已,似不能再简;若名为"论稿",似过于松散;而"史要"有史之概要、要点之意,故选择以"史要"称名。同时,课题中有关学系、学派之名,还得到了恩师李广良先生的点拨。为了完成课题结项工作,我申请到中国社会科学院世界宗教研究所访学,师从学部委员佛学研究专家魏道儒先生。访学期间得到了社科院众多老师们的帮助,佛教研究室纪华传、杨健、周广荣、尕藏加、王鹰、夏德美、孙颖新老师对课题提出许多宝贵的意见,并受到世界宗教研究所李建欣先生、哲学研究所成建华先生的指点。同时,参访了哲学研究所东方哲学、唯识学专家周贵华先生。另外,还请教了哲学研究所中国哲学、唯识学专家张志强先生以及清华大学哲学系圣凯教授。在此一并致谢!

拙著完成之后,呈现在读者面前的虽然是一部相对完整的20世纪中国唯识学思想发展史概要或概览,但是还是有明显缺陷的。其一是涉及研究人物众多,对其思想的介绍犹如蜻蜓点水,不够深入和细化。其二是学力有限,面对如此众多学派和人物,尽数通读所有的著述是不可能完成的任务,只能拣选重要之处来阅读,这也是笔者自愧之处。而让笔者欣慰之处也有两点。其一,在研究资料的收集上,赴香港中文大学参会并获得了刘宇光先生提供的部分资料;台湾地区叶阿月教授的博士论文是在日本出版,在中国社会科学院图书馆外文资料室借阅到该著;最难找的是台湾地区杨白衣先生的博士论文,并未出版,而且是日文手写稿,托友人从日本复印部分并邮寄而得。其二,这部专著通过对百年唯识学的各门各派和研究群体做出划分、归类与分析,虽然做不到精细,甚至是粗浅和简陋了,但是大致能勾勒出一个历史线条并形成整体轮廓,可供阅者参考。

撰写书稿是颇费脑力和体力的事,尤其是码字和校对的工作。中华书局樊玉兰编辑为本书的出版花费大量时间和精力,谨致谢意!

最后,整部书稿难免有错谬之处(观点错误、解读错误、码字错误等),一切责任在我,以后有机会再作修订。